Kohlhammer

Der Autor

Dr. med. Dr. phil. Jürgen Brunner studierte Medizin an der Ruprecht-Karls-Universität in Heidelberg und Philosophie an der Hochschule für Philosophie in München. Seine Weiterbildung zum Facharzt für Psychiatrie und Psychotherapie absolvierte er am Max-Planck-Institut für Psychiatrie. Heute arbeitet er als ärztlicher Psychotherapeut in eigener Kassenpraxis in München. Er ist Supervisor und Lehrtherapeut. Von der Kassenärztlichen Bundesvereinigung ist er als Gutachter für Verhaltenstherapie bei Erwachsenen bestellt und erstattet Erst- und Zweitgutachten.

Jürgen Brunner

Der Antrag in der Verhaltenstherapie

Verhaltensanalyse – Behandlungsplan –
Bericht an den Gutachter

3., überarbeitete Auflage

Verlag W. Kohlhammer

Dieses Werk einschließlich aller seiner Teile ist urheberrechtlich geschützt. Jede Verwendung außerhalb der engen Grenzen des Urheberrechts ist ohne Zustimmung des Verlags unzulässig und strafbar. Das gilt insbesondere für Vervielfältigungen, Übersetzungen, Mikroverfilmungen und für die Einspeicherung und Verarbeitung in elektronischen Systemen.

Pharmakologische Daten, d. h. u. a. Angaben von Medikamenten, ihren Dosierungen und Applikationen, verändern sich fortlaufend durch klinische Erfahrung, pharmakologische Forschung und Änderung von Produktionsverfahren. Verlag und Autoren haben große Sorgfalt darauf gelegt, dass alle in diesem Buch gemachten Angaben dem derzeitigen Wissensstand entsprechen. Da jedoch die Medizin als Wissenschaft ständig im Fluss ist, da menschliche Irrtümer und Druckfehler nie völlig auszuschließen sind, können Verlag und Autoren hierfür jedoch keine Gewähr und Haftung übernehmen. Jeder Benutzer ist daher dringend angehalten, die gemachten Angaben, insbesondere in Hinsicht auf Arzneimittelnamen, enthaltene Wirkstoffe, spezifische Anwendungsbereiche und Dosierungen anhand des Medikamentenbeipackzettels und der entsprechenden Fachinformationen zu überprüfen und in eigener Verantwortung im Bereich der Patientenversorgung zu handeln. Aufgrund der Auswahl häufig angewendeter Arzneimittel besteht kein Anspruch auf Vollständigkeit.

Die Wiedergabe von Warenbezeichnungen, Handelsnamen und sonstigen Kennzeichen in diesem Buch berechtigt nicht zu der Annahme, dass diese von jedermann frei benutzt werden dürfen. Vielmehr kann es sich auch dann um eingetragene Warenzeichen oder sonstige geschützte Kennzeichen handeln, wenn sie nicht eigens als solche gekennzeichnet sind.

Es konnten nicht alle Rechtsinhaber von Abbildungen ermittelt werden. Sollte dem Verlag gegenüber der Nachweis der Rechtsinhaberschaft geführt werden, wird das branchenübliche Honorar nachträglich gezahlt.

Dieses Werk enthält Hinweise/Links zu externen Websites Dritter, auf deren Inhalt der Verlag keinen Einfluss hat und die der Haftung der jeweiligen Seitenanbieter oder -betreiber unterliegen. Zum Zeitpunkt der Verlinkung wurden die externen Websites auf mögliche Rechtsverstöße überprüft und dabei keine Rechtsverletzung festgestellt. Ohne konkrete Hinweise auf eine solche Rechtsverletzung ist eine permanente inhaltliche Kontrolle der verlinkten Seiten nicht zumutbar. Sollten jedoch Rechtsverletzungen bekannt werden, werden die betroffenen externen Links soweit möglich unverzüglich entfernt.

3., überarbeitete Auflage 2025

Alle Rechte vorbehalten
© W. Kohlhammer GmbH, Stuttgart
Gesamtherstellung: W. Kohlhammer GmbH, Heßbrühlstr. 69, 70565 Stuttgart
produktsicherheit@kohlhammer.de

Print:
ISBN 978-3-17-045426-2

E-Book-Formate:
pdf: ISBN 978-3-17-045427-9
epub: ISBN 978-3-17-045428-6

Inhaltsverzeichnis

Vorwort		7
1	**Kritik des Gutachterverfahrens**	**11**
1.1	Nachteile des Gutachterverfahrens	11
1.2	Vorteile des Gutachterverfahrens	15
1.3	Anliegen des Buchs	19
1.4	Was kommt nach der Abschaffung des Gutachterverfahrens?	20
2	**Verhaltenstherapeutische Diagnostik**	**23**
2.1	Klassifikatorische Diagnostik	23
2.2	Psychopathologischer Befund	24
2.3	Verhaltensanalytische Diagnostik	26
2.4	Individualisierung und Standardisierung in der Verhaltenstherapie	27
3	**Leitfaden zur Strukturierung von Sprechstunden und Probatorik**	**30**
4	**Funktionales Bedingungsmodell (Verhaltensanalyse)**	**34**
4.1	Makroanalyse	36
4.2	Mikroanalyse	45
5	**Störungsmodelle und schematische Behandlungspläne**	**58**
5.1	Störungsspezifische Ätiologiemodelle und schematische Therapiekonzepte	58
5.2	Transdiagnostische Störungsmodelle	87
5.3	Transdiagnostische Therapieelemente	91
6	**Therapieziele, Behandlungsplan und Prognoseeinschätzung**	**94**
6.1	Therapieziele	94
6.2	Behandlungsplan	103
6.3	Prognoseeinschätzung	115
7	**Leitfaden für den Antragsbericht**	**119**
7.1	Soziodemographische Daten	121
7.2	Symptomatik und psychischer Befund	122
7.3	Somatischer Befund/Konsiliarbericht	127
7.4	Biographische Anamnese, Krankheitsanamnese, funktionales Bedingungsmodell	130
7.5	Diagnose	135

	7.6	Therapieziele, Behandlungsplan und Prognose	139
	7.7	Umwandlungsantrag	141
	7.8	Fortführungsantrag	145
	7.9	Gruppentherapie	148
	7.10	Kriterien zur Beurteilung der Qualität von Antragsberichten	149
	7.11	Gliederung nach dem PTV 3	154
8	**Praktische Empfehlungen zum Antragsbericht**		**155**
9	**Optionen bei Nichtbefürwortung und Teilbefürwortung**		**159**
	9.1	Nichtbefürwortung und Zweitgutachten	159
	9.2	Teilbefürwortung	161
10	**Antworten auf häufige Fragen**		**163**
11	**Exemplarische Antragsberichte**		**173**
	11.1	Bericht zum Umwandlungsantrag bei einer Patientin mit sozialer Angststörung	173
	11.2	Bericht zum Erstantrag bei einer Patientin mit Agoraphobie	180
	11.3	Bericht zum Umwandlungsantrag bei einem Patienten mit chronischer Depression	184
12	**Literatur**		**191**
13	**Stichwortverzeichnis**		**195**

Vorwort

Nach 50 Jahren Richtlinien-Psychotherapie und Gutachterverfahren fand 2017 eine Strukturreform der ambulanten Psychotherapie statt. Das Gutachterverfahren wurde verschlankt. 2019 wurde das Gutachterverfahren für ausschließliche Gruppentherapie abgeschafft. Auch für die Kombinationsbehandlung mit überwiegender Gruppentherapie ist keine Begutachtung mehr vorgeschrieben. Bei Fortführungsanträgen ist eine erneute Begutachtung nicht mehr obligat. Seit 2017 ist dadurch die Zahl der durchgeführten Begutachtungen zurückgegangen. Der Umfang des Berichts wurde offiziell von ursprünglich drei bis vier auf zwei Seiten reduziert. Allerdings ist das in der Praxis kaum praktikabel, denn durch die Reform sind inhaltlich keine Gliederungspunkte weggefallen. Die weit überwiegende Mehrheit der Berichte weist auch nach der Strukturreform einen Umfang von drei bis vier Seiten auf.

Die Strukturreform der ambulanten Psychotherapie und die Modifikation des Leitfadens zum Erstellen des Berichts an den Gutachter haben bei vielen Therapeuten zu Unklarheiten und Verunsicherungen geführt: Soll ich die biographische Anamnese jetzt weglassen? Soll ich lerngeschichtliche Aspekte jetzt nur noch innerhalb der Makroanalyse darstellen? Genügt eine Makroanalyse? Kann ich auf eine Mikroanalyse verzichten? Muss ich mich strikt an die Zwei-Seiten-Grenze halten? Wie soll das gehen? Soll ich den Bericht nur noch stichwortartig oder in ganzen Sätzen formulieren?

Deshalb ist es mir ein Anliegen, in dem vorliegenden Buch eine konkrete Hilfestellung und praxisnahe Anleitung zu geben, wie ein qualitativ hochwertiger Bericht an den Gutachter zeitökonomisch verfasst werden kann. Es ist eine funktionale Einstellung, das Schreiben von Berichten nicht nur als lästige Pflichterfüllung und als notwendiges Übel zu betrachten, sondern zu utilisieren. Wenn Therapeuten die Berichte ernstnehmen, sorgfältig arbeiten und sich Mühe dabei geben, führt dies tatsächlich zu einer Qualitätsoptimierung. Ohne aussagekräftige Verhaltensanalyse und ohne ein daraus abgeleitetes individualisiertes Therapiekonzept gerät der Therapieprozess zu einem unfokussierten und planlosen Ad-hoc-Geschehen, das für Therapeuten wie Patienten gleichermaßen ineffektiv und frustrierend ist. Der Bericht kann nur dann die Qualität der Behandlung verbessern, wenn Hypothesen generiert werden und ein roter Faden für das Behandlungskonzept deutlich wird. Durch den Bericht werden zudem wesentliche Anforderungen an die Dokumentationspflicht nach dem Patientenrechtegesetz erfüllt.

In vielen Berichten zeigt sich, dass nicht wenige Therapeuten Mühe damit haben, eine plausible Verhaltensanalyse zu formulieren. Daher wird in diesem Buch Schritt für Schritt gezeigt, wie ein funktionales Bedingungsmodell erstellt werden kann. Auch die Themen Therapieziele, Prognoseeinschätzung und Behandlungsplan werden ausführlich dargestellt, da viele Therapeuten Schwierigkeiten damit haben, ein Behandlungskonzept aus der Verhaltensanalyse abzuleiten. Viele Behandlungspläne in Antragsberichten heißen zwar so, sind aber eigentlich keine. Sehr oft werden Therapieziele auf einer zu hohen Abstraktionsebene formuliert (Pauschalziele) und danach allgemeine störungsspezifische Techniken stichwortartig aufgezählt (Methodenliste). Eine stimmige Verbindung zwischen Verhaltensanalyse und Therapiekonzept wird oft nicht erkennbar. Solche Pseudo-Behandlungspläne sind in Antragsberichten leider Legion. Derartige Textbausteine sind weitgehend sinnfrei. Dadurch wird gerade keine Fokussierung der Behandlungsplanung erreicht. Durch schematische Standardformulierungen entsteht kein stimmiges und individualisiertes Konzept für die Therapieplanung. Die Aneinanderreihung solcher Phrasen ist reine Zeitverschwendung. Die Psychotherapie-Richtlinie verlangt, dass aus dem funktionalen Bedingungsmodell stringent die Therapieziele individuell und konkret abzuleiten sind und dass die geeigneten Mittel zur Erreichung dieser Kernziele individualisiert auszuwählen sind. Die häufig in Antragsberichten angewandte Schrotschuss- oder Breitband-Technik mit umfassender Auflistung aller Interventionen, die es zu dieser Störung gibt, führt gerade nicht zu einem konzisen Behandlungsplan mit einem roten Faden, sondern zum Gegenteil.

Das vorliegende Buch unterscheidet sich von üblichen Antragsbüchern dadurch, dass es ausdrücklich kein Sammelsurium von Muster-Berichten nach ICD-Diagnosen und keine Sammlung von Textbausteinen ist. Das Buch enthält ausführliche Informationen zum funktionalen Bedingungsmodell: Worauf kommt es bei der Mikroanalyse an? Wie kann eine Makroanalyse mit überzeugenden Hypothesen zu prädisponierenden, auslösenden und aufrechterhaltenden Bedingungen erstellt werden? Es wird gezeigt, wie die zentralen konkreten Therapieziele aus der Verhaltensanalyse abgeleitet werden und wie ein individualisierter und fokussierter Behandlungsplan erstellt werden kann, in dem ein roter Faden erkennbar wird, der eine hilfreiche Orientierung für den Therapieprozess bildet. Der aktuelle Leitfaden PTV 3 zum Erstellen des Berichts wird ausführlich kommentiert. Dabei werden typische Fehlerquellen aufgezeigt. Konkrete und praktische Empfehlungen zum Schreiben von Antragsberichten runden das Buch ab.

Das vorliegende Handbuch soll dabei helfen, so etwas wie Freude am Verfassen von Antragsberichten zu bekommen. Der Leser wird ermutigt, seinen eigenen Stil zu finden und Antragsberichte individualisiert und lebendig zu schreiben. Durch Fokussierung auf das Wesentliche entsteht in überschaubarer Zeit ein konziser, klarer und plastischer Bericht. Stringenz wird erreicht durch eine explizite Hypothesenbildung, die Fokussierung auf die relevanten Faktoren in der Verhaltensanalyse, durch die Beschränkung auf die wesentlichen Kernziele, durch die Auswahl der zentralen zielführenden Veränderungsstrategien und ein individualisiertes und maßgeschneidertes Behandlungskonzept. Dann ist der Antragsbericht nicht in erster Linie eine lästige Pflichtübung, kein notwendiges Übel und keine Verschwendung von Lebenszeit, sondern eine Gelegenheit zu professioneller Reflexion, die den Blick auf das Wesentliche schärft. Eine solche Fokussierung hat Vorteile: Ein stringenter Bericht ist kurzweilig und überzeugend. Nur ein individualisierter Bericht mit ätiologischen Hypothesen und klarem Fokus dient der Qualitätssicherung, wovon Patient und Therapeut gleichermaßen profitieren. Das Schreiben eines schlüssigen und fokussierten Berichts kann eine kreative Leistung sein. Ein guter Bericht zeigt ein individualisiertes Therapiekonzept auf, das auf der Grundlage einer überzeugenden Verhaltensanalyse entwickelt wurde.

Es werden sowohl Einzel- als auch Gruppen- und Kombinationstherapie dargestellt. Das Buch bezieht sich ausschließlich auf die Behandlung von Erwachsenen.

Wichtige Aspekte werden gelegentlich wiederholt, weil es aus didaktischen Gründen sinnvoll erscheint, Wichtiges lieber einmal zu viel als zu wenig zu sagen.

Das Kapitel zu den störungsspezifischen Bedingungsmodellen und schematischen Behandlungsplänen wurde bereits in der zweiten Auflage erheblich erweitert. Der Abschnitt zur Makroanalyse ist ausführlicher und übersichtlicher als in der ersten Auflage. Weggefallen ist ein eigenes Kapitel zur biographischen Analyse, das in der ersten Auflage noch enthalten war. Die wesentlichen Inhalte daraus wurden im Rahmen der Makroanalyse dargestellt. Außerdem wurden häufige Kritikpunkte der Gutachter ergänzt. In der dritten Auflage wurde der gesamte Text gründlich durchgesehen und aktualisiert. Die Muster-Antragsberichte wurden überarbeitet. Es wurde skizziert, wie es nach der von der Politik beschlossenen Abschaffung des Gutachterverfahrens weitergehen soll. Das Gutachterverfahren wird allerdings noch viele Jahre unverändert weiterbestehen. Abgesehen vom Antragsverfahren ist das vorliegende Buch hilfreich für Fallkonzeptionen im Rahmen der Psychotherapie-Ausbildung, enthält es doch ausführliche Hinweise zur Verhaltensanalyse und zur individualisierten Behandlungsplanung.

Um einen ungestörten Text- und Lesefluss zu gewährleisten, wird in diesem Buch durchgehend das generische Maskulinum verwendet, das selbstverständlich für sämtliche Geschlechter steht (männlich, weiblich, divers).

Mein besonderer Dank gilt dem Verlag W. Kohlhammer. Mit Herrn Dr. Ruprecht Poensgen ist die Zusammenarbeit über viele Jahre hinweg stets inspirierend, ermutigend und unterstützend.

München, im
Dezember 2024　　　　　　Jürgen Brunner

1 Kritik des Gutachterverfahrens

1.1 Nachteile des Gutachterverfahrens

Das Verfassen von Berichten an den Gutachter empfinden die meisten Therapeuten als lästige Pflicht und als unangenehm. Einige sehen darin eine Zumutung und eine Schikane und fordern die Abschaffung der Begutachtung. Das ist teilweise nachvollziehbar. Ein guter und schlüssiger Bericht braucht Zeit, weil er individualisiert, fachlich fundiert und plausibel sein muss.

Das pauschale Honorar von 70,53 € für einen Bericht für eine Langzeittherapie und von 35,32 € für eine Kurzzeittherapie ist gemessen an dem oftmals erheblichen Zeitaufwand unverhältnismäßig niedrig. Dieses geringe Honorar ist für einen verantwortungsvollen akademischen Beruf mit staatlicher Approbation unangemessen. Dringend zu fordern ist eine deutliche Anhebung des Honorars für einen Antragsbericht.

Einige Therapeuten geben Geld für Computerprogramme aus, wodurch die Berichterstattung angeblich erleichtert werden soll. Nach meiner Einschätzung braucht es eine solche Antragssoftware nicht. Für mich wäre das keine sinnvolle Option und keine Arbeitserleichterung, sondern eher eine Verkomplizierung. Einige Therapeuten »delegieren« – um es vorsichtig auszudrücken – die Arbeit oder wesentliche Teile davon sogar an dubiose Dienstleister, die bei der Erstellung von Antragsberichten gegen Bezahlung behilflich sind. Ein derartiges »Outsourcing« ist unehrenhaft und zudem rechtlich problematisch (Bühring 2004). Auf dem neuen Umschlag PTV 8 erklärt der Therapeut mit seiner Unterschrift, den Bericht an den Gutachter vollständig persönlich verfasst zu haben. Ein Ghostwriter ist also in einem rechtlichen Graubereich angesiedelt. In meinen Augen handelt es sich um den Offenbarungseid des Therapeuten, wenn er Zuflucht bei derartigen »Dienstleistern« sucht, die einen zweifelhaften Ruf haben. Würden Sie Vertrauen haben zu einem Therapeuten, der dadurch eingesteht, dass er nicht willens oder in der Lage ist, einen fachlich fundierten Antragsbericht selbst zu schreiben? Würden Sie Ihre Tochter, Ihren Sohn oder Ihren Partner guten Gewissens zu einem solchen Kollegen schicken? Für manche Therapeuten ist das Berichteschreiben so negativ konnotiert, dass sie prokrastinieren oder vermeiden, indem sie fast ausschließlich Akut- oder Kurzzeittherapien durchführen und auf eine Umwandlung in eine Langzeittherapie trotz Indikation verzichten. Solche Tendenzen sind aus ethischer Sicht sehr problematisch. Auch hier die Frage: Würden Sie einen nahen Angehörigen zu einem Therapeuten schicken, der dafür berüchtigt ist, dass die Therapie nach maximal 24 Sitzungen beendet wird, auch wenn noch weiterer Therapiebedarf besteht, nur weil der Therapeut den Aufwand scheut, einen Bericht an den Gutachter zu schreiben?

Neben der mangelnden finanziellen Lukrativität gibt es noch andere Gründe, warum nicht wenige Therapeuten Antragsberichte widerwillig schreiben. Die Einschaltung eines Gutachters wird als externe Einmischung, Kontrolle, Eingriff in die Autonomie des Therapeuten und in die Intimität der therapeutischen Beziehung sowie als Bevormundung erlebt. Dass das Berichteschreiben an den Gutachter für viele Therapeuten aversiv ist, liegt daran, dass Kritikerwartung, Angst vor negativer Bewertung und sogar Versagensängste und Insuffizienzgefühle vorhanden sind. Gerade bei Nichtbefürwortungen oder Stundenkürzungen können Scham und Kränkung beim Therapeuten auftreten. Eine Nichtbefürwortung oder eine Teilbefürwortung kann vom Therapeuten als persönliche Kritik erlebt werden und Enttäuschung sowie Ärger auslösen (Rudolf 2011, S. 116 f.). Bei anderen löst eine kritische Stellungnahme des Gutachters Wut und kämpferische Impulse aus. Die Entscheidung des Gutachters stellt zweifellos einen äußeren Einfluss auf den Therapieprozess dar, beispielsweise eine Nichtbefürwortung der Kostenübernahme. Aber auch eine Teilbefürwortung, ein kritischer Kommentar oder die Empfehlung des Gutachters, die Behandlung möglichst innerhalb des jetzt bewilligten Kontingents abzuschließen, verändert den Therapieverlauf und kann Auswirkungen auf die therapeutische Beziehung haben – allerdings durchaus auch in positiver Weise.

Ein häufiges Argument gegen das Gutachterverfahren ist, dass nur bewertet werde, ob jemand gut schreiben kann. Der Bericht erlaube keine Aussage darüber, ob der Verfasser ein guter, empathischer und hilfreicher Therapeut ist. Diese Argumentation ist nicht von der Hand zu weisen. Dennoch fehlt hier ein wesentlicher Aspekt. Natürlich könnte es theoretisch Therapeuten geben, die zwar eine überzeugende Fallkonzeption schreiben können, aber eine wenig erfolgreiche Therapie machen. Den umgekehrten Fall halte ich allerdings für weniger wahrscheinlich: Ein Therapieerfolg ist eher unwahrscheinlich, wenn eine Fallkonzeption mangelhaft ist oder erst gar nicht durchgeführt wurde. Eine Therapieplanung auf der Grundlage einer sorgfältigen funktionalen Bedingungsanalyse ist eine notwendige, aber keine hinreichende Bedingung für eine erfolgreiche Therapie. Eine solide Erfassung der prädisponierenden, auslösenden und aufrechterhaltenden Bedingungen ist die Basis für eine gute Therapie. Die Voraussetzungen für einen Therapieerfolg sind eine sorgfältige Krankheitsanamnese, ein gründlicher psychopathologischer Befund, eine korrekte Diagnosestellung mit differential- und ausschlussdiagnostischen Überlegungen, die Erfassung relevanter lerngeschichtlicher Aspekte und eine lege artis durchgeführte Verhaltensanalyse. Gerade das funktionale Bedingungsmodell ist die Basis für die konkrete Ableitung realistisch erreichbarer Therapieziele und für eine individuelle Prognoseeinschätzung. Nur auf der Grundlage einer gründlichen Verhaltensanalyse kann eine individualisierte Behandlungskonzeption entwickelt werden. Es ist unwahrscheinlich, dass eine Therapie gelingt, wenn wesentliche Aspekte übersehen wurden, etwa aufrechterhaltende Bedingungen, die Funktionalität der Störung oder Veränderungshindernisse.

Richtlinien-Psychotherapie ist ätiologisch orientiert und setzt eine Diagnostik voraus, die Arbeitshypothesen generiert zu prädisponierenden, auslösenden und aufrechterhaltenden Bedingungen, an denen die Behandlung individuell ansetzt. Nach der Psychotherapie-Richtlinie bildet ein individuelles Störungsmodell die Basis jeder Psychotherapie.

Es wurden immer wieder Einwände gegen das Gutachterverfahren hervorgebracht, die wahrscheinlich bei der politischen Entscheidung einer Abschaffung der Gutachterpflicht 2019 eine Rolle gespielt haben. Die wesentlichen Gegenargumente werden im Folgenden referiert:

- Als wesentliches Argument wird angeführt, dass das Gutachterverfahren aufgrund der geringen Quote an Nichtbefürwortungen keine ausreichende Steuerungsfunktion besitze. Die Gutachterstatistik der Kassenärztlichen Bundesvereinigung für das Jahr 2023 ergab (▶ Tab. 1.1), dass nur 2,9 % der

VT-Anträge bei Erwachsenen nicht befürwortet wurden. Der Anteil der Teilbefürwortungen lag bei 8,3 %. Es wurden 88,8 % der Anträge voll befürwortet. Im Jahr 2023 wurden im Zweitgutachterverfahren 56,8 % der Anträge voll befürwortet. Der Anteil an Nichtbefürwortungen betrug im Widerspruchsverfahren 18,9 %; der Anteil an Teilbefürwortungen lag bei den Zweitgutachten bei 24,3 %.

Tab. 1.1: Gutachterstatistik für Verhaltenstherapie bei Erwachsenen, Angaben in Prozent. Quelle: https://gesundheitsdaten.kbv.de/cms/html/40640.php, abgerufen am 01.08.2024.

	2019	2020	2021	2022	2023
Erstgutachten					
Befürwortung	87,7	87,8	88,0	88,9	88,8
Teilbefürwortung	9,2	9,0	8,7	7,8	8,3
Nichtbefürwortung	3,1	3,2	3,3	3,4	2,9
Zweitgutachten					
Befürwortung	55,3	54,1	53,0	50,4	56,8
Teilbefürwortung	26,9	25,6	26,6	28,1	24,3
Nichtbefürwortung	17,8	20,3	20,5	21,5	18,9

- Der geringen Steuerungsfunktion stehen Kosten für das Jahr 2019 von mehr als 26 Millionen Euro gegenüber (▶ Tab. 1.2). In dieser Hochrechnung sind nur die Honorare berücksichtigt, die an die Psychotherapeuten und die Gutachter von den Krankenkassen gezahlt wurden. Zur Vereinfachung habe ich für die Gesamtzahl der Gutachten in allen Richtlinienverfahren die Honorare für eine Langzeittherapie (LZT) zugrunde gelegt sowie die Erst- und Zweitgutachterhonorare inklusive 19 % Umsatzsteuer. Nicht enthalten sind Porto- und Materialkosten sowie die Arbeitszeit für die Kassenmitarbeiter. Schließlich werden ganze Abteilungen in den Krankenkassen damit beschäftigt (Schäfer 2010). Außerdem beziehen sich diese Zahlen nur auf die gesetzliche Krankenversicherung. Begutachtungen im Rahmen der Beamtenbeihilfe und der privaten Krankenversicherung kommen noch hinzu. Sabine Schäfer (2010) errechnete vor der Strukturreform 2017 jährliche Kosten von 27,4 Millionen Euro. Diese hohen Kosten stehen in keinem ausgewogenen Verhältnis zu der geringen Nichtbefürwortungsquote von 3–4 % (für alle Richtlinienverfahren). Die Kosten stehen – nach Einschätzung der Kritiker – in keinem sinnvollen Verhältnis zum Nutzen. Das Verfahren sei daher zu kostenintensiv und zu bürokratisch.
- Der Bericht an den Gutachter ist zu zeitintensiv. Diese Zeit sei schlecht bezahlt und stehe für die Behandlung von Patienten nicht zur Verfügung.
- Das Gutachterverfahren diene primär der Kostenbegrenzung und nicht der Qualitätssicherung, denn es erschwere Langzeittherapien, da nach 24 Sitzungen ein Antragsbericht nötig ist, für den die meisten Psychotherapeuten mehrere Stunden benötigen. Diese Hemmschwelle sei ein Grund dafür, dass die meisten Psychotherapien als Kurzzeittherapie (KZT) durch-

geführt würden. Nach Daten der Techniker Krankenkasse aus dem Jahr 2014 lag der Anteil an Therapien mit mehr als 18 Stunden lediglich bei 25 %.

Tab. 1.2: Geschätzte Kosten des Gutachterverfahrens im Jahr 2019. Die Anzahl der Erst- und Zweitgutachten ist der Gutachterstatistik 2019 der Kassenärztlichen Bundesvereinigung entnommen. Berücksichtigt sind alle drei Richtlinienverfahren. Zur Vereinfachung wurde nicht differenziert zwischen Kurz- und Langzeittherapie. Pauschal wurde mit dem Honorar für Langzeittherapie gerechnet. Die errechneten Honorarkosten sind durch diese Kalkulation also etwas höher als die tatsächlichen. Nicht eingerechnet sind Porto, Gutachten für Beihilfestellen und private Krankenversicherungen sowie Gehälter für Kassenmitarbeiter.

Berichte an die Erstgutachter	206.251 × 65,75 € = 13.561.003,25 €
Stellungnahmen der Erstgutachter	206.251 × 59,50 € = 12.271.934,50 €
Berichte an die Zweitgutachter	1.830 × 65,75 € = 120.322,50 €
Stellungnahmen der Zweitgutachter	1.830 × 101,15 € = 185.104,5 €
Summe	26.138.364,75 €

- Die heute übliche Praxis der Pseudonymisierung sei als unzureichend anzusehen, da sie aus dem ersten Buchstaben des Nachnamens und aus dem Geburtsdatum besteht. Da der Praxisort des Therapeuten bekannt ist und biographische Daten genannt werden, könnten unter Umständen Rückschlüsse auf die Person des Patienten möglich sein.
- Gutachter und Ausbildungsinstitute wollten nach Auffassung von Kritikern das Gutachterverfahren primär aus finanziellen Gründen und aus Machtinteressen aufrechterhalten. Um Gutachter zu werden, muss man Supervisor an einem Ausbildungsinstitut sein. Viele Ausbildungsinstitute verdienen Geld mit Supervisorenausbildungen. Es gehe hauptsächlich um »Pfründe« und Machtstrukturen von Gutachtern und Ausbildungsinstituten.
- Manche Therapeuten empfinden die Entscheidungen einiger Gutachter teilweise als willkürlich, belehrend und besserwisserisch.
- Es wird bezweifelt, dass allein aufgrund eines Berichts des Therapeuten der Gutachter die Behandlungsprognose und die Erfolgswahrscheinlichkeit einer Therapie valide beurteilen könne, denn Papier ist bekanntlich geduldig. Der Gutachter hat den Patienten nie gesehen und urteilt nur nach Aktenlage.
- Es sei empirisch nicht nachgewiesen, dass das Gutachterverfahren tatsächlich der Qualitätssicherung dient. Valide wissenschaftliche Daten zur Evaluation des prädiktiven Wertes der gutachterlichen Entscheidung liegen meines Wissens nicht vor. Ob das Gutachterverfahren tatsächlich die Qualität sichert, ist umstritten und wird von einigen Autoren bezweifelt, da die Ergebnisqualität nicht evaluiert wird (Köhlke 2000; Schäfer 2010).
- Das Gutachterverfahren leiste einem dubiosen bis illegalen Markt an »Ghostwritern« und Anbietern von »Hilfestellungen« beim Verfassen von Berichten Vorschub (Bühring 2004).
- Oft bestehe eine Kluft zwischen dem Inhalt des Berichts und dem tatsächlichen Verlauf einer Therapie. Bei Angst- und Zwangsstörungen beispielsweise werde zwar oft eine therapeutenbegleitete Expositionsbehandlung in vivo im Behandlungsplan beschrieben, die aber dann tatsächlich in vielen Fällen gar nicht oder

aber nicht lege artis realisiert wird (Ubben 2017, S. 6).
- Eine Nicht- oder Teilbefürwortung verändere den therapeutischen Prozess und könne beim Therapeuten zu Kränkungen, Wut, Motivationskrisen und Selbstzweifeln führen. Auch beim Patienten seien dysfunktionale Interpretationen und Verarbeitungen möglich.
- Das Gutachterverfahren sei eine unzulässige Einmischung und Bevormundung. Alle Psychotherapeuten mit Kassensitz haben ein anspruchsvolles Studium und eine Psychotherapieausbildung absolviert und verfügen über eine staatliche Approbation. Sonst werden in der Medizin Indikations- und Therapieentscheidungen auch bei kostenintensiven Behandlungen ohne vorherige Einschaltung eines Gutachters und auch ohne obligates Einholen einer zweiten Meinung getroffen, beispielsweise bei kostspieligen und nicht selten fragwürdigen Operationen an der Wirbelsäule, Gelenkoperationen und bei teuren pharmakologischen Behandlungen. Hier geht man davon aus, dass die nachgewiesene Fachkunde den Arzt befähigt, nach dem Facharztstandard Indikations- und Behandlungsentscheidungen zu treffen. Allerdings ist auch bei Zahnersatz ein Heil- und Kostenplan obligat, der vor Beginn der Behandlung der Krankenkasse zur Bewilligung vorgelegt werden muss.
- Das Gutachterverfahren sei über 50 Jahre alt und nicht mehr zeitgemäß. Nach dem Psychotherapeutengesetz 1999 hätte es seine Daseinsberechtigung verloren. Das Gutachterverfahren sei anachronistisch, obsolet und gehöre abgeschafft.

1.2 Vorteile des Gutachterverfahrens

1.2.1 Vorgezogene Wirtschaftlichkeitsprüfung

Ein wesentlicher Vorteil der Genehmigungspflicht und des Gutachterverfahrens ist, dass eine *vorgezogene Wirtschaftlichkeitsprüfung* stattfindet. Es handelt sich um eine Vorab-Zusage der Kostenübernahme. Dadurch sind die Therapeuten vor nachträglichen Wirtschaftlichkeitsprüfungen und Regressforderungen durch die Krankenkassen geschützt. Das ist garantiert in der Psychotherapie-Vereinbarung (§ 13 Abs. 7): »Bestätigt die Krankenkasse ihre Leistungspflicht für Psychotherapie aufgrund eines Antragsverfahrens, wird eine zusätzliche Wirtschaftlichkeitsprüfung für die bewilligte Psychotherapie nicht durchgeführt.« Das ist ein nicht zu unterschätzender Vorteil, der den Therapeuten Sicherheit gewährt. Die Alternative wären nachträgliche Wirtschaftlichkeitsprüfungen (Auffälligkeits- oder Zufälligkeitsprüfungen). Therapeuten hätten dann Anfragen von Kassenmitarbeitern zu beantworten und sich zu rechtfertigen, ob und warum der Behandlungsumfang im individuellen Fall notwendig war. Es wäre dann im Nachgang darzulegen, warum die Behandlung nicht auch in weniger Stunden hätte abgeschlossen werden können. Es würden schriftliche Begründungen und Stellungnahmen verlangt, die fachfremd auf Sachbearbeiterebene oder durch den Medizinischen Dienst der Krankenkasse (MDK) entschieden würden. Der Ausgang solcher nachträglichen Wirtschaftlichkeitsprüfungen ist ungewiss. Für die Therapeuten entsteht dadurch Unsicherheit, weil Honorare lange nach Abschluss einer Behandlung gekürzt werden können. Der Grund dafür, dass Therapeuten vor nachträglichen Honorarkürzungen geschützt sind, liegt am Gutachterverfahren, denn Gutachter sind gehalten, die Antragsberichte nach dem Wirtschaftlichkeitsgebot (§ 12 SGB V Abs. 1) zu prüfen: »Die Leistungen müssen ausreichend, zweckmäßig und wirtschaftlich sein; sie dürfen das Maß des Notwendigen nicht überschreiten. Leistungen, die nicht notwendig oder unwirtschaftlich sind, können Versicherte nicht beanspruchen, dürfen die Leistungserbringer nicht bewirken und die Krankenkassen nicht bewilligen.« Richtlinien-Psychotherapie, Testverfahren und Grundversorgung unterliegen diesem Wirtschaftlichkeitsgebot. In der Psychotherapie-Vereinbarung heißt es (§ 1 Abs. 4): »Für Leistungen nach der Psychotherapie-Richtlinie einschließlich der psychologischen Testverfahren und für die psychosomatische Grundversorgung gelten die Grundsätze der Notwendigkeit, Zweckmäßigkeit und Wirtschaftlichkeit der Behandlung, auch hinsichtlich ihres Umfanges gemäß § 12 SGB V (Wirtschaftlichkeitsgebot).« Der wesentliche Zweck der Psychotherapie-Richtlinie ist die »Sicherung einer (…) ausreichenden, zweckmäßigen und wirtschaftlichen Psychotherapie (…) in der vertragsärztlichen Versorgung zu Lasten der Krankenkassen« (Dieckmann et al. 2018, S. 103).

Für die Akuttherapie sind nachträgliche Wirtschaftlichkeitsprüfungen heute schon möglich, weil es hier weder eine Genehmigungspflicht noch eine Begutachtung gibt. Nach der Psychotherapie-Vereinbarung (§ 15 Abs. 4) ist eine Akutbehandlung innerhalb von sechs Monaten nach Ende einer Richtlinientherapie grundsätzlich nicht vorgesehen. Auch eine parallele Durchführung von Akuttherapie und Richtlinientherapie ist ausgeschlossen. Die Indikation für eine psychotherapeutische Akutbehandlung ist gemäß der Psychotherapie-Richtlinie (§ 13 Abs. 1) eine »zeitnahe psychotherapeutische Intervention im Anschluss an die Sprechstunde zur Vermeidung von Fixierungen und Chronifizierung der psychischen Symptomatik«. Ausdrücklich wird betont, dass es lediglich um die »Besserung akuter psychischer Krisen- und Ausnahmezustände« geht und nicht um eine »umfassende Bearbeitung der zugrundeliegenden ätiopathogenetischen Einflussfaktoren der psychischen Erkrankung«.

1.2.2 Qualitätssicherung und Erfüllung der Dokumentationspflicht

Ein weiterer positiver Aspekt des Gutachterverfahrens ist die Qualitätssicherung. Die qualitätssichernde Funktion des Gutachterverfahrens (Dieckmann et al. 2018, S. 79) gilt sowohl für die Verhaltenstherapie (Sulz 2015) als auch für psychodynamische Verfahren (Rudolf 2011, S. 116 ff.). Der Verfasser des Berichts an den Gutachter muss sich Gedanken zur Fallkonzeption machen und diese verschriftlichen. Das Verfassen des Berichts an den Gutachter ist eine Gelegenheit zur Reflexion und gedanklichen Durchdringung der Fallkonzeption. Hierzu ist es nötig, den aktuellen Stand der publizierten Literatur zu berücksichtigen, um dem geforderten fachlichen Qualitätsstandard zu entsprechen. Hautzinger (2013, S. 43) bezeichnet zutreffend eine Psychotherapie ohne empirische Evidenz und ohne Bezug zu den wissenschaftlichen Grundlagen als »Scharlatanerie«. Auch wenn die Nichtbefürwortungsquote nur 3–4 % beträgt, kommt dem Gutachterverfahren eine qualitätssichernde Funktion zu, da der Antragsbericht ein Anlass zu Reflexion und zur Erarbeitung einer individualisierten Fallkonzeption ist. Bei einer Teilbefürwortung hat der Therapeut die Möglichkeit, das Störungsmodell und den Behandlungsplan gründlich zu überarbeiten. Gutachter können Informationen nachfordern. Das Peer-Review-Verfahren dient daher der Qualitätssicherung – auch bei einer relativ geringen Nichtbefürwortungsquote.

Das Erarbeiten eines individuellen Störungsmodells mit prädisponierenden, auslösenden und aufrechterhaltenden Bedingungen und mikroanalytischen Aspekten ist die Voraussetzung für eine hypothesengeleitete und individualisierte Therapieplanung. Durch das Verfassen des Antragsberichts sollte dem Therapeuten und dem Gutachter klarwerden, worauf es gerade bei diesem Patienten ankommt. Aus der Verhaltensanalyse ergeben sich die Foki der Therapie. Die konkreten Therapieziele müssen aus der Verhaltensanalyse abgeleitet werden. Es muss ein roter Faden erkennbar sein zwischen der lern- und lebensgeschichtlichen Entwicklung, der Krankheitsanamnese, dem psychischen und somatischen Befund, den Testuntersuchungen, der Verhaltensanalyse, den Therapiezielen und dem individualisierten Behandlungskonzept. Der Antragsbericht ermöglicht eine Fokussierung und die Konzentration auf die wesentlichen ätiologischen Bedingungen des aktuellen Krankheitsgeschehens. Die Qualitätssicherung ist gewährleistet durch die Einschaltung des Gutachters. Das Gutachtersystem stellt eine Art *Peer-Review* dar. Ein wesentlicher positiver Effekt des Gutachterverfahrens ist die *inhaltliche Begleitung* der Therapie von der Fallkonzeption über die Durchführung bis zur Beendigung. Das bedeutet, dass der Gutachter durch Rückfragen und Hinweise Anregungen geben und auf Risiken sowie auf weiteren Klärungsbedarf aufmerksam machen kann. Dazu dient die Stellungnahme an den Therapeuten. Der Gutachter kann aber auch Unterlagen schriftlich nachfordern oder mit dem Therapeuten telefonisch Kontakt aufnehmen. Rudolf (2011, S. 117) betrachtet die mit dem Gutachterverfahren einhergehende »Triangulierung« als eine bedeutsame qualitätssichernde Maßnahme des Gutachterverfahrens, da systematisch die zweite Meinung eines außenstehenden Gutachters eingeholt wird. Allerdings bezieht sich der Auftrag des Gutachters ausdrücklich nicht auf Supervision. Das gilt auch für den Fall, dass sich ein Therapeut eine solche Unterstützung für die Fallkonzeption und Behandlungsplanung ausdrücklich wünscht (Dieckmann et al. 2018, S. 83).

Um als Gutachter von der Kassenärztlichen Bundesvereinigung bestellt zu werden, müssen Voraussetzungen erfüllt sein, die in der Psychotherapie-Richtlinie (§ 36) und in der Psychotherapie-Vereinbarung (§ 12) geregelt sind. Dazu gehört der Nachweis einer mindestens dreijährigen und aktuell andauernden Teilnahme an der vertragsärztlichen Versorgung auf dem Gebiet des jeweiligen Psychotherapieverfahrens. Außerdem wird eine mehrjährige Tätigkeit als Dozent und als Supervisor gefordert. Durch das Gutachterverfahren ist ein Vier-Augen-Prinzip gewährleistet, das sich in anderen Berufen bewährt hat. Natürlich sollten Gutachter diese Funktion der externen Kontrolle und der Qualitätssicherung ernstnehmen. Hilfreich sind konstruktivkritische Kommentare und Anregungen zur Verbesserung der Therapie. Um der qualitätssichernden Funktion des Gutachterverfahrens Rechnung zu tragen, sollten die Stellungnahmen der Gutachter individualisiert ausfallen und ausreichend ausführlich sowie nachvollziehbar sein, insbesondere bei Teil- und Nichtbefürwortungen. Knappe handschriftliche Vermerke des Gutachters auf dem PTV 5 sind in einem solchen Fall nicht ausreichend.

Das Gutachterverfahren ist bei gesetzlicher Krankenversicherung standardisiert und qualitativ besser geregelt als in der privaten Krankenversicherung. Anders als bei privaten Krankenkassen, wo oftmals allgemein auf einen anonymen »Beratungsarzt« verwiesen wird, werden in der gesetzlichen Krankenversicherung im Gutachterverfahren Ross und Reiter genannt. In der privaten Krankenversicherung wird nicht transparent gemacht, welche Qualifikation der »Beratungsarzt« hat und über welche psychotherapeutische Kompetenz er verfügt. Die Möglichkeit eines Zweitgutachtens gibt es hier nicht. Auch ein standardisiertes Widerspruchsverfahren gibt es bei privaten Versicherungen nicht, abgesehen von einer Beschwerde des Patienten bei der Bundesanstalt für Finanzdienstleistungsaufsicht (BaFin) mit ungewissem Ergebnis. Es bliebe dem Patienten dann noch der mühsame, langwierige und kostspielige Klageweg mit offenem Ausgang. In der gesetzlichen Krankenversicherung wird der Gutachter namentlich benannt. Die Gutachter können nicht willkürlich oder nach Privatkriterien entscheiden. Ihr Ermessensspielraum wird eng begrenzt durch die Psychotherapie-Richtlinie und die Psychotherapie-Vereinbarung. Gutachter sind gehalten, in ihren Stellungnahmen und Begründungen sich auf die Psychotherapie-Richtlinie zu beziehen (Dieckmann et al. 2018, S. 80).

Die wesentliche Aufgabe des Gutachters ist die fachliche Beurteilung, ob die geplante Psychotherapie notwendig, indiziert, zweckmäßig, wirtschaftlich und prognostisch ausreichend ist. Die Stellungnahmen sollen sachlich und neutral verfasst sein. Bei der gutachterlichen Entscheidung ist immer auch das Wohl des Patienten zu berücksichtigen (Best 2001). Durch die hohen qualitativen Anforderungen an die Gutachter hinsichtlich langjähriger Berufserfahrung als Therapeut, Dozent und Supervisor sind fachliche Standards gewährleistet. Der Therapeut kann Kontakt mit dem Gutachter aufnehmen. Auch hat der Patient die Möglichkeit, bei einer Nichtbefürwortung durch den Erstgutachter und einer Nichtbewilligung durch die Krankenkasse Widerspruch einzulegen, wodurch der Weg für ein Zweitgutachten frei wird.

Durch das Verfassen des Antragsberichts erfüllt der Therapeut wesentliche Aufgaben seiner *Dokumentationspflicht*, die im Patientenrechtegesetz geregelt ist. Zu dokumentieren sind insbesondere Anamnese, Befunde, Untersuchungsergebnisse, durchgeführte Therapiemaßnahmen und ihre Wirkungen sowie Aufklärungen und Einwilligungen (§ 630 f. BGB Abs. 2). Die wesentlichen Anforderungen an eine Dokumentation nach dem Patientenrechtegesetz sind durch die Einhaltung der Gliederung nach dem PTV 3 erfüllt (▶ Tab. 1.3). Zu ergänzen wäre noch, dass die Therapieziele transparent und mit dem Patienten gemeinsam reflektiert werden müssen.

Tab. 1.3: Erfüllung zentraler Anforderungen an die Dokumentationspflicht nach dem Patientenrechtegesetz durch den Antragsbericht an den Gutachter.

Anforderungen an eine professionelle Dokumentation nach dem Patientenrechtegesetz (§ 630 f. BGB Abs. 2)	Gliederungspunkte des Leitfadens zum Erstellen des Berichts an den Gutachter (PTV 3)
Anamnese	• Punkt 2: Symptomatik • Punkt 4: Krankheitsanamnese
Untersuchungen, Untersuchungsergebnisse, Befunde	• Punkt 2: psychischer Befund und psychodiagnostische Testverfahren • Punkt 3: somatischer Befund • Punkt 4: funktionales Bedingungsmodell (Verhaltensanalyse)
Diagnosen	• Punkt 5: Diagnosen und Differentialdiagnosen
externe Arztberichte	• Punkt 3: psychotherapeutische, psychiatrische und psychosomatische Vorbehandlungen (beigefügte Berichte) • Punkt 4: epikritische Würdigung von Vorbehandlungen in der Krankheitsanamnese • Punkt 6: Reflexion von Vorbehandlungen hinsichtlich der geplanten Behandlung
Einwilligungen und Aufklärungen	• Punkt 5 (Diagnosen), der Patient muss über alle gestellten und der Krankenkasse mitgeteilten Diagnosen aufgeklärt

Tab. 1.3: Erfüllung zentraler Anforderungen an die Dokumentationspflicht nach dem Patientenrechtegesetz durch den Antragsbericht an den Gutachter. – Fortsetzung

Anforderungen an eine professionelle Dokumentation nach dem Patientenrechtegesetz (§ 630 f. BGB Abs. 2)	Gliederungspunkte des Leitfadens zum Erstellen des Berichts an den Gutachter (PTV 3)
	sein, auch über F6-Diagnosen und Zusatzkodierungen wie Z73.1 (Persönlichkeitsakzentuierung) • Punkt 6: konkrete und mit dem Patienten reflektierte Therapieziele
Therapien und ihre Wirkung	• Punkt 7 bei einem Umwandlungsantrag: bisheriger Behandlungsverlauf, Veränderung der Symptomatik und Ergebnisse in Bezug auf die Erreichung und Nichterreichung der Therapieziele • Punkt 1 im Bericht zum Fortführungsantrag: Darstellung des bisherigen Behandlungsverlaufs seit dem letzten Bericht, der Veränderung der Symptomatik und des Behandlungsergebnisses in Bezug auf die Erreichung und Nichterreichung der Therapieziele, aktuelle Diagnosen, aktueller psychischer Befund, weitere Ergebnisse psychodiagnostischer Testverfahren

1.3 Anliegen des Buchs

Sicherlich ist das Gutachterverfahren nicht ideal. Einige Veränderungen wie eine Verschlankung wurden durch die Strukturreform der Psychotherapie 2017 bereits umgesetzt: Der Bewilligungsschritt von 45 auf 60 Therapieeinheiten in der Verhaltenstherapie ist entfallen. Auch Berufsanfänger sind von der Berichtspflicht bei der Kurzzeittherapie befreit und müssen nicht erst 35 Genehmigungen sammeln. Eine Fortführung der Behandlung bis zur Höchstgrenze erfolgt in der Regel ohne erneute Begutachtung. Das liegt nun im Ermessensspielraum der Krankenkassen. Die Zahl der Gutachter wurde mehr als verdreifacht. 2016 (vor der Strukturreform) gab es 95 Gutachter für tiefenpsychologisch fundierte und analytische Psychotherapie sowie 92 Gutachter für Verhaltenstherapie, also insgesamt 187 Gutachter. Derzeit (Juli 2024) sind für alle Verfahren 640 Gutachter bestellt, davon 81 für die Bearbeitung von Zweitgutachten. Aktuell (Juli 2024) sind für Verhaltenstherapie bei Erwachsenen 217 Gutachter für Einzeltherapie und 125 Gutachter für Gruppentherapie bestellt. Hierdurch haben die einzelnen Gutachter weniger Antragsberichte zu begutachten. Dadurch ist ausgeschlossen, dass die Gutachtertätigkeit die wesentliche Einkommensquelle darstellt. Man wollte keine »Berufsgutachter«, die selbst nicht oder kaum psychotherapeutisch tätig sind, sondern ein Peer-Review-Verfahren. Eine Voraussetzung für die Bestellung als Gutachter ist eine mindestens dreijährige vertragsärztliche Tätigkeit. Gewiss sind weitere Verbesserungen wünschenswert. Nachvollziehbar ist auch, dass das Berichteschreiben für viele Psychotherapeuten nicht gerade zu den angenehmsten Tätigkeiten zählt. Dennoch überwiegen meines Erachtens die Vorteile.

Ich plädiere dafür, eigene dysfunktionale Einstellungen in diesem Zusammenhang zu modifizieren. Das gelingt, wenn man sich die positiven Aspekte vor Augen führt. Die Antragsberichte haben nur dann positive Nebeneffekte wie Qualitätssicherung und Abdeckung wesentlicher Elemente der Dokumentationspflicht, wenn sie ernstgenommen und individuell gestaltet werden. Wenn Therapeuten die Notwendigkeit des Antragsberichts utilisieren, dient das der Erfüllung der Dokumentationspflicht und der Qualitätsoptimierung (Ubben 2017, S. 30).

Daher ist das Ziel dieses Buchs, Mut zu machen zu einem individualisierten Bericht.

Die Basis ist ein plausibles funktionales Bedingungsmodell, aus dem konkrete Therapieziele und ein individualisiertes Behandlungskonzept abgeleitet werden können. Durch das Buch soll der Leser ermutigt werden, den Bericht in seinen eigenen Worten zu schreiben und nicht Textbausteine aus Antragsbüchern oder aus Muster-Fallberichten zu verwenden. Daher ist das Buch ausdrücklich nicht als Sammlung von Muster-Anträgen konzipiert, denn dies wäre das falsche Signal. Vielmehr soll der Leser Lust bekommen, seinen ganz persönlichen Stil zu finden und einen individualisierten Bericht zu schreiben – möglichst ohne copy and paste.

1.4   Was kommt nach der Abschaffung des Gutachterverfahrens?

2017 wurde das Gutachterverfahren reformiert. Der Umfang der Berichte wurde reduziert. Die Begutachtung von Fortführungsanträgen ist faktisch entfallen. Lediglich Anträge auf Überschreitung der Höchstgrenze werden noch begutachtet, außerdem Fortführungsanträge nach Teilbefürwortung, bei denen der Gutachter eine erneute Begutachtung empfohlen hat, falls ein Fortführungsantrag gestellt werden sollte. Der Gutachter kann im Freitextfeld des PTV 5 auch bei einer vollen Befürwortung empfehlen, einen Fortführungsantrag begutachten zu lassen, wenn es dafür inhaltliche Gründe gibt (etwa Wirtschaftlichkeitsgebot oder prognostische Bedenken). Grundsätzlich darf die Krankenkasse jeden Antrag begutachten lassen. Mit nur einem Antragsbericht kann seit 2017 in der Regel die verfahrensspezifische Höchstgrenze erreicht werden. Früher waren hierzu drei Begutachtungsschritte nötig. Diese Verschlankung führte bereits dazu, dass die Anzahl der Gutachten seit 2017 deutlich abgenommen hat. Zudem hat die Kassenärztliche Bundesvereinigung das Gutachterverfahren zu einem Peer-Review-Verfahren umgestaltet, das als hochwertiges Qualitätssicherungsverfahren gelten kann. Dies erfolgte durch die Erhöhung der Anzahl der Gutachter und durch eine transparente Regelung der Kriterien für die Bestellung der Gutachter.

Ohne eine Evaluation dieser Strukturreform abzuwarten, wurde 2019 das Gutachterverfahren per Gesetz abgeschafft. Hier wurde durchregiert; der Selbstverwaltung wurde kein Spielraum gelassen. Dies erfolgte völlig überraschend in einem sogenannten Omnibusverfahren ohne ausreichende Beratung durch Berufsverbände und ohne nennenswerte parlamentarische Diskussion. Der Gemeinsame Bundesausschuss (GBA) wurde beauftragt, bis Ende 2022 ein alternatives Verfahren der Qualitätssicherung zu erarbeiten. Wenn Begutachtung und Beantragung abgeschafft sind, wird es wahrscheinlich auch keine Kontingente mehr geben. Damit entfällt die Planungssicherheit für Therapeuten und Patienten. Wenn es kein vorab fest zugesichertes Kontingent mehr gibt, sind nachträgliche Wirtschaftlichkeitsprüfungen zu erwarten. Die Psychotherapeuten befinden sich damit in einer ähnlichen Situation wie Ärzte in der somatischen Medizin mit nachträglichen Wirtschaftlichkeitsprüfungen und Regressforderungen. Doch nicht nur die Therapeuten sind die Leidtragenden des politischen Schnellschusses. Wahrscheinlich führt die erfolgte Gesetzesänderung auch zu einer Benachteiligung schwer kranker Patienten, für die es dann noch schwieriger als ohnehin schon wird, einen Therapieplatz zu finden. Zudem kann dies dazu führen, dass Patienten mit einer komplexen und komorbiden Erkrankung zu kurz behandelt werden. Der politische Wille war wohl eine Vereinfachung für Psychotherapeuten und Patienten. Das tatsächliche Ergebnis ist aber für Patienten und Therapeuten zweifelhaft und ungewiss. Das Gesetz von 2019 ist mit der heißen Nadel gestrickt. Der Gesetzgeber nahm sich nicht die Zeit für eine angemessene Beratung mit Fachverbänden und für die Antizipation der tatsächlichen Konsequenzen in der Praxis. Fazit: Das Gesetz ist vielleicht gut gemeint, aber nicht gut gemacht.

Nun soll das seit mehr als 50 Jahren bewährte Gutachterverfahren durch eine sogenannte datengestützte Qualitätssicherung ersetzt werden. Das hat der Gemeinsame Bundesausschuss 2024 beschlossen. Informationen hierzu sind auf der Website der Kassenärztlichen Bundesvereinigung abrufbar (https://www.kbv.de/html/1150_71471.php, abgerufen am 05.12.2024). Dieses neue Verfahren hat bereits vor der Testphase viel berechtigte Kritik geerntet. Es handelt sich um eine Vollerfassung aller abgeschlossenen Psychotherapien bei Erwachsenen. Alle Psychotherapeuten werden zwangsverpflichtet, umfangreiche Angaben elektronisch zu übermitteln. Dieses bürokratische Verfahren soll ab 2025 zunächst in Nordrhein-Westfalen für sechs Jahre erprobt werden, bevor es dann voraussichtlich 2031 bundesweit eingeführt wird. Durch die Fragebogen-Bürokratie kommt auf die Psychotherapeuten ein erheblicher Mehraufwand zu. Aktuell sollen 101 Fragen von den Praxisinhabern zu jedem Patienten nach regulärem Therapieabschluss beantwortet werden. Solche Fragen können nach meiner Einschätzung die Prozessqualität einer Psychotherapie in keiner Weise abbilden. Zusätzlich sollen Daten aus Patientenbefragungen einfließen. Weicht die Patienteneinschätzung vom Therapeutendurchschnitt nach unten ab, wird der Therapeut auffällig. Diese Auffälligkeit hat zur Konsequenz, dass ein Stellungnahmeverfahren eingeleitet wird. Negative Patientenbewertungen lassen allerdings nicht zwangsläufig auf eine mangelnde Qualität der Behandlung schließen, sondern können auch dadurch begründet sein, dass ein Therapeut mehr schwierige Patienten hat oder dass er konfrontativer und konsequenter vorgeht als seine Durchschnittskollegen. Das Verfahren führt nach meiner Einschätzung lediglich zu einer überbordenden Bürokratie, erhöht aber wahrscheinlich nicht die Behandlungsqualität. Diese sogenannte Qualitätssicherung von fragwürdiger Qualität ist in meinen Augen ein Bürokratie-Ungetüm ohne ausreichende wissenschaftliche Fundierung. Ein schlankes Verfahren nach dem KISS-Prinzip (*keep it small and simple*) ist es sicherlich nicht. Der bürokratische Aufwand ist immens, der Nutzen zweifelhaft.

Es wird wertvolle Therapeutenzeit für die Befüllung von Fragenkatalogen vernichtet, die in meinen Augen weitgehend sinnfrei sind. Diese Zeit steht der Behandlung von Patienten nicht zur Verfügung. Außerdem ist eine Vollerfassung von allen Patienten nicht einzusehen. So etwas gibt es in der gesamten vertragsärztlichen Versorgung nicht, ist also ausschließlich für die Psychotherapie vorgesehen. Warum hält man ein derartiges Kontrollverfahren überhaupt für gerechtfertigt? Wie groß wäre wohl der Protest, wenn man ein solches Verfahren etwa Hausärzten, Orthopäden oder anderen Fachärzten zumuten würde?

Das bei vielen Therapeuten nicht gerade beliebte Gutachterverfahren wird es bis zum Abschluss des Modellprojekts in Nordrhein-Westfalen noch viele Jahre geben. Wahrscheinlich stellt das neue sogenannte Qualitätssicherungsverfahren eine Verschlimmbesserung dar. Das seit einem halben Jahrhundert bewährte Gutachterverfahren stellt ein etabliertes Peer-Review-Verfahren zur Qualitätssicherung dar, bildet die Grundlage für einen sicheren Behandlungsrahmen und bewahrt vor nachträglichen Wirtschaftlichkeitsprüfungen.

2 Verhaltenstherapeutische Diagnostik

2.1 Klassifikatorische Diagnostik

Die Erfassung der Symptomatik, der psychopathologische Befund nach dem AMDP-System, der somatische Befund und die Krankheitsanamnese sind die Basis für eine *Diagnose* nach gängigen Klassifikationssystemen (ICD-10, DSM-5).

Klassifikatorische (psychiatrische) Diagnostik hat als zentrales Ziel die Stellung einer Diagnose. Es besteht ein wesentlicher und prinzipieller Unterschied zwischen psychiatrischer und verhaltenstherapeutischer Diagnostik. Moderne psychiatrische Diagnostik weist die folgenden Charakteristika auf: Sie ist symptombezogen, deskriptiv (AMDP-System), operationalisiert, nicht ätiologisch orientiert, abstrahierend und klassifizierend. Eine Diagnose nach ICD-10 stellt die Basis für eine Behandlungsfinanzierung in der gesetzlichen und in der privaten Krankenversicherung dar. Eine derartige Abstraktion und *Klassifikation* ist also notwendig und sollte mit der nötigen Sorgfalt und Präzision durchgeführt werden. Eine Diagnose ermöglicht eine Orientierung für ein standardisiertes, manualgeleitetes Vorgehen. Mit der richtigen Diagnose kann man geeignete Behandlungsmanuale auswählen, die man für die Therapie nutzen kann und auch einsetzen sollte. Eine Klassifikation ist also wichtig, aber nicht ausreichend. Sie ist hilfreich, um die spezifisch verhaltenstherapeutische Exploration vorzubereiten.

Das Hauptziel der ätiologisch orientierten *verhaltensanalytischen Diagnostik* ist ein *funktionales Bedingungsmodell*, also eine *Verhaltensanalyse*, aus der Therapieziele und Behandlungsplan individualisiert abgeleitet werden. Zentrale Ziele der Verhaltensanalyse sind also die hypothesengeleitete Ableitung von konkreten/operationalisierten Therapiezielen und die Konstruktion eines *individualisierten* Veränderungskonzepts.

Der epochale Aufsatz zur Verhaltensanalyse wurde von Kanfer und Saslow 1965 unter dem Titel »Behavioral Analysis« publiziert. Schon der Untertitel »An Alternative to Diagnostic Classification« zeigt, dass bei der Verhaltensanalyse etwas grundlegend anderes als Klassifikation intendiert wird, nämlich Individualisierung und ein plausibles ätiologisch orientiertes Störungsmodell. Kanfer und Saslow (1965) vollzogen einen Paradigmenwechsel von der klassifikatorischen Statusdiagnostik zur funktionalen Verhaltensanalyse (Ubben 2017, S. 13). Auch das im aktuellen PTV 3 geforderte funktionale Bedingungsmodell steht in der Tradition von Kanfer und Saslow. Der erwähnte bahnbrechende Aufsatz von Kanfer und Saslow aus dem Jahr 1965 ist die Basis für alle späteren Schemata der Verhaltensanalyse.

Für eine korrekte Diagnosestellung muss man zwei Dinge kennen und beachten: die Definition der psychopathologischen Begriffe und die Diagnosekriterien nach ICD-10 (und nach DSM-5).

Für eine verhaltenstherapeutische Exploration sind zusätzliche Kenntnisse nötig. Man muss mit der Lerntheorie vertraut sein und gängige Störungsmodelle kennen, um gezielt beim individuellen Patienten die relevanten

Informationen für die Verhaltensanalyse zu explorieren.

Die *verhaltensanalytische Exploration* zeichnet sich durch zwei Spezifika aus: Sie ist *ätiologisch orientiert* und *hypothesengeleitet*. Die ätiologische Orientierung von Richtlinien-Psychotherapie ist in der Psychotherapie-Richtlinie (§ 3) verankert. Explizit wird betont (Psychotherapie-Richtlinie § 17 Abs. 1): »Verhaltenstherapie im Sinne dieser Richtlinie erfordert die Analyse der ursächlichen und aufrechterhaltenden Bedingungen des Krankheitsgeschehens (Verhaltensanalyse). Sie entwickelt ein entsprechendes Störungsmodell und eine übergeordnete Behandlungsstrategie, aus der heraus die Anwendung spezifischer Interventionen zur Erreichung definierter Therapieziele erfolgt.«

2.2 Psychopathologischer Befund

Es ist zu empfehlen, sich an etablierten Deskriptionsmodellen mit operationalisierten Begriffen zu orientieren, am besten am *AMDP-System*. Die Abkürzung AMDP steht für Arbeitsgemeinschaft für Methodik und Dokumentation in der Psychiatrie. Der Befund soll symptombezogen und deskriptiv dargestellt werden. Da es sich um einen Querschnitt, also eine Momentaufnahme handelt, ist das Präteritum das korrekte Tempus. Eine psychiatrische Diagnose kann aufgrund des psychopathologischen Befundes (Querschnitt) und des Verlaufs (Längsschnitt) gestellt werden.

Es wäre ein eklatantes Missverständnis und ein gravierendes Monitum, sich im psychopathologischen Befund lediglich auf den Ausschluss einer psychotischen Symptomatik und die Verneinung von akuter Suizidalität zu beschränken. Die zentrale Aufgabe besteht darin, die vom Patienten in seinen Worten geschilderte Symptomatik in adäquater Fachsprache (AMDP-System) abstrahierend zu beschreiben und zu klassifizieren.

Den Inhalt des psychopathologischen Befundes legt der Therapeut fest. Der Patient muss damit nicht einverstanden sein. Einige Kollegen handeln die wesentlichen Punkte in der Reihenfolge des AMDP-Systems ab. Das ist zwar nicht falsch, da es dem Gutachter zeigt, dass der Therapeut systematisch vorgeht. Es ist aber nicht nötig und sogar überflüssig und ermüdend, den Befund bei jedem Patienten mit dem Satz zu beginnen: »Der Patient war wach, bewusstseinsklar und zu allen Qualitäten vollständig orientiert.« Das ist bei fast allen ambulanten Psychotherapie-Patienten der Fall. Es ist nicht erforderlich, alle psychopathologischen Symptome nach dem AMDP- System vollständig aufzuführen, wenn dies im konkreten Fall nicht relevant ist (Bender et al. 2018, S. 157).

Sinnvoll ist es, den psychopathologischen Befund im Antragsbericht auf die *relevanten Positiva und Negativa* zu beschränken. So muss der Befund bei einer Depression eingehen auf die Haupt- und Nebensymptome nach ICD-10. Bei der Diagnose F32 oder F33 muss der Befund Angaben zu den Kernsymptomen der Depression enthalten: depressive Stimmung, verminderte affektive Reagibilität, Verlust von Interesse oder Freude, Antriebslosigkeit (erhöhte Ermüdbarkeit, Energielosigkeit), Konzentrationsstörungen, Gedächtnisstörungen, formale Denkstörungen (Grübeln, Denkverlangsamung, Denkhemmung), Anhedonie, vermindertes Selbstwertgefühl und Selbstvertrauen, Schuldgefühle, Gefühle von Wertlosigkeit, negative und pessimistische Zukunftsperspektive, Hoffnungslosigkeit, Wahn (hypochondrischer Wahn, Verarmungswahn, Schuldwahn, nihilistischer Wahn), psychomotorische Gehemmtheit oder Agitiertheit, passive Todeswünsche, Suizidgedanken, Schlafstörungen, gesteigerter oder verminderter Appetit, Gewichtsverlust oder Gewichtszunahme, Libidoverlust, sexuelle Funktionsstörungen, psychovegetative Symptome (Obstipation, Kopfschmerzen, Herzbeschwerden, Ohrgeräusche, Schwindel), circadiane Schwankungen (Morgentief).

Frühere Suizidversuche gehören zur Krankheitsanamnese und strenggenommen nicht zum psychopathologischen Befund, der eine Momentaufnahme darstellt. Inhaltlich ist es jedoch durchaus sinnvoll, Suizidversuche hier zu erwähnen, weil das für die Einschätzung des Suizidrisikos relevant ist. Man könnte dies beispielsweis hinter den AMDP-Items positionieren. Im Anschluss an den psychopathologischen Befund nach dem AMDP-System kann man auch relevante Aspekte aus dem Interaktionsverhalten, auffällige Persönlichkeitszüge und die »Gegenübertragung« darstellen – freilich in verhaltenstherapeutisch akzeptabler und nicht in psychodynamischer Terminologie. Im PTV 3 sind derartige Informationen unter Punkt 2 aufgeführt: »Auffälligkeiten bei der Kontaktaufnahme, der Interaktion und bezüglich des Erscheinungsbildes«.

Problematisch ist es, wenn die Diagnose in Punkt 5 nicht aus dem psychopathologischen Befund und der Krankheitsanamnese ableitbar ist. Psychopathologischer Befund und Diagnose müssen kompatibel sein.

Es ist zu empfehlen, sich als Psychotherapeut mit der Terminologie des AMDP-Systems intensiv vertraut zu machen, etwa durch Lektüre des Manuals oder durch entsprechende Seminare. Auf der Website der AMDP (amdp.de) gibt es einen kostenlosen Online-Test mit 50 Fragen. Hier können Sie sich selbst prüfen und entscheiden, ob Sie auf dem Gebiet der deskriptiven Psychopathologie noch fit genug sind oder von einem Auffrischungstraining oder der (erneuten) Lektüre des Manuals profitieren könnten. Selbstverständlich darf der Befund wie der gesamte Bericht keine abwertenden Äußerungen enthalten.

Ein häufiger Fehler in Antragsberichten ist, dass bei einer Depression im Befund formale Denkstörungen zwar ausgeschlossen werden, später im Bericht aber von Grübeln die Rede ist. Grübeln gehört per definitionem zu den formalen Denkstörungen. Weitere formale Denkstörungen bei der Depression sind gehemmtes Denken, verlangsamtes Denken, eingeengtes Denken. Viele Patienten sind umständlich/weitschweifig; auch umständliches Denken gehört zu den formalen Denkstörungen.

Bei Depressionen ist es wichtig, auf die Symptome des somatischen Syndroms im psychopathologischen Befund einzugehen: Appetitverlust, Gewichtsabnahme, Früherwachen, Morgentief, Libidoverlust, psychomotorische Hemmung oder Agitiertheit, Anhedonie, Interessenverlust, verminderte affektive Reagibilität. Selbstverständlich muss bei einer schweren Depression der Befund Angaben enthalten zum Vorhandensein oder zur Abwesenheit von synthymen oder parathymen psychotischen Symptomen. Synthyme Wahnthemen wären Schuldwahn, Verarmungswahn, hypochondrischer oder nihilistischer Wahn. Gerade bei schweren Depressionen ist eine gründliche Abklärung von Suizidalität obligat: Lebensüberdruss, Hoffnungslosigkeit, Verzweiflung, passive Todeswünsche, Suizidgedanken, vorausgegangene Suizidversuche.

2.3 Verhaltensanalytische Diagnostik

Während moderne psychiatrische Diagnostik deskriptiv ist, erfüllt die *Diagnostik in der Verhaltenstherapie* weitere Aufgaben (Eckert 2010; Fliegel 2010; Hautzinger 2015):

- In der Verhaltensanalyse werden die Entstehungs- und Aufrechterhaltungsbedingungen der Störung hypothetisch erklärt (explikative oder explanatorische Diagnostik).
- Es wird geklärt, ob eine Verhaltenstherapie indiziert ist (dezisionale Diagnostik, Indikationsdiagnostik).
- Schließlich wird eine Abschätzung des Behandlungserfolgs, also eine Einschätzung der Prognose verlangt (prognostische oder prädiktive Diagnostik).

Die Diagnostik in der Verhaltenstherapie umfasst fünf Bereiche (Hautzinger 2015; Ubben 2017, S. 8):

- Deskriptive/klassifikatorische Diagnostik (Symptome, psychopathologischer Befund nach dem AMDP-System, Diagnose nach ICD-10)
- Somatische Diagnostik (körperliche Faktoren)
- Biographische Diagnostik (soziale Anamnese, Lern- und Entwicklungsgeschichte)
- Eigenschafts- und Statusdiagnostik (Persönlichkeitseigenschaften, kognitiv-intellektuelle Leistungsfähigkeit)
- Funktionales Bedingungsmodell mit Makroanalyse nach dem 3-Faktoren-Modell (prädisponierende, auslösende und aufrechterhaltende Bedingungen) und Mikroanalyse nach dem SORKC-Schema

Die verhaltensanalytische Exploration ist strukturiert, *hypothesengeleitet* und zielorientiert unter der Perspektive der zu erstellenden Verhaltensanalyse. Das Hauptziel ist die Erarbeitung eines hypothetischen ätiologischen Erklärungsmodells des in der Therapie zu verändernden Problemverhaltens. Das funktionale Bedingungsmodell bildet die Basis für die Ableitung von konkreten Therapiezielen und für die Konzeption eines individualisierten Behandlungsplans.

Hierzu müssen die Informationen konkret, detailliert und gegenwartsbezogen erhoben werden. Im Antragsbericht wird ein »Spagat« verlangt zwischen dem klassifikatorischen Ansatz (psychopathologischer Befund nach dem AMDP-System und der ICD-10-Diagnose) und dem individualisierten Ansatz (funktionales Bedingungsmodell, Zielanalyse, individualisierter Behandlungsplan).

Das Ätiologiemodell in der Verhaltenstherapie ist multifaktoriell und hypothetisch. Hypothesen sind wichtig, weil ein hypothesenfreies Vorgehen in der Therapie ein erratischer Prozess wäre wie das sprichwörtliche Stochern mit Stangen im Nebel (Reinecker 2015, S. 43). *Ätiologische Hypothesen* sind notwendig, um daraus ein systematisches und rational begründbares Veränderungskonzept abzuleiten. Ohne hypothesengeleitetes Behandlungskonzept »geraten Therapieprozesse zu einem unsystematischen und inkonsistenten Ad-hoc-Geschehen« (Ubben 2017, S. 33 und S. 56).

Es liegt in der Natur der Sache, dass das funktionale Bedingungsmodell immer vorläufig (heuristisch) und unvollständig ist. Das meint schon der Begriff der funktionalen Analyse, der als bescheidenere Variante einer kausalen Erklärung verstanden werden kann. In einer kausalen Erklärung geht es um die Erfassung aller relevanten Bedingungen für das Auftreten eines Ereignisses.

Will man moderne Verhaltenstherapie mit nur zwei Worten beschreiben, könnte man sich auf den Begriff *funktionale Analyse* beschränken (Reinecker 2015, S. 44). In der *funktionalen Verhaltensanalyse* versucht man, diejenigen Entstehungs- und Aufrechterhaltungsbedingungen zu identifizieren, deren Veränderung eine Modifikation des Problems bewirken (Reinecker und Gmelch 2009). Die verhaltenstherapeutische Diagnostik ist – im Unterschied zur deskriptiven psychiatrischen Diagnostik – insofern eine *therapiebezogene Diagnostik*, als sie der Therapieplanung dient (Kanfer und Saslow 1976, S. 36; Ubben 2017, S. 8). Die funktionale Bedingungsanalyse wird nicht »l'art pour l'art« erstellt. Die Verhaltensanalyse ist die Grundlage für die individualisierte Ableitung von Therapiezielen und die Erarbeitung eines Veränderungskonzepts.

Die Analyse der funktionalen Zusammenhänge ermöglicht die individualisierte Ableitung des Veränderungskonzepts. Dabei sind die im hypothetischen Bedingungsmodell formulierten Zusammenhänge als probabilistisch zu verstehen. Das Problemverhalten wird in Anlehnung an den Funktionsbegriff in der Mathematik als abhängige Variable vorausgehender Reize (Stimuli) und nachfolgender Bedingungen (Konsequenzen) verstanden (Wassmann und Batra 2013 b, S. 34). Bei der funktionalen Betrachtungsweise geht es um folgende zentrale Frage (Wassmann und Batra 2013 a, S. 51): Inwiefern ist das Problemverhalten (abhängige Variable) das Resultat aus vorausgehenden und nachfolgenden Bedingungen (unabhängige Variablen) bei diesem Individuum in dieser konkreten Situation? Funktionale Analyse meint die Erfassung sowohl der dem Problemverhalten (Symptom) vorausgehenden ursächlichen Bedingungen als auch der nachfolgenden aufrechterhaltenden Bedingungen (Dieckmann et al. 2018, S. 58). Das Verhalten wird also analysiert als die Funktion von zeitlich vorausgehenden und nachfolgenden Bedingungen. Die unabhängigen Variablen sind die vorausgehenden Bedingungen (Stimulusbedingungen) und die nachfolgenden Bedingungen (Konsequenzen). Die Reaktion (das Problemverhalten) ist also eine Funktion von auslösenden Bedingungen und Konsequenzen.

Eine *funktionale Verhaltensanalyse* zielt also darauf ab, diejenigen Variablen zu identifizieren, die das therapeutisch zu verändernde Problemverhalten kontrollieren/steuern (Kanfer und Saslow 1976, S. 34 f.).

2.4 Individualisierung und Standardisierung in der Verhaltenstherapie

Ein *klassifikatorische Diagnose* nach ICD oder DSM ermöglicht den Rückgriff auf *evidenzbasierte störungsspezifische Therapieprogramme*. Der Therapeut sollte, soweit wie möglich, im Therapieplan evidenzbasierte Leitlinien und störungsspezifische Manuale verwenden. Jedoch ist, soweit wie nötig, die Behandlungskonzeption individuell auf der Basis des funktionellen Bedingungsmodells neu zu konstruieren (Ubben 2017, S. 21). Anders formuliert: *Soweit wie möglich standardisieren, soweit wie nötig individuell neu konstruieren* (Ubben 2017, S. 51 f.).

Insbesondere bei komplexen und komorbiden Störungen kann nicht auf ein einzelnes Manual zurückgegriffen werden. Hier muss die Therapieplanung unter Rückgriff auf geeignete evidenzbasierte Therapieelemente individuell neu konstruiert werden. Störungsspezifische Konzepte müssen immer individuell auf den einzelnen Patienten abgestimmt werden. Der Therapieplan ist also immer maßgeschneidert.

Die moderne Verhaltenstherapie ist charakterisiert durch die *Dialektik von Standardisierung und Individualisierung* (▶ Abb. 2.1). Die beiden Extrempositionen Standardisierung versus Individualisierung werden aufgegeben zugunsten einer Balance und Synthese beider Ansätze. *Standardisierung:* Aus der klassifikatorischen Diagnose (ICD, DSM) wird unter

Verzicht auf eine funktionale Verhaltensanalyse der Therapieplan standardisiert abgeleitet. *Individualisierung:* Der Behandlungsplan wird aus der Verhaltensanalyse individuell neu konstruiert (Ubben 2017, S. 7).

Joseph Wolpe (1986) hat die Erarbeitung eines individualisierten ätiologischen Störungsmodells als den *kategorischen Imperativ der Verhaltenstherapie* bezeichnet. Er plädierte für ein individualisiertes Störungsmodell: »individualization is the key to successful treatment« (Wolpe 1986, S. 152). Den störungsspezifischen Ansatz ohne individualisiertes funktionales Bedingungsmodell nannte Wolpe (1986, S. 149) »sausage machine approach«. Der Therapeut steht vor der Herausforderung, eine gelungene Synthese aus beiden Ansätzen herzustellen.

Der Verzicht auf eine Verhaltensanalyse führt wahrscheinlich zur Nichtbefürwortung durch den Gutachter. Das Ignorieren evidenzbasierter störungsspezifischer Konzepte lässt Zweifel aufkommen, ob die Therapie aktuellen fachlichen Standards entspricht.

Die in den 1990er Jahren intensiv diskutierte Kontroverse zwischen störungsspezifischer Standardisierung einerseits und Individualisierung auf der Basis der Verhaltensanalyse andererseits ist inzwischen überwunden zugunsten einer dialektischen Sichtweise (Ubben 2017, S. 10). Bei Kassenanträgen sind eine Verhaltensanalyse und die Individualisierung des Therapiekonzepts obligat. Für den Therapieplan kann als grobe Orientierung gelten: Standardisierte manualisierte Therapieprogramme sind am ehesten geeignet für Patienten mit umgrenzten Störungen, also einer Einzeldiagnose und unproblematischem Persönlichkeitsstil. Zu denken wäre hier an eine Spinnen- oder Hundephobie, die nach einem evidenzbasierten Manual oder in einer störungsspezifischen Gruppentherapie in kurzer Zeit erfolgreich behandelt werden kann.

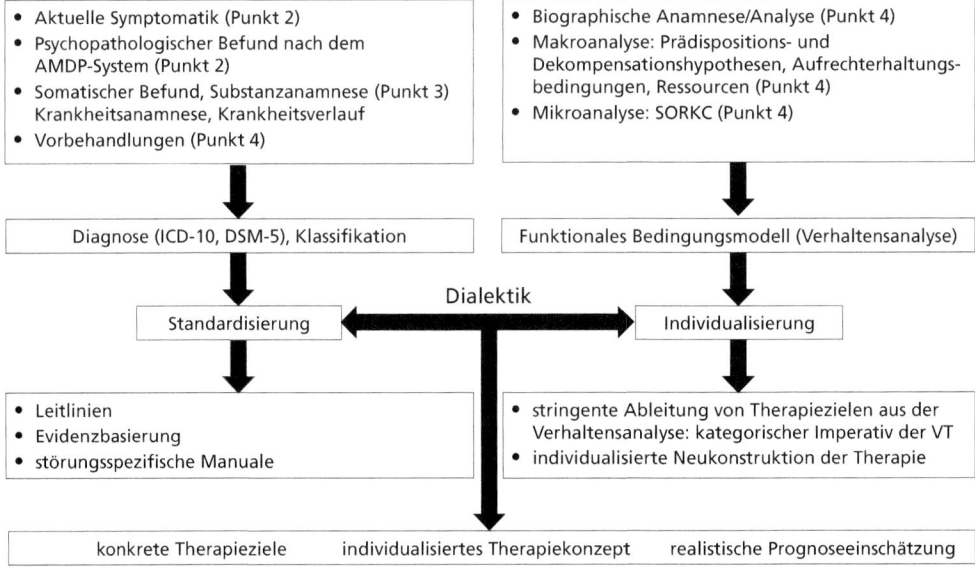

Abb. 2.1: Dialektik von Standardisierung und Individualisierung in der Verhaltenstherapie. Die klassifikatorische Diagnostik ermöglicht die Orientierung an evidenzbasierten Leitlinien und störungsspezifischen Therapiemanualen. Das funktionale Bedingungsmodell dient der Ableitung von konkreten Therapiezielen und der Individualisierung des Behandlungskonzepts. Grundregel: so viel Standardisierung und Evidenzbasierung wie möglich, so viel Individualisierung wie nötig.

Gerade bei Patienten mit komplexen und komorbiden Störungsbildern, Persönlichkeitsstörungen und schwierigen Interaktionsstilen ist der Behandlungsplan individualisiert neu zu konstruieren (Ubben 2017, S. 10 f.). Komplexität und Komorbidität, ein problematischer Interaktionsstil oder Persönlichkeitsstörungen erfordern also eine besonders individuelle Anpassung evidenzbasierter Therapieelemente an den Einzelfall.

Ein Manko der individualisierten Neukonstruktion ist die häufig unzureichende Operationalisierung. Legt sich der Therapeut in seinem Behandlungskonzept zu wenig fest, besteht die Gefahr, dass ein überkomplexer und inkonsistenter Methodeneinsatz erfolgt (Ubben 2017, S. 12). Traditionell basiert die Therapieplanung auf dem Problemlöserational mit den Einzelschritten Problemanalyse – Zielableitung – Mittelwahl/Therapieplanung – Realisierung – Ergebnisbewertung/Evaluation (Ubben 2017, S. 29).

3 Leitfaden zur Strukturierung von Sprechstunden und Probatorik

Nach der aktuell gültigen Psychotherapie-Richtlinie muss im Regelfall vor einer Richtlinien-Psychotherapie mindestens eine *psychotherapeutische Sprechstunde* von mindestens 50 Minuten Dauer erfolgen. Maximal möglich sind bis zu drei Sprechstunden (6 Einheiten von 25 Minuten Dauer, also 150 Minuten). Danach sind mindestens zwei *probatorische Sitzungen* Pflicht. Maximal möglich sind vier probatorische Sitzungen (Psychotherapie-Richtlinie § 12 Abs. 3). Der Antrag kann schon gestellt werden, wenn die zweite probatorische Sitzung lediglich terminiert, aber noch nicht durchgeführt worden ist.

Durch die *psychotherapeutische Sprechstunde* sollen Versicherte einen zeitnahen und niedrigschwelligen Zugang zu einer ambulanten Psychotherapie bekommen. Ziel ist die orientierende Abklärung, ob (der Verdacht auf) eine krankheitswertige Störung vorliegt und welche Hilfsmaßnahmen im System der gesetzlichen Krankenversicherung notwendig sind (Psychotherapie-Richtlinie § 11). Bei Verdacht auf eine krankheitswertige und behandlungsbedürftige Störung findet eine orientierende diagnostische Abklärung (ODA) und, falls erforderlich, eine differentialdiagnostische Abklärung (DDA) statt (Psychotherapie-Richtlinie § 10 Abs. 2). Im Rahmen der Sprechstunde sollen eine erste Diagnosestellung, eine orientierende Klärung des individuellen Behandlungsbedarfs, eine Information des Patienten, eine Beratung und Behandlungsempfehlung sowie im Bedarfsfall eine kurze psychotherapeutische Intervention erfolgen (Psychotherapie-Richtlinie § 11 Abs. 3). Das Ergebnis der Sprechstunde wird im PTV 11 (individuelle Patienteninformation) dokumentiert (Psychotherapie-Richtlinie § 11 Abs. 14).

Absolutes Minimum vor einem Erstantrag sind also zwei Vorgespräche (eine Sprechstunde, erste probatorische Sitzung durchgeführt und zweite probatorische Sitzung terminiert). Maximal möglich sind insgesamt sieben Vorgespräche (drei Sprechstunden und vier probatorische Sitzungen).

Probatorische Sitzungen haben folgenden Zweck (§ 12 Psychotherapie-Richtlinie):

- diagnostische Klärung und differentialdiagnostische Abklärung der Erkrankung
- Vertiefung der Anamnese- und Befunderhebung
- weitere Indikationsstellung (nach erster Indikationsstellung im Rahmen der psychotherapeutischen Sprechstunde)
- Feststellung der Eignung des Patienten für ein bestimmtes Verfahren (selektive Indikation)
- Einschätzung der Prognose
- Klärung der Motivation, der Kooperations- und der Beziehungsfähigkeit des Patienten
- Abschätzung der Möglichkeit eines konstruktiven und veränderungsorientierten Arbeitsbündnisses
- Aufklärung und Einwilligung in die geplante Psychotherapie und gemeinsame Festlegung der Therapieziele

Abgerechnet werden kann zusätzlich die biographische Anamnese mit Bestimmung des verhaltensanalytischen Status (EBM 35140). Hierbei handelt es sich um eine »Schreibtischziffer«. Die Informationen können im Rahmen der Sprechstunde und der Probatorik erhoben werden; für die Abrechnung der Ziffer ist kein zusätzlicher Patientenkontakt nötig. Für das Verfassen des Berichts kann die Gebührenordnungsposition EBM 35131 (Langzeittherapie) oder EBM 35130 (Kurzzeittherapie) abgerechnet werden.

Nachfolgend wird tabellarisch eine Art Fahrplan erstellt, welche Punkte in den Sprechstunden und probatorischen Sitzungen exploriert werden müssen, um die Informationsbasis für einen überzeugenden und qualitativ hochwertigen Antragsbericht zu generieren. Die Anzahl der notwendigen Sitzungen (mindestens zwei, maximal sieben) ergeben sich aus der individuellen Konstellation des Einzelfalls. Es hängt vom Einzelfall und der Präferenz des Therapeuten ab, wie die einzelnen Inhalte der Exploration auf Sprechstunden und probatorische Sitzungen verteilt werden. Bei einem Umwandlungsantrag müssen noch entsprechende Informationen über den Verlauf der Kurzzeittherapie (KZT 1 und KZT 2) ergänzt werden.

In den folgenden beiden Tabellen findet sich eine grobe Struktur von fünf Vorgesprächen als erste Orientierungshilfe (▶ Tab. 3.1) sowie eine mögliche Ausdifferenzierung (▶ Tab. 3.2).

Tab. 3.1: Grobstruktur von fünf Vorgesprächen (psychotherapeutische Sprechstunden und probatorische Sitzungen) vor Einleitung einer Richtlinientherapie.

Sitzung	Inhalte
1	• Krankheitsanamnese • Psychopathologischer Befund • Verdachtsdiagnose
2	• Ergänzungen zum Befund und zur Differentialdiagnose • Funktionales Bedingungsmodell 1: Mikroanalyse (horizontale Verhaltensanalyse nach dem SORKC-Schema)
3	• Biographische Anamnese, fokussiert auf relevante Informationen für die Makroanalyse • Funktionales Bedingungsmodell 2: Makroanalyse (prädisponierende, auslösende und aufrechterhaltende Bedingungen, Funktionalität, Ressourcen)
4	• Ggf. Präzisierung der Makroanalyse • Komplettierung des funktionalen Bedingungsmodells
5	• Gemeinsame Festlegung von Therapiezielen auf der Basis des funktionalen Bedingungsmodells • Aufklärung, Einwilligung (informed consent), Klärung von offenen Fragen, Absprache von Rahmenbedingungen (Therapievertrag), Antragstellung

Tab. 3.2: Vorschlag zur Verteilung von Explorationsschwerpunkten auf fünf Vorgespräche (Sprechstunden und Probatorik).

Sitzung	Inhalte	Punkte nach PTV 3
1	• Zentrale Frage des Erstgesprächs: Weswegen kommt der Patient in Therapie? • Orientierung über die aktuelle Symptomatik (Schwere der Erkrankung, Leidensdruck, Veränderungsmotivation) • Welches Anliegen/welchen Therapieauftrag hat der Patient? (Ziele, Erwartungen, Wünsche und Hoffnungen) • Krankheitserleben des Patienten: Störungsmodell (Krankheitskonzept) des Patienten (Health-Belief-Modell)? • Exploration von wesentlichen Teilen des psychopathologischen Befundes (obligat: Abklärung von akuter Eigen- und Fremdgefährdung und von Suizidalität) • Liegt eine krankheitswertige und behandlungsbedürftige psychische Störung vor (Verdachtsdiagnose)? • Warum kommt der Patient gerade jetzt in Therapie? (Hinweise auf aktuelle Auslöser, Dekompensationshypothesen) • Psychotherapeutische und psychiatrische Vorbehandlungen • Erfassung soziodemographischer Basisdaten (Alter, Geschlecht, aktueller Beruf, aktuelle soziale Situation, Familienstand, Beziehungsstatus, Kinder, Arbeitsunfähigkeit, Rentenantrag)	1, 2, 5
2	• Reaktionen des Patienten auf das Erstgespräch (offene Fragen, wichtige Ergänzungen aus Sicht des Patienten) • Ggf. Komplettierung der Krankheitsanamnese (insbesondere Krankheitsverlauf, psychotherapeutische Vorbehandlungen, somatische Erkrankungen, psychopharmakologische Medikation) • Ggf. Komplettierung des psychopathologischen Befundes und der Differentialdiagnostik • Testdiagnostische Untersuchungen • Zentrales Ziel der zweiten Sitzung: Mikroanalyse (SORKC-Schema) • Ressourcenanalyse	2, 3, 4, 5
3	• Biographische Anamnese mit Fokus auf aktuellen auslösenden und prädisponierenden Bedingungen • Zentrales Ziel der dritten Sitzung: Makroanalyse (prädisponierende, auslösende und aufrechterhaltende Bedingungen, Dekompensationshypothesen, Hypothesen zur intraindividuellen und interaktionellen Funktionalität der Störung)	4
4	• Ggf. Ergänzung, Vertiefung und Präzisierung des funktionalen Bedingungsmodells • Gemeinsame Erarbeitung eines plausiblen Störungsmodells (Transparenz, Psychoedukation) • Überlegungen des Therapeuten zur Gestaltung der therapeutischen Beziehung (motivorientierte Beziehungsgestaltung) • Aufklärung über Diagnosen, Informationen über das geplante Therapieverfahren, Aufklärung über Behandlungsalternativen (Differentialindikation), Abstimmung des Indikationsvorschlags mit dem Patienten (informed consent, partizipative Entscheidungsfindung, shared decision-making)	4

Tab. 3.2: Vorschlag zur Verteilung von Explorationsschwerpunkten auf fünf Vorgespräche (Sprechstunden und Probatorik). – Fortsetzung

Sitzung	Inhalte	Punkte nach PTV 3
5	• Ableitung von Ansatzpunkten (targets) und konkreten Therapiezielen aus der Verhaltensanalyse nach einem Was-Stattdessen-Modell (SORKC-Alternativen) mit operationalisierten Zielerreichungskriterien • Gemeinsame Reflexion und Festlegung der wichtigsten Therapieziele auf der Basis des Störungsmodells mit dem Patienten (operationalisierte Zielerreichungskriterien): Woran erkennen Patient und Therapeut eine Verbesserung, eine Stagnation oder eine Verschlechterung? • Realistische Prognoseeinschätzung • Erarbeitung eines individualisierten Behandlungskonzepts: Welche Interventionen sind in welcher Reihenfolge geeignet, um die gemeinsam definierten Therapieziele zu erreichen? • Klärung von offenen Fragen • Aufklärung über die bisher durchgeführten Untersuchungsergebnisse, die Diagnose und das Therapiekonzept (Einwilligung des Patienten nach prozesshafter Aufklärung) • Absprachen über Rahmenbedingungen (Therapievertrag) • PTV 1 vom Patienten unterschreiben lassen	6

4 Funktionales Bedingungsmodell (Verhaltensanalyse)

Die *funktionale Verhaltensanalyse* ist das Fundament der Verhaltenstherapie. Die Basis eines individualisierten Behandlungskonzepts bildet das funktionale Bedingungsmodell. Aus der Verhaltensanalyse werden die konkreten Therapieziele abgeleitet. Im Behandlungsplan wird ein Veränderungskonzept dargestellt. Darin wird individualisiert aufgezeigt, mit welchen Methoden/Interventionen die aus dem hypothetischen Bedingungsmodell abgeleiteten Therapieziele erreicht werden sollen.

Das steht explizit so in der Psychotherapie-Richtlinie (§ 17 Abs. 1): »Verhaltenstherapie im Sinne dieser Richtlinie erfordert die Analyse der ursächlichen und aufrechterhaltenden Bedingungen des Krankheitsgeschehens (Verhaltensanalyse). Sie entwickelt ein entsprechendes Störungsmodell und eine übergeordnete Behandlungsstrategie, aus der heraus die Anwendung spezifischer Interventionen zur Erreichung definierter Therapieziele erfolgt.« Die Hypothesenbildungen im Rahmen des *funktionalen Bedingungsmodells* haben also unmittelbare praktische Konsequenzen, denn sie sind die Grundlage des therapeutischen Veränderungskonzepts. Auch wenn das Bedingungsmodell hypothetisch ist und später modifiziert werden kann oder im Einzelfall sogar grundlegend revidiert werden muss, ist es die Grundlage für das Behandlungskonzept. Es ist besser, als Therapeut einen Plan zu haben, denn sonst verläuft die Therapie planlos und gerät zu einem inkonsistenten und improvisierten Ad-hoc-Geschehen. Dann beginnt eine Therapiesitzung nach dem Motto des Therapeuten: »mal sehen, was heute vom Patienten kommt« (Grawe 2004, S. 432). Ein unstrukturiertes und konzeptloses Vorgehen sieht so aus: Der Therapeut setzt sich mit dem Patienten zusammen, lässt ihn von seinen aktuellen Problemen und Erfahrungen der letzten Woche erzählen. Inhalt und Vorgehen der Sitzung orientieren sich an den »Current Concerns« und nicht an einem Behandlungsplan. Der Therapeut geht verständnisvoll auf die narrativen Inhalte des Patienten ein, ermuntert ihn, seine wahren Gefühle zu verbalisieren, und versucht, durch gelegentliche Interventionen, neue Gedanken und alternative Verhaltensweisen anzuregen (Grawe 2004, S. 432). Das wäre nicht das, was mit einem strukturierten und veränderungsorientierten Vorgehen gemeint ist, das Richtlinientherapie auszeichnet. Entsprechend definierte Hans Strotzka Psychotherapie als einen bewussten und geplanten interaktionellen Prozess und nicht als spontanes aleatorisches Geschehen. Hautzinger (2013, S. 73) definiert als therapeutische Grundregel: »Don't ship around!« Hautzinger hält es für nicht zielführend, sich primär von den Einfällen, Themenangeboten und Befindlichkeiten des Patienten leiten zu lassen. Unstrukturierte Therapiesitzungen führen meist dazu, dass es den Patienten danach nicht besser geht und die Therapeuten von der Dysphorie der Patienten angesteckt werden (Hautzinger 2013, S. 73). Es braucht also ein funktionales Bedingungsmodell, um Hypothesen zu generieren, auf denen das Behandlungskonzept basiert.

Joseph Wolpe (1986) nannte die Individualisierung, also die konkrete Ableitung der Therapieziele und des Behandlungsplans aus dem individuell konstruierten Bedingungsmodell, den kategorischen Imperativ der Verhaltenstherapie.

Im Kommentar zur Psychotherapie-Richtlinie werden zwei gängige Modelle der Verhaltensanalyse explizit genannt (Dieckmann et al. 2018, S. 59): das *SORKC-Schema nach Kanfer* und die *Problemanalyse nach Bartling et al.* (2016). Im alten Berichtsleitfaden (vor 2017) wurde eine Funktions- und Bedingungsanalyse »in Anlehnung an das S-O-R-K-C-Modell« noch explizit gefordert. Im PTV 3 werden als Unterpunkte zum funktionalen Bedingungsmodell die folgenden Begriffe genannt: Verhaltensanalyse, prädisponierende, auslösende und aufrechterhaltende Bedingungen und kurze Beschreibung des übergeordneten Störungsmodells (Makroanalyse).

Es wäre falsch, die Verhaltensanalyse nur auf die Makroanalyse zu beschränken. Auch nach dem neuen Berichtsleitfaden werden sowohl eine Makro- als auch eine Mikroanalyse verlangt. So steht es auch im Kommentar zur Psychotherapie-Richtlinie (Dieckmann et al. 2018, S. 58 f.). Auch Bender et al. (2018, S. 160) empfehlen in ihrem Praxishandbuch die Durchführung einer Mikroanalyse: »Auslösende und aufrechterhaltende Bedingungen sind konkret zu beschreiben, am besten in Form einer Mikroanalyse, beispielsweise anhand des SORKC-Modells.« Eine lege artis durchgeführte Verhaltensanalyse besteht sowohl aus einer *Makroanalyse* als auch aus einer *Mikroanalyse*.

Die Makroanalyse wird auch als vertikale Verhaltensanalyse, die Mikroanalyse als horizontale Verhaltensanalyse bezeichnet. Eine Art Schnittstelle von vertikaler und horizontaler Verhaltensanalyse (Kanfer et al. 2012, S. 206 und S. 214) stellt die Organismusvariable dar (▶ Abb. 4.1).

Kanfer et al. (2012, S. 199) vergleichen das Vorgehen des Therapeuten bei der Verhaltensanalyse mit dem eines Fotografen, der als erstes eine Weitwinkel-Einstellung wählt, um zunächst einen groben allgemeinen Überblick zu bekommen. Dies entspricht der Makroanalyse. Danach werden die interessanten Bildausschnitte mit dem Teleobjektiv herangeholt (gezoomt). Dies entspricht der Mikroanalyse. Auf Mikroebene wird das Problemverhalten auf den vier Manifestationsebenen (emotional, kognitiv, physiologisch, verhaltensmäßig/behavioral) präzise beschrieben. In der Mikroanalyse werden funktionale Abhängigkeiten von vorausgehenden und nachfolgenden Bedingungen untersucht.

> Eine vollständige Verhaltensanalyse braucht immer sowohl die Makro- als auch die Mikroebene. Die Mikroanalyse ist obligater Bestandteil einer SORKCfältigen Verhaltensanalyse.

Eine ausschließliche Weitwinkelperspektive (Makroanalyse) wäre zu grob und zu vage, würde also nicht ausreichen, um wichtige Details zu erfassen. Eine ausschließliche Teleperspektive (Mikroanalyse) wäre ebenfalls unzureichend, da vor lauter Details relevante Zusammenhänge übersehen würden (Kanfer et al. 2012, S. 199). Das wäre etwa so, als stünde man zu nah vor einem Mosaik. Man kann zwar die Farbnuancen, Formunterschiede und die Zusammensetzung der einzelnen Mosaiksteine präzise beschreiben, sieht aber nicht das Gesamtbild. Es ist naheliegend, dass man zuerst mit der Makroanalyse beginnt. Dieser Ansatz entspricht dem gängigen Prinzip einer technischen Störungssuche und einer medizinischen Untersuchung. Erst gewinnt man einen grob-orientierenden Überblick über das Problem (Makroanalyse), um es dann genauer einzukreisen (Mikroanalyse).

4 Funktionales Bedingungsmodell (Verhaltensanalyse)

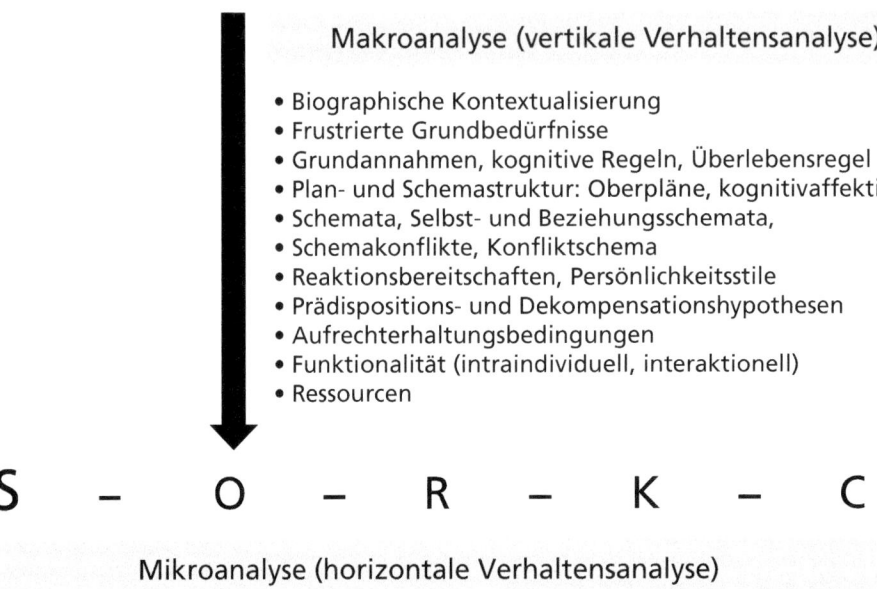

Abb. 4.1: Makroanalyse und Mikroanalyse. Die Makroanalyse fokussiert auf prädisponierende, auslösende und aufrechterhaltende Bedingungen im biographischen Kontext. Der Begriff vertikale Verhaltensanalyse bezieht sich auf die hypothetischen Plan- und Schemastrukturen und betont die hierarchisch-instrumentelle Organisation von Plänen und Motiven. In der horizontalen Verhaltensanalyse wird Verhalten in Situationen im zeitlichen Verlauf untersucht. Auf der Mikroebene geht es um konkretes Verhalten in Situationen. Analysiert werden Sequenzen von vorausgehenden Stimulusbedingungen, Problemverhalten und nachfolgenden Konsequenzen. Die Organismus-Variable stellt eine Art Schnittstelle zwischen horizontaler und vertikaler Analyseebene dar.

4.1 Makroanalyse

Die Makroanalyse ist eine biographisch-entwicklungsgeschichtliche und systemische *Kontextualisierung* des Problems. In der Makroanalyse werden die Entstehungsbedingungen der Störung im biographischen Kontext und vor dem Hintergrund der Lebensziele sowie die Aufrechterhaltungsbedingungen im sozialen Kontext (interpersonelle Funktionalität) dargestellt (Bender et al. 2018, S. 160).

Ziel der *biographischen Analyse* ist die *Prädispositions- und Dekompensationsanalyse*. Es geht um *biographisch erworbene Vulnerabilitäten*. Es soll plausibel werden, warum ein bestimmter *Auslöser* die aktuelle Symptomatik gerade bei dieser Person auslöst. Welche *Sollbruchstellen* gibt es? Wie sind diese lern- und entwicklungsgeschichtlich entstanden? Wie kommt es in einer Schwellensituation oder unter dem Druck eines Belastungsfaktors vor dem Hintergrund der biographisch erworbenen *Diathese* zur *Dekompensation*? Warum kann der Patient die symptomauslösende Lebenssituation nicht adäquat bewältigen? Fehlen bestimmte *Fertigkeiten*, um mit einer biographischen Belastung wie einem Verlust oder einer Schwellensituation konstruktiv umzugehen? Welche *Kompetenzdefizite* prädisponieren für eine bestimmte Störung? Fehlen adaptive *Bewältigungsstrategien*? Greift der Patient habituell und automatisiert auf biographisch bedingte rigide *maladaptive Schemata* zurück? Es geht immer um die *Interaktion zwischen Prädisposition und Auslöser*. Die biographische Analyse soll nicht nur die *Entstehungsbedingungen* der Störung deutlich werden lassen, sondern auch die *Aufrechterhaltungsbedingungen* aus einer makroskopischen Perspektive.

Es wäre ein kardinaler Fehler, nur äußere Belastungsfaktoren anzugeben und diese quasi für sich sprechen zu lassen. Das trifft auch bei gravierenden Traumatisierungen zu. In der Verhaltensanalyse muss die subjektive Verarbeitung dieser Realfaktoren ausreichend erkennbar werden. Die intrapsychische Verarbeitung und damit die pathogene Relevanz der Einwirkung äußerer Faktoren muss im Bericht hinreichend dargestellt werden (Dieckmann et al. 2018, S. 13 f.).

Mit Kontextualisierung ist die Einordnung in einen größeren Zusammenhang gemeint. Im Sinne einer funktionalen Hypothesenbildung soll ein übergeordnetes ätiologisches Störungsmodell dargestellt werden unter Rückgriff auf relevante Informationen aus der biographischen Anamnese (Lern- und Entwicklungsgeschichte), der Krankheitsanamnese, dem psychopathologischen und dem somatischen Befund. Dies ist quasi der Panoramablick auf das Problem, also ein orientierender Gesamtüberblick. Es geht um einen groben und allgemeinen Problemüberblick mit Einordnung in den Gesamtkontext (Kanfer et al. 2012, S. 198). In welchem Lebenskontext entstand das Problem? Warum gab es keine Spontanremission? Wodurch wurde und wird das Problem aufrechterhalten? Welche Bedeutung hat die Störung für die Interaktion des Patienten mit wichtigen Bezugspersonen? In welchem Zusammenhang steht das Problem zur Lebensplanung und zu zentralen Lebenszielen?

Bei der Makroanalyse (▶ Abb. 4.2) ist eine Unterscheidung sinnvoll zwischen prädisponierenden, auslösenden und aufrechterhaltenden Bedingungen (Reinecker 2015, S. 57 ff.).

Wichtige Elemente der Makroanalyse:

- Prädispositionsanalyse (»Sollbruchstellen«): wichtige Annäherungs- und Vermeidungspläne, Überlebensregel nach Sulz, maladaptive Interaktionsstile, Persönlichkeitsstile, dysfunktionale Reaktionsbereitschaften
- Dekompensationsanalyse: Manifestationsbedingungen, Erstauftrittsbedingungen, Auslöser, kritisches Lebensereignis, Schwellensituation, Vulnerabilitäts-Belastungs-Interaktion
- Aufrechterhaltungsbedingungen: negative Verstärkung von Vermeidungsverhalten, Funktionalität (intraindividuell, interaktionell), Krankheitsgewinn, Veränderungshindernisse, störungsspezifische Teufelskreise
- Ressourcenanalyse: unproblematische Bereiche, Verhaltensaktiva, Selbsthilfestrategien
- Subjektives Krankheitsverständnis des Patienten und Veränderungsmotivation

4.1.1 Prädispositionshypothesen

Zunächst geht es um die Formulierung von plausiblen *Prädispositionshypothesen*. Welche Faktoren aus der Lern- und Entwicklungsgeschichte bereiten den Boden für eine bestimmte Störung? Gibt es habituelle dysfunktionale Reaktionsbereitschaften und maladaptive Persönlichkeitsstile, die »Sollbruchstellen« (Sulz 2013, S. 69; Sulz 2015,

S. 186) darstellen? Wodurch wurden Defizite bisher mehr oder weniger erfolgreich kompensiert und zu welchem Preis? Bei der Prädispositionsanalyse geht es um maladaptive Schemata und dysfunktionale Reaktionsbereitschaften.

Prädisponierende Bedingungen	Auslösende Bedingungen	Aufrechterhaltende Bedingungen
• Frustration von Grundbedürfnissen • Grundannahmen (Selbstbild, Bild von anderen Menschen) • Plan- und Schemastruktur: Motive, Annäherungs- und Vermeidungsziele, Oberpläne, Überlebensregel, Selbst- und Beziehungsschemata • Reaktionsstile: habituelle Reaktionsbereitschaften, Bindungsmuster, Persönlichkeitsstil • Verhaltensdefizite	• Lebensereignisse • Schwellensituationen **Dekompensationshypothesen** • Schwellensituation nicht bewältigbar aufgrund von Fertigkeitendefiziten (Überforderung) • Maladaptive Bewältigungsstrategien bewirken Verstärkerverlust oder Erschöpfung (rigide Vermeidungsschemata, perfektionistische Überkompensation)	• Funktionalität (intraindividuell, interaktionell) • Krankheitsgewinn, Veränderungshindernisse (z.B. Rentenbegehren) • störungsaufrechterhaltende Teufelskreise (z.B. depressiver Inaktivitätsteufelskreis, interpersoneller Teufelskreis der Depression, psychophysiologisches Modell von Panikattacken, negative Verstärkung von Flucht- und Vermeidungsverhalten bei Agoraphobie, exzessive Selbstaufmerksamkeit und Sicherheitsverhalten bei sozialer Angststörung)

Abb. 4.2: Makroanalyse. In der Makroanalyse werden Prädispositionshypothesen gebildet. Bei den Entstehungs- oder Erstauftrittsbedingungen geht es um Dekompensationshypothesen. Wichtig ist die Interaktion zwischen Vulnerabilität und Auslöser. Warum löste ein belastendes Lebensereignis oder eine Schwellensituation gerade bei dieser Person diese Störung aus? Schließlich werden aufrechterhaltende Faktoren (Funktionalität, Veränderungshindernisse, Circuli vitiosi) analysiert.

Ein *Schema* kann man als »kristallisierte Lebenserfahrung« auffassen (Ubben 2010, S. 111). Schemata sind generalisierte Reaktionsbereitschaften, die biographisch aufgrund von massiven Grundbedürfnisfrustrationen erworben wurden (▶ Tab. 4.1).

Kognitiv-affektive Schemata lassen sich unterteilen in deskriptive Schemata, motivationale Schemata und Handlungsschemata.

Deskriptive Schemata: Darunter fallen Grundannahmen nach Beck. Bei den Grundannahmen unterscheidet man Grundannahmen über die eigene Person (Selbstbild), Grundannahmen über die anderen und Grundannahmen über die Welt oder das Leben. Beispiele: »Ich bin ein Mensch mit außergewöhnlichen Begabungen, für den Regeln nicht gelten« (Selbstbild). »Andere Menschen sind dumm, unfähig und missgünstig« (Grundannahme über die anderen).

Motivationale Schemata: Zur Befriedigung von Grundbedürfnissen bildet eine Person motivationale Schemata aus. Hier ist es sinnvoll, zwischen Annäherungs- und Vermeidungsschemata zu unterscheiden (Grawe 2004, S. 188). Typische Annäherungspläne sind etwa »sei beliebt«, »sichere dir die Zuwendung wichtiger Menschen«, »bewahre die Kontrolle« (Zarbock 2014, S. 64). Bei Personen, die in Therapie kommen, sind oft Vermeidungspläne aktiviert wie beispielsweise »vermeide, Emotionen zu zeigen«, »vermeide Kontrollverlust«, »vermeide, kritisiert zu werden«, »vermeide Abhängigkeit von anderen« oder »vermeide, abgelehnt und verlassen zu werden« (Zarbock 2014, S. 64 f.).

Tab. 4.1: Grundbedürfnisfrustrationen und maladaptive Schemata.

Frustriertes Grundbedürfnis	Maladaptive Schemata
Bindung	• Instabilität/Verlassenheit • emotionale Entbehrung/Vernachlässigung • Misstrauen/Missbrauch • soziale Isolation/Entfremdung
Autonomie, Kontrolle, Orientierung	• Abhängigkeit/Inkompetenz • Verstrickung/unentwickeltes Selbst • Unterwerfung/Unterordnung
Selbstwerterhöhung, Selbstwertschutz	• Unzulänglichkeit/Scham • unerbittliche Standards/übertrieben kritische Haltung • Grandiosität • Selbstaufopferung • Versagen • Streben nach Zustimmung und Anerkennung
Lustgewinn, Unlustvermeidung	• Hervorheben des Negativen/Pessimismus • emotionale Gehemmtheit • Bestrafungsneigung • unerbittliche Standards

Persönlichkeitsstile und maladaptive Reaktionsbereitschaften: Die frühen emotionalen Deprivationen und Belastungen werden bewältigt und verarbeitet. Die chronische Frustration von Grundbedürfnissen in der Kindheit wird durch Schutzmechanismen kompensiert, die einen *Vulnerabilitätsschutz* darstellen. Es handelt sich zunächst um konstruktive Lösungsversuche, die aber insofern maladaptiv sind, als sie mit Nebenwirkungen einhergehen, denn diese Anpassungsleistungen sind meist rigide und unflexibel. Es handelt sich um eine Art von Überlebensstrategien, wodurch das psychische Gleichgewicht kompromisshaft und hilfsweise wiederhergestellt wird. Diese Anpassungsleistungen ermöglichen eine leidliche Stabilisierung bei frühen Bindungstraumatisierungen und aversiven Bedingungen mit Verletzungen der Grundbedürfnisse. Die *Verarbeitungsmodi oder Bewältigungsmuster* (▶ Tab. 4.2) dienen der Restitution und der Stabilisierung. Dabei wird zwangsläufig das Verhaltensrepertoire eingeengt.

Bei Persönlichkeitsstilen und Persönlichkeitsakzentuierungen handelt es sich um Prädispositionen für die Entwicklung einer psychischen Störung, beispielsweise einer Depression, einer Angststörung, einer somatoformen Störung, einer Essstörung oder einer Substanzkonsumstörung. Unter dem Druck aktueller Belastungen kommt es häufig zu einem Zusammenbrechen der Verarbeitungsmodi und damit zur Dekompensation (Beispiel: narzisstische Krise). Bei übermäßiger und stark rigider Ausprägung von *Persönlichkeitsstilen* spricht man von *Persönlichkeitsakzentuierungen* oder *Persönlichkeitsstörungen*. Eine Persönlichkeitsakzentuierung ist – im Unterschied zu einer Persönlichkeitsstörung – keine Diagnose aus dem Indikationskatalog nach § 27 der Psychotherapie-Richtlinie und kann nur als *Zusatzkodierung* (Z73.1) angegeben werden; hierbei handelt es sich nicht um eine *Zusatzdiagnose*, mithin nicht um eine krankheitswertige und behandlungsbedürftige Störung, sondern um eine Normvariante.

Tab. 4.2: Grundbedürfnisfrustrationen und maladaptive Bewältigungsmuster.

Frustriertes Grundbedürfnis	Maladaptive Bewältigungsmuster
Bindung	• schizoid: unnahbar, distanziert • narzisstisch: Selbstaufwertung, habituelle Abwertung anderer, Empathiemangel, emotionale Kälte • ängstlich-vermeidend: Vermeidung von Demütigung, Bloßstellung, Kritik und Zurückweisung • perfektionistisches Leistungsbemühen (Überkompensation des Schemas Unzulänglichkeit/Scham)
Autonomie, Kontrolle, Orientierung	• zwanghaft: übervorsichtig/unentschlossen, übermäßig gewissenhaft, emotional gehemmt
Selbstwerterhöhung, Selbstwertschutz	• auf soziale Erwünschtheit eingeengte Selbstwertregulation • Abhängigkeit des Selbstwertgefühls von externen Selbstwertquellen • leichte Kränkbarkeit • Selbstaufwertung (Grandiosität) • habituelle Entwertung anderer
Lustgewinn, Unlustvermeidung	• mangelnde euthyme Kompetenzen • eingeschränkte Genussfähigkeit • chronischer Regenerationsmangel durch Selbstüberforderung und exzessives Leistungsverhalten • Selbststimulation durch Drogen

Persönlichkeitsstile/Bewältigungsmuster:

- schizoid
- narzisstisch
- anankastisch
- histrionisch
- überkompensatorisch
- altruistisch-fürsorglich
- passiv-aggressiv
- ängstlich-vermeidend (selbstunsicher)
- emotional instabil
- paranoid

Sachse unterscheidet zwei Arten dysfunktionaler Schemata: *Selbst-Schemata* und *Beziehungsschemata*. *Selbst-Schemata* enthalten Annahmen der Person über sich selbst wie »ich bin ein Versager«, »ich bin hässlich und abstoßend«, »ich bin ungeschickt und dumm«. *Beziehungsschemata* enthalten Annahmen und Erwartungen des Patienten über Beziehungen. Beispiele: »In Beziehungen wird man betrogen und verlassen.«

»Beziehungen sind nicht verlässlich.« Oft stehen Vermeidungspläne und Grundannahmen in einem funktionalen Verhältnis. Vermeidungspläne haben oft die Funktion, die mit der Grundannahme einhergehende Emotion zu vermeiden (Zarbock 2014, S. 65). Beispiel: Eine Person hat die Grundannahme »ich bin nichts wert«. Mit dieser Grundannahme ist die Emotion Scham assoziiert. Der Vermeidungsplan »vermeide, im Mittelpunkt zu stehen«, hat die Funktion, Situationen zu vermeiden, in denen die Grundannahme aktualisiert und die damit einhergehende Emotion ausgelöst werden könnte.

Bei der Makroanalyse kann auch die Überlebensregel nach Sulz hilfreich sein. Eine *Überlebensregel* kann nach dem folgenden Muster formuliert werden (Sulz 2015): »Nur wenn ich immer ... (Gebot, charakteristischer Persönlichkeitszug, Annäherungsziel) und wenn ich niemals ... (Verbot, Gegenteil des habituellen Persönlichkeitsstils, Vermeidungsziel), bewahre ich mir … (Befriedigung des zentralen Bedürfnisses) und verhindere … (zentrale Angst).«

Bei einer selbstunsicheren Persönlichkeit oder bei sozialer Angststörung könnte die Überlebensregel in etwa so lauten: »Nur wenn ich mich immer zurückhalte und nicht auffalle und wenn ich mich niemals peinlich verhalte oder eigene Interessen durchsetze, bewahre ich mir die Zuwendung und Unterstützung wichtiger Menschen und verhindere Ablehnung und Zurückweisung.«

Eine typische Überlebensregel bei zwanghafter Persönlichkeit könnte folgendes Muster haben: »Nur wenn ich immer perfekte Leistungen erbringe und niemals Fehler mache, bewahre ich mir Sicherheit und verhindere Kontrollverlust.«

Die Überlebensregel einer histrionischen Persönlichkeit könnte etwa so aussehen: »Nur wenn ich immer im Mittelpunkt der Aufmerksamkeit stehe und interessant/attraktiv erscheine und niemals langweilig bin oder übersehen werde, bewahre ich mir Beachtung und verhindere das Gefühl, unwichtig oder bedeutungslos zu sein.«

Typische dependente Überlebensregel: »Nur wenn ich immer nachgebe und wenn ich niemals Ärger zeige, bewahre ich mir Geborgenheit und verhindere, dass ich verlassen werde.« Andere Formulierung der Überlebensregel bei dependenter Persönlichkeitsstruktur (in Anlehnung an Ubben 2010, S. 113): »Nur wenn ich immer einen Menschen in meiner Nähe habe, der mich beschützt und anleitet, und niemals auf mich allein gestellt bin, bewahre ich mir Schutz und Orientierung im Leben und verhindere, ausgeliefert und orientierungslos zu sein.« Narzisstische Überlebensregel: »Nur wenn ich immer großartig bin und bewundert werde, und niemals durchschnittlich bin oder kritisiert werde, bewahre ich mir Wertschätzung und Aufmerksamkeit und verhindere, ignoriert zu werden und ein Nichts zu sein.«

4.1.2 Dekompensationshypothesen

Nach den Prädispositionshypothesen werden *Entstehungs- und Dekompensationshypothesen* gebildet: Hier geht es um die *Erstauftrittsbedingungen* im biographischen Gesamtkontext. Warum führte ein bestimmter *Auslöser* gerade bei dieser Person zur Dekompensation? Inwiefern passen Prädisposition und Auslöser wie Schlüssel und Schloss zusammen?

Bei der Dekompensationsanalyse lautet die zentrale Frage: Warum konnte ein belastendes Lebensereignis oder eine Schwellensituation nicht adäquat bewältigt werden? Wodurch wurden die Bewältigungsressourcen überlastet? Meist kommt es deshalb zur Dekompensation, weil eine Stressorenzunahme nicht adäquat bewältigt werden kann oder weil ein Verstärkerverlust eintritt (Ubben 2017, S. 50).

Die Dekompensation kann nach verschiedenen Mechanismen erfolgen: (i) Fertigkeitendefizite führen in einer Schwellensituation zur Dekompensation. (ii) Dysfunktionale Bewältigungsstrategien haben Symptomwert. (iii) Die Symptombildung stellt eine suboptimale und kompromisshafte Lösung eines intrapsychischen Konflikts dar. Diese Mechanismen werden im Folgenden näher erläutert.

(i) Eine Schwellensituation kann aufgrund von Verhaltensdefiziten nicht adäquat bewältigt werden. Die nicht bewältigbare Schwellensituation demaskiert die Verhaltensdefizite, die bisher kompensiert waren. Zentral ist die Frage, vor welchen Herausforderungen eine Person in der konkreten symptomauslösenden Lebenssituation steht. Welche Bewältigungsmöglichkeiten stehen aufgrund von Verhaltensdefiziten nicht ausreichend zur Verfügung (Dieckmann et al. 2018, S. 59)? Die Dekompensation erfolgt nach diesem Modell in einer Schwellensituation deshalb, weil die erforderlichen Fertigkeiten nicht oder nicht ausreichend im Verhaltensrepertoire vorhanden sind. Solche Schwellensituationen können autonome Schritte sein wie der Auszug aus dem Elternhaus, der Beginn eines

Studiums oder das Eingehen einer Partnerschaft.

(ii) Dysfunktionale Bewältigungsstile gewinnen Symptomwert. Kompensationsmechanismen sind exzessiv ausgeprägt und schränken das Leben massiv ein. Rigide Vermeidungsschemata führen zu einer Einengung des Erlebens, des Aktionsradius, des Handlungsspielraums und zwischenmenschlicher Beziehungen. Das ist der Fall bei bestimmten Persönlichkeitsstilen oder Persönlichkeitsstörungen, etwa bei ängstlich-vermeidenden, zwanghaften und dependenten Mustern. Diese Vermeidungsschemata dienen dem Vulnerabilitätsschutz. Eine Verletzlichkeit soll durch Vermeidung oder Überkompensation bewältigt werden. Die Kompensationsstrategien sind aber so dysfunktional und unflexibel, dass sie selbst krankheitswertig sind. Die Kompensation wird zur Krankheit. Beispiele: Ein Schema von Unzulänglichkeit/Scham kann durch perfektionistische Ansprüche an die eigene Person und exzessives Leistungsverhalten überkompensiert werden. Die chronische Selbstüberforderung führt dann langfristig zu einer psychophysischen Erschöpfung; es manifestiert sich eine Erschöpfungsdepression. Ein fragiles Selbstwertgefühl wird durch Entwertung anderer bei gleichzeitiger Selbstüberschätzung zu kompensieren versucht. Dieses narzisstische Muster führt zu interaktionellen Problemen. Es entstehen interaktionelle Teufelskreise, wenn andere sich zurückziehen, was als Zurückweisung und Ablehnung erlebt wird. Eine narzisstische Gratifikationskrise mit konsekutiver depressiver Dekompensation erfolgt, wenn der Partner es nicht mehr aushält und sich trennt. Weitere typische Auslöser von narzisstischen Krisen können berufliche Misserfolge oder eine Kündigung sein.

(iii) Die Symptombildung ist eine suboptimale, kompromisshafte Lösung eines intrapsychischen Konflikts. Beispielsweise kann die Frustration eines bestimmten Bedürfnisses Ärger und Wut auslösen (Sulz 2013, S. 68; Sulz 2015, S. 186). Der mit dieser Emotion kompatible primäre Handlungsimpuls (z. B. Angriff) wird aber unterdrückt aufgrund antizipierter negativer Folgen (z. B. Abgelehntwerden). Das sekundäre Gefühl (z. B. Ohnmacht oder Schuldgefühl) geht mit physiologischen Begleitreaktionen einher (z. B. Schwächegefühl) und stoppt den primären Handlungsimpuls. Auf Handlungsebene resultiert aus der sekundären Emotion Vermeidungsverhalten (z. B. Rückzug, Entscheidungsunfähigkeit) und dependente Anpassung an die Wünsche des Gegenübers. Auf Symptomebene manifestiert sich ein antriebsarmes depressives Syndrom.

4.1.3 Aufrechterhaltende Bedingungen

Wichtig bei der Makroanalyse sind auch die aufrechterhaltenden Bedingungen der Störung: Welche Funktion hat das Symptom im aktuellen Lebenskontext (Dieckmann et al. 2018, S. 59)? Inwiefern stellt das Symptom eine suboptimale Lösung dar (Sulz 2013, S. 69)? Welchen Gewinn und welchen Verlust hat der Patient von der Krankheit? Was wird durch das Symptom in der spezifischen Lebenssituation vermieden? Welches adäquate Verhalten wäre eine wirksame Alternative zur Symptombildung gewesen, um die auslösende Lebenssituation zu bewältigen (Sulz 2015, S. 186)? Warum wurde dieses Alternativverhalten nicht eingesetzt? Welche subjektiven Nachteile hätte dieses Alternativverhalten gehabt?

Auf makroanalytischer Ebene gehören bei der Darstellung der aufrechterhaltenden Bedingungen auch Hypothesen zur *Funktionalität* der Störung im Lebenskontext (Wassmann 2013, S. 60 f.; Zarbock 2014, S. 143 ff.). Unterschieden werden die intraindividuelle und die interaktionelle Funktionalität. (i) Bei der *intraindividuellen Funktionalität* (auch internale oder intrapsychische Funktionalität genannt) handelt es sich um eine hypothetische Deutung der Symptomatik bezogen auf das innere Erleben. (ii) Bei der *interaktionellen Funktionalität* (auch externe Funktionalität genannt) geht es darum, welche Auswirkungen das Problemverhalten auf wichtige Beziehungspersonen hat und wie diese darauf reagieren.

Die hypothetische Zuschreibung einer übergeordneten Funktionalität ist heikel, da es sich um eine Spekulation im Sinne einer mehr oder weniger plausiblen Deutung handelt. Damit sollte man als Therapeut sehr vorsichtig umgehen, da derartige Kausalattributionen mit dem Henne-Ei-Problem behaftet sind (Wassmann 2013, S. 61). Die hypothetische Zuschreibung von Funktionalität ist eine Deutung aus Sicht des Therapeuten, die falsch sein kann. Es kann auch eine Störung ohne jegliche Funktionalität geben. Therapeuten müssen sich davor hüten, bei allen Störungen automatisch eine Funktionalität zu unterstellen. Durch die spekulative Annahme einer Funktionalität kann dem Patienten zu Unrecht eine verborgene Absicht im Sinne einer unlauteren Erlangung von Vorteilen untergeschoben werden. Die leichtfertige und reflexartige Zuschreibung von Funktionalitäten läuft Gefahr, zu einer Spielart von »blame the victim« (Beschuldigung des Opfers) zu werden (Zarbock 2014, S. 146).

Bei der *intraindividuellen Funktionalität* sind (unbewusste) Steuerungsziele oft Selbstwertschutz und die Vermeidung oder Überkompensation aversiver Emotionen. Hier zeigt sich eine inhaltliche Nähe zum psychodynamischen Konzept des primären Krankheitsgewinns. Beispiel (nach Zarbock 2014, S. 143): Durch die Fixierung auf funktionelle (somatoforme) Beschwerden kann ein Patient sich unbewusst von Schamgefühlen und Versagensängsten ablenken. Der Perfektionismus steht im Dienst der Überkompensation von Insuffizienzgefühlen und Versagensängsten. Die intraindividuelle Funktionalität besteht also in der Vermeidung der Aktualisierung und Wahrnehmung dieser aversiven Emotionen und Selbstbewertungen. Das Problemverhalten ist ein suboptimaler Bewältigungsversuch und dient unbewusst der Entlastung. Durch die Symptombildung wird die Reaktualisierung maladaptiver kognitiv-affektiver Schemata verhindert.

Weitere Beispiele für intraindividuelle/internale Funktionalität (nach Zarbock 2014, S. 144): Durch Einnahme der Krankenrolle und Selbstdefinition als »Mobbing-Opfer« kann die Verantwortung für die Störung und ihre Entstehungsbedingungen external attribuiert werden (»schuld sind immer die anderen«). Externe Schuldzuweisungen dienen der Selbstwertstabilisierung, indem der Patient davon dispensiert ist, eigene Anteile an interpersonellen Eskalationsprozessen wahrzunehmen und selbstkritisch zu reflektieren. Täteraspekte des eigenen Verhaltens werden oft ausgeblendet oder nicht wahrgenommen. Die Selbstsicht als »Mobbingopfer« ist nicht selten einseitig und verzerrt. Durch die Symptomatik können belastende Selbsterkenntnisse vermieden werden. Zwänge können die Funktion haben, dass sich der Patient hinter diesen Verhaltensexzessen quasi verstecken kann und sich nicht mit anstehenden und ungelösten Lebensthemen (beispielsweise Ablösung vom Elternhaus, ambivalente Partnerschaft, Identitätsfindung, Akzeptanz der sexuellen Orientierung) auseinandersetzen muss. Oft dienen Symptombildungen der unbewussten Abwehr von Scham, Angst und Trauer. Zwänge und Sorgen bei der generalisierten Angststörung dienen häufig der Affektvermeidung. Panikattacken können die Selbstwahrnehmung sozialer Angst verhindern. Selbstverletzungen bei Borderline-Patienten dienen der Spannungsreduktion und oft auch der unbewussten Schamregulation (Zarbock 2014, S. 144). Selbstinduziertes Erbrechen bei der Bulimie kann der Emotionsregulation dienen. Impulsive Verhaltensweisen wie riskantes Sexualverhalten, rücksichtsloses Fahren, impulsive Geldausgaben können der Selbststimulation dienen. Das Problemverhalten kann ein

Kompensationsversuch für eine höherwertige Störung sein. Beispiele sind Zwänge bei Schizophrenie oder bei beginnender Demenz (Wassmann 2013, S. 60).

Bei der *interaktionellen oder externalen Funktionalität* sind häufige motivationale Ziele (Zarbock 2014, S. 143): Aufmerksamkeit, Bindungsabsicherung, Vermeidung von Anstrengung, Ausübung von Macht und Kontrolle, Erreichen von Vorteilen (Gratifikationen). Dysfunktionales Verhalten wird durch positive psychosoziale Konsequenzen aufrechterhalten und verstärkt. Die interaktionelle Funktionalität entspricht weitgehend dem psychodynamischen Konzept des sekundären Krankheitsgewinns (Arbeitskreis OPD 2014, S. 76 ff.). Symptome können bei wichtigen Interaktionspartnern Zuwendung, Anteilnahme, Mitleid und Beachtung auslösen.

Beispiel: Dysfunktional ist es, wenn der Patient nicht offen Wünsche und Bedürfnisse artikulieren und um Zuwendung und Aufmerksamkeit bitten kann (Defizite in der emotionalen Kommunikation) und nur dann Zuwendung von Bezugspersonen erhält, wenn er Symptome zeigt wie chronische Schmerzen oder depressiven Affekt. Zwänge und Schmerzen können bei einem dominant-kontrollierenden Interaktionspartner eine unbewusste Strategie der Abgrenzung darstellen. Die interaktionelle Funktionalität bestünde dann darin, Grenzen zu setzen, nein zu sagen und Rückzugs- und Schonräume zu sichern (Zarbock 2014, S. 145). Weitere Beispiele sind Anstrengungsvermeidung und Entlastung bei subjektiv erlebter Überforderung, geringer Leistungsmotivation und wenig ausgeprägter Selbstdisziplin. Die Symptomatik kann im sozialen Umfeld zu Schonung und Rücksichtnahme führen, was mit Entlastungsvorteilen verbunden ist. Beispiel: Der Partner übernimmt Aufgaben im Haushalt, da der Patient wegen seiner Depression überfordert ist und sich ausruhen muss. Ein weiteres Beispiel ist die Erlangung von äußeren Vorteilen wie Krankschreibung, Krankengeld, Dispensierung von unangenehmen Pflichten, die Aussicht auf eine Entschädigung (Schmerzensgeld) oder eine Erwerbsminderungsrente.

Die Übernahme der Krankenrolle ist oft mit Gratifikationen verbunden (emotionale Zuwendung, unterstützende und entlastende Reaktionen aus dem sozialen Umfeld, Berentung, Arbeitsunfähigkeit), die tendenziell dazu geeignet sind, an der Krankenrolle festzuhalten. In diesem Kontext spricht man von *Veränderungshindernissen*, die laut PTV 3 bei der Prognoseeinschätzung besonders zu berücksichtigen sind. Sekundärer Krankheitsgewinn kann eine aufrechterhaltende Bedingung der Störung sein. Es ist naheliegend, dass Patienten, die einen Rentenantrag gestellt haben, in der Regel nur wenig Veränderungsmotivation aufweisen und kaum von einer Psychotherapie oder einer medizinischen Rehabilitationsmaßnahme profitieren (Arbeitskreis OPD 2014, S. 78). Bei den Berentungen wegen verminderter Erwerbsfähigkeit liegen psychische und psychosomatische Störungen an erster Stelle (Arbeitskreis OPD 2014, S. 77). Die Krankenrolle kann mit einer Entlastung von belastenden Arbeitsplatzbedingungen verbunden sein. Ein Arbeitsplatzkonflikt oder ein familiärer Konflikt kann dadurch vorderhand gelöst werden, dass eine Person des Systems zum Symptomträger, zum Indexpatienten wird. Es ist anzunehmen, dass erhöhter Druck auf dem Arbeitsmarkt psychische Störungen begünstigt und hervorruft. Gleichzeitig findet mit der Übernahme der Krankenrolle eine innere und äußere Entlastung statt. Krankschreibungen und spätere Berufsunfähigkeit wegen Depression können die innere Bewertung des Patienten als Versager und als insuffizienter Ernährer der Familie aufheben (Wassmann 2013, S. 61).

4.1.4 Ressourcen

Zur Makroanalyse gehören auch die *Ressourcen* und Verhaltensaktiva sowie bereits erfolgreich praktizierte Selbsthilfestrategien. Stärken, Kompetenzen und ungestörte Verhaltensbereiche können Ansatzpunkte für die Therapie darstellen. Das haben bereits Kanfer und Saslow (1965, S. 534) hervorgehoben: »As an additional indispensable feature, the behavioral assets [Verhaltensaktiva, J. B.] of the patient are listed for utilization in a therapy program.«

Kanfer und Saslow (1976, S. 39 ff.) betonten bereits die unproblematischen Verhaltensmuster, Fähigkeiten und Talente, die für die Therapie hilfreich sein können. Die Ressourcenperspektive ist auch für die positive Prognoseeinschätzung wichtig. Die Ressourcenorientierung ist ein notwendiges Korrektiv zu einer unausgewogenen Problem- und Defizitorientierung (Brunner 2016b). Störungs- und Ressourcenorientierung ergänzen sich. *Ressourcenorientierung* entspricht einer therapeutischen Grundhaltung und stellt einen eigenständigen therapeutischen Wirkfaktor dar (Grawe und Grawe-Gerber 1999). Mit *Ressourcenaktivierung* ist die Nutzung bereits vorhandener Ressourcen gemeint, die vom Patienten nicht wahrgenommen werden. Es geht also nicht um den Aufbau bisher nicht vorhandener Fähigkeiten und Kompetenzen (Willutzki und Teismann 2013, S. 2). Zur Ressourcendiagnostik und Ressourcenorientierung sei auf einschlägige Publikationen verwiesen: Willutzki und Teismann (2013), Flückiger und Wüsten (2015).

4.1.5 Subjektives Krankheitsverständnis und Veränderungsmotivation

Zur Makroanalyse gehören auch das *subjektive Krankheitsverständnis* (Health-Belief-Modell) und die Veränderungsmotivation des Patienten.

Die Vermutungen des Patienten über die Ursachen der Störung werden *Attributionen* genannt (Reinecker 2015, S. 46). Die verbale Darstellung des Patienten über die vermutete Genese der Problematik ist ein Narrativ, das Verzerrungen, selektiver Wahrnehmung, subjektiven Interpretationen und Erinnerungsverfälschungen unterliegt (Reinecker 2015, S. 46). Dennoch ist die Erfassung von *Kausal- und Kontrollattributionen* des Patienten wichtig für die Einschätzung der Therapiemotivation.

Beispiele: Ein Patient, der überzeugt ist, eine Depression sei nichts anderes als eine Stoffwechselstörung des Gehirns, die mit einem Serotonin-Wiederaufnahmehemmer wieder auf Spur gebracht werden kann, wird eher nicht bereit sein, psychosoziale Ursachen zu berücksichtigen oder eigene dysfunktionale Reaktionsbereitschaften und Interpretationen verändern zu wollen. Ein Patient, der glaubt, »Mobbing« sei ursächlich für seine Misere, wird sich eher als Opfer sehen und eigene Anteile an interpersonellen Eskalationsprozessen ausblenden.

4.2 Mikroanalyse

Horizontale Verhaltensanalyse meint, dass das Problemverhalten im zeitlichen Verlauf analysiert wird. Die *Zeitachse* hat hier eine herausragende Bedeutung. Es geht um das *konkrete Verhalten in spezifischen Situationen*. Analysiert werden in der Mikroanalyse S-R-C-Sequenzen: zeitlich vorausgehende Stimulusbedingungen (S), darauffolgende Reaktionen/Problemverhalten (R) und die störungsaufrechterhaltenden Konsequenzen (C).

Die Mikroanalyse erfolgt seit Mitte der 1970er Jahre nach dem SORKC-Schema, das auf Frederick Kanfer (1925–2002) zurückgeht. Im Antragsbericht gibt es grundsätzlich drei Möglichkeiten, wie die Mikroanalyse dargestellt werden kann: (a) verbal als Fließtext, (b) mit lerntheoretischen Symbolen (SORKC) und (c) als Tabelle (Reinecker 2015, S. 39 f.).

Vielfach wird im Antragsbericht die Verhaltensgleichung nach Kanfer schematisch abgehandelt (Variante b). Nicht selten sind Schemata und Tabellen wenig erhellend. Stichwortartige Aufzählungen sind oft nur wenig hilfreich zum Verständnis funktionaler Zusammenhänge. Sinnvoller und plastischer ist es in vielen Fällen, mikroanalytische Bedingungen in ganzen Sätzen zu formulieren.

Beispiel für (a), verbale Darstellung (in Anlehnung an Reinecker 2015, S. 39 f., und Stangier et al. 2016): »Die Patientin leidet unter einer sozialen Angststörung und zeigt Rückzugs-, Flucht- und Vermeidungsverhalten. Eine typische Auslösesituation ist die Einladung zu einer Party. Auf dem Boden prägender sozial traumatisierender Erfahrungen aus Kindheit und Jugend (siehe biographische Anamnese) wird diese Einladung als Bedrohung wahrgenommen, weil dysfunktionale Überzeugungen aktiviert werden (ich werde mich blamieren; ich bin merkwürdig und langweilig; ich muss immer etwas Kluges oder Intelligentes sagen; das schaffe ich nicht). Wenn die Einladung angenommen wird, kommt es zu vegetativen Angstreaktionen wie Zittern, Schwitzen und Erröten sowie zu störungsaufrechterhaltender exzessiver Selbstaufmerksamkeit und Sicherheitsverhalten (Blickkontakt vermeiden, Schweigen, leises Sprechen). Durch selektive Aufmerksamkeit auf negative Reaktionen anderer und durch nachträgliche dysfunktionale kognitive Bewertungsprozesse werden die dysfunktionalen Muster und Selbstschemata stabilisiert. Soziale Situationen werden meistens vermieden durch Absagen und Ausreden, wodurch die soziale Isolation zunimmt. Das soziale Vermeidungsverhalten wird durch das Ausbleiben der antizipierten aversiven Konsequenzen (insbesondere einer gefürchteten Blamage) negativ verstärkt und dadurch aufrechterhalten. Durch das seit der Pubertät bestehende habituelle Vermeidungsverhalten bestehen soziale Kompetenzdefizite.«

Ein solcher Text ist informativer und besser nachvollziehbar als manche tabellarische oder schematische Darstellung in Stichworten. Viele Gutachter legen auf eine Mikroanalyse großen Wert, denn die funktionale Analyse von Verhalten in Situationen ist genuin verhaltenstherapeutisch. Wichtig ist bei der Darstellung der Mikroanalyse, ob es sich um eine exemplarische Sequenz handelt, die für die Ableitung von Zielen und Veränderungsansätzen relevant ist. Bei komorbiden Störungen sollte strenggenommen zu jeder Störung eine separate Mikroanalyse nach dem SORKC-Schema durchgeführt werden.

Eine *deskriptive Verhaltensanalyse* ist die präzise Beschreibung des Problemverhaltens. Hierzu gehört die Darstellung des Verhaltens auf den vier Manifestationsebenen (kognitiv, emotional, physiologisch und verhaltensmäßig/behavioral) sowie die Unterscheidung zwischen Verhaltensexzessen, Verhaltensdefiziten und gänzlich unangemessenem Verhalten (Reinecker 2015, S. 34).

Verhaltensexzesse sind dadurch gekennzeichnet, dass an sich adäquates Verhalten (wie aggressives Verhalten) zu häufig oder in unpassenden Situationen auftritt. *Verhaltensdefizite* sind dadurch charakterisiert, dass ein normales Verhalten zu selten auftritt. Die maximale Ausprägung eines Verhaltensdefizits wird als *Verhaltenslücke* bezeichnet, also das völlige Fehlen eines bestimmten Verhaltens (Schulte 1976, S. 82).

Häufig ist das zu seltene Auftreten oder das völlige Ausbleiben eines Verhaltens nicht darauf zurückzuführen, dass dieses Verhalten noch nicht ausreichend gelernt wurde, sondern darauf, dass das Verhalten in bestimmten Situationen gehemmt wird. Beispielsweise hemmt soziale Angst einen Patienten darin, andere Personen anzusprechen (Schulte 1976, S. 82). In diesem Sinn betonen Stangier et al. (2016, S. 21), dass die Beeinträchtigung der sozialen Performanz bei sozialen Angststörungen keine Kompetenzdefizite darstellen, sondern als Hemmung adäquaten Verhaltens durch die exzessive Angst zu verstehen sind. Bei sozialen Angststörungen sind also Defizite in sozialen Kompetenzen eher selten. Soziale Kompetenzdefizite sind ätiologisch eher relevant bei vermeidend-selbstunsicherer Persönlichkeitsstörung (Stangier et al. 2016, S. 22).

Aus dem Typ der Symptomatik lässt sich ableiten, in welche Richtung die therapeutische Veränderung zu erfolgen hat (Schulte 1976, S. 90):

- Gänzlich unangemessenes Verhalten → Abbau
- Verhaltensexzess → Reduktion
- Verhaltensdefizit → Förderung
- Verhaltenslücke → Aufbau

Klassicherweise wird die deskriptive Verhaltensanalyse zwar zur Makroanalyse gezählt. Um Redundanzen zu vermeiden, erscheint es zweckmäßig, die deskriptive Verhaltensanalyse auf den vier Ebenen (Kognitionen, Emotionen, Physiologie, Verhalten) in der Mikroanalyse bei der Analyse der Reaktionen vorzunehmen.

Verhaltensdefizite können unter den prädisponierenden Bedingungen aufgeführt werden. Wenn in einer Schwellen- oder Auslösesituation die Dekompensation erfolgt, liegt das meistens daran, dass Defizite in bestimmten Fertigkeiten bestehen. Die erforderlichen Bewältigungsstrategien sind nicht ausreichend im Verhaltensrepertoire verfügbar. Der Patient hat nicht gelernt, die spezifischen Belastungen der auslösenden Lebenssituation adäquat zu bewältigen. Beispielsweise kann die Dekompensation erfolgen im Anschluss an eine Beförderung, was auf den ersten Blick paradox erscheint. Warum der berufliche Aufstieg eine auslösende Bedingung ist, wird nur verständlich vor dem Hintergrund der prädisponierenden Faktoren. Wenn der Patient nicht gelernt hat, sich adäquat durchzusetzen (Verhaltensdefizit) und über eine fragile Selbstwertregulation verfügt, wird er versuchen, sich durch perfektionistisches Leistungsverhalten unangreifbar zu machen (Verhaltensexzess). Dadurch kommt es zu chronischer Selbstüberforderung unter Vernachlässigung von Regeneration, Achtsamkeit und anderen wichtigen Lebenszielen im privaten Bereich. Die Folge kann eine depressive Symptomatik sein. Bei diesem Patienten wird es also aufgrund der Makroanalyse darauf ankommen, an den prädisponierenden Bedingungen anzusetzen, um eine dauerhafte Veränderung und eine nachhaltige Stabilisierung zu bewirken. Im Sinne einer übergeordneten Behandlungsstrategie muss also an den sozialen Kompetenzdefiziten (Selbstbehauptung), an der Selbstwertregulation und an den überhöhten Standards (Perfektionismus) gearbeitet werden. Hier geht es nicht nur um den Abbau von Verhaltensexzessen, sondern um den Aufbau funktionalen Verhaltens (Dieckmann et al. 2018, S. 58 f.).

Die Mikroanalyse wird deshalb *horizontale Verhaltensanalyse* genannt, weil ein Ablauf in der Zeit beschrieben wird. Die Zeitachse hat hier eine besondere Bedeutung. Es geht um konkretes *Verhalten in Situationen*. Das pathologische Verhalten wird einerseits als Funktion von vorausgehenden situativen Bedingungen (Stimulusbedingungen, S) aufgefasst. Es werden also Bedingungen genannt, die dem Problemverhalten/den Reaktionen (R) regelmäßig vorausgehen. Andererseits wird das Verhalten durch nachfolgende Konsequenzen (C) beeinflusst. Die regelhaften Verbindungen zwischen den problematischen Reaktionsmustern (R) und den nachfolgenden operanten Bedingungen (Verstärkung oder Bestrafung) werden beschrieben. Das Problemverhalten (R = Reaktion) wird also in einen funktionalen Zusammenhang gebracht mit auslösenden (vorausgehenden) und aufrechterhaltenden (nachfolgenden) Bedingungen. Es werden also S-R-C-Sequenzen beschrieben. Schließlich wird durch die Organismus-Variable (O-Variable) ein funktionaler Zusammenhang hergestellt zwischen dem Problemverhalten und überdauernden kognitiv-affektiven Schemata.

In der Verhaltenstherapie werden die Bedingungen verändert, die als relevante funktionale Bedingungen des Verhaltens identifiziert wurden. Für die therapeutische Veränderung sind die funktionalen Bedingungen des Problemverhaltens entscheidend (Kanfer et al. 2012, S. 205; Reinecker 2015, S. 43). Die horizontale Verhaltensanalyse ist keine akademische Fingerübung; das Ziel der Mikroanalyse ist primär ein therapeutisches: Aus der Verhaltensgleichung sollen Ansatzpunkte (targets) und konkrete Therapieziele für gezielte therapeutische Veränderungen abgeleitet werden. Ziele sind also *Alternativen* zu den prädisponierenden (O), auslösenden (S) und aufrechterhaltenden (C) Bedingungen. Ubben (2010, S. 168; 2017, S. 51) spricht von *SORKC-Alternativen*. Aus dem funktionalen Bedingungsmodell werden konkrete Therapieziele und das Veränderungskonzept (die Mittel zur Zielerreichung, der Therapieplan) stringent und individualisiert abgeleitet. Kanfer und Saslow (1976, S. 49) betrachten die funktionale Verhaltensanalyse als Basis für Entscheidungen über therapeutische Interventionen.

Verhaltenstherapeutische Diagnostik ist demnach kein Selbstzweck (»l'art pour l'art«), sondern dient der Therapieplanung (Schulte 1976, S. 75). Das zentrale Gütekriterium für eine funktionale Bedingungsanalyse ist ihre Brauchbarkeit für die Ableitung der Therapieziele und des Veränderungskonzepts (Schulte 1976, S. 75). Die Verhaltensanalyse soll »im Dienst der Therapie stehen« (Schulte 1976, S. 84). Drei Fragenkomplexe sind für den diagnostischen und therapeutischen Prozess in der Verhaltenstherapie zentral (Schulte 1976, S. 75): (a) Welche Verhaltensweisen sollen verändert werden? (b) Wodurch wird das Problemverhalten aktuell bedingt? (c) Durch welche Interventionen kann die angestrebte Veränderung am besten bewirkt werden? Diese Fragen zeigen den wechselseitigen Zusammenhang zwischen der funktionalen Verhaltensanalyse, der Zielanalyse und der Therapieplanung.

Ein klassisches Modell der Mikroanalyse ist das SORKC-Schema nach Kanfer und Saslow (1965 und 1976):

S bezeichnet die *Stimulusbedingungen*, also die konkrete Situation, die dem Problemverhalten vorausgeht. Man kann unterscheiden zwischen einem internen Stimulus (S_{intern}), also beispielsweise einem Gedanken oder einer Körperwahrnehmung wie Schmerzen, und einem externen Stimulus (S_{extern}), beispielsweise der Aufenthalt in einer Menschenmenge. Man kann bei den situationalen Bedingungen oder Stimulusbedingungen auch die Ebenen α (behaviorale Ebene, beobachtbares Verhalten wie autoaggressives Verhalten oder Flucht- und Vermeidungsverhalten), β (Kognitionen) und γ (physiologische und biologische Ereignisse und Prozesse) unterscheiden (Reinecker 2015, S. 25 und 35). Man kann auch unterscheiden zwischen unkonditioniertem Stimulus (UCS) und konditioniertem Stimulus (CS) bei respondentem Verhalten und diskriminativen Stimuli S^D und S^Δ bei operantem Verhalten (Schulte 1976, S. 101). S^D bezeichnet beim instrumentellen (operanten) Konditionieren einen Reiz, der das Auftreten einer verstärkenden Konsequenz signalisiert. S^Δ bezeichnet einen diskriminativen Stimulus, der mit dem Ausbleiben des Verstärkers assoziiert ist, beschreibt also einen Reiz, der das Ausbleiben einer verstärkenden Konsequenz signalisiert (Wiedemann 2013; Ubben 2017, S. 34).

O bezeichnet die *Organismusvariable*. Die O-Variable wurde 1969 von Kanfer und Saslow in die Verhaltensgleichung eingeführt. Die deutsche Übersetzung dieser Publikation erschien erstmals 1974 (2. Auflage 1976). Die Abfolge von Stimulus (S), Reaktion (R), Kontingenz (K) und Konsequenz (C) wurde bereits 1964 von Lindsley beschrieben. Kanfer und Saslow (1976, S. 35) erweiterten diese Sequenz um die O-Variable. Früher verstand man darunter nur die physiologischen, biologischen, genetischen und somatischen Faktoren (γ-Variablen). Bei den γ-Variablen kann man zwischen überdauernden/stabilen organischen Funktionsstörungen wie Demenz und kurzzeitigen Funktionsstörungen wie Alkoholrausch oder Ermüdung unterscheiden (Schulte 1976, S. 85). Inzwischen fasst man unter die O-Variable das Selbstregulationssystem. Hierzu zählen auch kognitiv-affektive Schemata (β-Variablen), die als Resultat der individuellen Lern- und Lebensgeschichte für die Verhaltenssteuerung einer Person relevant sind und zur Erklärung transsituational stabiler Muster und Reaktionsbereitschaften herangezogen werden können (Reinecker 2015, S. 35 f.). Die O-Variable umfasst also Grundannahmen, Einstellungen, Regeln, Pläne, kognitiv-affektive Schemata sowie neurobiologische, somatische, genetische und epigenetische Prädispositionen. Heute versteht man die O-Variable als Persönlichkeitsvariable (Ubben 2017, S. 36). Das Selbstregulationssystem als moderierende Variable erklärt, warum Individuen in ähnlichen Situationen verschieden reagieren können. Früher verstand man unter der O-Variable nur genetische und somatische/biologische Prädispositionen.

Nach heutiger Auffassung umfasst die O-Variable sowohl somatische als auch kognitiv-affektive Charakteristika einer Person. Die O-Variable bezeichnet das Selbstregulationssystem, kann also als verhaltenstherapeutisch akzeptable Persönlichkeitsvariable verstanden werden (Ubben 2017, S. 36). Gemeint sind kognitive Muster, kognitiv-affektive Schemata, Reaktionsbereitschaften und Persönlichkeitsstile, die als Resultat der individuellen Lern- und Lebensgeschichte für die Verhaltenssteuerung einer Person relevant sind und zur Erklärung transsituational stabiler und repetitiver dysfunktionaler Muster herangezogen werden können (Reinecker 2015, S. 35 f.). Die O-Variable erklärt, warum Individuen in ähnlichen Situationen diametral entgegengesetzt reagieren können.

Bei der O-Variablen sind folgende Fragen relevant: Welche dysfunktionalen Erlebens- und Verhaltensstereotypien schränken das aktive Verhaltensrepertoire des Patienten ein (Sulz 2015)? Welche Motive liegen diesen Verhaltensstereotypien zugrunde (zentrale Bedürfnisse bei Annäherungsverhalten, zentrale Ängste bei Vermeidungstendenzen)? Welche verhaltenssteuernden Schemata sind relevant? In dem Problemanalyse-Modell von Bartling et al. (2016) wird die O-Variable zwar nicht explizit genannt, jedoch werden Persönlichkeitsvariablen in diesem Leitfaden besonders berücksichtigt (Dieckmann et al. 2018, S. 59). In dem funktionalen Bedingungsmodell von Bartling et al. (2016) entspricht die O-Variable den vermittelnden Bedingungen. Die O-Variable kann man auch Moderatorvariable nennen (Ubben 2017, S. 13). Hierzu gehören der Wahrnehmungsprozess (WP) und die innere Verarbeitung (iV). Zum Wahrnehmungsprozess zählen zum Beispiel die exzessive dysfunktionale Selbstaufmerksamkeit bei der sozialen Angststörung oder der interozeptive Wahrnehmungsstil bei der Panikstörung oder bei somatoformen Störungen. Die innere Verarbeitung bezieht sich auf individuelle kognitive Verarbeitungsmuster. Dazu gehört die Interpretation von Situationen, Kausalattributionen, Bedeutungszuschreibungen, Selbstwirksamkeitserwartungen und Schlussfolgerungen (Bartling et al. 2016, S. 51 f.).

R bezeichnet die *Reaktion*, also das Problemverhalten, das durch die Therapie verändert werden soll. Es ist sinnvoll, das Problemverhalten auf verschiedenen Manifestationsebenen zu beschreiben.

Die Differenzierung in drei Manifestationsebenen (α, β, γ) ist seit den 1970er Jahren üblich (Kanfer et al. 2012, S. 24 ff.; Reinecker 2015, S. 25). Die α-Ebene beinhaltet beobachtbares, volitives Verhalten. Statt mit Rα kann man dies auch mit Rm (motorische Reaktion) oder mit $R_{behavioral}$ bezeichnen. Bei einer Depression zählen dazu etwa sozialer Rückzug, Vermeidung von Kontakten, passives Verhalten, Aufschieben von Entscheidungen. Die β-Ebene (Rβ, Rk oder $R_{kognitiv}$) umfasst alle kognitiven Reaktionen, die als Bestandteil des Problems zu verstehen sind. Hierzu zählen bei einer Depression selbstabwertende Gedanken, die kognitive Triade nach Beck mit negativer Sicht der eigenen Person, der Umwelt und der Zukunft und automatische depressogene Gedanken. Zu den kognitiven Ereignissen zählen auch Zwangsgedanken oder Sorgen. Die γ-Ebene (Rγ, Rph oder $R_{physiologisch}$) bezeichnet physiologische/somatische Reaktionen. Bei einer Angststörung sind das beispielsweise Schwitzen, beschleunigter Herzschlag, Kribbeln der Hände, Hitzegefühl.

Meistens wird noch die emotionale Ebene ergänzt (Re oder $R_{emotional}$). Hierfür gibt es keinen eigenen griechischen Buchstaben. Reinecker (2015, S. 26 f.) sowie Kanfer et al. (2012, S. 203) halten eine gesonderte emotionale Ebene für überflüssig. Reinecker (2015) betrachtet Emotionen als Konstrukte, die nicht direkt beobachtbar sind. Beobachtbar hingegen sind verschiedene Merkmale von Emotionen. Hierzu zählen beobachtbares Verhalten, etwa Flucht oder Erstarrung bei Furcht, Veränderungen in Mimik, Gestik und im verbalen Ausdruck (α-Ebene). Weiterhin haben Emotionen einen sprachlich mitteilbaren kognitiven Anteil (β-Ebene) und somatisch-physiologische Korrelate (γ-Ebene) wie Blutdruckanstieg, Herzfrequenzanstieg, Schwitzen. Nach Reinecker (2015, S. 27) ist der Begriff der Emotion ein theoretisches Konstrukt, das auf den Ebenen des beobachtbaren Verhaltens, der Kognitionen und der physiologischen Merkmale eine Präzisierung und Operationalisierung erfährt. Schulte (1976, S. 81) nennt in seinem klassischen Diagnoseschema drei Ebenen: die motorische Ebene (beobachtbares Verhalten), die verbale Ebene (hierzu gehört die introspektive Beschreibung von Gefühlen) und die physiologische Ebene. Meistens werden heute bei Kassenantragsberichten im SORKC-Schema die vom Patienten angegebenen oder erfragten Emotionen wie Scham, Angst, Wut, Ärger, Enttäuschung zusätzlich zu den drei Ebenen (α, β, γ) als emotionale Reaktion (Re) eigens aufgezählt (Wiedemann 2013).

Als *Kontingenz* oder Kontingenzverhältnis (K) bezeichnet man die Häufigkeit, mit der C (Konsequenz) auf R folgt. Kontingenz sagt also etwas aus über die Regelmäßigkeit oder Unregelmäßigkeit des Zusammenhangs zwischen Reaktion und Konsequenz. Gemeint ist die Rate, mit der eine bestimmte Konsequenz auf ein bestimmtes Verhalten folgt. In diesem Kontext spricht man auch von einem Verstärkungsplan (Schulte 1976, S. 103; Reinecker 2015, S. 31).

Beispielsweise kann man angeben, dass in ca. 60 % der Beobachtungen auf das symptomatische Verhalten R ein positiver Verstärker (C+) wie Zuwendung erfolgt (Schulte 1976, S. 82). Kontingenz beschreibt also die Vorhersagbarkeit von zu erwartenden Verhaltenskonsequenzen. Beim Aufbau von Verhalten kommt es darauf an, dass das aufzubauende Verhalten *kontingent (regelmäßig)* verstärkt wird. Nur dann kann das Individuum den Zusammenhang zwischen R und C verlässlich und antizipierbar lernen. Für die Stabilisierung des Verhaltens ist intermittierende Verstärkung besonders wirksam. Durch *intermittierende Verstärkung* wird Verhalten besonders löschungsresistent.

In der psychotherapeutischen Praxis spielt die Kontingenz eher eine untergeordnete Rolle. Die Kontingenz wird daher in Antragsberichten meistens weggelassen. Entsprechend verwendet Reinecker (2015, S. 56 ff.) ein SORC-Schema. Auch bei den exemplarischen Antragsberichten in diesem Buch (▶ Kap. 11) wurde bei der Mikroanalyse ein SORC-Schema verwendet.

C (consequences) bezeichnet die nachfolgenden *Konsequenzen* im Sinne der operanten Konditionierung. Operantes Verhalten hängt von den nachfolgenden Bedingungen, also den Konsequenzen ab, während respondentes Verhalten von vorausgehenden (auslösenden) Reizen abhängig ist (Schulte 1976, S. 86). Beim operanten (instrumentellen) Lernen kann man unterscheiden zwischen einem operanten Annäherungsverhalten (positive Verstärkung) und einem operanten Flucht- bzw. Vermeidungsverhalten (negative Verstärkung).

> Verhaltenssteuernd sind nach der Theorie der operanten Konditionierung nur die *kurzfristigen* Konsequenzen im Sekundenbereich (Reinecker 2015, S. 36 f.; Zarbock 2014, S. 120). Es ist daher lerntheoretisch korrekt, *nur die kurzfristigen Konsequenzen* mit den Symbolen C+ (positive Verstärkung), C– (aversiver Reiz, direkte Bestrafung), ₵+ (Verstärkerentzug, Löschung, indirekte Bestrafung), ₵– (Wegfall einer aversiven Konsequenz oder Ausbleiben einer antizipierten negativen Konsequenz = negative Verstärkung) zu bezeichnen. Durch negative Verstärkung wird die Auftretenswahrscheinlichkeit des Verhaltens erhöht. Langfristig negative Auswirkungen des Problemverhaltens führen zu Leidensdruck und bringen den Patienten in die Therapie (Reinecker 2015, S. 36 f.). Es ist besser, hier von *langfristig negativen Folgen oder Auswirkungen* des Problemverhaltens zu sprechen und *nicht* von langfristig negativen Konsequenzen, da es sich strenggenommen nicht um Konsequenzen (C) gemäß der operanten Konditionierung handelt (Zarbock 2014, S. 120).

In einigen Lehrbüchern werden auch langfristig negative/aversive Folgen des Problemverhaltens mit C-Symbolen bezeichnet. Beispielsweise werden in einem Standwerk zur Verhaltensanalyse langfristig negative Auswirkungen des Problemverhaltens mit C– und ₵+ bezeichnet (Reinecker 2015, S. 71 ff.). Allerdings betont Reinecker (2015, S. 73), dass die langfristig negativen Folgen nicht unmittelbar relevant für das Verhalten sind. Es ist festzuhalten, dass C-Symbole für langfristig negative Folgen des Problemverhaltens nicht der Klarheit dienen, sondern zur Konfusion führen, denn langfristige negative Auswirkungen des Problemverhaltens wirken nicht als Verstärker im lerntheoretischen Sinne (Zarbock 2014, S. 120).

Langfristige negative Auswirkungen können zwar verhaltenssteuernd wirken, aber nur dann, wenn sich eine Person bewusst für den Verzicht auf eine kurzfristige positive Konsequenz entscheidet. Dies geschieht nach dem Prinzip der Selbstkontrolle. Man spricht in diesem Kontext vom *Paradoxon der Selbstkontrolle* (Reinecker 2015, S. 37). Bei der Selbstkontrolle gibt es zwei Unterformen: (a) *Widerstehen einer Versuchung*. Eine Person kann beispielsweise auf den Verzehr von Schokolade verzichten (₵+). Der Verzicht auf die positive Konsequenz geschieht zugunsten eines erwarteten langfristigen positiven Effekts (Schlankheit, Attraktivität). (b) *Heldenhaftes Verhalten*. Eine Person nimmt eine kurzfristige aversive Situation in Kauf (C–), um dadurch langfristig einen positiven Effekt zu erreichen. Das ist ein zentrales Prinzip bei Expositionsbehandlungen oder bei unangenehmen medizinischen Untersuchungen wie einer Darmspiegelung. Beispielsweise nimmt ein Patient die Belastungen einer Expositionsbehandlung bewusst in Kauf, um langfristig eine Besserung der Angststörung zu erreichen. Selbstkontrolle erfordert eine spezifische Motivation. Die Person entscheidet sich dafür, das Verhalten nicht nach kurzfristigen Konsequenzen auszurichten, um langfristig einen positiven Zielzustand zu erreichen. Der Verzicht auf eine kurzfristige positive Konsequenz oder das kurzfristige Aushalten und Ertragen aversiver Situationen dient à la longue einem positiven Ziel (Erhaltung der Gesundheit).

> Es hat sich bewährt, die Reaktionen immer in der folgenden Reihenfolge darzustellen: physiologisch (Rγ oder Rph), emotional (Re), kognitiv (Rβ oder Rk) und zuletzt motorisch/behavioral (Rα, R$_{behavioral}$ oder Rm). Grund: Die *Konsequenzen* beziehen sich immer nur auf das beobachtbare Verhalten (Rα oder R$_{behavioral}$). Konsequenzen (C) werden immer nur für *volitives (willentliches) motorisches Verhalten* angegeben (Zarbock 2014, S. 123). Es geht hier nur

um das Lernen am Erfolg nach Skinner, also um die *operante Konditionierung* (▶ Abb. 4.3). Ausgelöste physiologische und emotionale Reaktionen hingegen stellen den respondenten Teil dar.

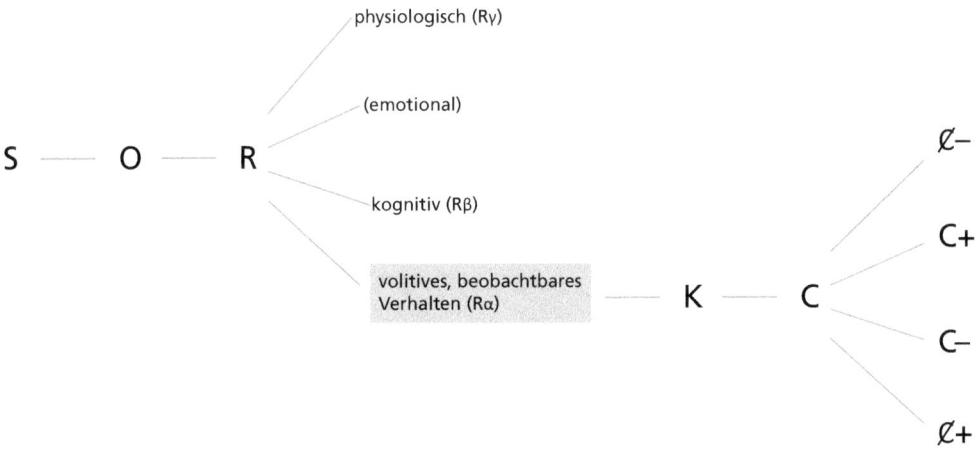

Abb. 4.3: Mikroanalyse nach dem SORKC-Schema (modifiziert nach Zarbock 2014, S. 123). Konsequenzen beziehen sich nach der Lerntheorie nur auf volitives, beobachtbares Verhalten (Rα) und nicht auf kognitive Reaktionen (Rβ), Emotionen oder physiologische Reaktionen (Rγ). Nur volitives Verhalten (Rα) stellt den operanten Teil des SORKC-Schemas dar. C-Symbole sind nach der Theorie der operanten Konditionierung strenggenommen nur korrekt bei kurzfristigen Konsequenzen. Langfristige negative Folgen oder Auswirkungen des Problemverhaltens sollten besser nicht mit C-Symbolen bezeichnet werden.

Im SORKC-Schema, wie es in Antragsberichten häufig verwendet wird, unterscheidet man nicht zwischen klassischer und operanter Konditionierung. Klassische Konditionierung (Pawlow) wird auch als Assoziationslernen oder respondentes Lernen bezeichnet, operante Konditionierung (Skinner) als instrumentelles Lernen oder Lernen am Erfolg (Wiedemann 2013). Mit R in der Kanfer-Verhaltensgleichung kann sowohl eine klassisch konditionierte Reaktion (CR) gemeint sein als auch ein operantes R, also ein volitives Verhalten. Bei der klassischen Konditionierung werden beispielsweise Angstreaktionen an zuvor neutrale Reize gekoppelt. Beim Assoziationslernen spielen für den Erwerb und für die Aufrechterhaltung Konsequenzen keine Rolle. Für Angststörungen und posttraumatische Belastungsstörungen sind klassische Konditionierungsprozesse sehr wichtig. Jedoch entscheidet bei der operanten Konditionierung die auf das Verhalten (Rα) folgende kurzfristige Konsequenz (Belohnung oder Bestrafung) darüber, ob das Verhalten zukünftig häufiger oder seltener auftritt.

Man bleibt bei der Mikroanalyse nur dann auf dem Pfad der Tugend, wenn man die *Konsequenzen* ausschließlich auf das *volitive Verhalten* (Rα) bezieht (▶ Abb. 4.3). Alles andere ist mit der Theorie der operanten Konditionierung nicht vereinbar und führt leicht zu lerntheoretisch falschen Hypothesen.

Beispiele: Klassisch konditionierte Angstreaktionen (Angstgefühle) oder physiologische Angstkorrelate (Schwitzen, Blutdruck- und Pulsanstieg) werden nicht durch operante Konditionierung gelernt. Die Aufzählung von Konsequenzen (C) nach emotionalen und physiologischen Reaktionen führt also in die Irre. Genauso unsinnig ist es, nach unwillkürlichen Krankheitsphänomenen wie Halluzinationen (Phoneme bei Schizophrenie) oder Intrusionen (Flashbacks) bei der posttraumatischen Belastungsstörung Konsequenzen (C) aufzuzählen, denn diese Symptome werden nicht durch operante Konditionierung gelernt oder aufrechterhalten

Hier ein Negativ-Beispiel (nach Zarbock 2014, S. 122):
S: Aufenthalt in einer überfüllten U-Bahn
O: ängstliche Prädisposition durch Lernen am Modell (Mutter) gelernt
R: Angst vor Ohnmacht, Schwindel, Herzklopfen
C: Selbstvorwürfe, ein Versager zu sein (C–)

Der erste Fehler liegt darin, dass Konsequenzen nach emotionalen und physiologischen Reaktionen angegeben wurden und nicht nach volitivem Verhalten (Rα). Bleibt man auf dem Pfad der Tugend, muss ein willkürliches, beobachtbares Verhalten im Anschluss an die emotionale und physiologische Angstreaktion beschrieben werden, das dann durch operante Konditionierung verstärkt wird. Der zweite Fehler besteht darin, dass nur langfristige negative Auswirkungen angegeben wurden, nicht aber kurzfristige, verhaltenssteuernde Konsequenzen.

Eine *stimmige Mikroanalyse bei Agoraphobie* könnte so aussehen:
S: Aufenthalt in einer überfüllten U-Bahn
O: ängstliche Prädisposition durch wahrscheinliche neurobiologische Prädisposition bei positiver Familienanamnese für Angsterkrankungen und Lernen am Modell
Rγ: Schwitzen, Herzklopfen, Schwindel, Hitzegefühl
Rβ: »Ich verliere die Kontrolle und falle bestimmt gleich in Ohnmacht.«
Re: Angst, Panik
Rα: verlässt hastig die U-Bahn bei der nächsten Haltestelle
C: Die Angst lässt nach ($\not{C}$–)

Dieses SORKC-Schema ist deshalb richtig, weil sich Konsequenzen im Sinne der Lerntheorie auf (zukünftiges) willkürliches Verhalten (Handlungen) auswirken. In diesem Fall wird das Aussteigen aus der U-Bahn (Fluchtverhalten) negativ verstärkt. Die aversiven emotionalen und physiologischen Reaktionskomponenten nach dem Aussteigen aus der U-Bahn nachlassen und die erwartete Katastrophe (Ohnmacht, Kontrollverlust) nicht eintritt, wird die Auftretenswahrscheinlichkeit von Flucht in ähnlichen Situationen erhöht.

Man könnte noch die langfristigen Folgen/Auswirkungen benennen: Das Fluchtverhalten löst Selbstvorwürfe aus, ein Versager zu sein. Diese selbstabwertenden Kognitionen erodieren das Selbstvertrauen. Angstreaktionen generalisieren. Vermeidungsverhalten weitet sich aus. Der Aktionsradius wird dadurch weiter eingeschränkt.

Falsch wäre es aber, diese langfristig negativen Folgen/Auswirkungen des Problemverhaltens mit C-Symbolen zu bezeichnen, denn diese langfristigen Folgen haben nach der Lerntheorie keinen Einfluss auf die Auftretenshäufigkeit. Verhaltenssteuernd sind nur kurzfristige Konsequenzen.

Beispiel bei Agoraphobie: »Unmittelbar nach Flucht aus der U-Bahn lassen Angstgefühl und Pulsbeschleunigung schlagartig nach ($\not{C}$–).« Falsch wäre es zu schreiben: »Das Fluchtverhalten löst mittel- und langfristig Selbstvorwürfe aus, ein Versager zu sein

(C–). Diese selbstabwertenden Kognitionen erodieren das Selbstvertrauen (C–). Angstreaktionen generalisieren. Vermeidungsverhalten weitet sich aus. Der Aktionsradius wird dadurch weiter eingeschränkt (C–)«. Wären diese langfristigen Effekte tatsächlich verhaltenssteuernd, wie das Symbol C– nahelegt, dann würde das Fluchtverhalten durch die aversiven Konsequenzen (Bestrafung) seltener auftreten und verschwinden. Das ist aber nicht der Fall. Der Grund für das Persistieren von Flucht- und Vermeidungsverhalten ist, dass nur kurzfristige Verstärker verhaltenssteuernd sind (Zarbock 2014, S. 122 f.).

Ein Beispiel für eine richtige Mikroanalyse bei sozialer Angststörung und Emetophobie:
S: Der Patient ist bei einem Geschäftsessen mit der Chefin und wichtigen Kunden.
O: Selbstunsicherheit, negatives Selbstkonzept, Kritikerwartung, erhöhte generalisierte Ängstlichkeit und die Neigung zur Somatisierung von Angst, wobei gastrointestinale Angstkorrelate (Angstäquivalente) vorherrschen
Rγ: Übelkeit, Druckgefühl in der Magengegend
Rβ: »Ich muss bestimmt während des Essens erbrechen und blamiere mich.«
Re: Angst, Ekel vor dem Essen
Rα: Der Patient isst kaum etwas, beteiligt sich wenig am Gespräch und richtet die Aufmerksamkeit auf sich selbst, insbesondere auf körperliche Anzeichen von drohender Übelkeit und Erbrechen.
C: Reduktion von Angst ($\mathcal{C}$–)
Langfristige negative Folgen/Auswirkungen: Durch das unpassende Sozialverhalten (Schweigen, Essen zurückgehen lassen) zieht der Patient die kritische Aufmerksamkeit von seiner Chefin und der Kollegin auf sich. Die sozialphobische Symptomatik wird durch exzessive Selbstaufmerksamkeit, Vermeidung und Sicherheitsverhalten aufrechterhalten. Der interozeptive Wahrnehmungsstil mit ängstlicher Selbstbeobachtung von möglichen körperlichen Warnsignalen für Übelkeit und Erbrechen hält die Emetophobie aufrecht.

Aus dieser stimmigen Mikroanalyse geht hervor, dass die kurzfristigen Konsequenzen das Verhalten steuern. Langfristig führt das Problemverhalten zu Folgeproblemen, die Leidensdruck verursachen.

Verwendet man statt des SORKC-Schemas die *klassische Formel zur Mikroanalyse*, wird deutlicher unterschieden zwischen klassischer und operanter Konditionierung. Die klassische Formel lautet (Schulte und Thomas 1976, S. 114 f.; Zarbock 2014, S. 120 f.):
CS – CR = S^D – R – (K) – C
Beispiel: Bei Agoraphobie ist der konditionierte Stimulus (CS) der Aufenthalt in einer überfüllten U-Bahn. Die konditionierte Reaktion (CR) ist eine Angstreaktion mit Pulsbeschleunigung, Schwindel und Schwitzen. Diese konditionierte Reaktion ist der Hinweisreiz oder der diskriminative Stimulus (S^D) für das Fluchtverhalten (Rα: rasches Verlassen der U-Bahn). Das Fluchtverhalten reduziert die emotionale und physiologische Angstreaktion ($\mathcal{C}$–), gleichzeitig wendet sich der begleitende Partner besorgt dem Patienten zu (C+). Das Fluchtverhalten wird sowohl negativ ($\mathcal{C}$–) als auch positiv (C+) verstärkt und dadurch aufrechterhalten.

Nur die kurzfristigen Konsequenzen sind verhaltenssteuernd. Langfristige Folgen sind eine Generalisierung der Angstreaktionen, der Verlust von Selbstwertgefühl, Scham wegen der erlebten Unfähigkeit und Ängstlichkeit und ein eingeschränkter Lebensstil mit Verstärkermangel. Die langfristigen Folgen stellen den Verlust durch die Erkrankung dar.

Im Folgenden werden häufige Fehler bei Mikroanalysen nach dem SORKC-Schema anhand von konkreten Beispielen aufgezeigt (vgl. hierzu auch Zarbock 2014, S. 126 f.).

Negativbeispiel:
S: Der Patient befindet sich in einer überfüllten U-Bahn.
O: ängstliche Prädisposition.
R: Auf physiologischer Ebene kommt es zu Schwitzen, Pulsbeschleunigung und Schwindel. Emotional erlebt der Patient Angst. Auf kognitiver Ebene steht die Überzeugung im Vordergrund, er werde bestimmt gleich die Kontrolle verlieren und in Ohnmacht fallen. Die behaviorale Reaktion besteht in einer Fluchtreaktion. Der Patient steigt aus der U-Bahn aus.
K: immer in solchen Situationen.
C: Der Patient verspätet sich bei der Arbeit, macht sich Vorwürfe, ein Versager zu sein, weil er unfähig sei, mit öffentlichen Verkehrsmitteln zur Arbeit zu fahren (C–). Er empfindet Scham (C–). Es kommt zu Konflikten mit dem Arbeitgeber (C–). Der Patient erhält eine Abmahnung wegen wiederholter Unpünktlichkeit (C–). Die beruflichen Probleme belasten die Beziehung zu seiner Partnerin (C–).

Falsch ist hier, dass bei den Konsequenzen nur langfristige Auswirkungen des Problemverhaltens erfasst und diese mit C– bezeichnet werden. Nach der Theorie der operanten Konditionierung müsste das Problemverhalten von selbst verschwinden, da direkte Bestrafung die Auftretenswahrscheinlichkeit des Problemverhaltens reduziert. Da dies nicht der Fall ist, muss die Mikroanalyse zwangsläufig falsch sein. Richtig ist die Mikroanalyse bis K.

Richtig und didaktisch sehr ausführlich lassen sich die Konsequenzen so beschreiben:

$C_{kurzfristig}$: Die Fluchtreaktion führt zu einer sofortigen Abnahme der emotionalen und physiologischen Angstreaktion ($\cancel{C}$–). Dadurch wird Fluchtverhalten negativ verstärkt. Langfristige negative Auswirkungen des Problemverhaltens: Der Patient vermeidet öffentliche Verkehrsmittel. Die Aufrechterhaltung der Störung kann durch antizipatorische Vermeidung erklärt werden (Reinecker 2015, S. 72). Verschiedene auslösende Situationen sind Hinweisreize auf eine befürchtete Angstreaktion. Es kommt zu einer Reizgeneralisierung. Der Patient vermeidet solche Situationen und erlebt das Ausbleiben der erwarteten aversiven physiologischen und emotionalen Reaktionen. Das Vermeidungsverhalten wird durch negative Verstärkung ($\cancel{C}$–) aufrechterhalten. Das dysfunktionale Vermeidungsverhalten hat langfristig negative Auswirkungen: Der Patient macht sich Vorwürfe, ein Versager zu sein. Er kommt zu spät zur Arbeit, was zu Konflikten mit dem Vorgesetzten führt. Die beruflichen Probleme belasten die Beziehung zu seiner Partnerin. Diese negativen Folgen werden aber nicht unmittelbar relevant für die Verhaltenssteuerung, sondern führen über den dadurch erzeugten Leidensdruck zum Versuch einer Lösung durch die Inanspruchnahme einer Verhaltenstherapie (Reinecker 2015, S. 72 f.).

Ohne C-Symbole können die kurzfristigen Konsequenzen und die langfristigen negativen Auswirkungen des Problemverhaltens als Fließtext etwa so stringent beschrieben werden:

Flucht- und Vermeidungsverhalten wird durch negative Verstärkung aufrechterhalten und weitet sich nach dem Prinzip der Reizgeneralisierung aus. Durch dysfunktionale kognitive Verarbeitungsprozesse (Selbstvorwürfe, Selbstabwertung) und sekundäre Folgeprobleme (Probleme am Arbeitsplatz und Partnerschaftskonflikte) entsteht Leidensdruck, der die Motivationsbasis für die geplante Verhaltenstherapie bildet.

Ein häufiger Fehler besteht darin, dass Konsequenzen nicht auf volitives, beobachtbares Verhalten (Rα) bezogen werden, sondern auf physiologische, emotionale oder kognitive Reaktionen. Die *Konsequenzen* (C) beziehen sich ausschließlich auf *beobachtbares, volitives Verhalten* (Rα) und auf nichts sonst (Zarbock 2014, S. 122 ff.).

Selbstverständlich können Kognitionen eine intrapsychische Funktionalität haben. Ein klassisches Beispiel ist, dass Sorgen bei der generalisierten Angststörung der Affektvermeidung dienen. Sorgenketten als rationalisierende kognitive Prozesse dienen der Vermeidung von intensivem Erleben aversiver Emotionen. Durch diese Emotionsvermeidung werden exzessive Sorgen aufrechterhalten. Es wäre jedoch falsch, dies in einer Mikroanalyse mit $\mathcal{C}-$ zu bezeichnen, da es sich nicht um beobachtbares Verhalten (Rα) handelt, sondern um Rβ. Beschreiben kann man das im funktionalen Bedingungsmodell. Am besten aufgehoben ist das bei der Makroanalyse unter dem Unterpunkt intraindividuelle Funktionalität. Auch Emotionen können nach der Plananalyse instrumentelle Funktion haben (Caspar 2018, S. 83 f.). Beispiel: Bei Agoraphobie führt die Zuwendung des Partners zu einer instrumentellen Verstärkung. Entscheidend ist aber die Frage, was konkret verstärkt wird. Das kann nach dem Prinzip der operanten Konditionierung nur ein beobachtbares Verhalten sein und nicht die physiologische, kognitive oder emotionale Komponente der Angstreaktion. Es wäre daher falsch, wenn man darstellen würde, dass physiologische und emotionale Angstreaktionen zu einer Zuwendung führen, wodurch ebendiese Reaktionen positiv verstärkt (C+) würden. Richtig wäre die Feststellung, dass der Patient in einer Menschenmenge eine Panikattacke erleidet und sich hilfesuchend an den anwesenden Partner wendet und ihn bittet, gemeinsam mit ihm die Situation zu verlassen, woraufhin beide den überfüllten Ort verlassen. Dann könnte man sagen, dass das Klagen und die geäußerte Bitte um Hilfe (Rα) durch Zuwendung (C+) positiv verstärkt wird. Außerdem führt die Fluchtreaktion zum sofortigen Nachlassen von Angst ($\mathcal{C}-$), wodurch Fluchtverhalten negativ verstärkt wird. Es empfiehlt sich, die interaktionelle Funktionalität der Störung bei der Makroanalyse darzustellen. Ein weiteres Beispiel für die interaktionelle Wirkung von Emotionen ist, dass das Zeigen von Gereiztheit dazu führt, dass der Interaktionspartner in Habachtstellung geht, sich distanziert und sich nicht traut, aggressiv anzugreifen (Caspar 2018, S. 84). Falsch wäre jedoch die Behauptung, dass die Emotion Gereiztheit diese positive interpersonelle Konsequenz habe und dadurch verstärkt würde. Richtig wäre, dass das Zeigen von Gereiztheit, also ein beobachtbares Verhalten (Rα), diese Konsequenz hat. Das ist keineswegs Haarspalterei, sondern genuin verhaltensanalytisches Denken.

> Sie kommen bei der Mikroanalyse von *Konsequenzen* selten auf Abwege, wenn Sie zwei Dinge beachten (▶ Abb. 4.3): (1) Konsequenzen beziehen sich immer nur auf *beobachtbares, volitives (willkürliches) Verhalten*, also auf *Handlungen*, die vom Akteur kontrollierbar sind und prinzipiell auch unterlassen werden können. Das ist bei physiologischen Reaktionen wie Schwitzen, Schwindel, Herzrasen nicht möglich. (2) Konsequenzen im Sinne der *operanten Konditionierung* beziehen sich immer nur auf *kurzfristige Konsequenzen* (im Sekundenbereich) und nie auf langfristige Auswirkungen des Problemverhaltens.

Falsch wäre es, wenn bei der O-Variablen nicht Prädispositionen genannt werden, sondern durch die Situation ausgelöste physiologische Reaktionen.

Negativbeispiel (bei Blut-Spritzen-Verletzungsphobie):
S: Die Patientin bekommt im Sitzen Blut abgenommen.
O: zunächst beschleunigte Herzfrequenz, dann Blutdruckabfall, Verschwommensehen, Schwarzwerden vor Augen, Ohnmacht.

Falsch ist hier, dass physiologische Reaktionen (Rγ) zur O-Variablen gezählt wurden.
Richtig wäre:
S: Die Patientin bekommt im Sitzen Blut abgenommen.
O: Bei der Patientin besteht wahrscheinlich eine angeborene Dysfunktion der autonomen Kreislaufregulation mit habitueller Neigung zu psychogenen Synkopen. Bei medizinischen Untersuchungen und bei Konfrontation mit Blut und Verletzungen in Erzählungen, Filmen und in der Realität kam es in der Vergangenheit bereits mehrfach zu Ohnmachten. Die Angst wurde nicht verlernt, sondern durch Lernen am Modell (Mutter litt ebenfalls unter Spritzenphobie) verstärkt.
Rγ: zunächst beschleunigte Herzfrequenz, dann Blutdruckabfall, Verschwommensehen, Schwarzwerden vor Augen.
Rβ: »Ich falle gleich in Ohnmacht.«
Re: Angst.
Rα: Die Patientin vermeidet indizierte medizinische Untersuchungen, lässt sich beispielsweise nicht impfen und geht auch bei Zahnschmerzen nicht zeitnah zum Zahnarzt.
C: Das antizipatorische Vermeidungsverhalten wird durch negative Verstärkung ($\mathcal{C}$–) aufrechterhalten.
Langfristige negative Auswirkungen des Problemverhaltens: Das Vermeidungsverhalten generalisiert. Die Patientin vermeidet auch alltäglich soziale Interaktionen wie Kantinenbesuche mit Kollegen, weil sie befürchtet, in Erzählungen mit angstauslösenden Stimuli konfrontiert zu werden.

Es wäre falsch, unter C Elemente darzustellen, die zu den behavioralen Reaktionen (Rα) gehören.
Negativbeispiel (bei sozialer Angststörung):
S: Der Patient wird auf eine Geburtstagsparty eingeladen.
O: Durch den überkritischen Erziehungsstil der Eltern entstanden ein negatives Selbstkonzept und eine habituelle Kritikerwartung. Soziale Misserfolgserlebnisse in der Jugend verstärkten die soziale Ängstlichkeit. Es besteht eine Neigung zu exzessiver Selbstaufmerksamkeit und Sicherheitsverhalten.
Re: Angst.
Rβ: »Ich bin uninteressant und langweilig. Ich werde mich blamieren und ausgelacht werden.«
Bis hierhin ist die Mikroanalyse korrekt; der Fehler kommt jetzt:
C: Der Patient sagt die Einladung ab und zieht sich zurück.
Richtig wäre:
Rα: Der Patient sagt die Einladung ab und zieht sich zurück.
C: Durch das soziale Vermeidungsverhalten bleibt die antizipierte Peinlichkeit aus ($\mathcal{C}$–).
Langfristige Auswirkungen des Problemverhaltens: Langfristig weitet sich sozialphobisches Vermeidungsverhalten aus. Unter den konsekutiven interpersonellen Deprivationsbedingungen entsteht ein Verstärkerverlust mit sekundärer Depression.

5 Störungsmodelle und schematische Behandlungspläne

In diesem Kapitel werden ausgewählte Ätiologiemodelle und Therapiekonzepte bei Störungsbildern vorgestellt, die in der verhaltenstherapeutischen Praxis besonders häufig vorkommen. Die Reihenfolge ist alphabetisch und nicht nach Prävalenz.

Gerade bei Patienten mit komplexen und komorbiden Störungen sowie bei schwierigen Interaktionsstilen, Persönlichkeitsakzentuierungen und Persönlichkeitsstörungen muss der Behandlungsplan individuell neu konstruiert werden. Außerdem müssen die Therapiestrategien flexibel an den Therapieprozess angepasst werden (Ubben 2017, S. 10).

Die hier kurz vorgestellten allgemeinen prototypischen Modelle müssen im Antragsbericht unbedingt individuell angepasst werden. Es reicht keinesfalls aus, störungsspezifische Interventionen lediglich abstrakt und stichwortartig aufzuzählen. Das wäre nichts weiter als eine schablonenhafte Methodenliste, aber noch lange kein Behandlungsplan, der den Anforderungen der Psychotherapie-Richtlinie genügt. Schließlich ist die Individualisierung der kategorische Imperativ der Verhaltenstherapie (Wolpe 1986).

5.1 Störungsspezifische Ätiologiemodelle und schematische Therapiekonzepte

5.1.1 Alkoholkonsumstörung

Testverfahren:

- Alcohol Use Disorders Identification Test (AUDIT), Screening-Test, kostenlos im Internet verfügbar, im Auftrag der WHO entwickelt, geringes Risiko: < 7, auffällig: ≥ 8, Verdacht auf Alkoholabhängigkeit: ≥ 15

Klassifikation und Diagnostik:

- Unterscheidung zwischen Alkoholabhängigkeit, schädlichem Gebrauch und riskantem Konsum wichtig (nach DSM-5: Alkoholkonsumstörung, leicht, mittel und schwer)
- riskanter Alkoholkonsum, klassifizierbar als F10.8, bei Männern maximal fünfmal pro Woche 24 g Alkohol (zwei Standardgläser), bei Frauen 12 g (ein Standardglas)
- Binge Drinking: mindestens einmal pro Monat 60 g Alkohol oder mehr zu einer Trinkgelegenheit (z. B. 1,5 Liter Bier)
- Alkoholabhängigkeit ist die häufigste psychische Störung bei Männern und die zweithäufigste (nach Angststörungen) bei Frauen (Lindenmeyer 2016, S. 9).
- 3,4 % der erwachsenen Bevölkerung sind alkoholabhängig (Männer: 5,3 %, Frauen: 1,2 %), Alkoholmissbrauch bei 3,1 %, ris-

kanter Alkoholkonsum bei 14,2 % (Lindenmeyer 2016, S. 9).
- Trotz der Häufigkeit wird eine Alkoholkonsumstörung in Antragsberichten selten diagnostiziert, wahrscheinlich aus Angst vor Teil- oder Nichtbefürwortungen, da ein dysfunktionaler Alkoholkonsum von Gutachtern oft als prognostisch einschränkender Faktor eingestuft wird.
- Indikation für ambulante VT: ambulante Nachsorge nach erreichter Abstinenz bei Komorbidität (z. B. Depression, Angststörungen, Persönlichkeitsstörungen)
- Bei Alkoholabhängigkeit muss bis zur zehnten Therapieeinheit Abstinenz erreicht worden sein, Abstinenz muss in einer ärztlichen Bescheinigung dokumentiert werden und muss sich auf geeignete Nachweise stützen. Bei einem Rückfall müssen umgehend Maßnahmen zur Wiedererlangung der Abstinenz eingeleitet werden.
- präzise Substanzanamnese wichtig
- vier Formen von Trinkverhalten: Konflikttrinken, Rauschtrinken, Spiegeltrinken, periodisches Trinken
- Veränderungsphasen nach Prochaska und DiClemente: precontemplation (keine Einsicht, keine Veränderungsmotivation), contemplation (wachsende Einsicht, keine Veränderungsbereitschaft), action (ernsthafter Abstinenzvorsatz, Durchführung von Veränderungen), maintenance (Stabilisierung der Abstinenz)

Störungsmodell:

- Prädisposition: Entwicklung pathologischer Trinkmotive und suchtbezogener Grundannahmen, Defizite in der Emotionsregulation und in sozialen Kompetenzen
- Wirkungs- und Erleichterungstrinken: Dämpfung/Beruhigung durch Alkohol (C-), Reduktion von Anspannung/Stress, Alkohol als dysfunktionale Bewältigung von Problemen, Ängsten und Belastungen, Alkohol zur Verringerung kritischer Selbstaufmerksamkeit
- Stimulierung durch Alkohol: Enthemmung, Erleichterung von sozialen Kontakten
- Zwei-Phasen-Wirkung von Alkohol: Im Anschluss an die kurzfristig angenehme Alkoholwirkung treten langfristig aversive Zustände ein, die Auslöser für erneutes Trinken darstellen, Automatisierung und Ritualisierung des Alkoholkonsums, Suchtgedächtnis
- häufige Auslösesituationen für einen Rückfall: aversive Emotionen (Langeweile, Einsamkeit, Angst, Depression), Ärger- und Konfliktsituationen, soziale Verführung
- die Wahrscheinlichkeit eines Rückfalls in einer Risikosituation hängt ab von den Bewältigungsfertigkeiten (skills) und der Abstinenzzuversicht
- nach Rückfall häufig Rückfallschock und verringerte Abstinenzzuversicht

Behandlungsplan bei riskantem und schädlichem Alkoholkonsum:

- Bei schädlichem und riskantem Konsum ist Abstinenz kein vorrangiges und insbesondere kein realistisches Therapieziel (Lindenmeyer 2016, S. 15).
- Aufklärung über langfristige Folgen des Alkoholmissbrauchs
- motivierende Gesprächsführung, um zu einem maßvolleren Umgang mit Alkohol zu motivieren
- Entwicklung von individuellen Veränderungszielen
- Ermittlung eines individuellen Risikoprofils zur Identifikation von problematischen Trinksituationen
- Training und Erprobung von Bewältigungsfähigkeiten von problematischen Trinksituationen ohne Alkohol
- kontrolliertes Trinken: selbstkontrolliertes reduziertes Trinken
- Punktabstinenz: kein Alkohol am ungeeigneten Ort und zum ungeeigneten Zeitpunkt

Behandlungsplan bei Alkoholabhängigkeit:

- Bei Alkoholabhängigkeit ist das Ziel die abstinenzorientierte Entwöhnungsbehandlung.
- Entzugsbehandlung
- Entwöhnungsbehandlung (stationär, teilstationär, ambulant)
- ambulante Nachsorge zur Abstinenzstabilisierung und zur Behandlung von Komorbiditäten durch niedergelassene Psychotherapeuten
- Suchtberatungsstelle und Selbsthilfegruppe als flankierende Maßnahmen erwägen

Therapieelemente bei Alkoholkonsumstörung:

- detaillierte Problemanalyse und Selbstbeobachtung: Gefühle, Gedanken und Wirkungserwartungen vor dem Alkoholkonsum; kurzfristig angenehme Wirkung des Alkohols; längerfristig negative Folgen des Trinkens; Analyse eines Trinktages, Analyse der letzten 90 Trinktage, Lebenslinie mit Wendepunkten (Abstinenzphasen und Rückfälle), Risikotagebuch, Identifikation der häufigsten Trinksituationen und situativen Trigger (Situationsanalysen)
- Motivational Interviewing (motivierende Gesprächsführung) nach Miller und Rollnick zur Entwicklung von Veränderungsbereitschaft, Exploration der Nachteile der Abstinenz, Vier-Felder-Tafel zur bewussten Abstinenzentscheidung
- Ablehnungstraining
- Exposition in vivo (cue exposure), Alkoholexposition mit Emotionsinduktion
- Notfallplan zur Überwindung von Rückfällen
- Einbeziehung von Angehörigen
- Verbesserung der partnerschaftlichen Kommunikations- und Konfliktlösefähigkeiten

Manual: Lindenmeyer (2016)

5.1.2 Bipolare affektive Störungen

Störungsmodell:

- biologisch verankerte Erkrankungsvulnerabilität, häufig positive Familienanamnese, auch frühkindliche Deprivation, Vernachlässigung, Missbrauch und andere belastende Faktoren
- individualisierte Analyse auf Makro- und Mikroebene der auslösenden Faktoren (z. B. belastende Lebensereignisse, Stress, Schlafmangel, unregelmäßiger Tag-Nacht-Rhythmus, Alkoholexzesse)
- Verhaltensdefizite: Mangel an interpersonellen Fertigkeiten, Defizite in der Emotionsregulation, ungünstige Kommunikations- und Problemlösefertigkeiten
- Aufrechterhaltung durch maladaptive Verarbeitungsmuster, ungünstige Bewältigungsfertigkeiten und dysfunktionale Kognitionen

Therapieziele:

- übergeordnetes Gesamtziel: Stabilisierung der Remission und Rezidivprophylaxe
- Aufbau von Änderungsmotivation und Vermittlung von Informationen zu bipolaren Störungen
- Förderung der medikamentösen Compliance
- Analyse der Bedingungen der Stimmungsveränderungen, Identifizieren von individuellen Prodromalsymptomen und Differenzierung gegenüber normalen Stimmungsschwankungen
- Aufbau von Bedingungen, die das Risiko für Krankheitsepisoden senken: feste Alltagsstruktur, Tagesplanung, regelmäßige Pausen, stabiler Tag-Nacht-Rhythmus
- Erkennen und Verändern euphorischer, dysphorischer und überwertiger Gedanken, Abbau depressogener und manieförderner Einstellungen

- Stärkung von Kompetenzen und Fertigkeiten, die das Rezidivrisiko senken (Problemlösefertigkeiten, Emotionsregulation, Kontrolle der Impulsivität, soziale Kompetenzen, Verbesserung der Kommunikation und partnerschaftlichen Interaktion, Verhinderung interpersoneller Eskalationen)

Therapieplan:

- Behandlung der Depression wie bei unipolarer Depression
- Psychoedukation: gemeinsame Erarbeitung zentraler Informationen über bipolare Störungen anhand der eigenen Biographie, Erkennen individueller Prodromalsymptome, Lifechart erstellen zur Identifikation von Einflüssen auf Krankheitsepisoden
- Identifikation von Risikosituationen und Bedingungen, die die Rezidivwahrscheinlichkeit erhöhen
- Förderung der Medikamentencompliance durch kognitive Techniken (Pro-Contra-Listen, geleitetes Entdecken)
- Stimmungstagebuch (gereizt, voller Energie, lustlos, niedergeschlagen) und Protokollierung von Schlafenszeiten, Arbeitszeiten und Medikamenteneinnahme
- Gemeinsame Erarbeitung individueller Frühwarn- und Prodromalsymptome depressiver und manischer oder hypomanischer Episoden
- bei Hypomanie: Identifikation dysfunktionaler positiver Gedanken (gesteigertes Selbstvertrauen, Größenideen, Interesse an vielen verschiedenen Aktivitäten)
- Ressourcenorientierte und individualisierte Einübung von erfolgreichen Strategien zum Umgang mit Prodromalsymptomen und Erstellen eines Notfallplans (z. B. Selbstbeobachtung anhand des Stimmungstagebuchs, Rückmeldung von Freunden und Angehörigen Bedarfsmedikation, Intensivierung der psychiatrischen Behandlung)
- Etablieren einer festen und stabilen Tagesstruktur mit Erholungsphasen, bei Hypomanie Aktivitätsabbau

5.1.3 Borderline-Störung

Testverfahren:

- International Personality Disorder Examination (IPDE)
- Strukturiertes Klinisches Interview für DSM-5-Persönlichkeitsstörungen (SCID-5-PD)
- Borderline Symptom Liste 23 (BSL-23)

Störungsmodell:

- häufig Trauma- und Gewalterfahrungen in Kindheit und Jugend, Missbrauch und Vernachlässigung
- Störung der Affektregulation, intensive innere Anspannung, Bewältigung durch dysfunktionale Strategien: Selbstverletzung, Essattacken, Alkoholkonsum, aggressive Impulsdurchbrüche
- eingeschränkte Fähigkeit zur Affektdifferenzierung
- eingeschränkte Mentalisierungsfähigkeit
- Identitätsstörung
- Selbstwertregulationsstörung, Selbsthass
- Störungen der sozialen Interaktion: Probleme bei der Regulation von Nähe und Distanz, Instabilität der Beziehungen, Furcht vor dem Verlassenwerden

Therapieziele:

- Abbau von suizidalem und selbstverletzendem Verhalten vorrangig
- Aufbau von funktionalen Strategien zur Impuls-, Emotions- und Anspannungsregulation, Verbesserung der emotionalen Stabilität
- Verbesserung der Selbstwertregulation und der Selbstfürsorge, Steigerung der Selbstachtung und des achtsamen Selbstmitgefühls

- Verbesserung der interaktionellen Fertigkeiten und der Wertschätzung gegenüber anderen

Behandlungsplan (Dialektisch-behaviorale Therapie nach Linehan):

- dynamische Hierarchisierung der Behandlungsfoki (Suizidalität, Selbstverletzungen, aggressive Durchbrüche, eigen- und fremdgefährdendes Verhalten, therapieschädigendes Verhalten, Hochrisikoverhalten)
- Selbstbeobachtung mit Fokus auf Anspannung und dysfunktionales Verhalten mittels Wochenprotokollen (Diary-Card)
- Analyse verstärkender Konsequenzen (Kontingenzmanagement)
- Einüben von Fertigkeiten zur Affektdifferenzierung, Emotions- und Spannungsregulation sowie zur Stresstoleranz durch individuell angepasste Elemente aus dem Skillstraining, Emotionsexposition
- Vermittlung von Fähigkeiten zur Achtsamkeit und Akzeptanz
- Training zwischenmenschlicher Fertigkeiten und Verbesserung der Problemlösekompetenz
- Verbesserung des negativen Selbstkonzepts durch individualisierte Elemente aus dem Manual von Potreck-Rose und Jacob
- Bearbeitung traumatischer Erfahrungen durch imaginative Konfrontation und Imagery Rescripting (imaginatives Überschreiben)

Manuale und Ratgeber: Bohus (2019), Bohus und Reicherzer (2020), Bohus und Wolf-Arehult (2018)

5.1.4 Depression (unipolar)

Testverfahren:

- Beck-Depressions-Inventar II (BDI-II)

Störungsmodell:

- Häufig wurde in der frühen Biographie (in den ersten beiden Lebensjahren) insbesondere das *Bindungsbedürfnis* verletzt.
- Entwicklungsgeschichtliche Belastungsfaktoren (emotionale Deprivation, Verluste, Misshandlung, Missbrauch); insbesondere bei chronifizierten Depressionen (DSM-5: persistierenden Depressionen): frühe Traumatisierungen, die zu kognitiven, affektiven und sozialen Entwicklungsblockaden führen, mangelnde Responsivität der primären Bezugsperson, Vernachlässigung, feindselige und abweisende Beziehungsangebote der Bezugspersonen, intrusive Überstimulation, fehlende soziale Unterstützung
- Neurobiologische Prädisposition (bei Depression mit somatischem Syndrom anzunehmen sowie bei positiver Familienanamnese)
- Prädisponierende Persönlichkeitsfaktoren: unsicheres Bindungsmuster, Introversion, dysfunktionale Selbstaufmerksamkeit, Verhaltensgehemmtheit, negative Selbst- und Beziehungsschemata, Tendenz zur Vermeidung sozialer Interaktionen, sozialer Rückzug, dependente Persönlichkeitsstruktur mit Anklammerungstendenzen, Rückversicherungstendenzen, Selbstunsicherheit, eingeschränkte soziale und kommunikativer Fertigkeiten, reduziertes Repertoire an Bewältigungsstrategien und Problemlöseverhalten
- Schlüsselprobleme (Hautzinger 2013, S. 77): Verlassenheit, Instabilität, Misstrauen, Misshandlung, emotionale Entbehrung, Unzulänglichkeit, Scham, soziale Isolierung, Entfremdung, Abhängigkeit, Inkompetenz, Verstrickung, Versagen, Anspruchshaltung, Unterwerfung, Selbstaufopferung, Streben nach Anerkennung, Negativität und Pessimismus, überhöhte Standards, übertriebene kritische Haltung, Bestrafungsneigung, unzureichende Selbstkontrolle

- Sozial-interaktive Bedingungen: Mangel an sozialen Verstärkern mit defizitären Fertigkeiten zur Kompensation des Verstärkermangels aufgrund sozialer Kompetenzdefizite, Mangel an sozialer Unterstützung, Zunahme emotional feindseliger Interaktionen
- Auslöser: Verluste, berufliche oder private Belastungen und Konflikte
- Geringe Rate positiv verstärkender Erfahrungen und Aktivitäten sowie hohe Rate aversiver und belastender Ereignisse und Aktivitäten (Verstärkerverlust-Theorie nach Lewinsohn)
- Verhaltensdefizite: Defizite im Interaktions-, Kommunikations- und Sozialverhalten, mangelnde Problemlösefertigkeiten, mangelnde Entspannungs-, Regenerations- und Genussfähigkeit
- Überhöhte Ansprüche, exzessive Leistungsorientierung
- Kognitive Verzerrungen und Fehlinterpretationen (negative kognitive Triade nach Beck: negative Sicht der eigenen Person, der Welt und der Zukunft), negatives Selbstkonzept (kognitive Theorie), pessimistischer Explanationsstil, Persistenz negativer Kognitionen (Rumination), selektive negative Informationsverarbeitung (Fokussieren und Magnifizieren des Negativen)
- Emotionstheoretisches Erklärungsmodell (Hautzinger 2013, S. 49 ff.): Unfähigkeit zur Regulation von aversiven Emotionen (Ärger, Wut, Frustration, Traurigkeit, innere Leere), Emotionsvermeidung durch Grübeln (Rumination), außerdem Unterdrückung (Suppression) von Emotionen, Vermeidung von Emotionen, Wahrnehmungsabwehr von Emotionen; emotionales Erleben ist schwer zugänglich, blockiert und wird vermieden
- Modell der erlernten Hilflosigkeit nach Seligman (2010)
- Depressiver Inaktivitätsteufelskreis (Zarbock 2014, S. 137): Negativer Affekt und Selbstabwertungen führen zu Rückzugsverhalten. Der damit einhergehende Verstärkerverlust verschlechtert die depressive Stimmung. Dadurch kommt es zu einer weiteren Antriebsreduktion mit weiterer Inaktivität (circulus vitiosus).
- Interpersoneller Teufelskreis der Depression (Zarbock 2014, S. 137): Depressive Stimmung führt zu klagsamem Interaktionsverhalten mit Vorwürfen und Feindseligkeit. Dies führt zu ablehnenden Reaktionen der Bezugspersonen, die sich zurückziehen. Dadurch verschlimmern sich die soziale Isolation und die emotionale Deprivation des Patienten. Dies konsolidiert die negative Stimmung und fixiert negative Grundannahmen (negatives Selbstkonzept, negative Sicht der anderen und pessimistische Zukunftserwartungen).

Therapieziele und Behandlungsplan in tabellarischer Darstellung (▶ Tab. 5.1):

Tab. 5.1: Therapieziele und Behandlungsplan bei unipolarer Depression. Im Antragsbericht müssen diese allgemeinen Punkte (Methodenliste) unbedingt individualisiert werden.

Therapieziele	Behandlungsplan
Aufbau einer tragfähigen therapeutischen Beziehung, Etablierung eines aktiven Arbeitsbündnisses	Empathie, Strukturierung, beruhigende Versicherungen (reassurance), Validierungstechniken im Umgang mit depressiven Symptomen, sokratische Gesprächsführung zur Erzeugung kognitiver Dissonanz als Basis zum Aufbau von Veränderungsmotivation und Kooperation, Vermittlung von neuen Perspektiven durch therapeutisch induzierte Zeitprojektion von Verstärkern nach Lazarus

Tab. 5.1: Therapieziele und Behandlungsplan bei unipolarer Depression. Im Antragsbericht müssen diese allgemeinen Punkte (Methodenliste) unbedingt individualisiert werden. – Fortsetzung

Therapieziele	Behandlungsplan
Psychoedukation	Problem- und Zielanalyse, Erarbeitung des individualisierten kognitiv-behavioralen Störungsmodells durch geleitetes Entdecken
Schaffung einer Balance von angenehmen/verstärkenden Aktivitäten einerseits und aversiven Aktivitäten und Pflichten andererseits, Steigerung positiv erlebter Erfahrungen	Aktivitätsaufbau, Verhaltensaktivierung (Behavioral Activation) zur Erhöhung der Rate verhaltensbezogener positiver Verstärkung und werteorientierter Aktivität (nach Martell et al. 2015), Alltagsstrukturierung, Tagesstrukturierung, Tätigkeitsprotokollierung (Tages- und Wochenprotokolle), Erarbeiten des Zusammenhangs von verstärkenden Erfahrungen und positiven Emotionen, Rückzugs- und Depressionsspirale sowie antidepressive Aktivierungsspirale nach Hautzinger (2013), Aufbau positiver Aktivitäten, Abbau von Belastungen, Reduktion aversiver Bedingungen, Aufbau positiver Aktivitäten
Korrektur dysfunktionaler Einstellungen und überhöhter Ansprüche sowie Aufbau alternativer rationalerer und funktionalerer Kognitionen	Identifizieren automatischer negativer Gedanken, Protokoll negativer Gedanken (3- und 5-Spaltenprotokoll), kognitives Neubenennen, Realitätstesten, Einstellungsänderung, Grundüberzeugungen und maladaptive Schemata erkennen und verändern, Module aus ACT, metakognitive Strategien
Entwicklung von Genussfähigkeit	Genusstherapie (euthyme Therapie) nach Lutz
Entwicklung von Problemlösefertigkeiten	Problemlösetraining
Überwindung der sozialen Hemmungen und Defizite durch Verbesserung der interaktionellen und kommunikativen Kompetenzen; Korrektur des ungünstigen Interaktionsstils (beispielsweise klagsames und vorwürfliches Verhalten, appellatives Verhalten, geringes Einfühlungsvermögen für den Gesprächspartner), Verbesserung der Kommunikation (Zuhören, Empathie, Paraphrasieren, direktes Äußern von Wünschen), Konfliktgespräche führen, Kompromisse schließen	Aufbau sozialer Kompetenzen (eigene Bedürfnisse ausdrücken, sich abgrenzen, soziale Kontakte initiieren), Aufbau von Selbstsicherheit und sozialer Kompetenz nach dem Trainingsprogramm TSK (Güroff 2016), Kommunikationstraining, Rollenspiele, Modelllernen, Shapingprozesse, Verhaltensübungen, Übungen zur Selbstsicherheit, Kontaktübungen
Lernen von funktionalen Emotionsregulationsstrategien	Übungen aus dem Training emotionaler Kompetenzen nach Berking (2017), Verbesserung der Affektdifferenzierung, achtsame Wahrnehmung und Akzeptanz von Emotionen, Übungen zur Aufmerksamkeitslenkung
Erfolgssicherung, Stabilisierung der erreichten Fortschritte, Erkennen und Bewältigen von Rezidiven	Liste von Frühwarnsymptomen, Erarbeiten von Selbstkontrollstrategien, Notfallplan, Rückfallprophylaxe

Behandlungsvolumen: Nach Hautzinger (2013, S. 67) dauert eine kognitive Verhaltenstherapie (KVT) der unipolaren Depression in der Regel zwischen 35 und 45 Sitzungen, verteilt über ein Jahr. Dient die KVT vor allem der Rückfallprophylaxe, wenn bereits eine Überwindung der akuten depressiven Episode erreicht wurde, reichen meist 20 bis 25 Sitzungen über einen Zeitraum von acht bis neun Monaten.

Begleitende antidepressive Psychopharmakotherapie: Es ist zu beachten, dass gemäß der S3-Leitlinie »Unipolare Depression« bei einer leichten und mittelschweren depressiven Episode eine alleinige Psychotherapie ausreichend ist. Bei einer schweren Depression ist eine begleitende antidepressive Psychopharmakotherapie indiziert. Das gilt insbesondere bei der psychotischen Depression. Bei schwerer Depression sollte eine parallele antidepressive Medikation im Behandlungskonzept explizit dargestellt werden.

Indikationen für eine zusätzlich zur VT erfolgende antidepressive Psychopharmakotherapie sind schwere Depression, wahnhafte Depression, chronische/persistierende und rezidivierende Verläufe sowie Dysthymie und Double Depression (Brunner 2016a, S. 286). Bei diesen Krankheitsbildern sollte der Therapeut im Behandlungsplan deutlich machen, dass über diese Option nachgedacht wurde. Beispiel: »Wegen der seit vier Jahren bestehenden depressiven Symptomatik wurde der Patient über die Möglichkeit einer begleitenden antidepressiven Medikation aufgeklärt und hat einen Beratungstermin bei einem Psychiater vereinbart.«

Das Absetzen eines Psychopharmakons bei einer Depression kann nicht Ziel einer Verhaltenstherapie sein. Gemäß der aktuellen S3-Leitlinie von 2022 soll ein Antidepressivum mindestens 6–12 Monate über die Remission der depressiven Episode hinaus als Erhaltungstherapie fortgeführt werden, um das Rezidivrisiko zu senken. Zur Erhaltungstherapie ist die in der Akuttherapie wirksame Dosis beizubehalten und nicht zu reduzieren.

Die Indikationsentscheidung zum An- oder Absetzen oder zur Dosisanpassung eines Psychopharmakons sollte der Therapeut möglichst einem Psychiater überlassen. Bei rezidivierenden Verläufen mit schweren Episoden, Suizidalität oder ausgeprägten Funktionseinschränkungen kann es sogar notwendig sein, die Medikation jahrelang fortzuführen.

Manual: Hautzinger (2013)

5.1.5 Depression (chronisch)

Zur Behandlung chronischer/persistierender Depressionen haben James McCullough et al. (2015) *CBASP* (Cognitive Behavioral Analysis System of Psychotherapy) entwickelt. CBASP ist ein integrativer Ansatz, der verschiedene Theorien integriert. Besondere Bedeutung hat Piagets Theorie der kognitiv-emotionalen Entwicklung. Weitere wichtige Theorieelemente sind Kieslers Theorie interpersoneller Probleme, Seligmans Theorie der erlernten Hilflosigkeit, Banduras Theorie des sozialen Lernens sowie klassisches und operantes Konditionieren.

Störungsmodell bei persistierender Depression:

- Zentral ist die Annahme, dass die Informationsverarbeitung und das Verhalten bei chronischer Depression ähnlich ist wie das von Kindern im präoperatorischen (präoperationalen) Stadium. Im Kern liegt ein Fertigkeiten-Defizit-Modell der Depression vor. Charakteristisch für die Depression ist nach dieser Theorie präoperatives Denken (»primitive thinking«): kategorisch, moralisch, wertend, eindimensional auf eigenes Versagen und Fehler fokussiert (Hautzinger 2013, S. 47)
- Early onset (vor dem 21. Lebensjahr): Die kognitiv-emotionale Reifung ist defizitär (Entwicklungsrückstand) aufgrund ungünstiger Entwicklungsbedingungen mit traumatisierenden Beziehungserfahrun-

gen in der Kindheit, insbesondere emotionale Vernachlässigung und Missbrauch.
- Late onset (nach dem 21. Lebensjahr): Alternativ führen spätere belastende Lebenssituationen zu einer Regression in eine frühere Entwicklungsstufe.
- Charakteristika des präoperatorischen Denkens und Handelns: Chronisch depressive Patienten verhalten sich ähnlich wie Kinder im Grundschulalter: prälogisches/präkausales Denken (Beispiel: »Mein Vorgesetzter hat meinen Vorschlag abgelehnt, weil er mich nicht mag, deswegen wird mich niemals jemand mögen.« McCullough et al. 2015, S. 39), monologisierender Sprachstil, egozentrisches Denken, Unfähigkeit zur Empathie und zur Perspektivenübernahme.
- Aus frühen traumatisierenden Erfahrungen resultieren Misstrauen in zwischenmenschlichen Beziehungen und interpersoneller Rückzug als Vulnerabilitätsschutz. Der Rückzug war die einzige Möglichkeit, die »familiäre Hölle« zu überstehen, verdammt die Person jedoch zu »einem Leben in einzelhaftähnlichem Zustand« (McCullough et al. 2015, S. 38).
- Charakteristisch ist ein distanzierter interpersoneller Stil, der mit ausgeprägtem Vermeidungsverhalten und mit defizitären sozialen und interpersonellen Kompetenzen einhergeht (ähnlich dem schizoid-vermeidenden Bewältigungsmodus).
- Meistens verhalten sich die Patienten submissiv und überfordert oder aber feindselig und abwertend. Nach dem Kiesler-Kreis löst feindselig-unterwürfiges Verhalten beim Interaktionspartner dominant-feindseliges Verhalten aus. Das interpersonelle Verhalten des Patienten wird nur unzureichend auf erwünschte Konsequenzen ausgerichtet.

Therapieziele:

- Revision des präoperatorischen Denkens, Erlernen neuer Denkmuster und Verhaltensstrategien, Überwindung egozentrischen Denkens und einseitig selbstbezogener Erfahrungsverarbeitung
- Schulung der präzisen Beobachtung und Beschreibung aktueller interpersoneller Ereignisse und des eigenen Verhaltens
- Lernen, dass eigenes Verhalten – entgegen der Erwartung des Patienten und früheren Lernerfahrungen – Konsequenzen hat (wahrgenommene Funktionalität)
- Lernen, den Stimuluscharakter eigenen Verhaltens einzuschätzen und gezielt zu variieren, Übernahme von Verantwortung für eigenes Verhalten und dessen Wirkung auf Interaktionspartner
- Lernen, sich in andere hineinzuversetzen (Entwicklung von authentischer Empathie und Perspektivenübernahme)
- heilsames Beziehungslernen: Erleben neuer korrigierender/emotional verändernder Beziehungserfahrungen im Hier und Jetzt zur Heilung früherer traumatisierender Beziehungserfahrungen durch Wahrnehmung des Unterschieds zwischen dem Therapeutenverhalten und dem früheren Verhalten prägender Bezugspersonen
- Verbesserung der assertiven und sozialen Kompetenzen

Behandlungsplan:

- Die geplante Behandlung orientiert sich an dem CBASP-Konzept von McCullough et al. (2015).
- Spezifisches Beziehungsgestaltungskonzept: diszipliniertes persönliches Einlassen (DPI, disciplined personal involvement) des Therapeuten
- CBASP-spezifische interpersonelle Techniken: Liste prägender Bezugspersonen, Generieren kausaltheoretischer Schlussfolgerungen (transparente Formulierung von Prägungen und Übertragungshypothesen) interpersonelle Diskriminationsübungen (IDÜ), Einführung des Kiesler-Kreises zur Einschätzung des Stimuluscharakters eigenen Verhaltens in sozialen Interaktionen

- Klassische kognitiv-behaviorale Techniken: Situationsanalysen, kognitive Umstrukturierung, Verhaltensaufbau durch differentielle Verstärkung (Shaping), Rollenspiele
- Fertigkeitentraining: Empathietraining, Einüben der Fähigkeit zur Perspektivenübernahme, soziales Kompetenztraining, Selbstsicherheitstraining

5.1.6 Essstörungen

Testverfahren:

- Eating Disorder Inventory-2 (EDI-2)
- Strukturiertes Inventar für Anorektische und Bulimische Essstörungen nach DSM-IV und ICD-10 (SIAB-EX, SIAB-S)
- EDE-Q (Eating Disorder Examination Questionnaire, deutschsprachige Übersetzung von Anja Hilbert und Brunna Tuschen-Caffier)
- bei ARFID (Avoidant/restrictive food intake disorder): Nine Item Avoidant/Restrictive Food Intake Disorder Screen (NIAS)

Störungsmodell:

- Prädisposition: geringes Selbstvertrauen, Überangepasstheit gegenüber sozialen Normen, Orientierung an einem Schlankheitsideal, Angewiesensein auf Anerkennung und Zuwendung, Bedürfnisunterdrückung und Bedürfnisverzicht, Defizite bei der Emotions- und Bedürfniswahrnehmung, eingeschränkte Fähigkeit zum differenzierten Emotionsausdruck, Konfliktvermeidung, negative Selbstbewertung, hohe Selbstkritik, mangelnde Abgrenzungsfähigkeit von anderen, Probleme bei der Identitätsfindung und Autonomieentwicklung, Rigidität, anankastischer und perfektionistischer Persönlichkeitsstil; bei Bulimie: eingeschränkte Impulskontrolle, dichotomes Denken, Dysregulation negativer Affekte, selektive Aufmerksamkeit auf Essen und Gewicht
- systemische Bedingungen: Verstrickung, Überbehütung, Konfliktvermeidung
- Auslösende Faktoren: kritische Lebensereignisse wie Trennungen, interpersonelle Konflikte, negative Kommentare zu Aussehen, Gewicht und Figur, Fasten und Essattacken als dysfunktionale Strategie zur Vermeidung spezifischer Herausforderungen in der Adoleszenz (Umgang mit Leistungsanforderungen, Entwicklung von Identität, Autonomie und Beziehungsfähigkeit)
- Aufrechterhaltungsbedingungen: eingeschränktes Verhaltensrepertoire und Fertigkeitendefizite bleiben bestehen, Entwicklungsaufgaben werden nicht bewältigt
- Mikroanalyse bei Bulimie: Essattacken werden negativ verstärkt, indem dadurch aversive Emotionen und Stress kontrolliert/reguliert werden ($C-$), kurzfristige emotionale Stabilisierung, Stillung des emotionalen Hungers durch Essen, Essen als dysfunktionale Bewältigungsstrategie bei Ärger/Wut und anderen aversiven Emotionen, Essanfall ist assoziiert mit Angst vor Gewichtszunahme, selbstinduziertes Erbrechen führt zu Ungeschehenmachen und Angstreduktion ($C-$)
- Mikroanalyse bei Anorexie: Vermeidung von aversiven Emotionen und unterdrückten Bedürfnissen, Abwehr sexueller Triebimpulse durch Hungern, Verhinderung der Auseinandersetzung mit der eigenen Sexualität/Körperlichkeit, Hungern als Verhaltensstrategie zum Ausüben von Kontrolle und Macht über das soziale System
- ARFID: Avoidant-restrictive food intake disorder, DSM-5: Störung mit Vermeidung oder Einschränkung der Nahrungsaufnahme, keine Körperbildstörung in der Selbstwahrnehmung, keine verzerrte Wahrnehmung des eigenen Körpergewichts, keine gewichtsphobischen Ängste (Ausschluss: Anorexie und Bulimie wichtig), ICD-10: F50.8

Therapieziele:

- Normalisierung der Essgewohnheiten
- Verbesserung der Körperschemastörung
- Behandlung der Gewichtsphobie, Aufgeben des Schlankheitsideals und Akzeptanz des Setpoints
- bei Bulimie: Erlernen von Selbstkontrolltechniken zur Reduktion von Essattacken und selbstinduziertem Erbrechen
- Verbesserung der Körperakzeptanz
- Verbesserung der Selbstwertregulation und Korrektur der übermäßigen Abhängigkeit von äußeren Selbstwertquellen und der rigiden Orientierung an sozialen Normen und unrealistischen Schlankheitsidealen
- Milderung von Übersteuerung/Überkontrolle und übertriebener Selbstdisziplin
- Abbau von exzessiven leistungsbetonten und autodestruktiven Gewohnheiten und Erweiterung des Verhaltensrepertoires
- Verbesserung der Selbstbehauptung und der sozialen Kompetenzen (angemessene Kommunikation über Gefühle und Bedürfnisse, Wünsche und Forderungen artikulieren, Neinsagen, Kritik äußern und annehmen)
- Verbesserung der Frustrationstoleranz und des Aushaltens von Konflikten
- Bearbeitung von Unsicherheiten in Bezug auf Sexualität
- Förderung der Autonomie und der Ablösung von den Eltern sowie der Verantwortungsübernahme

Behandlungsplan:

- ambulant in der Regel mindestens 45 Therapieeinheiten erforderlich
- Differentialindikation für stationäre Behandlung: BMI < 15 kg/m^2, relevante Komorbidität, somatische Komplikationen (insbesondere Elektrolytentgleisungen wie Hypokaliämie), geringe Krankheitseinsicht, hohe Krankheitsverleugnung, geringes Ansprechen auf ambulante Interventionen
- bei Anorexie: Restitution des Körpergewichts muss zu Beginn der Therapie im Fokus stehen, Erreichung eines vereinbarten Mindestzielgewichts
- Kontingenzmanagement, Verhaltensverträge und Selbstkontrolltechniken zur Gewichtsrestitution, Einsatz von Essprotokollen zur Erarbeitung funktionaler Zusammenhänge, operantes Gewichtszunahmeprogramm mit Gewichtsvertrag (ambulant: 200–500 g pro Woche)
- Selbstsicherheitstraining, Training sozialer Kompetenzen (TSK nach Güroff)
- Körperbildtherapie nach Vocks et al. (2018) mit Fokus auf Körperkonfrontation, graduierte Körperbildexpositionen mit Ganzkörperspiegel in Doppelstunden, Abbau des körperbezogenen Vermeidungs- und Kontrollverhaltens sowie Aufbau positiver körperbezogener Tätigkeiten
- Übungen zur Körper- und Emotionswahrnehmung
- bei Bulimie: Stimuluskontrolle des bulimischen Verhaltens, Erlernen von Selbstkontrolltechniken zur Reduktion von Essattacken und selbstinduziertem Erbrechen
- Rollenspiele zur Verbesserung der Durchsetzungsfähigkeit
- Kommunikations- und Problemlösetraining
- soziales Kompetenztraining
- Training der Emotionsregulation
- Veränderung krankheitsrelevanter Kognitionen
- Bearbeitung der Krankheitsverleugnungstendenz und der Spaltungstendenzen
- bei Binge-Eating-Störung (und teilweise bei Bulimie): Nahrungsmittelexposition nach Induktion von triggernden Emotionen (cue exposure), um das Bedürfnis nach Essen aushalten zu können

Manuale: Vocks et al. (2018), Legenbauer und Vocks (2013), Jacobi et al. (2016), Jacobi und Beintner (2021), Munsch et al. (2018), Tuschen-Caffier und Florin (2012), Tuschen-Caffier und Hilbert (2018)

5.1.7 Generalisierte Angststörung

Das Lebenszeitrisiko, an einer generalisierten Angststörung (GAD) zu erkranken, beträgt etwa 5 % (Linden 2015b, S. 531; Bandelow et al. 2013). Leitsymptom sind *Sorgen*, die sich auf reale Gefahren beziehen, wobei das Eintrittsrisiko stark überschätzt wird und potentielle Konsequenzen katastrophisiert werden (Bandelow et al. 2013). Typische Sorgen: Ein Angehöriger könnte einen Unfall haben oder erkranken. Die Sorgen können auf zahlreiche Bereiche generalisiert werden, beispielsweise auf die gesundheitliche, partnerschaftliche, berufliche oder finanzielle Situation des Patienten oder nahestehender Personen. Charakteristisch sind Absicherungs- und Vermeidungsverhalten. Als gefährlich eingeschätzte Aktivitäten, wie beispielsweise Reisen, werden vermieden. Die Befürchtungen gehen mit vegetativen Angstsymptomen einher, die oft zu exzessiver somatischer Ausschlussdiagnostik führen, wodurch die differentialdiagnostische Abgrenzung gegenüber somatoformen Störungen erschwert wird. Permanente Anspannung, Besorgnis und Befürchtungen führen zu Schlafstörungen und Muskelverspannungen. *Metasorgen* (metaworrying) sind Sorgen über die Sorgen (»wegen meiner ständigen Sorgen bekomme ich bestimmt ein Magengeschwür«). Die Sorgen sind sowohl Leitsymptom als auch ein pathogenetischer Mechanismus, da sie die Funktion der Vermeidung aversiver Affekte erfüllen. Sorgen sind eine Art kognitive Vermeidung.

Testverfahren:

- Generalizied Anxiety Disorder Scale-7 (GAD-7)

Störungsmodell:

- Ungewissheitsintoleranz
- Aufmerksamkeitsfokussierung auf bedrohliche oder als gefährlich eingestufte Stimuli, Aufmerksamkeitsbias für bedrohliche Informationen. GAD-Patienten sind *Sensitizer-Persönlichkeiten*, die wie Sicherheitsingenieure alles nach potentiellen Gefahren scannen, um befürchteten Problemen oder Katastrophen vorzubeugen. Dieses permanente Monitoring verstärkt die Angst (Linden 2015b, S. 531). Es kommt zu dysfunktionalem Sorgenverhalten und Rückversicherungsverhalten: übertrieben vorausschauendes Planen, häufige Anrufe bei Angehörigen, um sich zu erkundigen, dass alles in Ordnung ist (checking behavior).
- Vermeidungsverhalten zur Abwendung potentiellen Gefahren
- Hohe Fluency für Negativassoziationen (viele Phantasien zu möglichen Gefahren und Katastrophen, starkes antizipatorisches Katastrophisieren) bei geringer Fluency für Positivassoziationen, schnell ablaufende katastrophisierende Assoziationen
- Funktion der Sorgen: Affektvermeidung. Sorgen haben die Funktion, von emotional beunruhigenden Themen abzulenken (eine Art kognitiver Vermeidung). Antizipatorische übertriebene Strategien zur Abwendung potentieller Gefahren, Risikominimierung und antizipatorische Problemlösungen beruhigen, indem sie Angst reduzieren (negative Verstärkung).
- Sorgenvolle Kognitionen erzeugen ein Gefühl der Kontrolle, das mit der Reduktion von Angst und Erregung einhergeht, was zur Aufrechterhaltung des Sichsorgens durch negative Verstärkung führt (Linden 2015b, S. 532).
- Exzessives Sorgen kann konstruktive Problemlösungen verhindern.

Therapieziele (Linden 2015b, S. 532):

- Konkretisierung der Sorgen und Änderung der kognitiven Verzerrungen
- Abbau des Vermeidungs- und Rückversicherungsverhaltens
- Änderung der Aufmerksamkeitsfokussierung auf potentiell bedrohliche Reize

- Reduktion des assoziativen Katastrophisierens
- Distanzierung von Katastrophenantizipationen
- Einüben von Positivassoziationen und eines balancierten Denkens
- Aufbau von Problemlösefertigkeiten und Erwerb von Verhaltensfertigkeiten für problematische Interaktionen
- Aufbau angstinkompatibler Aktivitäten

Behandlungsplan:

- Selbstbeobachtung, Identifikation von Sorgenketten, Mikro- und Kontingenzanalyse, Analyse von Alltagssituationen, die Sorgen, antizipatorische katastrophisierende Kognitionen und Daueranspannung auslösen
- Sorgenrelativierung, Sorgendistanzierung und Sorgenkontrolle: Erkennen überflüssiger Sorgen, Differenzierung zwischen begründeten und unbegründeten Sorgen, Einüben von ausbalanciertem Denken und einer realistischen Situationsbeurteilung (Zwei-Spalten-Technik: Suche einer alternativen banalen Erklärung zu jeder katastrophisierenden Gefahrenphantasie), Relativierung der Art und Häufigkeit von Sorgen durch Vergleich mit anderen Personen
- Identifikation und Modifikation katastrophisierender Kognitionen durch Selbstbeobachtungsaufgaben, sokratische Dialoge, Reframing, Entkatastrophisieren und Realitätsprüfung, Bearbeitung von Metasorgen
- Sorgenexposition: In-sensu-Exposition gegenüber den individuellen Sorgeninhalten, Erlernen von Toleranz gegenüber angstassoziierten aversiven Gefühlszuständen, Unterbinden von kognitivem Vermeidungsverhalten, Konkretisierung der Sorgen und Befürchtungen (kognitives Rehearsal und imaginative Techniken)
- Reaktionsverhinderung: Reduktion von Rückversicherungsverhalten, präventivem und kontrollierendem Verhalten, Erlernen von Unsicherheitstoleranz, Einüben des Aushaltens von Angst, ohne in einen Lösungsaktionismus zu verfallen
- Fertigkeitentraining: Problemlösetraining, Zeitmanagement, Delegation von Aufgaben, Abgabe von Verantwortung, Priorisierung von Aufgaben, Selbstsicherheitstraining
- Es wäre eine therapeutische Falle, die Therapie bei generalisierter Angststörung auf Problemlösung auszurichten. Dadurch würde das Sorgenverhalten zusätzlich stimuliert, was zu einer Verschlechterung der Erkrankung führt. Linden (2015, S. 534) sieht es als Kunstfehler an, als Therapeut zu versuchen, die vorgetragenen Lebensprobleme zu klären. Zu verändern ist die Neigung zum Katastrophisieren. Kernziel ist die Distanzierung von Katastrophenantizipationen. Dem Patienten ist zu vermitteln, dass nicht die Gedankeninhalte das Problem sind, sondern die katastrophisierende Bedrohungswahrnehmung und das Sorgenverhalten.

Manual: Becker und Margraf (2016)

5.1.8 Körperdysmorphe Störung (Dysmorphophobie)

Testverfahren:

- Körperdysmorpher Störungsfragebogen (KDS-F)

Klassifikation und Diagnostik:

- ICD-10: Unterform der hypochondrischen Störung (F45.2) oder wahnhafte Dysmorphophobie (F22.8), Zuordnung der KDS zur hypochondrischen Störung inhaltlich nicht gerechtfertigt, wahnhafte Form als eigene nosologische Entität mit heutigem

Forschungsstand unvereinbar, fluktuierender Verlauf der Einsichtsfähigkeit typisch für KDS, dimensionale Einordnung: Kontinuum zwischen guter Einsichtsfähigkeit und wahnhafter Überzeugung
- DSM-5: Zwangsspektrumstörung
- bei Männern Muskeldysmorphie als Subtyp der KDS

Störungsmodell:

- deskriptive Verhaltensanalyse: negatives Selbstbild, Körperbildstörung; Leitaffekt: Scham; perzeptiv: selektive Wahrnehmung, dysfunktionale Selbstaufmerksamkeit; kognitiv: dysfunktionale Bewertung des eigenen Körpers, übersteigerte Wichtigkeit körperlicher Attraktivität, perfektionistische Standards und Vergleichsmaßstäbe; behavioral: Kontroll- und Sicherheitsverhalten, Vermeidungs- und Rückversicherungsverhalten, Kaschieren des vermeintlichen Makels, bei Muskeldysmorphie auch Diät und Sportsucht
- Persönlichkeitsstil: meist ängstlich-vermeidend, selbstunsicher
- prädisponierend: hohe Anforderungen der Eltern (dadurch Insuffizienzgefühle), Ablehnung von den Eltern oder einem Elternteil, emotionale Deprivation, geringe Fürsorglichkeit, Vernachlässigung, konfliktvermeidendes, autoritäres, invalidierendes und abwertendes Familienklima, Lernen am Modell: Aussehen spielt in der Familie eine zentrale Rolle, Aussehen als wesentlicher Faktor der Identität, dysfunktionale Wahrnehmungs- und Bewertungsprozesse, negatives Körperbild, Perfektionismus, niedriges Selbstwertgefühl, Erwartung von Ablehnung und Zurückweisung, einseitiger Versuch der Kompensation von Kompetenzdefiziten und vermindertem Selbstwertgefühl durch Veränderung des Aussehens, Aussehen als zentrale Selbstwertquelle, einseitige Fixierung auf das Aussehen als dysfunktionale Strategie zur Selbstwertregulierung
- Auslöser: Hänseleien und negative Kommentare über das Aussehen in Kindheit und Adoleszenz, Störungsbeginn meist in der Pubertät: Entwicklungsaufgaben können nicht bewältigt werden, Anschluss an Peergroup wird verpasst
- Aufrechterhaltungsbedingungen: exzessive Beschäftigung mit dem Aussehen als dysfunktionale Strategie zur Emotionsregulation, zwanghafte Rituale ermöglichen kurzfristige Kontrolle sowie Ablenkung von negativen Emotionen und belastenden Problemen, Sicherheits-, Vermeidungs- und Rückversicherungsverhalten wird negativ verstärkt
- Langfristig negative Auswirkungen: korrigierende soziale Erfahrungen werden verhindert, soziale Kompetenzdefizite persistieren, zunehmende Fixierung auf das Aussehen, Verhaltenssucht führt zur Vernachlässigung von sozialen und beruflichen Anforderungen
- Intraindividuelle Funktionalität: Kontroll- und Sicherheitsverhalten reduziert kurzfristig aversive Emotionen (dysfunktionale Emotionsregulation), Fixierung auf das Aussehen lenkt von belastenden Problemen und sozialen Kompetenzdefiziten ab
- Interaktionelle Funktionalität: Perfektionismus als dysfunktionale Strategie zum Vulnerabilitätsschutz, Regulierung von Nähe und Distanz: Rückzug als Schutz vor Zurückweisung und Verletzung

Therapieziele und Behandlungsplan:

- Kognitive Verhaltenstherapie als Therapie der ersten Wahl
- Kombination mit SSRI möglich (z. B. Escitalopram), meist höhere Dosis als bei Depressionsbehandlung und längere Wirklatenz
- Beziehungsgestaltung: Schamstörung, Selbstabwertungen und Minderwertigkeitsgefühle
- Aufbau Veränderungsmotivation bei geringer Einsicht durch Psychoedukation

(Körperwahrnehmungsstörung) und motivierende Gesprächsführung nach Miller und Rollnick, Erarbeitung eines individuellen Störungsmodells (Foki: selektive Aufmerksamkeitsprozesse, Körperschemastörung, Entwicklung und Aufrechterhaltung des negativen Körperbildes, biografische Entstehung des niedrigen Selbstwertgefühls)
- Exposition mit Reaktionsverhinderung und Verhaltensexperimente (Vermeidungs- und Sicherheitsverhalten, Rückversicherung, mirror checking), Habit Reversal Training bei Dermatillomanie oder Trichotillomanie
- kognitive Umstrukturierung (Perfektionismus, Bedeutung des Aussehens)
- Aufmerksamkeitstraining (realistische und ganzheitliche Betrachtung des Körpers anstelle der habituellen Fokussierung auf den vermeintlichen Makel)
- Körperbildtherapie (Video- und Spiegelkonfrontation)
- Verbesserung der Selbstwertregulation nach Potreck-Rose und Jacob
- Training emotionaler Kompetenzen, Erlernen adäquater Emotionsregulationsstrategien
- Imagery Rescripting bei selbstwertschädigenden sozialen Erfahrungen: Hänseleien, Beschämungen, Demütigungen in der Adoleszenz

Manual: Brunhoeber (2019)

5.1.9 Panikstörung und Agoraphobie

Testverfahren:

- Panik- und Agoraphobie-Skala (PAS)

Störungsmodell der Panikstörung:

Charakteristisch ist die »Spontaneität« der Panikattacken (Schneider und Margraf 2017, S. 4), also das unerwartete Auftreten der Angstanfälle. Eine sorgfältige Verhaltensanalyse kann jedoch in der Regel Auslösestimuli identifizieren. Daher sind Panikattacken keine spontanen, sondern stimulusgebundene Angstanfälle (Linden 2015a, S. 458). Bei einer reinen Panikstörung (ohne Agoraphobie) werden die Angstattacken durch interne Stimuli (Kognitionen, Körperwahrnehmungen) ausgelöst. Der Patient mit reiner Panikstörung (ohne Agoraphobie) kann die körperlichen Paniksymptome (Herzklopfen, Pulsbeschleunigung, Atemnot, Schwindel, Benommenheit, Schwitzen) nicht mit externalen Stimuli (Menschenmengen, Kaufhaus) in Verbindung bringen. Neben körperlichen Symptomen treten auch kognitive Symptome auf (Angst zu sterben, Angst vor Ohnmacht, Angst vor Kontrollverlust, Angst vor Verrücktwerden). Charakteristisch ist hilfesuchendes Verhalten (Notarzt holen). Reine Panikstörungen ohne Komorbidität sind selten (Schneider und Margraf 2017, S. 14).

Nach dem psychophysiologischen Modell der Panikstörung (Schneider und Margraf 2017, S. 18 ff.) beginnen Panikattacken mit einer körperlichen oder kognitiven Veränderung. Zu den körperlichen Veränderungen zählen beispielsweise Herzklopfen, Schwitzen oder Schwindel. Kognitive Veränderungen sind beispielsweise Konzentrationsstörungen oder Gedankenrasen. Diese Veränderungen können viele somatische und psychische Ursachen haben (Erregung, körperliche Anstrengung, Koffein, Hitze). Die Wahrnehmung dieser Veränderungen wird von der Person mit Gefahr assoziiert. Auf die subjektiv erlebte Bedrohung folgt eine Panikreaktion mit weiteren körperlichen und kognitiven Symptomen. Dadurch entwickelt sich ein positiver Rückkopplungsprozess zwischen körperlichen Symptomen, deren Assoziation mit Gefahr und der daraus resultierenden Angstreaktion. Der Teufelskreis bei Panikanfällen ist das zentrale Erklärungsmodell, aus dem die therapeutischen Interventionen abgeleitet werden (Schneider und Margraf 2017, S. 20). Die wichtigsten Bewältigungsstrategien sind

Flucht, Ablenkung, hilfesuchendes Verhalten und Vermeidungsverhalten. Nach der modernen Lerntheorie der Panikstörung (Schneider und Margraf 2017, S. 20 ff.) werden ursprünglich neutrale interozeptive Reize (beispielsweise Herzklopfen) durch klassische Konditionierung mit Angst assoziiert.

Störungsmodell der Agoraphobie:

Viele Patienten mit Panikattacken entwickeln Vermeidungsverhalten. Vermieden werden Situationen, in denen Panikattacken aufgetreten sind oder in denen bei einem Panikanfall Flucht schwierig oder peinlich wäre (Schneider und Margraf 2017, S. 9). Das Vermeidungsverhalten kann eng umgrenzt oder stark generalisiert sein. Bei der Agoraphobie werden vermieden: Menschenansammlungen, Kaufhäuser, Schlangestehen, Kinos, Restaurants, öffentliche Verkehrsmittel, Autofahren, Fahrstühle. Die Gemeinsamkeit dieser Situationen besteht darin, dass bei einer Panikattacke die Situation nur schwer zu verlassen wäre (in der Falle sitzen), dass eine Flucht aus der Situation peinlich wäre oder dass keine sofortige Hilfe zur Verfügung steht. Typische Sicherheitssignale: Handy, Notfallmedikament (beispielsweise Lorazepam) in der Hosentasche dabeihaben. Die Agoraphobie ist eine komplexe Phobie. Komorbiditäten sind eher die Regel (Linden 2015a, S. 457): Klaustrophobie, Akrophobie, Phobophobie, Blut-, Spritzen-, Verletzungsphobie, sekundäre Depression, Alkohol- oder Medikamentenmissbrauch als dysfunktionaler Selbstbehandlungsversuch.

Entstehung und Aufrechterhaltung der Agoraphobie lassen sich nach der Zwei-Faktoren-Theorie Mowrers erklären (Schneider und Margraf 2017, S. 22 f.). Bei der Entwicklung der Agoraphobie lassen sich verschiedene Stufen differenzieren (Linden 2015a, S. 457 f.): Am Anfang steht ein Schlüsselerlebnis oder Trauma, bei dem der Patient einen starken Angstzustand durchlebt. Dieser Auslöser induziert eine physiologische Angstreaktion. Die Auslösesituation kann ein einzelnes Ereignis sein oder die Kumulation synergistisch wirkender Faktoren (beispielsweise zu wenig Schlaf, übermäßiger Koffeinkonsum, Streit mit dem Partner und Warten im überfüllten Kaufhaus an der Kasse). Linden (2015, S. 457 f.) betont, dass eine traumabedingte Entstehung einer Agoraphobie (beispielsweise durch einen Verkehrsunfall) nicht automatisch die Diagnose einer PTBS rechtfertigt; ein traumatisches Ereignis führt nach Linden in der Mehrzahl der Fälle nur zu einer Agoraphobie und nicht zu einer PTBS. Der unkonditionierte Stimulus (UCS) löst eine unkonditionierte Angstreaktion (UCR) aus. Die physiologische Reaktion auf die Auslösesituation ist eine vegetative Symptomatik mit Tachykardie, subjektiver Atemnot und Angst vor Ohnmacht. Auf das Durchleben des Panikzustandes erfolgt eine verstärkte ängstliche Selbstbeobachtung. Es entwickelt sich eine Erwartungsangst (antizipatorische Angst, Phobophobie), also eine verstärkte Beobachtung der eigenen vegetativen Angstreaktionen (interozeptive Wahrnehmungsfokussierung) mit Angst vor erneuter Panik. Geringere Stressoren (unkonditionierte Stimuli) können zu vegetativen Reaktionen führen, die wiederum eine verstärkte ängstliche Selbstbeobachtung auslösen (circulus vitiosus). Durch klassische Konditionierung können konditionierte Stimuli (CS) zu einer konditionierten Angstreaktion (CR) führen. Beispiel: Das Aufsuchen des Unfallortes löst Panik aus; später lösen auch überfüllte Kaufhäuser vegetative Angstreaktionen aus. Nicht nur externe Stimuli können Panikattacken auslösen, auch Kognitionen (einschießende Gedanken an belastende Lebensereignisse und Erinnerungen an das auslösende Panikereignis) können vegetative Angstreaktionen triggern, die bis zu Panikzuständen eskalieren können. Anzunehmen sind eine Tendenz zur Übergeneralisierung von konditionierten Furchtreaktionen sowie Defizite beim Extinktionslernen (Schneider und Margraf 2017, S. 23). Die nächste Entwicklungs- oder Eskalationsstufe ist das Vermeidungsverhalten. Dadurch kommt ein negativer operanter Konditionierungsprozess in Gang. Vermeidungsverhalten führt kurzfristig zu einer Angstreduktion, wird aber negativ verstärkt und führt zur Aufrechterhaltung der Agoraphobie. Das Vermeidungsverhalten hat eine Tendenz zur Generalisierung. Die letzte Stufe der Krankheitsentwicklung ist die Einschränkung des Aktionsradius und die Anpassung wichtiger Lebensbereiche an die agoraphobiebedingten Einschränkungen (beispielsweise Berentung, Delegation von Aufgaben an den Partner). Das Zwei-Faktoren-Modell ist die theoretische Basis für die Ableitung der Konfrontationstherapie bei Agoraphobie (Schneider und Margraf 2017, S. 23). Eine individualisierte Problemanalyse (insbesondere eine horizontale Verhaltensanalyse) ist notwendig, um die spezifischen Merkmale angstauslösender Situationen genau zu erfassen. Außerdem müssen die vegetativen Reaktionen (Rγ), die zentralen individuellen Kognitionen (Rβ) sowie volitives Verhalten (Rα, Vermeidungs- und Fluchtverhalten, Mitführen von Sicherheitssignalen, hilfesuchendes Verhalten) und Reaktionen der Bezugspersonen (interaktionelle Funktionalität) sorgfältig exploriert werden (Schneider und Margraf 2017, S. 33).

Bei der Agoraphobie spielt die Angst vor Verlusten und Trennungen eine große Rolle (Hoffmann 2016, S. 89 ff.). Soziale Beziehungen sind von hoher Ambivalenz geprägt. Es kommt zu einer komplementären Paarbildung: Der eine Partner erhält Sicherheit, der andere wird durch Anhänglichkeit aufgewertet. Wichtig bei der Pathogenese ist die Unterdrückung negativer Affekte wie Ärger, Wut, Aggression, Neid und Eifersucht. In der Behandlung ist die Konfrontation mit der ausgeprägten Konfliktscheu und der aggressiven Hemmung wichtig. Der Patient soll wahrnehmen, dass er soziale Auseinandersetzungen durch Somatisierung vermeidet. Viele Patienten setzen Alleinsein gleich mit Verlassensein. Die Fähigkeit zum Alleinsein ist ein Zeichen für psychische Reife. In der Therapie ist es wichtig, Ambivalenzen in Beziehungen aufzudecken und ein weniger konflikthaftes Erleben von Trennung, Aggression und Ärger zu ermöglichen.

Bei *Komorbidität von Angst und Depression* ist die *zeitliche Abfolge* abzuklären (Schneider und Margraf 2017, S. 37). Handelt es sich um eine sekundäre Depression, also um eine Folgeerscheinung der Angst, sollte primär die Angst behandelt werden. Mit der Reduktion der Angstsymptomatik geht eine Verbesserung der Depression einher. Tritt die Angstsymptomatik hingegen immer nur in depressiven Phasen auf, sollte zunächst die Depression behandelt werden und eventuell daran anschließend eine Angstbehandlung.

Häufiger Fehler: In Antragsberichten wird beim gleichzeitigen Vorliegen von ausgeprägter Angst- und Depressionssymptomatik fälschlich die Diagnose F41.2 (Angst und depressive Störung, gemischt) gestellt. Das ist deshalb eine Fehldiagnose, weil nach ICD-10-Kriterien diese Diagnose nur dann zu stellen ist, »wenn keine der beiden Störungen ein Ausmaß erreicht, das eine entsprechende einzelne Diagnose rechtfertigen würde«. Bei der Diagnose F41.2 ist eine Kombination relativ milder Symptome gemeint. Wenn Angstsymptomatik und Depression stärker ausgeprägt sind, sollen beide Störungen einzeln kodiert werden.

Therapieziele bei Panikstörung:

- Veränderung der verstärkten ängstlichen Selbstbeobachtung
- Veränderung der Interpretation von vegetativen Angstsymptomen als gefährlich
- Konfrontation mit interozeptiven Reizen und Vermittlung von Strategien zur Bewältigung von Panik- und vegetativen Angstreaktionen

Behandlungsplan bei Panikstörung:

Die Behandlung der Panikstörung ist stark *kognitiv orientiert*. Nutzbares Manual: Schneider und Margraf (2017). Der Behandlungsplan enthält die folgenden Elemente:

- Vermittlung eines Erklärungsmodells (psychophysiologisches Modell der Panikattacken, Teufelskreismodell) zur Verdeutlichung des funktionalen Zusammenhangs zwischen körperlichen Wahrnehmungen, kognitiven Bewertungen (Assoziation mit Bedrohung und Gefahr) und daraus resultierenden Angstreaktionen durch geleitetes Entdecken
- Korrektur der Fehlinterpretationen körperlicher Empfindungen nach dem Korrekturschema von Schneider und Margraf (2017, S. 44 f.)
- Verhaltensexperimente zur Konfrontation mit befürchteten Symptomen, Situationen und zur Überprüfung der Befürchtungen (interozeptive Exposition: Hyperventilationsübungen, Saunabesuch, Treppensteigen, Koffeinkonsum, auf der Stelle drehen zur Auslösung von Schwindel)
- Rückfallprophylaxe: Antizipation von Rückschlägen und Symptomfluktuationen, Einüben von Selbstverstärkung

Behandlungsplan bei Agoraphobie:

Gesamtstrategie: Die Behandlung der Agoraphobie ist *expositionsorientiert*. Zentrales Ziel ist der Abbau von Vermeidungsverhalten.

Einzelne Therapieelemente:

- Selbstbeobachtung durch Panikanfalls- und Aktivitätstagebücher
- Kognitive Vorbereitung auf Konfrontationsübungen durch Erarbeitung von Angstverlaufskurven durch geleitetes Entdecken
- Zunächst therapeutenbegleitete massierte und hochfrequente Reizkonfrontation in vivo in Expositionsblöcken von bis zu vier Stunden Dauer an einem Tag (Auslösung von panikartigen Zuständen und Verbleiben in der Situation ohne Flucht, Sicherheitssignale oder kognitive Vermeidung, Beschreibung der vegetativen Angstreaktion und kognitives Reframing)
- In der Selbstkontrollphase Durchführung von angeleiteten Selbstexpositionen in vivo
- Veränderung automatischer angstprovozierender Kognitionen durch Methoden der kognitiven Umstrukturierung

Kontraindikationen für In-vivo-Expositionen sind real gefährliche Situationen wie Autofahren. Hier ist natürlich auch eine rein therapeutenbegleitete Exposition nicht ausreichend, da bei einem Panikanfall eine reale Gefahr besteht, die der Therapeut als Beifahrer nicht beseitigen kann. Die ersten Konfrontationsübungen müssen gemeinsam mit dem Therapeuten und einem Fahrlehrer in einem Fahrschulauto durchgeführt werden (Fischer et al. 2021, Teismann und Margraf 2018, S. 56 f.). Bei ausgeprägten Panikattacken muss angehalten werden. Aus Haftungsgründen ist bei einer Autofahrphobie strikt graduiert und in Einzelfällen eher angstbewältigend vorzugehen (Teismann und Margraf 2018, S. 57). Weitere Kontraindikationen für eine massierte Reizkonfrontation sind real gefährliche Situationen wie Bergsteigen, schwere somatische Erkrankungen (akute Herzinfarktgefahr, Asthma, Epilepsie) und Situationen, in denen Leistungen erbracht werden müssen (Schneider und Margraf 2017, S. 53).

Psychopharmaka bei Angststörungen:

Muss bei Angststörungen obligat eine *begleitende Psychopharmakotherapie* erfolgen? Die S3-Leitlinie »Behandlung von Angststörungen« empfiehlt, bei Panikstörungen und Agoraphobie, bei generalisierter Angststörung und bei sozialer Phobie, dass dem Patienten entweder eine VT und/oder eine Psychopharmakotherapie angeboten werden sollen. Bei allen genannten Angststörungen sind SSRI wie Escitalopram oder Paroxetin indiziert (Brunner 2016a, S. 289). Eine wirksame Therapie sollte nach Remission noch 6–12 Monate zur Rezidivprophylaxe fortgeführt werden. Ich favorisiere ein *sukzessives/sequentielles Vorgehen* gegenüber einem simultanen/parallelen Vorgehen (Brunner 2016a, S. 290). Nach Möglichkeit sollte zunächst eine VT durchgeführt werden. Erst bei unzureichendem Ansprechen sollte zusätzlich eine leitlinienkonforme Psychopharmakotherapie etabliert werden. Dadurch können Therapieerfolge internal attribuiert werden und nicht auf das Medikament. Dies erhöht die Selbstwirksamkeitserwartungen. Schneider und Margraf (2017, S. 68) betonen, dass ein langfristiger Therapieerfolg nur dann erreicht werden kann, wenn der Patient die Überzeugung gewinnt, seine Angst selbst bewältigen zu können. Medikamente können jedoch das Explorationsverhalten verbessern, was bei der Überwindung des Vermeidungsverhaltens hilfreich ist (Linden 2015a, S. 460).

Benzodiazepine werden bei allen Angststörungen nicht empfohlen wegen der Gefahr einer *Abhängigkeitsentwicklung*. Insbesondere die Kombination von Benzodiazepinen und Exposition ist ungünstig, da die Angstreaktion ausbleibt und keine Habituation erfolgt.

5.1.10 Psychosen

Testverfahren bei Verdacht auf psychosenahes Prodromalstadium:

- ERIraos (Mannheimer Früherkennungsinventar), enthalten in Häfner et al. (2018)

Ätiologiemodell:

- biologische Vulnerabilität anzunehmen
- kognitives Modell des Wahns: Schlussfolgerungsfehler (reasoning biases), selektiver Aufmerksamkeitsbias für Bedrohung (perception bias), voreilige Schlussfolgerungen (jumping to conclusion bias), beharrliches Festhalten/Unkorrigierbarkeit (Ignorieren von Widerspruch; bias against disconfirmatory evidence), Attributionsstil: Externalisieren und Personalisieren (externalisation bias), Externalisierung von Misserfolg auf andere Personen (selbstwertdienlich), ToM-Defizite (Theory of Mind): reduzierte Fähigkeit, sich in andere Personen hineinzuversetzen (Empathie) und deren Emotionen und Intentionen zu erschließen, mangelndes Verständnis sozialer Situationen, Perspektivenwechsel schwierig (impoverished theory of mind)
- negatives Selbstkonzept, dsyfunktionale Selbstschemata: reduziertes und instabiles Selbstwertgefühl
- dysfunktionale interpersonelle Schemata (»andere sind böse/missgünstig«), dysfunktionale Schemata oft entstanden durch kindliche Traumatisierung und soziale Ausgrenzung
- Auftreten psychotischer Symptome, wenn kritische Lebensereignisse oder Stress die Bewältigungsmöglichkeiten einer vulnerablen Person übersteigen
- kognitiv-behaviorales Modell von Halluzinationen: Halluzinationen als fehlattribuierte innere Selbstverbalisationen, Halluzinationen als fehlattribuierte Intrusionen: ego-dystone, ungewollte und unkontrollierbare Gedanken werden auf eine externe Quelle attribuiert (Reduktion von kognitiver Dissonanz)
- Bewertungen von Halluzinationen relevant für Aufrechterhaltung, günstig: Halluzination als Stresssymptom, ungünstig: externale/personale Attribution und Katastrophisierung

Therapieziele:

- Erarbeitung funktionaler Symptombewertungen und Coping-Skills (Bewältigungsstrategien)

- Ermutigung, Entwicklung von Hoffnung und Selbstwirksamkeit
- Infragestellung und Veränderung von Wahnüberzeugungen
- bei Halluzinationen: Wiedererlangen von Kontrollerleben, Modifikation dysfunktionaler Bewertungen von Halluzinationen
- Verbesserung der Selbstsicherheit
- Abbau von sozialen Ängsten und Vermeidungsverhalten
- Verbesserung der kommunikativen und interpersonellen Kompetenzen
- Rezidivprophylaxe

Therapieplan:

- VT ist in allen Krankheitsstadien indiziert (auch bei Positivsymptomatik)
- VT ist Teil eines Gesamtbehandlungsplans (psychiatrische Mitbehandlung)
- normalisierendes Therapierational, empathische und entpathologisierende Grundhaltung
- Psychoedukation, Erarbeitung individueller Erklärungsmodelle für spezifische Symptome
- Infragestellung von Wahnüberzeugungen: kognitive Umstrukturierung von Wahngedanken, Vier-Felder-Schema, Veränderung der kognitiven Verzerrungen durch geleitetes Entdecken in Anlehnung an das Metakognitive Training nach Moritz, empirische Disputation von Wahninhalten (sokratischer Dialog), Erfassung von Anhaltspunkten (Beweisen) für die wahnhafte Überzeugung und gemeinsame Suche nach alternativen Erklärungen und falsifizierenden Informationen (als Gegenpol zu der bestätigungsorientierten selektiven Aufmerksamkeit)
- Interventionen bei akustischen Halluzinationen: Normalizing-Techniken, Entpathologisierung, Infragestellung von dysfunktionalen Bewertungen von Halluzinationen, Verhaltensexperimente zur Erhöhung des Kontrollerlebens, Optimierung von Copingstrategien (counter-stimulation), Erarbeitung hilfreicher Selbstinstruktionen, eingrenzender Umgang mit den Stimmen, Verhaltensexperimente
- Umstrukturierung dysfunktionaler Selbst- und Fremdschemata
- Training sozialer und kommunikativer Fertigkeiten in Anlehnung an das Integrierte Psychologische Therapieprogramm (IPT) nach Roder
- Erarbeitung eines Krisenplans und Rezidivprophylaxe

Manuale: Lincoln (2019), Lincoln und Heibach (2017)

5.1.11 Schmerzstörungen

Testverfahren:

- Screening für Somatoforme Störungen (SOMS)

Klassifikation und Diagnostik:

- chronische Schmerzen: länger als 6 Monate andauernd
- somatische Ausschlussdiagnostik obligatorisch
- Schmerzen ohne Organbefund vs. Schmerzen mit Organbefund (chronische Schmerzstörung mit somatischen und psychischen Faktoren)
- somatoforme Schmerzstörung
- häufig: chronische Rückenschmerzen, Spannungskopfschmerz, Migräne, Schmerzen am Bewegungsapparat, Fibromyalgie
- DD: analgetikainduzierter Kopfschmerz, DD: Depression

Störungsmodell:

- Prädisposition: Alexithymie, Wahrnehmungsabwehr von Emotionen und Konflikten, Perfektionismus, Angst vor Abhängigkeit, eingeschränkte Genussfähigkeit und reduzierte euthyme Kompetenzen

- Auslöser: Stress, Leistungsdruck, Unzufriedenheit am Arbeitsplatz
- Aufrechterhaltende Bedingungen: Aufmerksamkeitsfokussierung auf den Schmerz, gelernte Hilflosigkeit, geringe Selbstwirksamkeitserwartungen, Gefühl des Ausgeliefertseins, Rückzugs- und Schonverhalten, ungünstige/einseitige Kausalattributionen, katastrophisierende schmerzbezogene Kognitionen, operante Verstärkung des Schmerzverhaltens durch Zuwendung, Versorgung, Entlastung (sekundärer Krankheitsgewinn), Funktionalität: Schmerz als selbstwertdienliche Symptombildung bei subjektiver oder objektiver Leistungsinsuffizienz), schmerzkontingente Einnahme von Analgetika (negative Verstärkung)

Behandlungsplan:

- multimodales Behandlungskonzept: adäquate analgetische Therapie (zeitkontingent, nicht schmerzkontingent), Absetzen der Medikation bei analgetikainduziertem Kopfschmerz durch den Neurologen oder Hausarzt, günstige Effekte von Amitriptylin und Duloxetin
- Therapieziele: Schmerzdistanzierung (nicht Schmerzfreiheit), Verbesserung der Schmerzkontrolle, Erlernen von Schmerzbewältigungstechniken, Reduktion der erlebten Hilflosigkeit im Umgang mit den Schmerzen, Erhöhung der erlebten Selbsteffizienz, Aufbau schmerzinkompatibler Aktivitäten, Reduktion unnötiger Arztbesuche und Medikamenteneinnahmen, Beeinflussung ungünstiger Schmerz- und Kontrollattributionen
- störungsspezifische Interventionen: Selbstbeobachtung und Erfassung der Schmerzqualität über eine visuelle Analogskala, Schmerz- und Aktivitätstagebücher, Mikroanalysen durch Dreispaltentechnik, psychoedukative Vermittlung des Schmerzgedächtnisses und der Gate-Control-Theorie (Fokus auf affektive und kognitive Einflüsse auf das Schmerzerleben), Erlernen und Einüben von Schmerzbewältigungstechniken, Schmerzimpfungstraining, Aufbau von aktivem schmerzinkompatiblem Alternativverhalten, Utilisierung von Ressourcen, Abbau von Schonverhalten durch operantes Training, Erlernen von Techniken zur Aufmerksamkeitsumlenkung, verdecktes Konditionieren, Umattribution des Schmerzes, Aufbau günstiger Selbstverbalisationen, PMR oder Hypnose (Erlernen von Entspannungstechniken außerhalb von Richtlinientherapie und Abrechnung mit eigenen Ziffern)

5.1.12 Somatoforme Störungen und Gesundheitssorgen

Testverfahren:

- Screening für Somatoforme Störungen (SOMS)

Klassifikation und Diagnostik:

- Somatisierungsstörung, undifferenzierte Somatisierungsstörung (weniger als 2 Jahre Dauer, weniger als 6 Symptome)
- Hypochondrie
- somatoforme autonome Funktionsstörung
- somatoforme Schmerzstörung
- Restkategorie (F45.8): z. B. Bruxismus (Zähneknirschen), Globus hystericus und psychogene Dysphagie
- häufige Komorbidität, am häufigsten Depression, Angststörungen, Persönlichkeitsstörungen (insbesondere selbstunsichere)
- bei Indikationsstellung und Prognoseeinschätzung Veränderungshindernisse berücksichtigen (z. B. Rentenbegehren, Arbeitsunfähigkeit, Krankengeld, Dispensierung von Aufgaben), Klärung der intrinsischen Motivation
- Ausschluss einer somatischen Erkrankung

Störungsmodell:

- interozeptiver Wahrnehmungsstil, Aufmerksamkeitsfokussierung auf den Körper
- katastrophisierende Bewertung von Körperempfindungen, enger Gesundheitsbegriff
- somatosensorische Verstärkung (Barsky): Teufelskreis aus Aufmerksamkeitsfokussierung und katastrophisierender Bewertung körperlicher Empfindung
- Prädisposition: Alexithymie, häufig Missbrauch und traumatische Erlebnisse, operante Verstärkung der Krankenrolle durch Zuwendung, Lernen am Modell
- Aufrechterhaltung: unangemessenes Krankheitsverhalten (Aufsuchen von Ärzten, Ärztehopping, wiederholte Untersuchungen, Schon- und Vermeidungsverhalten, Rückversicherungen, Kontrollverhalten, checking behavior), negative Verstärkung (C–), Gratifikationsbedingungen für Krankheitsverhalten (Krankschreibung, Berentung, Dispensierung von Aufgaben in der Familie/Partnerschaft)

Behandlungsplan:

- enge Kooperation mit somatischen Ärzten
- Verschiebung der Problemauffassung (weg vom Thema somatische Krankheit hin zur Krankheitsangst) durch geleitetes Entdecken
- Korrektur des organmedizinischen Krankheitsmodells und Vermittlung eines psychophysiologischen Störungsmodells anhand eines Symptomtagebuchs und von Krankheitsangst-Protokollen sowie durch Verhaltensexperimente (Intensivierung körperlicher Beschwerden durch Aufmerksamkeitsfokussierung, Provokation von Missempfindungen durch interozeptive Exposition)
- Entspannungsverfahren (Erlernen und Einüben von PMR muss außerhalb von Richtlinientherapie erfolgen)
- Aufmerksamkeitsumlenkung
- Vorstellungsübungen (z. B. Zitronenübung)
- Erarbeitung eines realistischen Gesundheitsbegriffs
- Veränderung hypochondrischer Überzeugungen und Relativierung von Krankheitsannahmen durch klassische Strategien zur kognitiven Umstrukturierung
- Abbau von Schon- und Vermeidungsverhalten durch graduierte Steigerung der körperlichen Belastbarkeit und Konfrontation mit angstauslösenden Stimuli (z. B. medizinische Texte oder Sendungen)
- Abbau von Kontrollverhalten und Unterlassen von Rückversicherungsverhalten, gegebenenfalls Einüben von Verhaltensalternativen (Ablenkung, Methoden zur Anspannungsreduktion)
- Abbau von Ärztehopping und unnötigen medizinischen Untersuchungen: zeitkontingente statt symptomkontingente Arztkonsultationen
- Expositionen in sensu (Worst-Case-Expositionen)

Manuale: Kleinstäuber et al. (2018), Bleichhardt und Weck (2019)

5.1.13 Soziale Angststörung

Soziale Ängste können sehr umschrieben und auf *Performanzsituationen* begrenzt sein wie Auftrittsängste bei Schauspielern oder Künstlern. Auch die Parureesis wird zur sozialen Phobie gezählt. Es gibt aber auch *generalisierte Formen* der sozialen Phobie. Hier besteht differentialdiagnostisch eine starke Überlappung mit der ängstlich-vermeidenden Persönlichkeitsstörung. Bei der *ängstlich-vermeidenden Persönlichkeitsstörung* bezieht sich die Furcht mehr auf enge zwischenmenschliche Beziehungen, während bei sozialen Angststörungen Befürchtungen bezüglich des eigenen Verhaltens in sozialen Situationen im Vordergrund stehen (Stangier et al. 2016, S. 5), wenngleich die Abgrenzung schwierig sein kann. Die gleichzeitige Diagnose von F40.1 und F60.6 ist möglich. Die Störung beginnt meist in der frühen Adoleszenz. Eine Erstmanifestation im Erwachsenenalter ist selten.

Testdiagnostik:

- SOZAS (Skalen zur Sozialen Angststörung): Soziale-Phobie-Inventar (SPIN), Soziale-Interaktions-Angst-Skala (SIAS), Soziale-Phobie-Skala (SPS), Liebowitz-Soziale-Angst-Skala (LSAS), von Consbruch et al. (2016)

Störungsmodell:

Ein Risikofaktor für die Entwicklung einer sozialen Angststörung ist *Schüchternheit* als stabiles, genetisch verankertes Persönlichkeitsmerkmal. Auch die *Verhaltenshemmung* (behavioral inhibition) prädisponiert zu einer sozialen Phobie. Hierunter versteht man die habituelle Tendenz zu Angst und Rückzug aus ungewohnten Situationen. Pathogenetisch relevant ist ein *kontrollierender und überprotektiver Erziehungsstil mit geringer emotionaler Zuwendung*. Hier ist von einer reziproken Interaktion auszugehen: Ein sozial ängstliches, schüchternes und gehemmtes Kind wird bei der Mutter eher kontrollierende und protektive Tendenzen auslösen; diese wiederum verstärken Unselbstständigkeit und soziale Rückzugstendenzen (Circulus vitiosus). Auch Modelllernen (familiäre Transmission) spielt eine Rolle. Ätiologisch relevant sind auch *soziale Traumata* wie Hänseleien, Demütigungen, Auslachen und Ausgeschlossenwerden (Bullying, Mobbing).

Es gibt zwei grundlegende Hypothesen zur Entstehung sozialer Ängste: (1) Kognitive Theorien (Beck sowie Clark und Wells) betonen kognitive Dysfunktionen. (2) Nach der Theorie des sozialen Lernens werden Verhaltensdefizite als ätiologisch relevant angesehen. Soziale Kompetenzdefizite entstehen, wenn assertives Verhalten nicht ausreichend verstärkt wurde oder effektive Modelle fehlten (Stangier et al. 2016, S. 21). Beide Theorien haben unterschiedliche therapeutische Implikationen: kognitive Maßnahmen oder übende Interventionen. Keine dieser Hypothesen kann Allgemeingültigkeit oder Ausschließlichkeit beanspruchen. Stangier et al. (2016, S. 21 f.) gehen davon aus, dass soziale Defizite bei der sozialen Phobie eine geringere Rolle spielen als bei der ängstlich-vermeidenden Persönlichkeitsstörung. Bei sozialer Angststörung steht nach Stangier et al. die Hemmung situationsadäquaten Sozialverhaltens im Vordergrund. Bei ausgeprägten sozialen Verhaltensdefiziten sind Übungen zur Verbesserung der sozialen Kompetenz indiziert (Stangier et al. 2016, S. 28).

Kognitive Theorie von Beck: Nach der Theorie von Beck stellen negative kognitive Schemata die zentrale Ursache für die Genese einer sozialen Angststörung dar. Die folgenden problematischen Schemata sind relevant: negatives Selbstkonzept als inkompetenter Versager, übermäßige Gewichtung der Bewertung durch andere, Kritikerwartung, perfektionistische Standards bei der Bewertung des eigenen Verhaltens. Unkonditionale Annahmen sind Grundüberzeugungen, die absolute Bewertungen enthalten (»ich bin nicht liebenswert, uninteressant, hässlich, abstoßend«). Konditionale Annahmen sind Wenn-dann-Verknüpfungen (»wenn andere merken, dass ich ängstlich bin, werden sie mich ablehnen«). Diese kognitiven Schemata bilden die Disposition für die Entwicklung einer sozialen Angststörung. Durch Aktivierung dieser Schemata wird die Störung ausgelöst. Patienten erleben in sozialen Situationen oder antizipatorisch negative automatische Gedanken (»die anderen finden mich lächerlich; die anderen merken, dass ich unfähig bin«). Die negativen kognitiven Schemata können durch Modelllernen von den Eltern übernommen oder durch den elterlichen Erziehungsstil verstärkt worden sein. Insbesondere ein kontrollierender, überkritischer und überbehütender Erziehungsstil ist hinderlich für die Entwicklung eines positiven Selbstbildes und von Selbstvertrauen. Soziale Misserfolgserlebnisse (soziale Traumata) und andere traumatisierende Erfahrungen (Missbrauch) begünstigen die Herausbildung negativer kognitiver Schemata. Besonders relevant sind sozial traumatisierende Erfahrungen in der frühen Adoleszenz. Wenn die sozialen Kompetenzen noch nicht ausreichend entwickelt sind, kann es durch Überforderung des sozialen Verhaltensrepertoires zur Entstehung ungünstiger Überzeugungen kommen. Trotz der späteren Entwicklung ausreichender sozialer Kompetenzen persistieren die negativen Schemata und werden nicht korrigiert.

Modell von Clark und Wells. Ähnlich wie Beck betonen auch Clark und Wells, dass soziale Situationen als Bedrohung interpretiert werden, weil problematische Überzeugungen aktiviert werden. Hier sind konditionale und unkonditionale Überzeugungen sowie perfektionistische Standards an das eigene Verhalten relevant.

Clark und Wells erklären die Aufrechterhaltung der sozialen Ängste und der dysfunktionalen Überzeugungen durch folgende Faktoren (vgl. Stangier et al. 2016, S. 16):

- exzessive Selbstaufmerksamkeit
- verzerrte Vorstellungen von der Wirkung der eigenen Person auf andere
- Sicherheitsverhalten
- problematische antizipatorische und nachträgliche kognitive Verarbeitungsprozesse

Die verzerrten Selbstwahrnehmungsschemata in sozialen Situationen resultieren aus verfestigten Erinnerungen an sozial traumatisierenden Erfahrungen aus Kindheit oder Jugend. Weitere Bedingungsfaktoren sind ungünstige Selbstverbalisationen und ungeschickte Verhaltensstrategien (leises Sprechen, mangelnde Selbstöffnung, Verschlossenheit). Sicherheitsverhalten dient der Verhinderung einer Blamage oder einer Ablehnung. Jedoch wirkt sich Sicherheitsverhalten in sozialen Situationen ungünstig aus, indem es die Selbstaufmerksamkeit verstärkt, auffällig ist und dadurch gerade die Aufmerksamkeit anderer auf den Patienten lenkt. Paradoxerweise werden dadurch gerade die Symptome provoziert, die eigentlich verhindert, unterdrückt oder kaschiert werden sollen. Es besteht eine selektive Aufmerksamkeit für negative soziale Informationen. Positive oder neutrale soziale Erfahrungen werden nachträglich durch grüblerisches Bilanzieren als negativ umbewertet. Dadurch werden das negative Selbstkonzept und dysfunktionale Überzeugungen konsolidiert. Der Patient erinnert sich selektiv an die Serie sozialer Misserfolgserfahrungen und reiht die aktuelle Interaktion in diese Sammlung ein. Selbstwertherabsetzende Attributionsgewohnheiten bei Erfolgen und Misserfolgen sowie übertriebene Selbstkritik halten das negative Selbstkonzept aufrecht und verhindern aktive Bewältigungsbemühungen und korrigierende soziale Erfahrungen.

Es kommt zu einem *negativen interpersonellen Zirkel:* Irrationale Überzeugungen bezüglich sozialer Interaktionsprozesse, katastrophisierende Erwartungen bezüglich des eigenen Verhaltens und seiner Konsequenzen führen zu autoprotektiven Strategien, die mit ungünstigen Kognitionen, sozialer Angst und Vermeidung einhergehen. Die Folge sind geringes Selbstvertrauen, exzessive Selbstaufmerksamkeit und Überempfindlichkeit gegenüber Kritik. Die dysfunktionalen selbstprotektiven Strategien (Sicherheitsverhalten) tragen zur Verfestigung negativer interpersoneller Verhaltensmuster bei.

Für die Verhaltenstherapie durchaus anschlussfähig ist das psychodynamische Konzept von Sven Olaf Hoffmann (2016, S. 67 ff.). Hoffmann geht von einer basalen Selbstwertproblematik aus. Der Leitaffekt ist Scham. Oft besteht fehlende Bindungssicherheit. Die Kompensation des negativen Selbstkonzepts erfolgt durch überhöhte Selbstansprüche. Erlebte Abwertungen werden verinnerlicht. Überhöhte Ansprüche und perfektionistische Standards werden dann anderen Menschen zugeschrieben. Dadurch entsteht eine generalisierte Kritikerwartung mit Angst vor Beschämung und Erniedrigung. Die befürchtete negative Bewertung durch andere wird durch Unterwerfung oder Vermeidung zu bewältigen versucht. Ein Fokus der Therapie ist die Konfrontation des Patienten mit seinen unrealistisch überhöhten Ansprüchen an sich selbst und deren Zuschreibung an andere. Die Bearbeitung der perfektionistischen Erwartungsängste führt oft zu einer Entlastung. Selbstabwertungen halten das negative Selbstbild aufrecht. Durch sozialen Rückzug können Defizite in sozialen Fertigkeiten entstehen.

Therapieziele bei sozialer Angststörung:

- Abbau von Sicherheits- und Vermeidungsverhalten
- Modifikation von exzessiver Selbstaufmerksamkeit zugunsten von Aufmerksamkeitslenkung nach außen
- Veränderung ungünstiger Selbstverbalisationen und sozialphobischer Überzeugungen
- Reduktion antizipatorischer und nachträglicher kognitiver Verarbeitungsprozesse, insbesondere Abbau von grüblerischem Bilanzieren (post-event processing) mit Fokussierung negativer Aspekte des eigenen Sozialverhaltens und nachträglicher Umbewertung positiver oder neutraler Erfahrungen als Versagen oder Blamage
- Überprüfung dysfunktionaler Erwartungen und Überzeugungen in sozialen Situationen
- Entwicklung realistischer Vorstellungsbilder von sich selbst in sozialen Interaktionen

Behandlungsplan bei sozialer Angststörung:

- Die Behandlung orientiert sich an dem Manual von Stangier et al. (2016).
- Aufbau eines stabilen Arbeitsbündnisses unter Berücksichtigung störungsspezifischer Charakteristika (Kritikerwartung, Angst vor Abwertung, Perfektionismus, überhöhte Standards, negatives Selbstwertgefühl, Konformitätstendenz)
- Entwicklung eines individuellen Störungsmodells durch geleitetes Entdecken mit Fokus auf aufrechterhaltende Mechanismen nach Clark und Wells
- Training der Aufmerksamkeitslenkung nach außen
- Rollenspiele
- Durchführung von In-vivo-Verhaltensexperimenten in relevanten Situationen ohne Sicherheitsverhalten und mit externem Aufmerksamkeitsfokus (nach Stangier et al. 2016)
- Techniken der kognitiven Umstrukturierung zur Überwindung des negativen Selbstbildes sowie zur Modifikation ungünstiger Selbstverbalisationen und dysfunktionaler sozialphobischer Grundüberzeugungen (sokratischer Dialog, Diskriminationstechnik, Imagery Rescripting sozial traumatischer Erinnerungen, gezieltes Einholen von Rückmeldungen durch andere Personen)
- Selbstsicherheitstraining und Training sozialer Kompetenzen nach dem Trainingsprogramm TSK von Erika Güroff (2016)

Verhaltensexperimente nach Stangier et al. (2016) unterscheiden sich grundlegend von klassischen verhaltenstherapeutischen *Expositionsübungen*, bei denen traditionell mit einer Angsthierarchie gearbeitet und der Patient im Sinne eines *Habituationsmodells* angeleitet wird, bis zum spontanen Angstabfall in der Situation zu bleiben. Die *Verhaltensexperimente* zur Behandlung der sozialen Angststörung nach Stangier et al. (2016) folgen einem *kognitiven Therapieansatz* und werden als systematische Tests der individuell relevanten Erwartungen und Überzeugungen und nicht als Methode der Angstbewältigung eingesetzt (Stangier et al. 2016, S. 72). Bei den Verhaltensexperimenten richtet der Patient systematisch die Aufmerksamkeit nach außen und verzichtet auf Sicherheitsverhalten. Die Verhaltensexperimente unterscheiden sich auch signifikant von *Shame-attack-Übungen* (Erregung von Aufmerksamkeit durch abweichendes Sozialverhalten), beispielsweise bei trockenem Wetter mit aufgespanntem Regenschirm durch die Fußgängerzone gehen (Pfingsten 2015, S. 603) oder Haltestellen in öffentlichen Verkehrsmitteln laut ansagen. Bei Shame-attack-Übungen wird ein Verhalten gezeigt, das allgemein akzeptierte Regeln deutlich überschreitet. Solche Übungen werden von Stangier et al. als nicht hilfreich angesehen, da eine Umbewertung des normalerweise gezeigten und subjektiv als peinlich erlebten Verhaltens dadurch nicht erfolgt. Shame-attack-Übungen können sogar kontraproduktiv sein, da der Patient durch sozial auffälliges und abwegiges Verhalten der Lächerlichkeit preisgegeben wird, was als zusätzliches soziales Trauma erlebt werden kann (Stangier et al. 2016, S. 83).

5.1.14 Traumafolgestörungen

Testverfahren:

- International Trauma Questionnaire (ITQ, kostenlos im Internet verfügbar)
- Impact of Event Scale-revidierte Form (IES-R)

Klassifikation und Diagnostik:

- Posttraumatische Belastungsstörung (PTBS): Intrusionen/Flashbacks, Vermeidungsverhalten, Hyperarousal, Dissoziationen (Depersonalisation, Derealisation), kognitiv-emotionale Veränderungen, Symptomdauer länger als ein Monat, chronische PTBS bei mehr als 6 Monaten Symptomdauer
- A-Kriterium muss erfüllt sein (sehr fraglich z. B. bei Arbeitsplatzverlust oder partnerschaftlicher Trennung). Eine bloß vermutete Traumatisierung genügt nicht.
- komplexe PTBS (KPTBS) in ICD-11, hilfsweise Kodierung nach ICD-10: F43.1G mit dem Zusatz: komplexe PTBS (kPTBS)
- akute Belastungsreaktion: normale Reaktion, vorübergehend, Dauer: Stunden bis Tage (weniger als 4 Wochen Dauer)
- andauernde Persönlichkeitsänderung nach Extrembelastung (z. B. nach Folter, Geiselnahme oder Gefangenschaft mit drohender Todesgefahr)
- Das Vorhandensein eines Traumas ist eine notwendige, aber keine hinreichende Bedingung für die Diagnose einer PTBS.

Störungsmodell:

- Die bloße Auflistung von Realfaktoren (Traumata) genügt nicht. Die intrapsychische Verarbeitung des Traumas, dysfunktionale Überzeugungen und Aufrechterhaltungsbedingungen müssen dargestellt werden.
- Essentiell ist die individualisierte Darstellung der prädisponierenden, auslösenden und aufrechterhaltenden Bedingungen. Auf Mikroebene werden intrusionsauslösende Stimuli (Trigger) identifiziert. Problematische Interpretationen des Traumas werden herausgearbeitet. Dysfunktionale Bewältigungsstrategien werden erfasst (Vermeidung, dysfunktionales Sicherheitsverhalten, Gedankenunterdrückung).
- Ein traumatisches Erlebnis führt nicht per se zu einer PTBS. Nach einer Traumatisierung kann auch eine Angststörung, eine Depression oder eine andere Störung auftreten. Viele Menschen entwickeln auch nach einer schweren Traumatisierung keine PTBS. Nach einer Vergewaltigung entwickeln ca. 50–55 % der Betroffenen eine PTBS (Maercker 2015, S. 554).

Therapieziele:

- Reduktion der Intrusionen
- Integration von traumaassoziierten Gedächtnisinhalten in das autobiographische Gedächtnis
- Bearbeitung traumaassoziierter dysfunktionaler Interpretationen und Überzeugungen

- Aufgabe dysfunktionaler aufrechterhaltender Strategien

Behandlungsplan:

- imaginative Stabilisierungstechniken (z. B. Imagination eines sicheren Ortes, Tresorübung)
- prolongierte Exposition: Atemtraining, Konfrontation in sensu (Screen-Technik), Konfrontation in vivo; Kontraindikationen: suizidale Krise, psychotische Dekompensation, fortbestehender Täterkontakt (cave: noch ausstehende Gerichtsverhandlung; Okon und Meermann 2013, S. 254)
- kognitive Verarbeitungstherapie nach König et al.: Bearbeitung der traumaassoziierten dysfunktionalen Überzeugungen, Arbeit mit dem schriftlichen Traumanarrativ, sokratischer Dialog
- kognitive Restrukturierung auf der Basis der Theorie von Ehlers und Clark, Identifizierung von besonders belastenden Traumamomenten (Hotspots), Modifizieren von problematischen Bewertungen des Traumas und dessen Folgen durch sokratischen Dialog (geleitetes Entdecken)
- Reduktion der intrusiven Symptomatik durch Elaboration des Traumagedächtnisses (Rekonstruktion des Traumas durch imaginative Konfrontation/schriftliches Narrativ), Identifizieren von intrusionsauslösenden Stimuli (Triggern), Diskriminationslernen in Bezug auf Trigger des intrusiven Wiedererlebens (Unterscheidung zwischen damals und heute), Verhaltensexperimente zur Gefahreneinschätzung
- EMDR ist »keine eigenständige und ausreichende PTB-Behandlung, sondern *eine* Methode im Rahmen eines notwendigerweise komplexen Therapieplans« (Maercker 2015, S. 558).
- Pseudoerinnerungen (Scheinerinnerungen, *false memories*) sollten als mögliche Nebenwirkung der Therapie reflektiert werden (Brewin und Andrews 2017, Laney und Loftus 2005, Otgaar et al. 2019, 2021a,

2021b). Problematisch ist es, wenn dissoziative Symptome, fehlende Kindheitserinnerungen (interpretiert als »dissoziative Amnesie«), ängstliches Verhalten oder Alpträume zu der voreiligen Schlussfolgerung des Therapeuten führen, dass »frühkindlicher Missbrauch und/oder Gewalterfahrungen vorliegen *müssen*, ohne dass die Patientin von sich aus solche Erlebnisse anspricht. Hier wird […] möglicherweise eine Hypothese verfolgt, die für die Patienten mehr Schaden als Nutzen bringt, wenn sie aktiv exploriert wird« (Okon und Meermann 2013, S. 252). Scheinerinnerungen gelten als eine gravierende Nebenwirkung von Traumatherapien. Die Möglichkeit falscher Erinnerungen sollte insbesondere dann in Erwägung gezogen werden, wenn sukzessive immer mehr angebliche Erlebnisse erinnert werden oder wenn vermeintliche Erinnerungen erst im Laufe wiederholter Erinnerungsbemühungen entstanden sind (Volbert 2014). Nach Mokros et al. (2024) sind »Angaben über erlittenen rituellen sexuellen Missbrauch« nicht selten durch Scheinerinnerungen und »durch suggestive Prozesse erklärbar«, wie sie im Rahmen einer Traumatherapie als Nebenwirkung auftreten können; »es gibt Verläufe, bei denen Scheinerinnerungen erst in der Psychotherapie induziert wurden«.

Manuale und Ratgeber: König et al. (2012), Ehlers (1999), Ehring und Ehlers (2019)

5.1.15 Zwangsstörung

Testdiagnostik:

- Yale-Brown Obsessive Compulsive Scale (Y-BOCS)

Differentialdiagnostik:

- klassisch: abwehrende Haltung des Patienten gegenüber aufdringlichen Zwangsgedanken (Intrusionen)

- Nicht alle Patienten sind von der Unsinnigkeit der Zwangsgedanken und Zwangshandlungen überzeugt. Im DSM-5 wird unterschieden zwischen guter, geringer und fehlender Einsicht. Zwangsgedanken können überwertig sein. Bei fehlender Einsicht ist ein Wahn differentialdiagnostisch abzugrenzen.
- Unterscheidung zwischen Pädophilie und pädophilen Zwangsgedanken kann schwierig sein. Bei Pädophilie sind Vorstellungen von sexuellen Kontakten mit Kindern zumindest partiell angenehm, entsprechende Reize werden gesucht (z. B. Bilder), bei pädophilen Zwangsgedanken nicht ansatzweise Lust oder Vergnügen beim Gedanken an Sex mit Kindern, sondern Angst und Ekel vor sich selbst, Vermeidung entsprechender Situationen
- Zwangsspektrumstörungen nach DSM-5: Körperdysmorphe Störung (alte Bezeichnung: Dysmorphophobie), pathologisches Horten (zwanghaftes Sammeln), Trichotillomanie, Dermatillomanie, körperbezogene Wiederholungszwänge (z. B. Nagelbeißen)

Prädisponierende Faktoren:

- ablehnendes Familienklima
- kontrollierender und bestrafender Erziehungsstil
- unsicheres Bindungsmuster
- Frustration des Grundbedürfnisses nach Autonomie und Kontrolle
- Betonung von Perfektion, Ordnung, Sauberkeit, Schuld und Verantwortung
- familiäres Klima von chronischer Unsicherheit, Unberechenbarkeit und Bedrohung
- gestörte Autonomieentwicklung aufgrund übermäßiger Dominanz der Eltern
- unerfüllbar hohe rigide Normen in der Familie
- Der Ausdruck belastender Gefühle wie Angst und Traurigkeit führte zu Zurückweisung durch Bindungspersonen.

Persönlichkeitsstil von Patienten mit Zwangsstörung:

- in ca. 50 % Persönlichkeitsstörung
- selbstunsicherer Persönlichkeitsstil
- perfektionistische Standards
- hohes Kontrollbedürfnis
- Überschätzen von Gefahren
- wenig Risikobereitschaft
- chronisches Zweifeln
- Entscheidungsunsicherheit
- hohe erlebte Verantwortlichkeit
- Mangel an Vertrauen

Funktionalität:

- intrapsychische Funktionalität: Abwehr und Regulierung aversiver Emotionen (meist Angst, Unruhe, Anspannung) und dadurch Stabilisierung
- interpersonelle Funktionalität: Abgrenzung gegenüber anderen Personen, Bezugspersonen auf Abstand halten, Zwänge als Ventil für unterdrückte Aggressionen, Kompensation von Bindungsunsicherheit
- Zwang als dysfunktionale Bewältigung von sozialen Defiziten: in der Ursprungsfamilie häufig Unberechenbarkeit und Unsicherheit, gestörte Autonomieentwicklung, tiefgreifende Verunsicherung, Defizite im Bindungsverhalten (Nähe-Distanz-Regulation) und im Machtverhalten (Dominanz/Unterwerfung), durch die Zwänge kann unbefriedigenden sozialen Kontakten ausgewichen werden

Mikroanalyse von Zwangshandlungen (kognitiv-behaviorales Modell von Salkovskis):

- Intrusive Gedanken sind normal und kommen bei ca. 90 % aller Menschen vor.
- Der Unterschied zwischen normalen intrusiven Gedanken und Zwangsgedanken liegt in der Bewertung dieser aufdringlichen Gedanken. Den Intrusionen wird eine übersteigerte und mit Gefahr assoziierte Bedeutung zugeschrieben. Die Fehl-

bewertung besteht darin, dass die intrusiven Gedanken katastrophisiert werden.
- Dieser Gedanke löst dann Angst, Unruhe und Anspannung aus.
- Reguliert wird diese aversive Emotion durch neutralisierende Zwangshandlungen. Weitere neutralisierende Verhaltensweisen: Vermeidung von Auslösesituationen, Gedankenunterdrückung und Rückversicherungsverhalten. Die Neutralisierung führt zu einer Reduktion aversiver Emotionen (C–). Zwangshandlungen, Vermeidung und Neutralisierungsversuche werden durch negative Verstärkung operant aufrechterhalten.
- Gleichzeitig wird die Widerlegung der Fehlinterpretationen nicht verhindert. Durch das Nichteintreten der Katastrophe werden die Fehlinterpretationen subjektiv bestätigt.

Mikroanalyse von Zwangsgedanken:

- Ein aggressiver, blasphemischer oder sexueller Zwangsgedanke wird als gefährlich und als potentiell wahr interpretiert.
- Durch diese Bewertung entstehen Angst und Unruhe.
- Dysfunktionale Strategien gegen Zwangsgedanken: Versuch der Gedankenunterdrückung führt zum verstärkten Auftreten des Gedankens. Neutralisierende Zwangsgedanken und kognitive Rituale sind im Sinne der operanten Konditionierung ähnlich zu werten wie Zwangshandlungen. Der willentliche Einsatz neutralisierender Zwangsgedanken reduziert Angst und Unruhe (C–). Langfristig wird aber die vermeintliche Bedeutung des Gedankens implizit bestätigt. Dies erhöht die Auftretenswahrscheinlichkeit der aufdringlichen Zwangsgedanken.

Therapieziele:

- Hier sollten zwangsbezogene Ziele konkret und verhaltensnah mit operationalisierten Zielerreichungskriterien beschrieben werden. Beispiele: 10 Minuten Duschen, Händewaschen nur nach der Toilette und vor dem Essen, nur einmaliges Kontrollieren von Herd, Wasserhähnen und Wohnungstür.
- Daneben werden nicht zwangsbezogene Ziele definiert. Durch den Wegfall zeitintensiver Zwangsrituale verlieren viele Patienten ihre Tagesstruktur. Daher müssen gegebenenfalls strukturierende Alternativen gefunden werden.
- Arbeit am Hintergrund: Verbesserung der sozialen Kompetenzen und der Selbstwertregulation, Differenzierung von Emotionen, Bearbeitung von emotionalen Erinnerungsinhalten, Bewältigung von Schuldgefühlen

Therapieplan:

- Beziehungsgestaltung: Typische Beziehungstests sind Machtkämpfe, Widerstand und passive Aggression (zu spät kommen, Fragebögen nicht ausfüllen, Hausaufgaben nicht machen, weitschweifiges und emotionsfreies Monologisieren).
- Selbstbeobachtung durch Zwangsprotokolle (Situation, Gedanken, Gefühle, Verhalten, Konsequenzen)
- Psychoedukation: Entwicklung eines individuellen Störungsmodells nach Salkovskis und Vermittlung des Expositionsrationals
- Verschiebung der Problemdefinition: weg vom Inhalt der Gedanken (Gefahr) hin zu der Überzeugung, dass es sich um ein emotionales Problem handelt (Angst), weg von der objektiven Problemsicht hin zu einer subjektiven Problemsicht (aufdringliche Gedanken und ein Gefühl der Angst und Unruhe haben)
- bei Zwangshandlungen: Exposition mit Reaktionsmanagement, massierte oder graduierte Exposition nach Erstellung einer Angsthierarchie. Konfrontation mit zwangsauslösenden Situationen in vivo, Verhinderung

des neutralisierenden Zwangsverhaltens und Management der entstehenden aversiven Emotionen (Unterstützung bei der Emotionsbewältigung), zunächst therapeutenbegleitete Expositionen, dann selbstgesteuerte Expositionen
- bei Zwangsgedanken: Aufschreiben der intrusiven (nicht der neutralisierenden) Zwangsgedanken, Aufnahmen der Zwangsgedanken in einer Audiodatei (z. B. Handy)
- Kognitive Interventionen: Distanzierung von Zwangsgedanken durch Labelling (neutrale Beobachtung der Zwangsgedanken und Externalisierung/Etikettierung anstelle von Gedankenunterdrückung), Entpathologisierung der Intrusionen (Identifikation und Umbewertung der Zwangsgedanken als ungefährlich), kognitive Umstrukturierung von dysfunktionalen Einstellungen (Gefahrenüberschätzung, Schuld und Verantwortung, Sicherheits- und Kontrollbedürfnis, Risikovermeidung, Perfektionismus und Kritikangst, mangelnde Ungewissheitstoleranz), Verhaltensexperimente (Risikoübungen, z. B. Kofferraum unversperrt lassen, Überprüfung, ob es möglich ist, den Herd nur mit der Hüfte anzustellen)
- emotionsfokussierte Techniken
- Soziales Adaptationstraining nach Oelkers und Hautzinger (2013): Erlernen selbstsicheren Verhaltens, Flexibilitätstraining, Rollenspiele zum Durchsetzen von Recht, adäquates Äußern von Gefühlen und Bedürfnissen, Verbesserung der zwischenmenschlichen Kommunikation und des Umgangs mit Konflikten
- Begleitende Psychopharmakotherapie: SSRI insbesondere bei vorwiegenden Zwangsgedanken und bei komorbider Depression

Manuale: Lakatos und Reinecker (2016), Oelkers und Hautzinger (2013)

5.2 Transdiagnostische Störungsmodelle

Die folgenden Erklärungskonstrukte zur Störungsgenese und -aufrechterhaltung orientieren sich an der Darstellung von Zarbock (2014, S. 77 ff.) und wurden ergänzt um Elemente aus der OPD (Arbeitskreis OPD 2014) und der strukturbezogenen Therapie nach Rudolf (2013). Diese Konstrukte zur Störungsgenese können auch für Verhaltenstherapeuten hilfreich bei der Erstellung von Fallkonzeptionen und Antragsberichten sein.

Generalisierte Kritikerwartung. Angst, etwas falsch zu machen, den Anforderungen nicht zu genügen. Die Angst vor Abwertung entwickelt sich oft bei einem kontrollierenden und bestrafenden rigiden Erziehungsstil und findet sich häufig bei Kontrollzwängen und Selbstunsicherheit.

Selbstüberforderung, exzessives Leistungsverhalten. Aversive Emotionen, Konflikte oder defizitäre Fertigkeiten werden durch Flucht in die Arbeit zu kompensieren versucht, was zu einer Arbeitssucht (workaholism) mit Selbstüberforderung und psychophysischer Erschöpfung führen kann. Die Tendenz zur chronischen Selbstüberforderung entsteht oft durch Lernen am Modell (perfektionistische Ansprüche und unerbittliche Standards der Eltern) oder durch frühe Übernahme von Verantwortung für jüngere Geschwister oder die eigenen Eltern, die selbst krank oder bedürftig sind (Parentifizierung). Der Selbstwert wird überwiegend durch Leistung und Pflichterfüllung stabilisiert.

Negatives Selbstkonzept. Abwertende Äußerungen der Eltern führen zu einem negativen

Selbstkonzept mit habitueller Selbstabwertung. Ein negatives Selbstkonzept findet sich bei einer Reihe von psychischen Störungen und ist charakteristisch für Depression, soziale Angststörung und die selbstunsichere Persönlichkeitsstörung.

Internal stabile Misserfolgsattribution. Misserfolge werden auf die Minderwertigkeit und Unzulänglichkeit der eigenen Person attribuiert, Erfolge hingegen auf Glück, Zufall oder günstige Umstände. Dieses Attributionsmuster ist typisch bei Depression oder sozialer Angststörung.

Diskrepanz zwischen Anspruchsniveau und Leistungsvermögen. Bei mangelnder Begabung und unzureichenden Kompetenzen kommt es bei überhöhten Standards und unangemessenen Selbstansprüchen zu Inkongruenzerfahrungen. Die Lebensziele und Leistungsstandards entsprechen nicht dem eigenen Können. Eigene Schwächen können nicht in das Selbstbild integriert werden. Dies kann zu überkompensatorischer Leistungsbereitschaft mit Selbstüberforderung führen oder zu »hochstaplerischem« Verhalten.

Defizite im Entspannungs- und Genussverhalten. Es liegen Verhaltensdefizite in den Bereichen Regeneration, Entspannung und Erholung vor. Belastungen können nicht ausreichend kompensiert werden. Innere Anspannung kann nicht ausreichend reguliert werden. Ursachen sind mangelnde Lernerfahrungen oder dysfunktionale Kognitionen im Sinn von internalen Verboten (Beispiel: Sport oder Achtsamkeitsübungen werden als unnütze Zeitverschwendung abgetan). Auch ein negatives Selbstkonzept kann einer angemessenen Selbstregulation hinderlich sein (»ich bin faul oder unsportlich; ich bin unmusikalisch«). Häufig bei Depression, somatoformen Störungen und Zwängen.

Erlernte Hilflosigkeit. Unkontrollierbare und unvorhersagbare aversive Situationen oder traumatisierende Erfahrungen (Wutausbrüche und impulsive Gewaltausbrüche der Eltern) führten beim Kind zu der stabilen Überzeugung, keinen Einfluss zu haben und keine Kontrolle ausüben zu können. Die Folge von inkonsequentem Erziehungsverhalten und Impulsdurchbrüchen sind beim Kind Hilflosigkeit, Passivität, negative Selbstwirksamkeitserwartungen, Demoralisierung und Resignation.

Alexithymie. Das Konzept der Alexithymie (Wahrnehmungsabwehr von Emotionen) erfährt aktuell eine Renaissance (Boll-Klatt und Kohrs 2014, S. 309 ff.) und stellt ein zeitgemäßes Modell dar für das Verständnis der Emotionsregulationsstörung bei somatoformen Störungen, psychosomatischen und anderen psychischen Erkrankungen. Es bestehen Defizite in der emotionalen Wahrnehmung und in der emotionalen Kommunikationsfähigkeit. Es handelt sich um eine affektiv-kognitive Störung mit defizitärer Affektdifferenzierung. In der OPD-2 entspricht die Alexithymie der abgewehrten Konflikt- und Gefühlswahrnehmung. Intrapsychische und interaktionelle Konflikte werden ausgeblendet oder verleugnet. Gefühle und Bedürfnisse bei sich selbst und anderen werden nur eingeschränkt wahrgenommen. Insbesondere aversive Emotionen und anhedonische Affekte werden zurückgedrängt. Die Übersteuerung hat eine Schutzfunktion. Affekte werden ausgespart oder durch Sachlichkeit überdeckt (Rationalisierung, Intellektualisierung). Im inneren Erleben können Affektleere oder Entfremdung dominieren. Gravierende Lebensveränderungen (Trennung, Arbeitsplatzverlust) werden als scheinbar unproblematisch, reibungslos und als Fakten ohne emotionale Beteiligung geschildert. Eine genussvolle Körperlichkeit ist kaum möglich. Häufig besteht eine Phantasiearmut. Affekte können nicht differenziert wahrgenommen und zur gezielten Verhaltenssteuerung eingesetzt werden. Die Wahrnehmung der Realität ist auf äußere Sachverhalte (Fakten, Handlungen) bezogen. Affektive Inhalte werden ausgeblendet. Charakteristisch ist die chronologische und weitschweifige Schilderung von Fakten mit detaillierter wörtlicher Wiedergabe der eigenen Redebeiträge und der Aussagen der anderen. Dieser konkretistische und faktenzentrierte, affektarme Denk- und Kommunikationsstil wird *operationales Denken (pensée opératoire)* genannt (Boll-Klatt und Kohrs 2014, S. 310). Es verwundert nicht, dass die Alexithymie mit unzureichender Beziehungsfähigkeit und interpersonellen Problemen einhergeht. Charakteristisch ist eine affektarme Sprache mit minimaler Gestik und reduzierter Mimik sowie eine steif bis hölzern wirkende Körpersprache (Boll-Klatt und Kohrs 2014, S. 311). Dies führt beim Gegenüber (Therapeuten) spontan zu Langeweile, Desinteresse, Frustration, gereizter Ungeduld und Abneigung. Typische lerngeschichtliche Entstehungsbedingungen sind traumatisierende oder emotional deprivierende Entwicklungsbedingungen in der Kindheit. Affekte wurden in der Kindheit nicht ausreichend markiert und gespiegelt. Es bestehen Defizite in der Mentalisierungsfähigkeit. Die emotionale Betäubung oder Erstarrung (numbing) kann als unbewusste Defensivstrategie bei kindlicher Traumatisierung und Deprivation verstanden werden. In der Familie wurden Normalität und Funktionieren verstärkt und der emotionale Ausdruck bestraft (»ein Junge weint nicht«). Alexithymie oder abgewehrte Gefühls- und Konfliktwahrnehmung ist typisch für psychosomatische Symptombildungen: Physiologische Korrelate von Affekten werden somatogen attribuiert. Affektkorrelate werden als körperliche Funktionsstörung interpretiert. Somatische Erklärungsmodelle werden bevorzugt. Ärzte sollen eine somatische Ursache finden und den vermeintlichen körperlichen Defekt reparieren. Bei guter äußerer Rollenanpassung im Beruf ist die Fähigkeit zur Gestaltung intimer Beziehungen defizitär. Der Umgang ist durch Konventionen bestimmt. Die Rollenmaske kann nicht abgelegt werden. Der Patient dekompensiert somatoform. Es werden nicht selten Berufe mit ausgeprägter Sachbezogenheit gewählt (technische Berufe, Informatik). Zu materiellen Dingen kann eine spürbar emotionalere Beziehung als zu Menschen bestehen.

Defizite in der Selbstwahrnehmung. Die Konsequenzen des eigenen Verhaltens werden eingeschränkt wahrgenommen. Dies dient der Vermeidung aversiver Emotionen. Häufig bei problematischen Interaktionsstilen, Persönlichkeitsstörungen, »Mobbing«. Bei »Mobbing« werden oft eigene »Täteranteile« ausgeblendet und eigene Beiträge zu interpersonellen Eskalationsprozessen verleugnet oder bagatellisiert (beispielsweise eigene passive Aggression wird nicht wahrgenommen). Therapieziel: Der Patient soll eine realistische Selbstwahrnehmung erlangen. Interventionen: Aufbau und Einübung von Selbstreflexion durch aufzeigende, klärende, differenzierende und konfrontierende Fragen, Rollenspiele, Situationsanalysen.

Mangelnde Frustrationstoleranz. Bedürfnisaufschub wurde nicht gelernt, da der Erziehungsstil verwöhnend war und Grenzen nicht adäquat gesetzt wurden (antiautoritärer oder Laissez-faire-Erziehungsstil). Mangelnde Frustrationstoleranz entsteht auch bei inkonsequentem Erziehungsstil (Pendelerziehung) mit unvorhersagbaren Wechselbädern zwischen strenger Disziplinierung und übermäßiger Nachgiebigkeit. Eine defizitäre Frustrationstoleranz ist typisch bei ADHS, Borderline-Störung, dissozialen Störungen, narzisstischer Persönlichkeitsstörung, Cluster-B-Persönlichkeitsstörungen.

Defizitäre Affekttoleranz, Stressintoleranz. Negative/aversive Affekte werden nicht ertragen, sondern lösen niedrigschwellig Vermeidungs- und Fluchtverhalten aus. Die Eltern waren nicht in der Lage oder haben versäumt, das Aushalten negativer Affekte positiv zu verstärken. Die Fähigkeit konnte durch Lernen am Modell nicht erworben werden. Invalidierende Sozialisationsbedingungen sind typisch für die Genese.

Generalisiertes Reaktanzverhalten. Als Reaktion auf einen autoritären Erziehungsstil mit Überreglementierung, rigider Kontrolle und strenger Bestrafung (»Dressur«, »Elterndiktatur«) entwickelte die Person eine habituelle Trotzhaltung und rebelliert entweder offen beim geringsten Anschein von Dominanz, Führung oder Strukturierung oder zeigt passivaggressives Verweigerungsverhalten. Es kommt zu querulatorischem Verhalten, einer rebellischen Reaktionsbereitschaft und zu passiv-aggressivem Verhalten.

Eingeschränkte Fähigkeit zur Selbstreflexion, eingeschränkte Introspektionsfähigkeit. Die selbstreflexive Wahrnehmung ist eingeschränkt. Die Selbstreflexion richtet sich vor allem auf eigenes Verhalten, weniger auf Affekte und Kognitionen. Bei stärkerer Ausprägung können widersprüchliche Selbstaspekte unintegriert nebeneinanderstehen. Begrifflichkeiten für innere Vorgänge wurden nicht ausreichend gelernt. Typisch sind deprivierende Sozialisationsbedingungen (emotionale Deprivation). Ein psychischer Binnenraum ist nicht ausreichend vorhanden. Es kann kein kohärentes Selbstbild entworfen werden.

Defizitäre Impulssteuerung (Übersteuerung). Impulse sind durch Übersteuerung gehemmt. Typisch bei Depression, Zwangsstörung, anankastischer Persönlichkeit, Anorexie.

Defizitäre Impulssteuerung (Untersteuerung). Impulse sind nicht gut integriert und können nicht aufgeschoben werden. Zur Spannungsregulation werden autodestruktive Handlungen eingesetzt. Aggressive Tendenzen können nicht durch ein handlungsleitendes Wertesystem abgefangen, aufgeschoben oder sublimiert werden. Störende Impulse können nicht adäquat intrapsychisch verarbeitet werden und belasten die Beziehung. Eine mangelnde Impulssteuerung ist typisch bei ADHS, Borderline-Störung, Impulskontrollstörungen, Substanzkonsumstörungen, Bulimie. Interventionen: Skills-Training aus der DBT nach Linehan, Training emotionaler Kompetenzen (TEK) nach Berking (2017).

Defizite in der Selbstwertregulation. Das Selbstwertgefühl ist bei Misserfolgen oder Kritik leicht störbar und bedarf der Bestätigung durch andere. Bei narzisstischen Gratifikationskrisen kommt es zu Selbstentwertung, Rückzug, Selbsthass, Selbstbestrafung. Bei fragiler Selbstwertregulation kommt es zu übermäßiger Kränkbarkeit, massiver Scham, Entwertung, unrealistischen Größenvorstellungen und Beziehungsabbrüchen. Die Selbstbewertung ist erheblich verzerrt (chronisch niedriges Selbstwertgefühl oder Grandiosität). Es kann auch eine Diskrepanz zwischen überhöhten Selbstansprüchen und dem eigenen Leistungsvermögen bestehen. Die Person hat nicht gelernt, eigene Schwächen zu erkennen und zu akzeptieren. Ein balanciertes Selbstbild konnte nicht erworben werden. Dies kann zu chronischer Selbstüberforderung und zu einer Erschöpfungsdepression führen. Selbstwertdefizite kommen bei fast allen psychischen Erkrankungen vor, insbesondere bei selbstunsicherer und narzisstischer Persönlichkeitsstörung, Borderline-Störung, Bulimie und sozialer Angststörung. Therapie: Ressourcenorientierte und selbstwertstärkende Interventionen nach Potreck-Rose und Jacob (2015).

Eingeschränkte Empathiefähigkeit. Die Empathie für das Gegenüber ist eingeschränkt. Die Fähigkeit zum Perspektivenwechsel ist defizitär. Das innere Erleben anderer kann schlecht nachempfunden werden. Das Mitgefühl für andere ist eingeschränkt. Typisch sind Mentalisierungsdefizite und frühkindliche Deprivationserfahrungen. Empathiedefizite sind typisch für narzisstische und dissoziale Persönlichkeitsstörungen.

Mangelnde Fähigkeit zur Selbstverstärkung, mangelnde Selbstfürsorge. Selbstunterstützende Verbalisationen wurden in der Kindheit nicht ausreichend erlernt. Die Fähigkeit, für sich zu sorgen und sich selbst zu beruhigen, wurde nicht ausreichend erworben. In der Kindheit verhielten sich die Eltern eher antreibend, kritisierend, fordernd und vernachlässigend. Mangelnde Selbstverstärkung und Selbstfürsorge sind typisch bei Depression und dependentem Interaktionsverhalten. Therapieziel: Aufbau von Selbstfürsorge. Interventionen: Etablierung von Selbstzuwendung und Selbstfürsorge nach Potreck-Rose und Jacob (2015), Übungen zur Verbesserung der kontinuierlichen Selbstfürsorge und der effektiven Selbstunterstützung aus dem Training emotionaler Kompetenzen nach Berking (2017).

Defizitäre Autonomieentwicklung. Das Kind ist zu eng an die primäre Bezugsperson gebunden. Der Übergang vom Bindungs- in das Autonomiesystem ist nicht gelungen. Dies tritt typischerweise dann ein, wenn die Bezugsperson das Kind für die eigenen Bedürfnisse funktionalisiert. Das Kind dient als Partnerersatz (Parentifizierung), wird übermäßig kontrolliert und in der Autonomieentwicklung behindert. Eine defizitäre Autonomieentwicklung ist typisch bei dependenten und zwanghaften Beziehungsschemata.

5.3 Transdiagnostische Therapieelemente

Bei zahlreichen Störungsbildern sind der Aufbau von Selbstwert, soziales Kompetenztraining, kognitive Interventionen und die Verbesserung emotionaler Kompetenzen wichtig. Die im Folgenden stichwortartig und schematisch aufgezählten Methoden müssen im Antragsbericht immer an den Einzelfall angepasst und individualisiert dargestellt werden. Eine abstrakte und schematische Methodenliste mit der schablonenhaften Aufzählung störungsspezifischer oder allgemeiner Techniken genügt nicht den Anforderungen der Psychotherapie-Richtlinie.

5.3.1 Aufbau von Selbstwertgefühl

Potreck-Rose und Jacob (2015) haben bewährte Konzepte zum *Aufbau von Selbstwertgefühl* zusammengestellt. In ihrem Modell unterscheiden sie *vier Säulen des Selbstwerts*: Selbstakzeptanz und Selbstvertrauen als intrapersonelle Dimension sowie soziale Kompetenz und soziales Netz als interpersonelle Dimension.

Wichtige Elemente zum Aufbau von Selbstwertgefühl sind:

- Verbesserung der Selbstakzeptanz: Entwicklung positiver Einstellungen zu sich selbst, fundamentales Annehmen der eigenen Person (einschließlich des Körpers), Akzeptanz eigener Schwächen und Unzulänglichkeiten, Abbau von Selbstabwertungen, Entwicklung einer achtsamen Selbstzuwendung, Entwicklung einer selbstfürsorglichen Grundhaltung, Entwicklung positiver Grundannahmen über die eigene Person, Identifikation des inneren Kritikers, Etablierung eines liebevollen (wohlwollenden, nachsichtigen, gütigen) inneren Beobachters und Begleiters, Tagebuch des Wohlwollens, Positiv-Tagebuch
- Aufbau von Selbstvertrauen: Entwicklung einer positiven Einstellung zu eigenen Leistungen und Fähigkeiten, Abbau von übertriebener Selbstkritik, Modifikation perfektionistischer Leistungsstandards, Korrektur der selektiven Wahrnehmung von eigenen Schwächen und Fehlern, Aufbau eines adäquaten Umgangs mit Kritik, Differenzierung des Wertesystems, Aufbau von Selbstregulation und Selbstkontrolle, Aufbau von Selbstverstärkung
- soziale Kompetenz: Erleben von Kontaktfähigkeit
- soziales Netz: Eingebundensein in positive soziale Beziehungen

Die von Potreck-Rose und Jacob (2015) beschriebenen Interventionen sind für das Einzelsetting konzipiert und fokussieren auf die intrapersonellen Säulen des Selbstwerts, also auf Selbstakzeptanz und Selbstvertrauen. Für die interpersonellen Säulen eignen sich gruppentherapeutische Verfahren wie das *Gruppentraining sozialer Kompetenzen* (GSK) nach Hinsch und Pfingsten und für das Einzelsetting (und auch für VT-Gruppen) das Trainingsprogramm TSK nach Güroff (2016). Bei nahezu allen psychischen Störungen sind Module zur Verbesserung der Selbstsicherheit, der Selbstakzeptanz und des Selbstvertrauens sowie der sozialen Kompetenz indiziert, insbesondere bei sozialer Angststörung und Depression. Excessive soziale Ängste führen zu problematischen Bewältigungsversuchen, die als »Vorwärtsvermeidung« (Ullrich und de Muynck 2015, S. 314) bezeichnet werden. Hierzu zählen: Perfektionismus bei Kritikangst, zwanghafte Kontrolle bei Angst vor Fehlern, Überanpassung, übermäßige Hilfsbereitschaft, Bedürfnisverzicht sowie dependentes und submissives Verhalten bei Angst vor dem Verlassenwerden und bei Ablehnungsangst, machtbesessenes Wegbeißen von anderen bei autoritärer und narzisstischer Abwehr von Kritik- und Versagensängsten.

5.3.2 Selbstsicherheitstraining

Zentrale Therapieprinzipien des *Selbstsicherheitstrainings* nach Ullrich und de Muynck (2015) sind:

- Wahrnehmung eigener Bedürfnisse und Ansprüche
- Entwicklung einer positiven Einstellung zu sich selbst
- Aufbau von Mut zur Äußerung von Ansprüchen und Wünschen
- Abbau von Hemmungen und blockierenden Emotionen
- Abbau von Kritik- und Versagensangst
- Reduktion von Ablehnungsangst beim Äußern eigener Wünsche und Bedürfnisse
- Abbau von Ablehnungsangst und von Schuldgefühlen beim Abgrenzen und Neinsagen

- konstruktives Äußern von Kritik
- Verbesserung der Konfliktfähigkeit
- Förderung von Selbstbehauptung und Durchsetzungsfähigkeit
- Abbau von Überanpassung, übermäßiger Hilfsbereitschaft und Bedürfnisverzicht

In dem Standardwerk »Selbstsicherheit und soziale Kompetenz« von Güroff (2016) wird das Trainingsprogramm TSK mit Basis- und Aufbauübungen, das im Einzelsetting und auch in Gruppen eingesetzt werden kann, anschaulich vorgestellt. Empfehlenswerte Ratgeber für Patienten sind Hanning und Chmielewski (2019, »Ganz viel Wert. Selbstwert aktiv aufbauen und festigen«) sowie Hinsch und Wittmann (2010, »Soziale Kompetenz kann man lernen«).

5.3.3 Kognitive Umstrukturierung

Kognitive Standardinterventionen sind (Hautzinger und Pössel 2017, Wilken 2024):

- Analyse und Veränderung von idiosynkratischen Kognitionen (automatische Gedanken und Grundannahmen)
- Selbstbeobachtung automatischer Gedanken und Erkennen kognitiver Verzerrungen (Spaltenprotokoll negativer Gedanken)
- Erfassung von dysfunktionalen Einstellungen und ungünstigen Attributionstendenzen
- sokratische Gesprächsführung/geleitetes Entdecken
- Grundüberzeugungen/Schemata erkennen und verändern (Vorteile-Nachteile-Technik)
- Prägungen und Übertragungen erkennen und Übertragungshypothesen formulieren (nach CBASP)
- Entkatastrophisieren
- Realitätstesten zur Korrektur von kognitiven Verzerrungen und falschen Schlussfolgerungen

- Reframing
- Reattribuierungstechnik zur Korrektur der einseitigen Verantwortlichkeitszuschreibung für Fehler, Misserfolge und negative Ereignisse
- Rollentausch
- Stuhldialoge
- Abbau von Rumination (Grübeln) durch feste Grübelzeiten und metakognitive Techniken zum Aufbau von achtsamer Akzeptanz
- verdeckte Gedankenkontrolle nach Cautela (coverant control): verdeckte Sensibilisierung (Aufbau einer Vermeidungsreaktion gegenüber dem unerwünschten Stimulus), verdeckte positive Verstärkung, verdeckte Löschung, verdeckte Selbstbestrafung, verdecktes Modelllernen
- Gedankenstopp
- Aufbau konstruktiver Gedanken durch Pumptechnik (Gedankenkarten)
- Selbstverbalisationstraining/Selbstinstruktionstraining nach Meichenbaum (Angstbewältigungstraining = Reizkonfrontation + Selbstverbalisationstraining)
- Stressbewältigungstraining/Stressimpfungstraining nach Meichenbaum
- kognitive Probe (mentales Training), Imaginationstechniken und idealisiertes Selbstbild zum Aufbau von Selbstlob, Selbstachtung, Selbstfürsorge und Selbstvertrauen
- Ziel-Wertklärung
- Herausarbeiten von Werten nach Hayes
- Weisheitstherapie nach Linden
- Problemlösetraining nach D'Zurilla und Goldfried
- metakognitive Therapie nach Wells (Sorgenepisoden und Rumination erkennen und deren Nutzen hinterfragen, Aufmerksamkeitstraining, Üben von losgelöster Achtsamkeit, Verhaltensexperimente zum Aufschieben von Sorgen, Aufgeben des Bedrohungsmonitorings, Erkennen und Disputation von Metakognitionen)
- Elemente aus ACT nach Hayes und Eifert (Acceptance and Commitment Therapy, deutsch: Akzeptanz und Selbstverpflichtung)
- Achtsamkeit (Abschalten des Autopiloten, nicht wertende Wahrnehmung, Aufbau von Selbstmitgefühl, Rosinenübung, achtsame Körperwahrnehmung: Body-Scan-Übung, achtsames Atmen)

5.3.4 Training emotionaler Kompetenzen

Wichtige Elemente des Trainings emotionaler Kompetenzen (TEK) nach Berking (2017) sind:

- Einüben von Atemtspannung
- bewertungsfreie Wahrnehmung
- Entwicklung von Akzeptanz und Toleranz gegenüber eigenen Emotionen
- effektive Selbstunterstützung und Selbstfürsorge in emotional belastenden Situationen
- Analysieren emotionaler Reaktionen
- Verbesserung der Emotionsregulation, Erarbeitung effektiver und adaptiver Regulationsstrategien

6 Therapieziele, Behandlungsplan und Prognoseeinschätzung

6.1 Therapieziele

> Eine Befürwortung der Kostenübernahme durch den Gutachter setzt voraus, dass die *Therapieziele* individualisiert aus der Verhaltensanalyse abgeleitet sind, hinreichend konkret und verhaltensnah formuliert sind, im Kontrollbereich des Patienten liegen und innerhalb des beantragten Kontingents realistisch erreichbar sind. Die Therapieziele müssen konkret formuliert und bedingungsanalytisch fundiert sein. Wünschenswert ist eine zumindest ansatzweise Operationalisierung. Hilfreich sind klare Zielerreichungskriterien. Die bloße stichwortartige Auflistung von allgemeinen und abstrakten störungsspezifischen Pauschalzielen genügt diesem Anspruch nicht. Die Zielsetzung der Therapie muss sich am Prinzip der minimalen Intervention orientieren und dem Wirtschaftlichkeitsgebot entsprechen. Therapieziele sind nicht mit therapeutischen Ansatzpunkten (targets) zu verwechseln (Kanfer et al. 2012, S. 151–153, S. 186 f.). Therapeutische Ansatzpunkte betreffen den Ist-Zustand und sind Ausgangspunkte für therapeutische Maßnahmen. Therapieziele hingegen beziehen sich auf die Zukunft. Ansatzpunkte sind also Kernbeschwerden, momentane Probleme und dysfunktionale Verhaltensweisen. Therapieziele sind anzustrebende Soll-Zustände, beziehen sich also auf neu aufzubauendes Verhalten, das eine funktionale Alternative zum bisherigen Problemverhalten darstellt.

Sind diese Kriterien nicht ausreichend erfüllt, kann es zu einer Teilbefürwortung kommen. Der Gutachter könnte dann in seiner Stellungnahme schreiben (Dieckmann et al. 2018, S. 83): »Eine Teilbefürwortung erfolgt, damit auf der Basis der Verhaltensanalyse konkrete Therapieziele mit operationalisierten Zielerreichungskriterien formuliert werden können, die innerhalb des beantragten Bewilligungsschrittes realistisch erreichbar erscheinen.«

> Im Bericht ist für den Einzelfall darzustellen, woran der Patient konkret erkennen kann, dass er ein Therapieziel erreicht hat oder diesem nähergekommen ist (Operationalisierung, Zielerreichungskriterien). Sind die Ziele zu abstrakt formuliert, bleiben die Kriterien für einen erfolgreichen Abschluss der Behandlung unklar. Allgemeine Begrifflichkeiten (Pauschalziele) wie »Steigerung der sozialen Kompetenz«, »Korrektur dysfunktionaler Schemata«, »mehr Achtsamkeit« oder »Verbesserung der Selbstfürsorge« können nur eine grobe Richtung vorgeben. Therapieziele sind individualisiert und konkret zu beschreiben. Zielformulierungen, die so abstrakt und allgemein gehalten sind, dass sie auf viele Patienten zutreffen könnten, sind ungeeignet. Die Ziele müssen sich konkret auf den aktuellen Behandlungsfall beziehen, also auf den individuellen Patienten in seiner momentanen

Lebenssituation (Bender et al. 2018, S. 161) und aus der Verhaltensanalyse abgeleitet sein. Auch ist darzustellen, wie das neue Verhalten konkret aussehen soll, das durch die Therapie aufzubauen ist (Dieckmann et al. 2018, S. 58).

In der Regel genügt nicht nur der Abbau von Problemverhalten; vielmehr ist darzustellen, welche Fertigkeiten neu erworben werden müssen, um die symptomauslösende Lebenssituation adäquat zu bewältigen und eine nachhaltige Stabilisierung zu erreichen.

Notwendig sind gemäß Psychotherapie-Richtlinie (§ 4 Abs. 2) eine *Gewichtung* und die Angabe der *Reihenfolge* einzelner Therapieziele. Die bloße stichwortartige Aufzählung von Pauschalzielen genügt diesen Anforderungen nicht. Der Grund hierfür soll an einem Beispiel aufgezeigt werden: Bei einer Agoraphobie mit sekundärer Depression steht die Behandlung der Angststörung im Vordergrund. Treten Angstsymptome hingegen nur im Rahmen von depressiven Phasen auf und geht die Depression der Angstsymptomatik zeitlich voraus, ist die depressive Symptomatik primär zu behandeln. Wenn davon auszugehen ist, dass die Depression eine Folge der Agoraphobie, kann erwartet werden, dass das depressive Syndrom mit Besserung der Angststörung remittiert. Daher ist die Reduktion der sekundären depressiven Symptomatik ein indirekt zu erreichendes Ziel. Fazit: Die bloße Auflistung von allgemein bekannten Zielen bei Depression und Angst ohne Angabe von Prioritäten und Reihenfolge des Vorgehens ist nicht sinnvoll.

> Die zentrale Aufgabe bei der *Zielanalyse* ist, dass die Therapieziele stringent aus der Verhaltensanalyse abgeleitet werden müssen. Oft werden in Antragsberichten lediglich allgemeine störungsspezifische Zielformulierungen hier stichpunktartig aufgelistet, die mit dem Patienten und dem individualisierten ätiologischen Störungsmodell nichts oder wenig zu tun haben. Es muss immer ein Dreischritt erkennbar sein: Problemanalyse – Zielformulierung – Veränderungskonzept. Aus den Schlüsselproblemen sind Schlüsselziele abzuleiten (Ubben 2017, S. 87). Aus der Makroanalyse lassen sich spezifische Ziele generieren. Die Analyse der Prädispositions-, Dekompensations- und Aufrechterhaltungsbedingungen sowie der Funktionalität impliziert konkrete Veränderungsziele. Auch die Mikroanalyse ist ergiebig für die Zielanalyse. Aus dem SORKC-Schema ergeben sich SORKC-Alternativen als Ziele (Ubben 2017, S. 89).

Beispiel: In der Exploration wurde folgendes Verhaltensmuster als veränderungswürdig eingestuft: »Im Oberseminar habe ich Angst, mich zu blamieren. Ich bereite mich wochenlang auf ein kurzes Referat vor, lese Unmengen von Literatur und formuliere ein Redemanuskript aus, das ich dann hastig ablese ohne Blickkontakt zum Dozenten und den Kommilitonen. Das erzeugt bei den Zuhörern Langeweile. Andere unterhalten sich während meines Vortrags oder beschäftigen sich mit ihrem Smartphone. Das zeigt mir, dass ich langweilig, uninteressant und ein Versager bin.« Es ließ sich die folgende kognitive Regel identifizieren: »Wenn ich nicht perfekt vorbereitet bin und wenn ich die Situation nicht hundertprozentig unter Kontrolle habe, wird offenkundig, dass ich nichts kann. Dann werden der Dozent und meine Kommilitonen den Kopf schütteln und sich fragen: was ist denn das für ein unfähiger Student.«

Gemeinsam mit dem Patienten lässt sich daraus nach einem Stattdessen-Modell ein positives Annäherungsziel formulieren: »Vorbereitung und Kontrolle sind zwar grundsätzlich gut, aber ich will lernen, mich angemessen vorzubereiten, Unsicherheit auszuhalten und auch mit Situationen umzugehen, in denen ich nicht alles im Griff habe.« Das ist eine positive Formulierung in Richtung auf Annäherungsziele und nicht nur eine Verneinung des problematischen Erlebens- und Verhaltensmusters.

Das Ergebnis der Problem-Exploration kann der Therapeut in der Verhaltensanalyse so formulieren: »Relevante Persönlichkeitsvariablen sind perfektionistische Kontrollstandards und Unsicherheitsintoleranz auf dem Boden der lerngeschichtlich erworbenen Selbstunsicherheit. Soziale Performanzsituationen wie das Halten eines Referats im Oberseminar triggern das Insuffizienzschema des Patienten. Auf Verhaltensebene versucht der Patient, antizipierte Bloßstellungen zu vermeiden. Um dieses Vermeidungsziel zu erreichen, wendet er dysfunktionale Strategien an. Er bereitet sich wochenlang vor, erarbeitet ein Redemanuskript, das aus komplizierten Schachtelsätzen besteht und in kondensierter Form ohne anschauliche Beispiele theoretische Konzepte und Fachtermini enthält. Das löst bei den Zuhörern Überdruss und Langeweile aus. Wenn sich andere Seminarteilnehmer unterhalten oder sich mit ihrem Smartphone ablenken, interpretiert dies der Patient als Beleg für seine vermeintliche Unzulänglichkeit und Langweiligkeit. Durch diesen interpersonellen Circulus vitiosus wird das negative Selbstkonzept des Patienten aufrechterhalten.« Eine solche Formulierung ist wesentlich anschaulicher als das schablonenhafte Abarbeiten eines SORKC-Schemas.

Daraus ließe sich als Zielformulierung im Antragsbericht ableiten: »Lockerung perfektionistischer Kontrollstandards und Einübung von Unsicherheitstoleranz; Zielerreichungskriterium: Halten von Referaten im Oberseminar in freier Form anhand von einigen Stichpunkten und mit interaktiven und die Teilnehmer aktivierenden Elementen anstelle des bisher praktizierten Ablesens eines ausformulierten Manuskripts; dabei Aushalten von Unsicherheit und Angst und Ermöglichung korrektiver und verändernder Interaktionserfahrungen«. Im Behandlungsplan wäre dann darzustellen, mit welchen Mitteln dies erreicht werden soll: beispielsweise Shapingprozesse durch Rollenspiele, Video-Feedback, individualisierte Verhaltensexperimente.

Bei der Ableitung von Therapiezielen aus dem individuellen funktionalen Bedingungsmodell lassen sich folgende Zielbereiche unterscheiden:

Aus der *Makroanalyse* abgeleitete Therapieziele:

- aus den Entstehungs- oder Erstauftrittsbedingungen (also aus der Prädispositions- und Dekompensationsanalyse) abgeleitete Ziele: Verhaltensdefizite, mangelnde Verhaltensfertigkeiten, problematische Strategien zur Selbstwert- und Emotionsregulation, dysfunktionale Kognitionen, maladaptive Persönlichkeits- und Bewältigungsstile, ungünstige habituelle Reaktionsbereitschaften
- aus den Aufrechterhaltungsbedingungen abgeleitete Ziele: interpersonelle und störungsspezifische Teufelskreise, Gewinn durch die Erkrankung, Veränderungshindernisse, intraindividuelle und interaktionelle Funktionalität der Störung

Aus der *Mikroanalyse* abgeleitete Therapieziele:

- Hier können zu jedem Punkt der Verhaltensgleichung nach Kanfer *SORKC-Alternativen* gebildet werde. Ein solches Vorgehen schlagen Ubben (2017) und Sulz (2009) vor.
- S-Ziele: Stimuluskontrolle, Korrektur dysfunktionaler situationsbezogener Erwartungen, Modifikation dysfunktionaler antizipatorischer Verarbeitung in sozialen Situationen
- O-Ziele: Modifikation maladaptiver Persönlichkeits- und Bewältigungsstile und

kognitiv-affektiver Schemata, Falsifikation der Überlebensregel, Lockerung perfektionistischer Standards, Korrektur des ängstlich-vermeidenden Rückzugsverhaltens, Verbesserung der Selbstwertregulation und der Emotionsregulation, Abbau dependenter und zwanghafter Verhaltensstereotypien
- R-Ziele: Reaktionsverhinderung, Angst und Anspannung wahrnehmen und aushalten lernen ohne Flucht oder Rückversicherungsverhalten, Abbau von exzessiver Selbstaufmerksamkeit, Erlernen von Strategien zur nicht bewertenden Aufmerksamkeit nach außen
- C-Ziele: Abbau von Vermeidungsverhalten, das durch negative Verstärkung aufrechterhalten wird, eigenständige Angstbewältigung, Erleben von Angstabnahme bei Verbleiben in der Situation (Habituation)

Anzustreben sind operationalisierte Zielerreichungskriterien. Woran erkennen Therapeut und Patient einen signifikanten Therapiefortschritt? Nach welchen Kriterien lässt sich ein Erfolg oder Misserfolg der Therapie evaluieren? Wie ist ein erfolgreicher Therapieabschluss definiert?

Klassischerweise wird der Grad der Zielerreichung mittels *Goal-Attainment-Scaling* gemessen (Sulz 2009, S. 258; Ubben 2017, S. 91). Dabei werden maximal fünf konkrete Therapieziele formuliert und der Grad der Zielerreichung anhand einer fünfstufigen Zielerreichungsskala eingeschätzt:

- −2 = Das Ergebnis ist sehr viel schlechter als erwartet
- −1 = Das Ergebnis der Therapie ist schlechter als erwartet
- 0 = Das Ergebnis der Therapie ist wie erwartet
- +1 = Das Ergebnis der Therapie ist besser als erwartet
- +2 = Das Ergebnis der Therapie ist sehr viel besser als erwartet

Alternativ kann auch eingeschätzt werden, zu wieviel Prozent ein konkret formuliertes Ziel erreicht wurde. Das Ziel wird konkret benannt, dann werden der Ausgangszustand und der gewünschte Endzustand beschrieben.

In Antragsberichten wird eine ausführliche Zielerreichungsskalierung meist nicht vorgenommen. In der Regel freuen sich Gutachter aber über konkrete und individualisierte Zielformulierungen mit operationalisierten und überprüfbaren Zielerreichungskriterien. Es soll deutlich werden, woran Patient und Therapeut eine vollständige oder partielle Zielerreichung und einen Therapiefortschritt oder eine Stagnation konkret erkennen können.

Auch wenn auf eine explizite Skalierung der Zielerreichung verzichtet wird, sollen die Therapieziele nach SMART-Kriterien angegeben sein (Zarbock 2014, S. 150 f.):

S = specific (spezifisch): konkrete Zielformulierungen. Was genau soll verändert werden?

M = measurable (messbar): Anhand welcher Kriterien merken Patient und Therapeut die Zielerreichung oder die graduelle Annäherung an das Ziel? (operationalisierte Zielerreichungskriterien)

A = achievable (erreichbar): Ist das Ziel prinzipiell erreichbar? Bei komplexen und chronifizierten Störungen wird man eine Symptomkontrolle und eine Verbesserung der Bewältigungsfertigkeiten erreichen können, aber wohl keine Heilung der zugrundeliegenden Erkrankung.

R = realistic (realistisch): Therapieziele müssen innerhalb des beantragten Kontingents realistisch erreichbar und dürfen nicht allumfassend oder utopisch formuliert sein. Bei komplexen und komorbiden Störungen sind realistische und umgrenzte Therapieziele festzulegen. Die Zielsetzung muss Veränderungshindernisse, Motivation sowie Belastungs- und Umstellungsfähigkeit, also prognostische Faktoren, angemessen berücksichtigen.

T = time determined (zeitlich festgelegt): In welchem Zeitraum und innerhalb wie vieler Therapieeinheiten sollen die Ziele erreicht werden? (Behandlungskontingent, Bewilligungsschritte)

Es ist sinnvoll, zwischen *Patienten- und Therapeutenzielen* zu unterscheiden. Es müssen konkrete und bedingungsanalytisch fundierte Therapieziele genannt werden, die mit dem Patienten reflektiert wurden. Es muss also ein *Konsens* mit dem Patienten hergestellt werden, was als behandlungsbedürftig eingestuft wird und welche konkreten Therapieziele festgelegt wurden. Nach dem Patientenrechtegesetz muss eine Aufklärung über alle Diagnosen und die wesentlichen Therapieziele erfolgen. Verdeckte Therapieziele oder eine »hidden agenda« des Therapeuten sind ein Aufklärungs- und damit ein Kunstfehler. Diesbezüglich ist die Verhaltenstherapie prinzipiell im Vorteil gegenüber den psychodynamischen Verfahren, da Transparenz ein wesentliches Merkmal von Verhaltenstherapie ist. Es wäre allerdings eine missverstandene Partizipation, wenn Sie an dieser Stelle nur die vom Patienten formulierten Ziele in wörtlicher Rede wiedergeben. Meist nennen Patienten spontan Ziele, die keine adäquaten Therapieziele sein können. Beispiel: »Alles soll wieder werden wie früher.« Spontan nennen Patienten als Ziele in der Regel die Verneinung von Symptomen und Beschwerden: »keine Panikattacken mehr«, »Besserung der Depression«. Das muss gemeinsam mit dem Therapeuten erst noch in adäquate Therapiezielformulierungen überführt werden.

Sie können den Patienten bitten, Therapieziele als Hausaufgabe schriftlich zu formulieren. Dabei können die folgenden Instruktionen hilfreich sein:

- Beschränken Sie sich auf maximal fünf Therapieziele. Formulieren Sie lieber konkrete Teilziele (»mit der U-Bahn zur Arbeit fahren und auftretende Angstsymptome bewältigen können«) als ein unrealistisches und vages Ziel (»glücklicher werden«).
- Formulieren Sie die Ziele so konkret wie möglich. Wie sehen das neue, angestrebte Verhalten, Denken und Erleben konkret aus?
- Formulieren Sie die Ziele nicht als »Wegmachen« oder Loswerden von Symptomen, sondern als positive Alternativen zum Problem (was stattdessen?). Also nicht: »angstfrei werden«, »keine Panikattacken mehr«, sondern beispielsweise »Ich will morgens mit der U-Bahn wieder zur Arbeit fahren können, ohne Lorazepam in der Hosentasche dabeizuhaben.«
- Therapie ist eine Bereicherung und eine Erweiterung des Handlungsspielraums und des Verhaltensrepertoires. Was soll neu hinzukommen? Was möchten Sie neu lernen? Welche Fertigkeiten sollen aufgebaut werden?
- Woran können Sie oder andere das Erreichen eines konkreten Ziels erkennen?
- Verzichten Sie bei der Zielformulierung auf Komparative (mehr/weniger). Verwenden Sie viele Verben. Was wollen Sie in einer konkreten Situation anders machen als bisher?
- Beziehen Sie die Therapieziele auf das Hier und Jetzt und nicht auf die ferne Zukunft.
- Formulieren Sie realistische Ziele, die in ihrem Einflussbereich liegen und nicht vom Verhalten anderer Personen oder von äußeren Faktoren (Schicksal, Zufall) abhängen.
- Welches Ziel ist für Sie persönlich besonders wichtig? Die Zielvision muss sich für Sie spontan gut anfühlen.

Die Ziele für den Antragsbericht sind nicht die vom Patienten formulierten Ziele, sondern die professionellen *Therapeutenziele*, die unter Berücksichtigung der Patientenziele individuell aus dem funktionalen Bedingungsmodell abgeleitet wurden. Die Therapieziele müssen also vom Therapeuten funktional aus dem ätiologischen Störungsmodell abgeleitet werden, wobei ein Konsens mit den Patientenzielen erreicht wurde.

Der Zielkonsens zwischen dem Therapeuten und dem Patienten kann allerdings problematisch sein. Dies ist dann der Fall, wenn die Zielsetzung über den im Rahmen von Richtlinientherapie möglichen Umfang hinausgeht. Nach § 12 und § 70 SGB V ist der Therapeut an das Wirtschaftlichkeitsgebot gebunden. Die Leistungen dürfen das Maß des Notwendigen nicht überschreiten. Es darf – auch schon wegen des verhaltenstherapeutischen Prinzips der minimalen Intervention – nur das getan werden, was zur Behandlung einer Krankheit zwingend notwendig ist. Keine Zielsetzung innerhalb von Richtlinientherapie wären eine reine Paar-, Erziehungs- oder Sexualberatung oder Coaching zur beruflichen Leistungssteigerung, ohne dass eine Krankheit gemäß der Psychotherapie-Richtlinie vorliegt. Auch Beziehungsstörungen, Partnerschaftskonflikte oder die Bewältigung von Trennungen sind nicht per se behandlungsbedürftig, sondern nur dann, wenn die Interaktionsstörungen Manifestationen einer psychischen Erkrankung sind. Eine Diskrepanz zwischen Patienten- und Therapeutenzielen liegt auch dann vor, wenn der Patient die Behandlung von relevanten Problembereichen ausschließt (»darüber will ich nicht reden«, »darum soll es in der Therapie nicht gehen«). Problematisch ist insbesondere ein Alkoholmissbrauch oder ein Benzodiazepinabusus. Es ist davon auszugehen, dass diese psychotropen Substanzen als inadäquate Maßnahmen zur Symptomkupierung und als dysfunktionale Strategien zur Emotionsregulation eingesetzt werden. Eine Zieldiskrepanz liegt auch vor, wenn aus Therapeutensicht – etwa bei einer Agoraphobie, einer spezifischen Phobie oder bei Zwangshandlungen – eine Expositionstherapie dringend indiziert ist, der Patient aber stattdessen »seine Kindheit aufarbeiten« will. Dies sollte in der Therapie unter dem Aspekt von Vermeidungsverhalten bearbeitet werden. Außerdem können durch Psychoedukation und kognitive Vorbereitung von Konfrontationsübungen dysfunktionale Annahmen des Patienten, die auf Vorurteilen und unzureichender Informationsgrundlage beruhen (Exposition als befürchtete »Schocktherapie« mit unerwarteten Überraschungen und fehlender Kontroll- und Abbruchmöglichkeit) korrigiert werden. Wenn der Patient eine indizierte und vorrangig durchzuführende symptomorientierte Behandlung hartnäckig ablehnt und stattdessen die »Aufarbeitung« belastender, deprivierender oder traumatisierender Kindheitserfahrungen in der Therapie anstrebt, empfiehlt Zarbock (2014, S. 153) zunächst die Vereinbarung einer Probetherapie im Umfang von 10–15 Sitzungen. Während dieser Probetherapie erfolgt die Therapie ganz nach den Wünschen des Patienten, also im vorliegenden Fall am Symptom vorbei als Arbeit an den prädisponierenden biographischen Hintergrundbedingungen. Danach wird anhand operationalisierter Zielerreichungskriterien evaluiert, ob dieses Vorgehen zielführend war. Wenn der Patient Recht hatte, spricht nichts dagegen, dieses Vorgehen beizubehalten. Hat sich diese Strategie jedoch nicht bewährt, lässt sich vielleicht dann die Motivation für eine zunächst belastende Expositionsbehandlung aufbauen. Ein solches Spielen auf Zeit (Zarbock 2014, S. 154) befriedigt die Bedürfnisse des Patienten nach Orientierung, Kontrolle und Autonomie. Außerdem verfestigt sich innerhalb von 10–15 Sitzungen das Vertrauensverhältnis als Basis für ein tragfähiges Arbeitsbündnis. Dadurch kann die Bereitschaft entstehen, eine aversive Reizkonfrontation zu wagen. Die Arbeit an der Therapiemotivation ist eine genuine psychotherapeutische Aufgabe, da Ambivalenz für nahezu alle Psychotherapiepatienten zu Beginn einer Behandlung charakteristisch ist. Die Motivation ist nicht die Bringschuld des Patienten.

Es sollte bei der Formulierung von Therapiezielen nicht nur um die Negation von Symptomen gehen. Viele Patienten fokussieren habituell das Negative. In der Therapie sollen von Anfang an positive *Annäherungsziele* angestrebt werden und keine *Vermeidungsziele*. Ziele sollten als konkrete Alternativen zum Problemverhalten formuliert werden nach einem *Stattdessen-Modell* (Willutzki und Teismann 2013, S. 38 und S. 41). Durch positive Zielformulierungen findet ein Annäherungspriming statt. Der Patient wird in einen Annäherungsmodus versetzt. Dadurch werden positive Affekte mobilisiert und die Aktivität des Patienten gefördert. Auf diese Weise werden Zuversicht, Hoffnung und Remoralisierung gefördert. Die vom Patienten habituell verfolgten Vermeidungsziele sollen ersetzt werden durch positiv formulierte Annäherungsziele.

Die folgenden Arten von Therapiezielen sind in der Verhaltenstherapie von Bedeutung:

- *Kernziele:* Ziele, deren Erreichung zur nachhaltigen Symptomreduktion und zur langfristig wirksamen Stabilisierung notwendig sind.
- *Veränderungsziele:* Hierzu zählen Abbauziele (bei Verhaltensexzessen) und Aufbauziele (bei Verhaltensdefiziten). Veränderungsziele sind in der Verhaltenstherapie besonders relevant. Beispiel: »Ich will fremde Menschen ansprechen und eine Unterhaltung beginnen können.«
- *Akzeptanzziele:* Gerade bei chronischen körperlichen Erkrankungen ist die Akzeptanz des Unabänderlichen ein wichtiges Ziel. Beispiel: »Ich will mich damit abfinden, dass bei mir Typ-1-Diabetes festgestellt wurde, und möchte lernen, mit dieser chronischen Krankheit so gut wie möglich umzugehen.«
- *Klärungsziele:* »Ich möchte besser verstehen, warum ich so empfindlich gegenüber Kritik reagiere.«
- *Erhaltungsziele:* »Was soll sich keinesfalls verändern und unbedingt so bleiben, wie es jetzt ist? Was läuft in Ihrem Leben aktuell so, dass Sie sagen, es ist in Ordnung, gut oder sogar sehr gut?« Die Analyse von Erhaltungszielen dient der Erfassung von Ressourcen, Kompetenzen, positiven Lebensaspekten, persönlichen Fähigkeiten und wirksamen Selbsthilfestrategien. Dadurch kommt es zur Remoralisierung und zur Auslösung positiver Affekte. Dadurch werden das Grundbedürfnis nach Lustgewinn befriedigt und das Annäherungssystem aktiviert.
- *Symptomziele:* Symptomziele sind auf den Abbau von Krankheitssymptomen gerichtet. Es geht um die Besserung und die adäquate Bewältigung der Störung.
- *Teilziele:* Bei komplexen und komorbiden Störungen sollen umschriebene Teilziele definiert werden, die innerhalb des beantragten Kontingents realistisch erreichbar sind. Utopische Zielformulierungen und ein überkomplexes Behandlungskonzept sind weder sinnvoll noch mit dem Wirtschaftlichkeitsgrundsatz vereinbar.
- *Hintergrundziele:* Hintergrundziele nehmen die prädisponierenden Bedingungen (Organismus-Variablen) ins Visier. Beispiele: Verbesserung der Selbstwertregulation, Aufbau von sozialen Kompetenzen, Verbesserung der Konflikt- und Problemlösungsfertigkeiten, Arbeit an Grundannahmen und an dysfunktionalen Reaktionsbereitschaften.
- *Annäherungsziele:* Durch Ressourcenorientierung, Annäherungspriming und durch die Arbeit an persönlichen Lebenszielen und Werten (Akzeptanz- und Commitment- Therapie) können Annäherungsziele formuliert und verfolgt werden.
- *Vermeidungsziele (Antiziele):* Vermeidungsziele sind in der Regel beim Patienten spontan aktiviert (z. B. »Blamage vermeiden«). Die Therapie soll es dem Patienten ermöglichen, Vermeidungsziele aufzugeben und Annäherungsziele zu verfolgen.
- *Direkte Ziele:* Ein direktes Ziel ist beispielsweise der Abbau von agoraphobischem Vermeidungsverhalten.

- *Indirekte Ziele:* Bei Zwangssymptomatik mit sekundärer Depression ist zu erwarten, dass sich mit Besserung der Zwangsstörung auch die Depression bessert (indirektes Ziel).
- *Schlüsselziele:* Schlüsselziele sind aus den Schlüsselproblemen der Verhaltensanalyse abgeleitet.
- *Prozessziele:* Prozessziele beziehen sich auf die Gestaltung der therapeutischen Interaktion und das Beziehungsgestaltungskonzept, beispielsweise emotional verändernde (korrigierende) Beziehungserfahrungen in der Therapie.
- *Ergebnisziele:* Ergebnisziele sind Veränderungsziele, die sich auf die Symptome oder die prädisponierenden Bedingungen beziehen.

Gütekriterien für günstige Zielformulierungen in der Verhaltenstherapie (Brunner 2016b, S. 262; Willutzki und Teismann 2013, S. 42; Willutzki und Teismann 2017, S. 229):

- Ziele sind positiv als Alternative zum Problem nach einem Was-Stattdessen-Modell formuliert.
- Ziele sind konkret, verhaltensnah, prozesshaft (Verben statt statische Zustandsbeschreibungen) und in der Sprache des Patienten formuliert.
- Ziele sind auf das Hier und Jetzt bezogen.
- Ziele liegen im Kontrollbereich der Person.
- Ziele sind innerhalb des geplanten Therapieabschnitts realistisch erreichbar.
- Ziele sind präzise operationalisiert. Zielerreichungskriterien sind angegeben.
- Ziele sind intrinsisch motivational bedeutsam und persönlich relevant. Ziele orientieren sich an persönlichen Werten. Die Zielvision fühlt sich spontan gut an.

Die Was-Stattdessen-Strategie findet sich bei Willutzki und Teismann 2013, S. 41 f. In meiner Hypnose-Ausbildung bei Dr. Hansjörg Ebell spielte das »Was-Stattdessen-Modell« eine wichtige Rolle.

Bei Patienten mit einer passiv-rezeptiven Erwartungshaltung kann man die Taxi-Metapher verwenden: »Wenn Sie Ihrem Therapeuten die Formulierung der Therapieziele überlassen wollen, wäre das so ähnlich, wie wenn Sie in ein Taxi einsteigen und den Fahrer bitten, Sie irgendwohin zu fahren, wo es schön ist. Für die einen ist ein See schön, für andere ein Strand, für andere eine belebte Innenstadt, für andere die Berge. Deshalb ist es wichtig, dass wir Ziele formulieren, die für Sie passen und für Sie persönlich erstrebenswert sind.«

Zur Antizipation positiver Zielzustände und für die spielerisch-kreative Suche nach hypothetischen Lösungen eignen sich phantasieanregende Interventionen. Zur Generierung einer Zielvision hat sich die *Wunderfrage* sehr bewährt, die aus der lösungsorientierten Kurzzeittherapie nach Steve de Shazer stammt. »Problem talk creates problems, solution talk creates solutions.« Dieses Grundprinzip der lösungsorientierten Therapie wird Steve de Shazer zugeschrieben.

Beispiel für die Formulierung einer Wunderfrage in Anlehnung an Flückiger und Wüsten (2015, S. 59 ff.) und Willutzki und Teismann (2013, S. 56): »Stellen Sie sich vor, über Nacht geschieht ein Wunder, und Ihre Probleme, derentwegen Sie psychotherapeutische Hilfe gesucht haben, sind gelöst. Woran merken Sie nach dem Aufwachen, dass Ihre Probleme verschwunden sind? Was fällt Ihnen als Erstes auf? Was machen Sie anders? Woran merken andere Personen in ihrem Umfeld, dass Ihr Problem gelöst ist?« Wunderfragen fokussieren auf Lösungen und Handlungsoptionen des Patienten.

Therapieziele müssen *realistisch* und *innerhalb des beantragten Kontingents erreichbar* sein. Nicht selten werden utopische Ziele formuliert. Bei einer seit Dekaden bestehenden schweren und chronifizierten Zwangsstörung mit erheblicher Einschränkung des psychosozialen Funktionsniveaus wird man keine Heilung erwarten können. Gerade bei komorbiden, komplexen und chronifizierten Störungsbildern sind Teilziele zu formulieren, die bei kleinschrittigem Vorgehen eine noch ausreichende Prognoseeinschätzung erlauben. Weniger ist hier mehr. Gutachter befürworten auch bei einer Borderline-Störung mit mehreren Vortherapien dann eine erneute Behandlung, wenn die Vorbehandlungen bei der Behandlungskonzeption berücksichtigt wurden und eine klare Fokusformulierung erkennbar wird.

Häufige Fehler bei der Zielanalyse:

- Es handelt sich lediglich um Patientenziele, die nicht in professionell begründete Therapeutenziele transformiert wurden. Therapieziele sind individualisiert aus dem hypothetischen funktionalen Bedingungsmodell abzuleiten.
- Die Therapieziele sind auf einer zu hohen Abstraktionsebene angesiedelt, also zu allgemein und nicht hinreichend konkret formuliert (Pauschalziele).
- Die Therapieziele sind nicht stringent aus der Verhaltensanalyse abgeleitet. Ein roter Faden von dem funktionalen Bedingungsmodell zur Ableitung von Therapiezielen und zum Veränderungskonzept wird nicht erkennbar. Stattdessen werden schablonenhaft allgemeine störungsspezifische Therapieziele ohne Bezug zum funktionalen Bedingungsmodell aufgelistet.
- Die Therapieziele sind nicht ausreichend individualisiert und könnten auf sehr viele Patienten mit derselben Diagnose zutreffen.
- Eine Gewichtung und Reihenfolge der Therapieziele sind nicht erkennbar.
- Es fehlen operationalisierte Zielerreichungskriterien. Es wird nicht deutlich, woran Patient und Therapeut erkennen können, dass ein Therapieziel erreicht wurde oder dass graduelle Fortschritte in Richtung auf das anvisierte Therapieziel stattgefunden haben. Das Kriterium für die Beendigung einer Therapie ist das Erreichen der Therapieziele und nicht das Ausschöpfen oder Absitzen des bewilligten Kontingents.
- Die Therapieziele dienen nicht der Behandlung einer Erkrankung und sind nicht durch die Psychotherapie-Richtlinie abgedeckt. Das »Finden eines Partners« kann beispielsweise nicht Ziel einer Psychotherapie sein.
- Die Therapieziele beziehen sich auf äußere Veränderungen, die außerhalb des Kontrollbereichs des Patienten liegen. In einer Richtlinientherapie kann es nur um pathologische Erlebens- und Verhaltensmuster des Patienten gehen, wobei die Einbeziehung von Bezugspersonen natürlich möglich ist.
- Die Therapieziele sind inadäquat. Das Absetzen einer begleitenden Psychopharmakotherapie ist kein adäquates Ziel für eine ätiologisch orientierte Richtlinientherapie, in der es ausschließlich um die Arbeit an Entstehungs- und Aufrechterhaltungsbedingungen der Störung gehen kann. Bei Depression sowie bei Angst- und Zwangsstörungen ist eine Erhaltungstherapie über die Remission hinaus gemäß den Behandlungsleitlinien indiziert. Keinesfalls anzustreben ist das Absetzen einer begleitenden Medikation bei Schizophrenie oder bei bipolaren affektiven Störungen. Bei einer Benzodiazepinabhängigkeit darf kein abruptes Absetzen erfolgen.
- Die Therapieziele sind – bei komplexen, komorbiden und chronifizierten Erkrankungen – unrealistisch/utopisch und nicht innerhalb des in diesem Bewilligungsschritt möglichen Kontingents erreichbar. Hier ist eine umgrenzte Zielformulierung angebracht.

6.2 Behandlungsplan

In vielen Antragsberichten gewinnt man den Eindruck, dass das funktionale Bedingungsmodell Selbstzweck war und als Pflichtübung abgehandelt wurde. Oft wird in Punkt 6 bei den Therapiezielen und im Behandlungsplan kaum oder gar nicht mehr auf die Verhaltensanalyse Bezug genommen. Wozu wurde dann ein ätiologisches Störungsmodell überhaupt erstellt? War die Verhaltensanalyse »l'art pour l'art«?

> Die Verhaltensanalyse ist kein Selbstzweck, sondern immer therapiebezogen. Der wesentliche Sinn der Verhaltensanalyse ist die Ableitung von Therapiezielen. Es geht immer um den Dreischritt: Verhaltensanalyse – Zielableitung – Mittelauswahl (individualisiertes Veränderungskonzept). In Kanfers Phasenmodell: Verhaltensanalyse (Phase 3) – Vereinbaren therapeutischer Ziele (Phase 4) – Planung und Durchführung spezieller Methoden (Phase 5).

Aus der Verhaltensanalyse ergeben sich Antworten auf die folgenden Fragen: Welche Bedingungen sollen modifiziert werden? Welche Prädispositions-, Entstehungs- und Aufrechterhaltungsbedingungen sind für die Genese der Störung relevant und bedürfen einer therapeutischen Veränderung? Im *Behandlungsplan* sind die *Mittel* darzustellen, mit denen die Therapieziele erreicht werden sollen. Der Behandlungsplan muss auf die konkreten Therapieziele bezogen sein.

Wenn Sie die Therapieziele nummeriert haben, können Sie sich im Behandlungsplan darauf beziehen. Beispiel: Bei den Therapiezielen haben Sie geschrieben »(3) Erlernen und Einüben sozialer Kompetenzen, insbesondere Äußern von Wünschen und Bedürfnissen ohne Vorwürfe gegenüber dem Ehemann; Entwicklung eines adäquaten Repertoires für Konfliktbewältigung, insbesondere Abgrenzung gegenüber ungerechtfertigten Forderungen und Ansprüchen der Arbeitskollegin«. Dann können Sie im Behandlungsplan schreiben: »Zu (3): Übungen zur Selbstsicherheit und zum Training sozialer Kompetenzen (TSK) nach Erika Güroff.«

Ubben (2017) schlägt vor, die Therapieziele und die dazugehörigen Interventionen in einer *Tabelle* übersichtlich darzustellen. Hierzu folgendes Beispiel (▸ Tab. 6.1).

Tab. 6.1: Ausschnitt aus einem exemplarischen Behandlungsplan in Tabellenform.

Therapieziele	Veränderungskonzept
Abbau dysfunktionaler Selbstaufmerksamkeit (insbesondere Konzentration auf vermehrtes Schwitzen und auf Erröten) und sozialen Sicherheitsverhaltens (insbesondere leises Sprechen, Abwenden von Gesprächspartnern, Vermeiden von Blickkontakt)	Aufmerksamkeitstraining, Durchführung von Verhaltensexperimenten mit und ohne Selbstaufmerksamkeit und Sicherheitsverhalten nach Stangier et al. (2016)
Veränderung des negativen Selbstkonzepts (»ich bin hässlich und langweilig«), Überprüfung dysfunktionaler konditionaler Grundüberzeugungen (»andere kritisieren mich und lachen mich aus, wenn ich einen kleinen Fehler mache«), Reduktion perfektionistischer unerbittlicher Standards (»ich muss immer interessant und	Verhaltensexperimente zur Überprüfung von Grundüberzeugungen nach Stangier et al. (2016), Umstrukturierung dysfunktionaler Grundüberzeugungen (insbesondere des negativen Selbstkonzepts, perfektionistischer Leistungsstandards und der habituellen Kritikerwartung) durch geleitetes Entdecken, Kosten-Nutzen-Analyse, Durchführung

Tab. 6.1: Ausschnitt aus einem exemplarischen Behandlungsplan in Tabellenform. – Fortsetzung

Therapieziele	Veränderungskonzept
intelligent wirken und darf nie einen Fehler machen«)	von Umfragen, Festhalten von Ereignissen in einem Tagebuch, die der Grundüberzeugung widersprechen, Imagery Rescripting früher sozial traumatischer Erinnerungen

Der Vorteil einer solchen Tabelle ist die direkte Gegenüberstellung von Therapieziel und dem darauf bezogenen Veränderungskonzept. Der Nachteil liegt darin, dass eine Gewichtung und Reihenfolge der Interventionen bei tabellarischer Darstellung nicht erkennbar werden. Dies wäre besonders relevant bei komplexen und komorbiden Störungen. Empfehlung: Bei umschriebenen Störungen ohne interaktionelle Störungen ist eine tabellarische Darstellung sinnvoll. Bei komplexen und komorbiden Störungen ist eine verbale Darstellung meist besser, welche die Reihenfolge des Vorgehens und die Gewichtung der Foki deutlich macht.

Beispiel für einen Ausschnitt aus einem Behandlungsplan, der frei formuliert wurde: »Das zentrale Problem der Patientin ist die Agoraphobie. Die Depression wird als sekundär eingestuft (siehe Verhaltensanalyse). Vorrangiges Ziel ist daher der Abbau des agoraphoben Vermeidungsverhaltens. Die Patientin würde einen signifikanten Fortschritt daran erkennen, wenn sie eine mehrstündige Flugreise ohne Sicherheitssignale durchführen kann. Geplant sind hochfrequente Expositionsübungen beim U-Bahn-Fahren und in Menschenmengen, die zunächst therapeutenbegleitet erfolgen und später als Selbstexposition durchgeführt werden sollen. Die geplanten Konfrontationsübungen in vivo orientieren sich an dem Manual von Schneider und Margraf (2017). Therapeutenbegleitete Expositionen sollen anfangs in Blöcken von bis zu vier Therapieeinheiten an einem Tag durchgeführt werden. Es ist zu erwarten, dass die Besserung der Agoraphobie den Aktionsradius sukzessive erweitert, wodurch sich sekundär die Verstärkerbilanz verbessert. Es ist anzunehmen, dass mit der Reduktion der Angstsymptomatik und des Vermeidungsverhaltens eine Besserung der Depression einhergeht. Daher ist die Besserung der komorbiden Depression ein indirekt zu erreichendes Therapieziel. Der Behandlungsfokus ist die Agoraphobie.«

In nicht wenigen Antragsberichten werden leider unter der Überschrift »Behandlungsplan« lediglich allgemeine störungsspezifische Interventionen schematisch aufgelistet. Nicht selten werden abstrakte Textbausteine als Behandlungsplan ausgegeben. Eine solche Methodenliste ist kein Behandlungsplan nach der Psychotherapie-Richtlinie. Die Therapieziele und das Veränderungskonzept müssen stets individualisiert und hypothesengeleitet aus dem funktionalen Bedingungsmodell abgeleitet werden.

In der Broschüre von Müther (2017, S. 49 ff.) wird sogar explizit vorgeschlagen, den Behandlungsplan standardmäßig mit folgenden Stichpunkten zu beginnen:

- »Etablierung eines vertrauensvollen Arbeitsbündnisses durch sachkundige Exploration der Symptomatik, einfühlsame ressourcenorientierte Anamneseerhebung und transparente Erläuterung der üblichen therapeutischen Vorgehensweise
- Aufbau einer differenzierten Selbstwahrnehmung zur Identifikation von Bedingungszusammenhängen mittels Self-Monitoring
- Erarbeitung und Fortschreibung der Verhaltensanalyse mit dem Ziel, den Zusammenhang zwischen auslösenden Bedingungen (Triggern), kognitiven Strukturen und Symptomverhalten aufzuzeigen«

Diese Formulierungen sind zu allgemein. Im Antragsbericht bedarf es einer Individualisierung. Zudem handelt es sich um selbstverständliches verhaltenstherapeutisches Basisverhalten. Natürlich kann es sinnvoll sein, etwas zum *Beziehungsgestaltungskonzept* zu sagen. Dies sollte aber auf der Grundlage der Verhaltensanalyse erfolgen und konkret auf den Patienten bezogen werden.

Beispiel: »Der Patient hat bereits eine analytische Psychotherapie abgebrochen, weil er den Therapeuten als zu passiv und desinteressiert und die Sitzungen als zu wenig strukturiert erlebte. Herr X. konnte von dieser Therapieform nicht profitieren, weil er insbesondere die Vermittlung von konkreten Strategien zum Umgang mit depressivem Grübeln vermisste. Die Verhaltensanalyse ergab affektvermeidende und zwanghafte Selbst- und Beziehungsschemata. Zur Prophylaxe eines erneuten Therapieabbruchs wird es wichtig sein, in der Anfangsphase der Therapie nach dem Prinzip der motivorientierten Beziehungsgestaltung betont strukturiert und transparent vorzugehen und dem Patienten ein primär auf fachliche Expertise beruhendes Beziehungsangebot zu machen. Durch geleitetes Entdecken sollen psychoedukative Informationen erarbeitet werden, wobei häufige Zusammenfassungen und Selbstbeobachtungsaufgaben das Bedürfnis nach Orientierung und Kontrolle befriedigen sollen. Außerdem sollen symptomorientierte Techniken einen hohen Stellenwert einnehmen. Erst im weiteren Verlauf sollen emotionsaktivierende und erlebensbasierte Techniken angewandt werden, um den zwanghaften Persönlichkeitsstil aufzulockern. Später soll Herr X. durch empathische Konfrontation mit dem Stimuluscharakter seines anankastischen Interaktionsverhaltens konfrontiert werden.«

In diesem Beispiel wird deutlich, dass der Therapeut unter Berücksichtigung der Krankheitsanamnese eine Sollbruchstelle für den weiteren therapeutischen Prozess erkannt hat. Er sieht das Risiko eines Therapieabbruchs und entwickelt aus der vertikalen Verhaltensanalyse ein motivorientiertes Beziehungsgestaltungskonzept. Das ist wesentlich informativer und lebendiger als das Erzeugen von Langeweile und Überdruss durch Worthülsen und Standard-Phrasen.

Ein häufiges Manko in Antragsberichten ist, dass lediglich allgemeine Interventionstechniken stichwortartig aufgezählt werden. Die bloße Aufzählung störungsspezifischer Techniken genügt aber nicht den Anforderungen der Psychotherapie-Richtlinie an einen adäquaten Behandlungsplan (Dieckmann et al. 2018, S. 59). Vielmehr ist auf der Basis des funktionalen Bedingungsmodells eine übergeordnete Behandlungsstrategie zu entwickeln und hinreichend individualisiert darzustellen, an welchen prädisponierenden und aufrechterhaltenden Faktoren mit welchen zielführenden Strategien angesetzt werden soll. Die bloße Nennung allgemein bekannter Interventionstechniken ist eine schematische Methodenliste und ersetzt nicht die unbedingt erforderliche Individualisierung des Behandlungskonzepts. Um der grundsätzlichen ätiologischen Orientierung von Richtlinien-Psychotherapie Rechnung zu tragen, muss eine plausible Verbindung erkennbar sein zwischen der Verhaltensanalyse und den konkreten Therapiezielen sowie dem ausreichend individualisierten Behandlungsplan. Die bloße Aufzählung störungsspezifischer Interventionen oder der Verweis auf ein störungsspezifisches Manual erfüllt nicht die Anforderungen der Psychotherapie-Richtlinie an ein adäquates Therapiekonzept. Besonders problematisch ist die Aufzählung einer langen Reihe von heterogenen Techniken aus verschiedenen Wellen der Verhaltenstherapie (z. B. Schematherapie, ACT). Dadurch entsteht lediglich eine eklektische Collage diverser Methoden, aber kein roter Faden und kein fokussiertes Behandlungskonzept. Aufgrund der ätiologischen Orientierung von Richtlinien-Psychotherapie wird eine individualisierte Anpassung von therapeutischen Techniken im Behandlungsplan gefordert (Dieckmann et al. 2018, S. 63). Woran erkennen Sie, dass die Therapieziele und der Behandlungsplan ausreichend individualisiert sind? Machen Sie den *Scherentest*: Schneiden Sie den Behandlungsplan (Punkt 6) aus. Wenn Sie ohne Chiffre nach einem Jahr den Patienten nur anhand des Veränderungskonzepts wiedererkennen, dann war der Behandlungsplan ausreichend individualisiert.

Meistens dürfte es nicht ausreichen, lediglich dysfunktionales Verhalten zu reduzieren. Für eine dauerhafte Veränderung ist es in der Regel notwendig, funktionales Verhalten durch Shaping-Prozesse aufzubauen. Das aufzubauende Alternativverhalten ist hinreichend konkret darzustellen (Dieckmann et al. 2018, S. 59). Leider haben nicht wenige Therapeuten die stichwortartige Aneinanderreihung von störungsspezifischen Methoden durch Lernen am Modell übernommen.

Negativbeispiel (modifiziert nach Müther 2017, S. 52):

- »kognitive Umstrukturierung dysfunktionaler Grübeleien (neurotische Trias sensu Beck) durch sokratischen Dialog und durch Spaltentechnik sensu Hautzinger
- Strukturierung des Tagesablaufs und Aufbau euthymer Aktivitäten (sensu Lutz) mit dem Ziel einer Verbesserung der Verstärkerbilanz und Erhöhung der Lebensqualität (evtl. unter Einbeziehung des Partners)
- Bearbeitung von Hilflosigkeitsgefühlen (sensu Seligman), ebenso des Verstärkerverlusts (sensu Lewinsohn)
- Einsatz von Elementen aus dem sozialen Kompetenztraining (sensu Hinsch und Pfingsten)«

Das ist noch kein adäquater Behandlungsplan. Damit ein Behandlungsplan entsteht, der diesen Namen verdient, muss erst lebendig und plastisch herausgearbeitet werden, an welchen prädisponierenden und störungsaufrechterhaltenden Bedingungen mit welchem Veränderungskonzept gearbeitet werden soll. Konkret wäre aufzuzeigen, welche Oberpläne und dysfunktionale Selbst- und Beziehungsschemata verändert werden sollen.

Positivbeispiel für einen Ausschnitt aus einem aussagekräftigeren Behandlungsplan: »Zu Beginn der Therapie steht die Durchbrechung des depressiven Inaktivitätsteufelskreises im Vordergrund. Frau Y. verfügt über brachliegende Ressourcen (musikalische Begabung, Interesse an Barockmusik und englischer Literatur), die bei der Verhaltensaktivierung zur Erhöhung der Rate verhaltensbezogener positiver Verstärkung und werteorientierter Aktivität utilisiert werden können. Insbesondere die Deprivationsbedingungen der momentanen Lebenssituation (soziale Isolation, Arbeitsunfähigkeit seit acht Monaten) erfordern eine baldige Verbesserung der Verstärkerbilanz. Dem intendierten Aufbau sozialer Verstärker stehen die Selbstunsicherheit und die sozialen Hemmungen entgegen. Insbesondere soll die Patientin sicherer darin werden, neue soziale Kontakte zu initiieren und vernachlässigte Bekanntschaften und Freundschaften zu reaktivieren. Hierzu sind Kontaktübungen, Rollenspiele, Shapingprozesse und Übungen aus dem Selbstsicherheitstraining vorgesehen. Hierzu sollen ausgewählte Elemente aus dem Training sozialer Kompetenzen (TSK) nach Güroff (2016) angewandt werden. Prognostisch günstig für die angestrebte Verbesserung der aktuellen sozialen Deprivationsbedingungen ist die altruistische Grundorientierung der Patientin mit Neigung zu Verantwortungsübernahme sowie ihre Verlässlichkeit und Gewissenhaftigkeit. Wichtig erscheint insbesondere der Aufbau verstärkender Aktivitäten außerhalb der symbiotisch-dependenten Beziehung zum Ehemann. Parallel zur Verbesserung sozialer und kommunikativer Fertigkeiten sollen dysfunktionale Einstellungen und perfektionistische Ansprüche mit kognitiven Techniken umstrukturiert werden. Die Wiederherstellung der Arbeitsfähigkeit erscheint im Rahmen einer ambulanten LZT realistisch, da keine relevanten Arbeitsplatzkonflikte bestehen und die Arbeit eine zentrale Selbstwertquelle für die Patientin darstellt. Bei der 62 jährigen Patientin soll es in der Therapie auch darum gehen, eine werteorientierte und realistische Perspektive auf die letzten Berufsjahre zu entwickeln und den Übergang in den Ruhestand vorzubereiten. Hierzu bieten sich ACT-Strategien nach Hayes und Eifert an, insbesondere die Klärung von Lebenszielen und persönlichen Werten sowie das Lernen von Achtsamkeit und Akzeptanz.«

Fazit: Machen Sie im Antragsbericht klar, welches die *zentralen Foki* der Therapie sind und welche Interventionsstrategien Sie schwerpunktmäßig einsetzen wollen, um die wichtigsten Therapieziele zu erreichen. Entwickeln Sie ein plastisches Bild davon, welches Konzept die Therapie hat. Zeigen Sie auf, welches Grundgerüst diese individuelle Therapie haben soll.

Vermeiden Sie *Überkomplexität*. Keineswegs sinnvoll ist die Aufzählung einer langen Reihe von Behandlungstechniken (Bender et al. 2018, S. 161). Der *Fokus* der therapeutischen Arbeit muss deutlich werden. Listen Sie also nicht alle nur denkbaren Interventionen aus allen drei Wellen der Verhaltenstherapie auf, sondern treffen Sie eine auf den Einzelfall bezogene und begründete Auswahl der Ansatzpunkte (targets), der Kernziele (Teilziele) und der zielführenden Methoden. Ein überfrachteter Behandlungsplan ist unwirtschaftlich. Der Behandlungsplan muss innerhalb des beantragten Kontingents realistisch umsetzbar sein. *Je komplexer* und komorbider die Störung, *desto fokussierter* muss der Behandlungsplan sein. Auch bei komplexen Störungsbildern gilt das Prinzip der minimalen Intervention. Ein überdimensionierter Behandlungsplan ohne roten Faden ist unwirtschaftlich.

Schreiben Sie in wenigen Sätzen und in Ihren eigenen Worten, worum es gerade in dieser Therapie mit diesem individuellen Patienten schwerpunktmäßig gehen wird. Beschreiben Sie im Behandlungsplan, wie Sie vorgehen wollen. Leiten Sie eine überschaubare Zahl (3–5) von konkreten Therapiezielen aus dem individuellen Störungsmodell ab und zeigen Sie auf, welches die wichtigsten Mittel sind, um diese Kernziele zu erreichen.

> Von Gutachtern wird nicht selten moniert, dass *Vorbehandlungen* nicht ausreichend epikritisch gewürdigt und hinsichtlich ihrer Relevanz für die aktuelle Behandlung reflektiert wurden. Dies wird im neuen Leitfaden PTV 3 ausdrücklich eingefordert. Neu im PTV 3 ist die explizite Vorgabe, pseudonymisierte Berichte über Vorbehandlungen beizufügen. Der Psychotherapeut sollte sich einen Überblick über bisherige Vorbehandlungen verschaffen und Berichte selbst mit einer entsprechenden Schweigepflichtsentbindung anfordern. Für die Prognoseeinschätzung und auch für die individualisierte Behandlungsplanung ist es relevant, zu welchen Ergebnissen Vorbehandlungen geführt haben.

Der bloße Verweis auf einen Verfahrenswechsel von einem psychoanalytisch begründeten Verfahren zu Verhaltenstherapie schafft per se noch keine VT-Indikation. Bitte scheuen Sie sich nicht, Vorberichte anzufordern. Seien Sie umgekehrt aber auch fair und kollegial: Reagieren Sie selbst ebenfalls zeitnah auf solche Anfragen von Kollegen. Alternativ können Vorinformationen auch telefonisch nach Entbindung von der Schweigepflicht eingeholt werden.

Eine Epikrise sollte etwa eine Seite lang sein und folgende Informationen enthalten:

- Behandlungsbeginn und Behandlungsende (Datum der letzten Therapieeinheit)
- Therapieverfahren (VT) und Setting (Einzel-, Gruppen- oder Kombinationstherapie)

- Anzahl der von der Krankenkasse bewilligten Sitzungen
- Anzahl der durchgeführten Sitzungen
- Diagnosen
- Art der Beendigung der Therapie (regulär oder Abbruch)
- knappe Zusammenfassung des Verlaufs (Schwerpunkte des methodischen Vorgehens, erreichte zentrale Therapieziele und wesentliche Ergebnisse)

Epikrisen und Entlassungsberichte sind oft hochinteressant und informativ und können den Therapeuten auf neue Ideen bringen, auf die er selbst nicht kam. Wenn Vorbehandler sich unkollegial verhalten und nichts schicken, schreiben Sie im Bericht, dass Sie sich bemüht und Vorinformationen angefordert haben, diese aber nicht eingetroffen sind. Stellen Sie dann in jedem Fall zumindest die subjektive Sicht des Patienten auf die Vorbehandlung unter Punkt 4 (Krankheitsanamnese) dar. Wenn Sie sich als Therapeut gar nicht um Vorbefunde bemühen, ist das ein Manko. Bei zahlreichen abgebrochenen Vorbehandlungen kann der Gutachter wegen prognostischer Bedenken empfehlen, zunächst eine Probetherapie durchzuführen, um im Verlauf zu evaluieren, ob dieses Mal ein tragfähiges Arbeitsbündnis gelingt und ob der Patient konstruktiv und verändernd in der Therapie mitarbeiten kann. Gutachter erhalten von den meisten Krankenkassen eine Liste mit genehmigten ambulanten psychotherapeutischen Vorbehandlungen, Arbeitsunfähigkeiten und Klinikaufenthalten mit Diagnosen. Besonders relevant sind die letzten vier Jahre.

> Auf jeden Fall sollte die Sicht des Patienten auf die Vorbehandlung erfragt werden, da diese besonders aufschlussreich und planungsrelevant ist. Die epikritische Würdigung der bisherigen Behandlungen gehört zu Punkt 4 des Berichts (Dieckmann et al. 2018, S. 33 und 61 ff.). Machen Sie sich an dieser Stelle Gedanken, warum eine Therapie abgebrochen wurde oder nicht erfolgreich war. Was hat dem Patienten gefehlt? Was hätte er stattdessen gebraucht? Was hat ihn in der gescheiterten therapeutischen Beziehung irritiert oder befremdet? Welche Sollbruchstellen ergeben sich daraus für die jetzige Therapie? Mit welchem Beziehungsgestaltungskonzept werden Sie zu erwartende Klippen umschiffen?

Sehr viele Berichte enthalten als ein Element im Behandlungsplan das Erlernen eines *Entspannungsverfahrens*. Beispielsweise heißt es dann: »Erlernen der progressiven Muskelrelaxation (PMR) nach Jacobson«. Dies dürfte damit zusammenhängen, dass dies in einigen Antragsbüchern empfohlen wird (Müther 2017, S. 49 f.).

Übende und suggestive Interventionen (PMR nach Jacobson, Autogenes Training, Hypnose) gemäß § 26 Psychotherapie-Richtlinie sind grundsätzlich nicht Teil einer Richtlinientherapie gemäß § 15 Psychotherapie-Richtlinie. Das Erlernen eines Entspannungsverfahrens ist dementsprechend nicht Teil einer Verhaltenstherapie, sondern stellt eine gesonderte Leistung dar, für die eigene Gebührenordnungspositionen existieren. Entspannungsverfahren können nicht innerhalb von Richtlinienleistungen durchgeführt werden.

In der Verhaltenstherapie können zwar Entspannungsverfahren eingesetzt werden, allerdings handelt es sich um einen additiven Einsatz von Entspannungsverfahren außerhalb der VT-Sitzung. VT und PMR können am selben Tag und sogar in derselben Sitzung, allerdings nacheinander durchgeführt werden; dann muss die Sitzungsdauer entsprechend verlängert werden (50 Minuten VT + zusätzlich 25 Minuten für PMR). Die Gebührenziffern für eine VT-Einzelsitzung und für PMR dürfen nur dann abgerechnet werden, wenn sie jeweils unter Einhaltung der Mindestdauer vollständig erbracht wurden. Es gibt seltene Ausnahmefälle, in denen die Anwendung einer Kurzform von PMR während einer Reizkonfrontation in vivo sinnvoll ist. Das wäre der Fall beim Einsatz der angewandten Entspannung nach Lars Göran Öst bei spezifischen Phobien vom Tier- oder Umwelttypus mit sympathikotoner vegetativer Angstreaktion (Hamm 2006, S. 54f.). In diesem Fall wäre der Einsatz innerhalb einer Richtlinientherapie möglich, denn PMR ist in diesem Fall integraler Bestandteil der Richtlinientherapie wegen der Kombination mit Reizkonfrontation in vivo. Da dabei keine 25 Minuten Entspannungsverfahren am Stück durchgeführt werden, sondern nur eine Einbettung innerhalb einer Konfrontationstherapie erfolgt, wird nur die VT-Einzelsitzung abgerechnet und nicht zusätzlich auch noch PMR, da die Leistung hierfür nicht vollständig erfüllt wurde. Jedoch würde das Erlernen von PMR außerhalb von Richtlinientherapie im Rahmen von übenden Verfahren erfolgen. Nur die Anwendung des verkürzten Verfahrens wäre innerhalb einer VT-Sitzung möglich. Die angewandte Entspannung nach Öst ist von der angewandten Anspannung (applied tension) zu unterscheiden, die zur Behandlung der Blut-Spritzen-Verletzungsphobie eingesetzt wird (Schienle und Leutgeb 2012, S. 33f.). Die angewandte Anspannung ist kein Entspannungsverfahren, sondern stellt eine Methode dar, um einen Blutdruckanstieg herbeizuführen, um der vasovagalen Reaktion im Rahmen der Blut-Spritzen-Verletzungsphobie entgegenzuwirken. Hierbei handelt es sich nicht um Entspannungsverfahren.

Wenn Entspannungsverfahren im Behandlungsplan nicht deutlich genug von der beantragten Verhaltenstherapie abgegrenzt werden und nicht ausreichend erkennbar wird, welcher Stellenwert im Rahmen der Behandlungsplanung Entspannungstechniken zukommt, kann dies zu einer Nachforderung von klärenden Zusatzinformationen oder sogar zu einer Teilbefürwortung führen (Dieckmann et al. 2018, S. 63).

Um eine Nachforderung oder gar Teilbefürwortung zu vermeiden, empfiehlt sich die Klarstellung, dass Entspannungsverfahren nicht Bestandteil des beantragten Behandlungskontingents sind. *Beispiel:* »Bei der Patientin mit somatoformer Schmerzstörung erscheint das Erlernen von PMR im Rahmen eines Gesamtbehandlungsplans sinnvoll. Das Erlernen und Einüben des Entspannungsverfahrens erfolgt außerhalb der beantragten VT-Richtlinientherapie und wird im Rahmen von übenden Interventionen nach § 26 der Psychotherapie-Richtlinie gesondert abgerechnet.«

Fazit: Das Erlernen eines Entspannungsverfahrens ist nicht Bestandteil einer Richtlinientherapie. Wenn innerhalb des Behandlungsplans das »Erlernen von PMR« oder das Erlernen von autogenem Training vorgesehen ist, kann dies zu einer Nachforderung führen, um die Trennung von Verhaltenstherapie und Entspannungsverfahren zu klären. Es wäre prinzipiell auch eine Teilbefürwortung möglich, wenn Entspannungsverfahren im Bericht einen prominenten Raum einnehmen. Hier gilt allerdings der Grundsatz der Verhältnismäßigkeit. Eine Stundenkürzung wäre nur dann vertretbar, wenn Entspannungsverfahren im Behandlungsplan eine zentrale Rolle spielen und diese nicht ausreichend von der geplanten Verhaltenstherapie im Behandlungsplan abgegrenzt wurden.

Kooperation mit anderen Berufsgruppen: Ein weiterer Fallstrick im Behandlungsplan ist, dass die VT nicht angemessen in einen *Gesamtbehandlungsplan* eingebettet ist. Das ist besonders relevant bei Psychosen aus dem schizophrenen Formenkreis, bei bipolaren affektiven Störungen oder bei einer schweren Depression. Bei diesen Erkrankungen ist eine Psychopharmakotherapie indiziert. Wenn also bei leitlinienkonformer Indikation für eine Psychopharmakotherapie dies im Bericht nicht erwähnt wird, stellt das ein gravierendes Manko dar, das zu einer Nicht- oder Teilbefürwortung führen kann. Hier ist es dringend zu empfehlen, dass der Konsiliarbericht vom mitbehandelnden Psychiater ausgestellt wird. Unter Punkt 3 ist die Medikation aufzuführen. Im Behandlungsplan ist die Kooperation mit dem Psychiater darzustellen.

Mittlerweile ist eine VT auch bei floriden psychotischen Symptomen, bei persistierendem Wahn und bei pharmakotherapierefraktären Halluzinationen möglich. Psychotherapeutische Behandlungsziele bei *Psychosen* können sein (Dieckmann et al. 2018, S. 25):

- Förderung von Krankheitseinsicht
- Erarbeitung eines multifaktoriellen Störungsmodells
- Symptombewältigung
- Aufbau von Bewältigungsfähigkeit bei Belastungen
- Förderung von Realitätsbezug und Flexibilität
- Verbesserung der sozialen Kompetenz
- Förderung der Krisenbewältigung (beispielsweise Krisenpläne unter Einbeziehung von Bezugspersonen und des behandelnden Psychiaters)

Bei Psychosen soll eine angemessene Risikoabwägungen erfolgen. Spezifische Risiken des gewählten Behandlungsverfahrens (Exazerbation, Rezidiv) sollen explizit erwogen werden. Das aktuelle Zustandsbild (floride produktiv-psychotische Symptomatik, noch nicht stabile Remission, Negativsymptomatik) muss durch entsprechende Behandlungsmodifikationen berücksichtigt werden (Dieckmann et al. 2018, S. 25). Inzwischen gibt es moderne verhaltenstherapeutische Interventionen für Wahn, Halluzinationen und Negativsymptome (Lincoln und Heibach 2017). Heute gilt es nicht mehr als kontraindiziert, an wahnhaften Überzeugungen mit kognitiven Techniken (beispielsweise Vier-Felder-Schema) zu arbeiten. Das Gegenteil trifft zu. Heute ist die kognitive Arbeit an wahnhaften Denkinhalten eine etablierte und fachlich anerkannte Interventionstechnik (Lincoln und Heibach 2017, S. 50 ff.).

Falls ergänzend zur geplanten ambulanten Psychotherapie rehabilitative Maßnahmen, stationäre oder teilstationäre psychiatrische oder psychosomatische Behandlungen geplant sind, sollte das im Behandlungsplan erwähnt werden.

Substanzkonsumstörungen. Ein häufiger Grund für eine Teil- oder Nichtbefürwortung ist die nicht ausreichende Berücksichtigung einer Substanzkonsumstörung. Das trifft insbesondere dann zu, wenn beispielsweise eine Alkoholkonsumstörung nur unzureichend abgeklärt wurde. Der Therapeut sollte keineswegs eine komorbide Substanzkonsumstörung bagatellisieren oder gar ignorieren. Der Gutachter kann dann argumentieren, dass prognostisch einschränkende Faktoren nicht berücksichtigt wurden. Er kann auch in seiner Stellungnahme schreiben, dass Alkohol als dysfunktionale Strategie zur Emotionsregulation eingesetzt wird, was prognostisch einschränkend ist und das Therapiekonzept (Exposition) konterkariert. Dies gilt auch für den Fall, dass die Kriterien für einen schädlichen Gebrauch oder eine Abhängigkeit nicht erfüllt sind. Der Gutachter erhält in der Regel mit dem Auftrag zur Begutachtung durch die Krankenkasse eine Liste mit Vorerkrankungen, Arbeitsunfähigkeiten, psychotherapeutischen Vorbehandlungen und Klinikaufenthalten der letzten vier Jahre. Wenn hier eine Substanzkonsumstörung diagnostiziert und dokumentiert wurde und im Bericht mit keinem Wort darauf eingegangen wurde, ist das problematisch. Schädlicher Gebrauch von Alkohol und Alkoholabhängigkeit sind per se keine Kontraindikationen gegen eine ambulante Psychotherapie. Die Alkoholkonsumstörung muss aber in der Krankheitsanamnese, in der Verhaltensanalyse und im Behandlungsplan berücksichtigt werden. Eine Alkoholanamnese, Laborparameter und Testuntersuchungen wie der von der WHO entwickelte und im Internet kostenlos verfügbare AUDIT sind hilfreich. Für alkoholbezogene Störungen existieren eine S3-Leitlinie sowie verhaltenstherapeutische Therapiekonzepte (Lindenmeyer 2016), die sowohl bei der Indikationsstellung als auch bei der Behandlungskonzeption zu berücksichtigen sind. Hier sind unter dem Unterpunkt »Kooperation mit anderen Berufsgruppen« flankierende Maßnahmen wie psychiatrische Mitbehandlung, Selbsthilfegruppen, teilstationäre und stationäre Behandlungen, Suchtberatungsstellen oder Fachambulanzen für Suchterkrankungen darzustellen.

> Bei diagnostizierter Abhängigkeitserkrankung ist innerhalb von maximal 10 Sitzungen Abstinenz zu erreichen. Das Erreichen der Abstinenz ist in einer ärztlichen Bescheinigung festzustellen und hat anhand geeigneter Nachweise zu erfolgen. Die ärztliche Bescheinigung ist vom Therapeuten als Teil der Behandlungsdokumentation vorzuhalten und auf Verlangen der Krankenkasse vorzulegen. Kommt es unter der ambulanten Psychotherapie zu einem Rückfall in den Substanzgebrauch, ist die ambulante Psychotherapie nur dann fortzusetzen, wenn unverzüglich geeignete Behandlungsmaßnahmen zur Wiederherstellung der Abstinenz ergriffen werden (§ 27 Abs. 2 der Psychotherapie-Richtlinie).

Persönlichkeitsstörungen. Persönlichkeitsstörungen sind in Antragsberichten unterdiagnostiziert. Etwa 30–40 % der Poliklinikpatienten und 40–50 % der stationären Patienten erfüllen die Kriterien für eine Persönlichkeitsstörung (Rudolf 2011, S. 164). In (psychodynamischen) Antragsberichten wird die Diagnose einer Persönlichkeitsstörung jedoch nur in weniger als 5 % gestellt (Rudolf 2011, S. 164), also sogar seltener, als in der Allgemeinbevölkerung zu erwarten ist (etwa 11 %). Viele Therapeuten vermeiden die Diagnose einer Persönlichkeitsstörung und geben stattdessen die Zusatzkodierung Z73.1 (Persönlichkeitsakzentuierung) an. Hierbei handelt es sich allerdings nicht um eine Diagnose, die zum Indikationskatalog nach § 27 der Psychotherapie-Richtlinie gehört. Eine Zusatzko-dierung hat nicht den Status einer Diagnose. Eine Zusatz*kodierung* ist keine Zusatz*diagnose*. Bei einer Persönlichkeits*akzentuierung* handelt es sich um eine Normvariante und nicht um eine krankheitswertige und behandlungsbedürftige Störung. Die Zurückhaltung bei den Diagnosen F60 und F61 hat viele Gründe. Einerseits dürfte Konfliktvermeidung beim Therapeuten eine Rolle spielen, der sich scheut, den Patienten mit egosyntonen Symptomen zu konfrontieren und über diese stigmatisierende Diagnose aufzuklären, weil er Unverständnis des Patienten, Protest, Widerstand, Therapieabbruch und Entwertung des Therapeuten vermeiden will. Andererseits befürchten viele Therapeuten eine Nicht- oder Teilbefürwortung aufgrund prognostischer Bedenken. Gerade bei Persönlichkeitsstörungen ist es von entscheidender Bedeutung, ob eine ausreichende Veränderungsfähigkeit beim Patienten gegeben ist und ob realistische Teilziele formuliert werden. Nur wenn beide Voraussetzungen erfüllt sind, kann eine Psychotherapie gemäß der Psychotherapie-Richtlinie befürwortet werden (Dieckmann et al. 2018, S. 26). Gerade bei Patienten mit Persönlichkeitsstörungen und langdauernden Therapien besteht die Gefahr, dass die therapeutische Beziehung eine überwiegend stützende Funktion bekommt und der Therapeut zum notwendigen Lebensbegleiter wird. Eine solche supportive Therapie wirkt nicht ausreichend verändernd. Eine solche therapeutische Beziehungskonstellation ist mit Richtlinien-Psychotherapie nicht vereinbar. Hierfür stehen andere Behandlungsoptionen außerhalb von Richtlinien-Psychotherapie zur Verfügung, beispielsweise niederfrequente psychotherapeutische Gespräche, die mit antragsfreien Gesprächsziffern abgerechnet werden können (Dieckmann et al. 2018, S. 28, S. 63).

Traumafolgestörungen. Eine traumamodifizierte VT muss auf die gegenwärtige Traumafolgestörung ausgerichtet sein. Ein berechtigter Beanstandungsgrund des Gutachters wäre, dass lediglich eine vermutete Traumatisierung behandelt werden soll. Mögliche Nebenwirkungen und Risiken einer Psychotherapie sollen im Einzelfall reflektiert und diskutiert werden. Zu denken ist an eine Verfestigung des Opferstatus anstelle von Veränderungs- und Bewältigungsorientierung, an eine kämpferische Identifikation des Therapeuten mit den Anliegen des Patienten und auch an ein False-Memory-Syndrom (Brewin und Andrews 2017, Laney und Loftus 2005, Otgaar et al. 2019, 2021a, 2021b). Problematisch und möglicherweise schädlich ist es, wenn fehlende Kindheitserinnerungen (interpretiert als »dissoziative Amnesie«), ängstliches Verhalten oder Alpträume zu der automatischen Schlussfolgerung des Therapeuten führen, dass frühkindlicher Missbrauch zwangsläufig vorliegen muss (Okon und Meermann 2013, S. 252). Es sollte nicht inflationär mit dem Traumabegriff umgegangen werden (A-Kriterium). Die Diagnose einer posttraumatischen Belastungsstörung (PTBS) ist nur dann zu stellen, wenn die Diagnosekriterien aus der Krankheitsanamnese, der Symptombeschreibung oder dem psychopathologischen Befund hinreichend nachvollziehbar sind. Bei gesicherter PTBS kann auch EMDR (Eye Movement Desensitization and Reprocessing) angewandt werden, wenn der Therapeut über eine entsprechende Qualifikation verfügt. EMDR wurde vom wissenschaftlichen Beirat für Psychotherapie als wissenschaftlich begründete Psychotherapiemethode anerkannt. Eigene Abrechnungsziffern für EMDR stehen nicht zur Verfügung. Wenn EMDR als Methode innerhalb von Verhaltenstherapie (Verfahren) durchgeführt wird, ist eine Einbettung in ein verhaltenstherapeutisches Gesamtbehandlungskonzept unabdingbar. Eine Indikation für EMDR liegt nach der Anlage zur Psychotherapie-Richtlinie ausschließlich bei einer PTBS vor: »Eye-Movement-Desensitization and Reprocessing (EMDR) kann bei Erwachsenen mit posttraumatischen Belastungsstörungen als Behandlungsmethode im Rahmen eines umfassenden Behandlungskonzeptes der Verhaltenstherapie […] Anwendung finden.«

Parallel- und Folgebehandlung von Partnern oder nahen Familienangehörigen. Nach der Psychotherapie-Vereinbarung (§ 11 Abs. 15) ist eine Parallel- und Folgebehandlung von Partnern oder nahen Familienangehörigen mit besonderer Sorgfalt zu prüfen. Eine Parallel- und Folgebehandlung kann in der Richtlinien-Psychotherapie grundsätzlich aus fachlichen Gründen nicht als zielführend angesehen werden (Dieckmann et al. 2018, S. 33). Die Musterberufsordnung der Psychotherapeutenkammer (§ 5 Abs. 8) setzt für Parallel- und Folgebehandlung eine besonders kritische Prüfung der Indikation voraus. Dies wird in der Berufsordnung bei den Sorgfaltspflichten abgehandelt (§ 5). Bei der insgesamt guten psychotherapeutischen Versorgung in Deutschland lassen sich die mit einer Parallel- und Folgebehandlung von Angehörigen verbundenen Probleme in der Regel durch Überweisung an Kollegen lösen (Dieckmann et al. 2018, S. 33).

Verfahrenswechsel beim selben Therapeuten. Selten kommt es vor, dass Therapeuten in mehreren Richtlinienverfahren ausgebildet sind und über Abrechnungsgenehmigungen sowohl für Verhaltenstherapie als auch für tiefenpsychologisch fundierte Psychotherapie und/oder analytische Psychotherapie verfügen. Aufgrund der verfahrensspezifisch deutlich unterschiedlichen Therapeutenrolle ist allerdings ein Verfahrenswechsel von einem psychoanalytisch begründeten Verfahren zu VT bei demselben Therapeuten sehr kritisch zu sehen wegen zu erwartender Beeinträchtigungen des therapeutischen Prozesses durch Irritationen des Patienten. Die Überweisung an einen Kollegen ist in der Regel als prognostisch günstiger anzusehen (Dieckmann et al. 2018, S. 32 f.). Der Gutachter kann einen Verfahrenswechsel beim selben Therapeuten entweder nicht befürworten oder sich für eine Teilbefürwortung entscheiden. Dann wäre in einem Fortführungsantrag substantiiert darzulegen, wie sich das verfahrensspezifisch veränderte Therapeutenverhalten auf die therapeutische Interaktion auswirkt und ob der

Patient diese gravierende Umstellung toleriert und in der geplanten VT in konstruktiver Weise verändernd mitarbeiten kann.

Wirtschaftlichkeitsgebot. Schließlich hat der Gutachter nicht nur die Notwendigkeit einer Behandlung zu prüfen, sondern auch deren Wirtschaftlichkeit. In § 12 Abs. 1 SGB V heißt es: »Die Leistungen müssen ausreichend, zweckmäßig und wirtschaftlich sein; sie dürfen das Maß des Notwendigen nicht überschreiten. Leistungen, die nicht notwendig oder unwirtschaftlich sind, können Versicherte nicht beanspruchen, dürfen die Leistungserbringer nicht bewirken und die Krankenkassen nicht bewilligen.« Es gelten die sogenannten WANZ-Kriterien (wirtschaftlich, ausreichend, notwendig, zweckmäßig). Der Aufwand einer Behandlung und der zu erwartende Nutzen müssen also in einem vertretbaren Verhältnis zueinander stehen. Das Wirtschaftlichkeitsgebot wäre verletzt, wenn der Behandlungsumfang überdimensioniert ist. *Beispiel:* Bei einer Monophobie (unkomplizierte Hundephobie ohne Komorbidität, was in der Realität allerdings selten isoliert vorkommt) wird ein Behandlungsumfang von 80 Therapieeinheiten veranschlagt. In einem solchen Fall wird sich der Gutachter wahrscheinlich für eine Teilbefürwortung entscheiden, weil die Therapie unter Beachtung des Wirtschaftlichkeitsgebotes in kürzerer Zeit mit ausreichendem Erfolg abgeschlossen werden kann (Dieckmann et al. 2018, S. 83).

Ein Grund für eine Nichtbefürwortung liegt vor, wenn das methodische Vorgehen als inadäquat eingestuft wird oder nicht über die Psychotherapie-Richtlinie abgedeckt ist. Im PTV 5 ist hierfür eine eigene Kurzbegründung für die Krankenkasse vorgesehen: »Das methodische Vorgehen lässt einen Behandlungserfolg nicht (unwirtschaftlich, unzweckmäßig) oder nicht ausreichend erwarten oder ist nicht über die Psychotherapie-Richtlinie zugelassen.« Ein unzweckmäßiges Vorgehen läge beispielsweise dann vor, wenn bei einer spezifischen Phobie ausschließlich ein schematherapeutisches Behandlungskonzept vorgelegt würde ohne Exposition. Gründe für Nicht- oder Teilbefürwortung liegen vor, wenn Methoden im Behandlungsplan vorgesehen sind, die nicht über die Psychotherapie-Richtlinie abgedeckt sind (Dieckmann et al. 2018, S. 55).

In § 17 Abs. 2 der Psychotherapie-Richtlinie werden die folgenden verhaltenstherapeutischen Interventionen genannt:

- stimulusbezogene Methoden
- responsebezogene Methoden
- Methoden des Modelllernens
- Methoden der kognitiven Umstrukturierung
- Selbststeuerungsmethoden

Auch neuere Entwicklungen der *dritten Welle* werden von den Gutachtern in der Regel dann akzeptiert, wenn dies hinreichend begründet und aus der Verhaltensanalyse hypothesengeleitet abgeleitet wird. Diese Techniken müssen in eine verhaltenstherapeutische und lerntheoretisch fundierte Gesamtbehandlungsstrategie eingebettet sein. *Kognitive Defusionstechniken* und andere *ACT-Interventionen* (Eifert 2011) müssen in einen lerntheoretischen Gesamtkontext gebracht werden. Wenn ein *schematherapeutisches Vorgehen* gewählt wird, muss ein verhaltenstherapeutischer Gesamtbehandlungsplan vorliegen, in den schematherapeutische Elemente begründet eingebettet werden. Eine pauschale Auflistung schematherapeutischer Methoden (z. B. schematherapeutische Stuhldialoge) oder die Arbeit am »inneren Kind« genügen nicht. Im Behandlungsplan muss erkennbar bleiben, dass ein Richtlinienverfahren durchgeführt wird.

Berücksichtigung fachlich anerkannter Standards. Nach § 70 SGB V Abs. 1 muss die Versorgung der Versicherten ausreichend und zweckmäßig sein, darf das Maß des Notwendigen nicht überschreiten, muss wirtschaftlich und in der fachlich gebotenen Qualität erbracht werden und dem allgemein anerkannten Stand der medizinischen Erkenntnisse entsprechen. Daher sind *evidenzbasierte Behandlungsleitlinien* zu beachten. Der Gutachter kann beanstanden, wenn eine indizierte Psychopharmakotherapie bei schwerer Depression, Schizophrenie oder bipolarer Störung nicht erfolgt und dies im Bericht nicht diskutiert wird. Wenn der Patient eine indizierte Medikation ablehnt, sollte im Behandlungsplan explizit darauf hingewiesen werden, dass eine psychiatrische Mitbehandlung empfohlen wurde und dass eine Aufklärung über die möglichen Folgen der Ablehnung einer Medikation erfolgte.

Beispiel: »Nach der S3-Leitlinie Unipolare Depression besteht bei der Diagnose F32.2 eine Indikation für eine Kombinationsbehandlung aus VT und einem Antidepressivum. Hierüber wurde der Patient ausführlich aufgeklärt. Er lehnt jedoch eine psychiatrische Mitbehandlung und eine begleitende Psychopharmakotherapie derzeit ab. Daher erfolgt zunächst eine ausschließlich VT, in der aber durch Psychoedukation, Kooperation mit dem Hausarzt und durch motivierende Gesprächstechniken nach Miller und Rollnick versucht werden soll, eine entsprechende Motivation aufzubauen.«

Häufige Fehler und Beanstandungsgründe im Behandlungsplan:

- Der Behandlungsplan ist nicht ausreichend individualisiert und wurde nicht hypothesengeleitet aus der Verhaltensanalyse abgeleitet.
- Es werden störungsspezifische Interventionen schematisch und auf einer zu hohen Abstraktionsebene (also zu wenig individualisiert) aufgelistet. Eine übergeordnete Behandlungsstrategie und eine Reihenfolge des Vorgehens werden nicht erkennbar.
- Stationäre und ambulante psychotherapeutische Vorbehandlungen werden nicht epikritisch gewürdigt und hinsichtlich ihrer Relevanz für die aktuell geplante Behandlung reflektiert.
- Der Behandlungsplan enthält das Erlernen von Entspannungsverfahren (beispielsweise PMR).
- Das Behandlungskonzept ist utopisch, überkomplex und erscheint innerhalb des beantragten Kontingents nicht realistisch erreichbar und auch nicht wirtschaftlich. Umgrenzte Teilziele wurden nicht formuliert, die innerhalb des jetzt möglichen Bewilligungsschrittes mit ausreichender Prognose erreichbar erscheinen.
- Der Behandlungsplan enthält Methoden, die nicht zu VT gehören und nicht über die Psychotherapie-Richtlinie abgedeckt sind.
- Eine komorbide Substanzkonsumstörung wurde im Behandlungskonzept nicht angemessen berücksichtigt.
- Der Behandlungsplan ist nicht ausreichend veränderungsorientiert, sondern enthält ausschließlich supportive Elemente (»Therapie statt Veränderung«).
- Es wird nicht erkennbar, dass die geplante VT als Teil eines Gesamtbehandlungsplans erfolgt und eine Kooperation mit anderen Berufsgruppen vorgesehen ist (beispielsweise bei Schizophrenie, bipolaren affektiven Störungen, schwerer oder wahnhafter Depression, Substanzkonsumstörungen).
- Der Behandlungsumfang ist überdimensioniert und daher unwirtschaftlich. Ein ausreichender Behandlungserfolg kann mit einem geringeren Therapievolumen erzielt werden.
- Es handelt sich um eine Parallel- oder Folgebehandlung von Partnern oder nahen Familienangehörigen. Hier ist eine Überweisung zu einem Kollegen in der Regel sinnvoller.
- Es handelt sich um einen Verfahrenswechsel von einem psychoanalytisch begründeten Verfahren zu VT beim selben Therapeuten. Hier ist in der Regel ein Therapeutenwechsel zu favorisieren.

- Insbesondere bei Überschreitung der Höchstgrenze: Das Therapieende und die Ablösung aus der therapeutischen Beziehung werden nicht angemessen vorbereitet.

6.3 Prognoseeinschätzung

Die *Prognose* ist immer auf die Zielsetzung der Therapie und den Behandlungsplan bezogen (Behandlungsprognose) und hängt von verschiedenen Faktoren ab:

- Störungsbild, Komplexität der Störung, Komorbidität, Verlauf, Chronifizierung
- dysfunktionale Strategien zur Anspannungs- und Emotionsregulation (Alkohol, Drogen, Benzodiazepine)
- Flucht in Ersatzwelten (Internetsucht, Spielsucht)
- ausgeprägte Vermeidungstendenzen
- Erfolg oder Misserfolg von Vorbehandlungen, Therapieabbrüche, erfolglose Therapien
- Veränderungshindernisse, Rentenbegehren, sekundärer Krankheitsgewinn (Dispensierung von Aufgaben, passagere Entaktualisierung eines Arbeitsplatzkonflikts durch Krankschreibung, Krankengeld)
- Funktionalität der Störung
- Leidensdruck, Motivation, Umstellungsfähigkeit, Flexibilität

Es ist ungünstig, lapidar zu schreiben, die Prognose sei »günstig«. Das ist insbesondere nicht nachvollziehbar, wenn ein langwieriger Verlauf einer komplexen Störung beschrieben wird. Hier sind umgrenzte Teilziele zu formulieren, die innerhalb des zur Verfügung stehenden Kontingents realistisch erreicht werden können. Es sollten bei der Prognoseeinschätzung sowohl ungünstige als auch günstige Faktoren konkret aufgezählt und eine zusammenfassende Gesamteinschätzung vorgenommen werden.

Beispiel: »Prognostisch ungünstig sind der narzisstische Persönlichkeitsstil und die Empathieeinschränkungen der Patientin, das phasenweise therapieschädigende Verhalten während der KZT mit wiederholten unentschuldigten Terminversäumnissen sowie der Alkoholmissbrauch in der Anamnese. Prognostisch günstig ist, dass ein tragfähiges Arbeitsbündnis aufgebaut werden konnte, in dem zunehmend auch konfrontative Elemente möglich sind. Außerdem ist Frau Y. in ihrem Studium zuverlässig und verfolgt damit ein für sie persönlich bedeutsames Lebensziel. Die Patientin ist glaubhaft abstinent, was durch Laborparameter wiederholt unter Beweis gestellt wurde. Sie hat ihr agoraphobes Vermeidungsverhalten schon schrittweise abbauen können, was die Motivation für die Fortsetzung der Therapie erhöht. Insgesamt erscheint die Prognose ausreichend günstig.«

Bei der Gesamteinschätzung sind realistische Formulierungen zu wählen. Beispiel: »Die Prognose ist im Hinblick auf die oben genannten umschriebenen Therapieziele noch als ausreichend einzuschätzen.« Das ist oft realistischer als utopische Einschätzungen wie »sehr gut«, »sehr günstig«, »ausgesprochen positiv«. Wenn die Einschätzung der Prognose noch unsicher ist, sollte dies im Bericht erwähnt werden (Bender et al. 2018, S. 162). Formulierungsbeispiel: »Die Prognose ist unsicher. Dennoch halte ich einen Behandlungsversuch für gerechtfertigt. Sollte sich im Verlauf der Behandlung die Zielsetzung als zu ambitioniert erweisen, wird das Vorgehen kleinschrittig an die Veränderungsmöglichkeiten des Patienten angepasst.«

Eine nicht ausreichende Behandlungsprognose stellt einen Grund für eine Nichtbefürwortung der Kostenübernahme dar. Psychotherapie als Leistung der GKV ist ausgeschlossen, wenn ein ausreichender Behandlungserfolg nicht erwartet werden kann, weil beim Patienten die Voraussetzungen hinsichtlich Motivation, Motivierbarkeit oder Umstellungsfähigkeit nicht gegeben sind oder weil eine chronifizierte und fest in der Persönlichkeit verankerte Symptomatik oder die Lebensumstände dem Behandlungserfolg entgegensteht (Psychotherapie-Richtlinie § 27 Abs. 3).

In der folgenden Tabelle (▶ Tab. 6.2) sind prognostisch ungünstige und günstige Faktoren zusammengefasst:

Tab. 6.2: Individualisierte Einschätzung der Behandlungsprognose.

Prognostisch ungünstige Faktoren	Prognostisch günstige Faktoren
prognostisch eher ungünstige Erkrankung (beispielsweise Borderline-Störung, Hebephrenie)	prognostisch eher günstige Erkrankung (beispielsweise Taubenphobie, Hundephobie)
hohe Chronifizierung	geringe Chronifizierung, symptomarme Phasen trotz Belastungen
hohe Komorbidität, komplexes Störungsbild	geringe Komorbidität, oligosymptomatisches Störungsbild
psychotrope Substanzen (Alkohol, Drogen, Benzodiazepine) als dysfunktionale Strategien zur Anspannungs- und Emotionsregulation, Substanzmissbrauch oder Substanzabhängigkeit	keine Substanzkonsumstörung, kein Einsatz von psychotropen Substanzen als dysfunktionale Strategie zur Anspannungs- oder Emotionsregulation
abgebrochene oder erfolglose psychotherapeutische Vorbehandlungen	regulär beendete und erfolgreiche psychotherapeutische Vorbehandlungen
Veränderungshindernisse (Krankengeld, Rentenbegehren, sekundärer Krankheitsgewinn, interaktionelle Funktionalität)	keine Veränderungshindernisse, kein sekundärer Krankheitsgewinn
zahlreiche gescheiterte Projekte im Leben, abgebrochene Ausbildungen, häufige Partner- und Arbeitsplatzwechsel, unsteter Lebenswandel	kontinuierliche und lange partnerschaftliche, freundschaftliche, familiäre und kollegiale Beziehungen
fehlende Passung, beim Therapeuten überwiegen Desinteresse, mangelnde Resonanz, wenig Empathie, kaum Wohlwollen, Distanziertheit und emotionale Kühle; gravierende Diskrepanz zwischen dem Therapeuten und dem Patienten hinsichtlich Werten und persönlichen Lebenszielen	ausreichende Passung, Therapeut und Patient bilden ein gutes Team, beim Therapeuten dominieren Empathie, wohlwollendes Interesse, unterstützende und fürsorgliche Impulse und emotionale Resonanz
Der Patient verfügt über eine geringe Fähigkeit zur Selbstreflexion (Introspektionsfähigkeit). Eigene Anteile an interpersonellen Eskalationsprozessen werden nicht wahrgenommen (»schuld sind immer nur die anderen«). Der Patient stellt sich einseitig als Opfer widriger äußerer Umstände dar	Der Patient ist selbstreflexiv, introspektionsfähig und kann den Stimuluscharakter seines Verhaltens realistisch einschätzen.
geringe intrinsische Motivation, der Patient ist fremdmotiviert, wurde in die Therapie »geschickt«, Therapieauflage, der Patient verfolgt mit	hohe intrinsische Therapiemotivation aufgrund von Leidensdruck

Tab. 6.2: Individualisierte Einschätzung der Behandlungsprognose. – Fortsetzung

Prognostisch ungünstige Faktoren	Prognostisch günstige Faktoren
der Therapie primär eine »hidden agenda« (Krankschreibung, Rentenbegehren, Attestierung von Prüfungsunfähigkeit bei Studenten), Durchsetzung von Schadensersatzansprüchen, Verfestigung einer Opferrolle bei Traumafolgestörungen	
habituelle Zurückweisung von Hilfsangeboten	Hilfesuche
Misstrauen	Vertrauen
geringe Offenheit	hohe Offenheit (psychological mindedness)
geringe Bereitschaft zur Kooperation, instabiles Arbeitsbündnis, therapieschädigendes Verhalten (Terminversäumnisse ohne Absagen, Zuspätkommen, häufige kurzfristige Terminverschiebungen)	stabiles Arbeitsbündnis, Verlässlichkeit
geringe spontane Selbstöffnung, Reserviertheit, Verschlossenheit, Tabuisierung bestimmter Themen (»darüber will ich in der Therapie nicht sprechen«)	hohe Bereitschaft zur Selbstöffnung
passiv-rezeptive Erwartungshaltung, passivaggressive oder rigide Vermeidungsschemata	hohe Aktivität, Selbstwirksamkeitsüberzeugungen und Veränderungsbereitschaft
ungünstige Kausalattributionen (»schuld sind die anderen«), esoterische Ätiologiemodelle	adäquates Störungsmodell
geringe emotionale Belastbarkeit, geringe Affekttoleranz, geringe Umstellungsfähigkeit, rigide Schemata, ausgeprägtes Absicherungsverhalten, Vermeidungstendenzen und Risikominimierung	hohe emotionale Belastbarkeit, affektive und kognitive Flexibilität, ausreichend entwickelte Fähigkeit zur Toleranz aversiver Emotionen, Umstellungsfähigkeit, Bereitschaft zur Erprobung von Alternativen, Experimentierfreudigkeit
geringe Intelligenz, geringe Differenziertheit der Persönlichkeit, ausgeprägte Fertigkeitendefizite	hohe Intelligenz, hohes Strukturniveau der Persönlichkeit, entwickeltes Repertoire von Verhaltensfertigkeiten
spärliches oder nicht vorhandenes soziales Netz, wenig interpersonelle Unterstützung, soziale Isolation, therapiehemmendes Umfeld (beispielsweise Partner hat ebenfalls eine Substanzkonsumstörung und will daran nichts ändern, Partner drängt den Patienten zur Beendigung der Therapie)	hohes psychosoziales Funktionsniveau, stabiles soziales Lebensumfeld, Bezugspersonen unterstützen die Psychotherapie
eingeschränkter Lebensstil, geringer Aktionsradius, wenig Ressourcen	Vitalität, Interessen, Hobbys, gute Alltagsbewältigung
Feindseligkeit, narzisstische Abwertung anderer	Freundlichkeit, wertschätzende und annehmende Grundhaltung
Patient interagiert auf der Spielebene, hohe Tendenz zum Agieren und zu manipulativem Verhalten	Patient interagiert überwiegend auf der Motivebene und handelt transparent

Häufige Fehler bei der Prognoseeinschätzung:

- Auf eine explizite und individualisierte Prognoseeinschätzung wird verzichtet. Es wird stattdessen ohne Begründung einfach nur behauptet, die Prognose sei »günstig«. Es wird lediglich ein Standardsatz ohne Bezug zum Patienten formuliert. Negativbeispiel: »Bei hohem Leidensdruck, vorhandenen Ressourcen und Veränderungsbereitschaft ist von einer günstigen Prognose auszugehen.«
- Es werden ausschließlich prognostisch günstige Faktoren genannt.
- Die Prognoseeinschätzung ist unrealistisch optimistisch. Bei einer komplexen und chronifizierten Störung wird die Prognose ohne Begründung als »günstig« eingeschätzt.
- Relevante Veränderungshindernisse und sozialmedizinische Prognosefaktoren (beispielsweise Rentenbegehren, längere Arbeitsunfähigkeit bei einem Arbeitsplatzkonflikt oder »Mobbing«) werden bei der Prognoseeinschätzung ignoriert.
- Abgebrochene oder nicht erfolgreiche psychotherapeutische Vorbehandlungen fließen nicht in die Prognoseeinschätzung ein.

7 Leitfaden für den Antragsbericht

Der Therapeut soll den Bericht nach der Gliederung des PTV 3 persönlich verfassen und mit Datum und Unterschrift versehen (Bender et al. 2018, S. 162). Bei Antragsberichten von Ausbildungsteilnehmern ist auch die Unterschrift des Supervisors erforderlich (Bender et al. 2018, S. 162). Eine eingescannte oder kopierte Unterschrift des Supervisors genügt nicht. Die eigenhändige Unterschrift des fallverantwortlichen Supervisors belegt, dass ein approbierter Psychotherapeut mit dem Antragsbericht einverstanden ist und dass es sich nicht um einen unabgesprochenen Alleingang des Ausbildungsteilnehmers handelt.

Die im PTV 3 genannten Unterpunkte dienen lediglich der Orientierung und sind als Strukturierungshilfe zu verstehen. Der Therapeut soll eine fallbezogene Auswahl treffen und die Unterpunkte nur bei Relevanz abhandeln (Dieckmann et al. 2018, S. 60). Immer darzustellen ist das funktionale Bedingungsmodell. Die Verhaltensanalyse (Makro- und Mikroanalyse) bildet das Kernstück des Berichts. Das relevante Auswahlkriterium zur *Komplexitätsreduktion* ist im gesamten Bericht folgende Frage: Ist die jeweilige Information für das Verständnis der psychischen Erkrankung, des ätiologischen Störungsmodells, der Prognoseeinschätzung und des Behandlungsplans erforderlich? Falls diese Frage mit nein beantwortet wird, kann man diese Information weglassen.

Der neue Leitfaden PTV 3 sieht eine Beschränkung des Umfangs auf *in der Regel* zwei Seiten vor. Dies betrifft sowohl Kurz- als auch Langzeittherapie. Die quantitative Empfehlung von zwei Seiten hat aber unbedingt hinter qualitativen Erfordernissen zurückzustehen (Dieckmann et al. 2018, S. 60). Statt den Bericht in ein vermeintlich unbedingt einzuhaltendes rigides Zwei-Seiten-Korsett zwängen zu wollen, ist es wesentlich sinnvoller, im Bedarfsfall davon abzuweichen und einen ausführlicheren Bericht zu schreiben. Die meisten Gutachter lesen lieber drei bis vier aussagekräftige und überzeugende Seiten als unverständliche und zusammenhanglose kleingedruckte Fragmente auf zwei Seiten. Schreiben Sie lieber etwas mehr als zu knapp und fragmentarisch. Ein nachvollziehbarer und verständlicher Bericht ist besser als ein enigmatischer und defizitärer Text. Faustregel: *so knapp wie möglich, aber so ausführlich wie nötig*. Wenn Sie auf zwei Seiten alles Relevante sagen können, umso besser. Meist sind die nötigen Punkte aber auf drei bis maximal vier Seiten abzuhandeln. Dieser Umfang wird von den Gutachtern toleriert. Keinesfalls zu empfehlen ist eine sehr kleine Schriftgröße. Kürze erreichen Sie durch den Verzicht auf Redundanzen und überflüssige Details, insbesondere aus der Biographie, sofern diese Informationen für die Makroanalyse irrelevant sind.

Der alte Berichtsleitfaden enthielt die Vorgabe, dass der Umfang drei Seiten nicht überschreiten sollte. Der neue Leitfaden PTV 3 enthält aber nicht weniger Gliederungspunkte. Es werden sogar etwas mehr Informationen verlangt, wie die folgende Tabelle zeigt (▶ Tab. 7.1).

Tab. 7.1: Gliederungspunkte des neuen PTV 3 im Vergleich zum alten Leitfaden (vor 2017). Es sind keine inhaltlichen Punkte weggefallen. Daher ist eine Beschränkung des Berichts auf zwei Seiten in der Praxis fast nie sinnvoll.

Gliederungspunkt	neuer Leitfaden PTV 3	alter Leitfaden (vor 2017)
Relevante soziodemographische Daten	Punkt 1	unter Punkt 2 darzustellen (2d: Beschreibung der aktuellen sozialen Situation (familiäre, ökonomische, Arbeits- und Lebensverhältnisse)
Symptomatik und psychischer Befund	Punkt 2	zwei getrennte Gliederungspunkte: Punkt 1 (Symptomatik) und Punkt 3 (psychischer Befund)
Somatischer Befund/ Konsiliarbericht	Punkt 3 (ausdrücklich verlangt werden Angaben zum Suchtmittelkonsum, zur aktuellen psychopharmakologischen Medikation und zu psychotherapeutischen, psychosomatischen und psychiatrischen Vorbehandlungen; Berichte sollen beigefügt werden)	Punkt 4
Lebensgeschichte	unter Punkt 4 abzuhandeln. Relevante biographische Faktoren sollen im Rahmen des funktionalen Bedingungsmodells dargestellt werden. Es empfiehlt sich aber eine Trennung zwischen biographischer Anamnese (kurz und auf das Wesentliche beschränkt) und funktionalem Bedingungsmodell (Hypothesen des Therapeuten)	Punkt 2
Krankheitsanamnese	unter Punkt 4 abzuhandeln	Punkt 2
Funktionales Bedingungsmodell	unter Punkt 4 abzuhandeln	Punkt 5 (Verhaltensanalyse)
Diagnose und Differentialdiagnose	Punkt 5	Punkt 6
Therapieziele und Prognose	Punkt 6. Bei der Prognoseeinschätzung werden im neuen Leitfaden ergänzend zur alten Gliederung neben Motivation und Umstellungsfähigkeit explizit auch Angaben zu äußeren Veränderungshindernissen gefordert.	Punkt 7
Behandlungsplan	Punkt 6. Ergänzend zum alten Leitfaden wird ausdrücklich genannt: Kooperation mit anderen Berufsgruppen.	Punkt 8
Fortführungsantrag	Punkt 7: Behandlungsverlauf, Veränderung der Symptomatik, Ergebnis in Bezug auf Erreichen oder Nichterreichen der Therapieziele, Begründung der Notwendigkeit der Umwandlung der Kurz- in eine Langzeittherapie, weitere Ergebnisse psychodiagnostischer Testverfahren.	Punkt 9

7.1 Soziodemographische Daten

Der erste Punkt kann und soll kurz ausfallen. Die Informationen können hier stichpunktartig und im Telegrammstil aufgezählt werden. Hier geht es nur um die aktuelle soziale Situation. Damit ist nicht die biographische Anamnese gemeint, auch nicht die Krankheitsanamnese. Der Gutachter soll zu Beginn des Berichts etwas zur aktuellen Lebenssituation des Patienten erfahren. Wichtige Informationen: Geschlecht, Alter, aktuell ausgeübter Beruf, Ausbildungsstatus, Familienstand, gegebenenfalls Zahl der Kinder.

Wichtig sind hier insbesondere auch *sozialmedizinische Kontextfaktoren* und die Folgen einer Erkrankung für das psychosoziale Funktionsniveau. Wovon lebt der Patient? Bezieht er Krankengeld? Wenn der Patient aktuell krankgeschrieben ist, sollte die Dauer der Arbeitsunfähigkeit hier unbedingt erwähnt werden. Eine relevante Information ist auch eine Minderung der Erwerbsfähigkeit aufgrund einer psychischen Störung. Wichtig ist auch, ob wegen einer psychischen Erkrankung bereits ein Rentenantrag gestellt wurde oder geplant ist. Läuft aktuell ein Widerspruchsverfahren bei abgelehntem Antrag auf Erwerbsminderungsrente? Bezieht der Patient eine zeitlich befristete Rente wegen Erwerbsminderung? Beabsichtigt der Patient, eine Berufsunfähigkeitsversicherung in Anspruch zu nehmen? Ist eine Rehabilitationsmaßnahme geplant oder beantragt? Wurde ein Grad der Behinderung (GdB) beantragt? (Der GdB wird nicht in Prozent angegeben.)

Bereits hier muss – wie im gesamten Bericht – auf die *Pseudonymisierung* geachtet werden. Informationen, die so konkret oder spezifisch sind, dass dadurch Rückschlüsse auf den Patienten oder seine Bezugspersonen möglich sind, müssen durch abstrahierende Formulierungen ersetzt werden.

Fehlerquellen in Punkt 1 sind zu wenig, aber auch zu viele Informationen. Es fehlen Angaben, wenn relevante sozialmedizinische Aspekte wie Arbeits- oder Dienstunfähigkeit nicht erkennbar werden. Überschüssige Informationen wären Teile der Krankheitsanamnese, der Symptomatik und der Biographie. Diese Aspekte gehören nicht zu Punkt 1, sondern sind an anderen Stellen des Antragsberichts abzuhandeln.

Checkliste:

- Die relevanten soziodemographischen Daten sind enthalten: Alter, Geschlecht, Familienstand, Kinder, Beziehungsstatus, Ausbildungsstatus, aktuell ausgeübter Beruf.
- Der aktuelle sozialmedizinische Status und sozialmedizinische Prognosefaktoren werden erkennbar: Arbeitsunfähigkeit, Krankengeld, Erwerbsminderung, laufendes oder vorgesehenes Rentenverfahren, Arbeitslosigkeit.
- Auf ausreichende Pseudonymisierung (Abstraktionsebene) wurde geachtet.
- Dieser Punkt enthält keine Vorwegnahme von erst später darzustellenden Punkten (Symptome, Befund, Diagnose, Biographie).

7.2 Symptomatik und psychischer Befund

Laut Leitfaden (PTV 3) soll auf die folgenden Aspekte eingegangen werden:

- Aktuelle Symptomatik mit Angaben zu Schwere und Verlauf der Störung
- Krankheitsverständnis des Patienten
- Auffälligkeiten bei der Kontaktaufnahme, der Interaktion und bezüglich des Erscheinungsbildes
- Psychischer Befund
- Ergebnisse psychodiagnostischer Testverfahren

Punkt 2 enthält im Wesentlichen vier zentrale Aspekte:

- Aktuelle Symptomatik aus der subjektiven Sicht des Patienten
- Auffälligkeiten bei der Interaktion
- Psychopathologischer Befund (objektivierende Sicht des Therapeuten, möglichst in Anlehnung an das AMDP-System)
- Testuntersuchungen

Punkt 2 beginnt mit der *aktuellen Symptomatik*. Hier soll noch nicht die komplette Krankheitsanamnese dargestellt werden, sondern nur das aktuelle Beschwerdebild (Bender et al. 2018, S. 157). Der Verlauf, also der Longitudinalaspekt, ist in Punkt 4 darzustellen. Es geht also in Punkt 2 primär um den Querschnittsbefund und weniger um den Verlaufsaspekt (Längsschnitt). Neben der Darstellung der aktuellen krankheitswertigen und behandlungsbedürftigen Symptomatik sollte eingegangen werden auf die Frage, warum der Patient gerade jetzt in Therapie kommt und durch wen dies veranlasst wurde (Dieckmann et al. 2018, S. 61). Dies gibt bereits erste Hinweise auf Eigen- oder Fremdmotivation, auf mögliche Veränderungshindernisse sowie auf hypothetische Auslöse- und Dekompensationsbedingungen. Gerade bei Chronifizierung und vorausgegangenen psychotherapeutischen Behandlungen ist die Darstellung der spezifischen Erwartungen des Patienten (Auftrag, Anliegen) an die aktuell geplante Behandlung zwingend notwendig.

Bei der Darstellung von Art und Ausmaß der Symptome soll deutlich werden, dass eine behandlungsbedürftige Erkrankung und keine Befindlichkeitsstörung vorliegt (Dieckmann et al. 2018, S. 61). Der Gutachter wird bei der Lektüre dieses Punktes prüfen, ob es sich um eine krankheitswertige Störung handelt, die im *Indikationskatalog* der Psychotherapie-Richtlinie (§ 27) aufgeführt ist. Im Indikationskatalog werden aufgeführt: affektive Störungen, Angst- und Zwangsstörungen, somatoforme und dissoziative Störungen, Reaktionen auf schwere Belastungen und Anpassungsstörungen, Essstörungen, nichtorganische Schlafstörungen, sexuelle Funktionsstörungen, Persönlichkeits- und Verhaltensstörungen sowie Verhaltens- und emotionale Störungen mit Beginn in der Kindheit und Jugend (§ 27 der Psychotherapie-Richtlinie). Nicht enthalten sind beispielsweise organische Störungen (F00–F09) oder die Abhängigkeit von Nikotin (F17.2). Ebenfalls nicht enthalten sind Persönlichkeitsakzentuierungen, da es sich hierbei nicht um eine seelische Krankheit nach § 2 der Psychotherapie-Richtlinie handelt. Eine Zusatz*kodierung* (z. B. Z73.1: Akzentuierung von Persönlichkeitszügen) ist keine Zusatz*diagnose*, hat also nicht den Status einer Diagnose und gehört nicht zum Indikationskatalog nach § 27 der Psychotherapie-Richtlinie. Eine bloße Verdachtsdiagnose (z. B. F43.8V) ohne mindestens eine weitere gesicherte Diagnose begründet keine Indikation nach § 27 der Psychotherapie-Richtlinie.

Bei einer *Abhängigkeit* von psychotropen Substanzen ist eine Psychotherapie nur dann möglich, wenn Abstinenz vorliegt. Eine ambulante Psychotherapie bei einer Abhängigkeit kann ohne Abstinenz begonnen werden, es muss aber nach maximal zehn Sitzungen Abstinenz erreicht werden. Die Abstinenz muss anhand geeigneter Nachweise durch eine ärztliche Bescheinigung festgestellt werden, die als Teil der Behandlungsdokumentation vorzuhalten ist. Diese Bescheinigung darf nicht vom Therapeuten selbst ausgestellt werden. Sie ist auf Verlangen der Krankenkasse vorzulegen (Dieckmann et al. 2018, 114).

Nach der aktuellen Psychotherapie-Richtlinie ist eine ambulante Psychotherapie auch bei Schizophrenie und bei anderen psychotischen Störungen indiziert (Dieckmann et al. 2018, 115). Seit 2014 ist eine Psychotherapie auch möglich bei akuten schizophrenen Psychosen, schizotyper Störung, akuten wahnhaften und bipolaren Störungen. Hier muss die Psychotherapie aber in einen Gesamtbehandlungsplan eingebettet sein. In diesem Fall muss die Option einer psychiatrischen Mitbehandlung diskutiert werden.

Eine Psychotherapie kann nur dann von der gesetzlichen Krankenversicherung finanziert werden, wenn es sich um eine »seelische Krankheit« handelt. Das ist in der Psychotherapie-Richtlinie (§ 2) geregelt. Darin wird eine seelische Krankheit definiert als »krankhafte Störung der Wahrnehmung, des Verhaltens, der Erlebnisverarbeitung, der sozialen Beziehungen und der Körperfunktionen« (Dieckmann et al. 2018, 104). Als *krankheitswertig* gilt eine Störung dann, wenn eine willentliche Steuerung nicht mehr oder nur teilweise möglich ist. Eine Krankheit liegt nicht vor, wenn es sich um normalpsychologische Reaktionen auf belastende Lebensereignisse handelt. *Behandlungsbedürftig* ist eine psychische Störung dann, wenn es aufrechterhaltende Bedingungen gibt, die eine Spontanremission ausschließen oder unwahrscheinlich machen. Eine Psychotherapie ist als Leistung der gesetzlichen Krankenversicherung explizit ausgeschlossen, wenn dadurch lediglich eine berufliche oder soziale Anpassung erreicht werden soll (Dieckmann et al. 2018, 115). Eine Finanzierung durch die Krankenkasse ist expressis verbis ausgeschlossen, wenn es sich lediglich um »Erziehungs-, Ehe-, Lebens- und Sexualberatung« handelt (Dieckmann et al. 2018, 115). Eine Beziehungsstörung ist nicht per se Ausdruck einer psychischen Krankheit. Eine Psychotherapie ist nur dann indiziert, wenn dysfunktionale Beziehungsmuster ursächlich mit einer Erkrankung verknüpft sind. Es soll also bei der Darstellung der aktuellen Symptomatik deutlich werden, dass der Schweregrad der Störung krankheitswertig ist und eine Psychotherapie rechtfertigt.

Es ist darzustellen, warum der Patient gerade jetzt in Therapie kommt. Das ist insbesondere bei chronischen Verläufen interessant. Wodurch kam es zu einer Exazerbation oder zu einem Rezidiv? Wodurch entsteht der aktuelle Leidensdruck? Kommt der Patient aus eigener Initiative? Ist er eigen- oder fremdmotiviert? Wurde er »geschickt«? Hat er eine Therapieauflage? Erhofft er sich etwa eine Krankschreibung oder ein Attest (etwa wegen Prüfungsunfähigkeit bei Studenten)? Gibt es relevante Veränderungshindernisse wie ein laufendes Rentenverfahren? Beabsichtigt der Patient, seine Berufsunfähigkeitsversicherung wegen seiner psychischen Erkrankung in Anspruch zu nehmen? Liegt ein sekundärer Krankheitsgewinn vor? Das wären prognostisch relevante Faktoren, die eher gegen eine Psychotherapie-Indikation sprechen.

Punkt 2 vereint die Patienten- und die Therapeutenperspektive bezüglich der aktuellen Symptomatik. Es soll zuerst die Sicht des Patienten dargestellt werden. Zu Beginn geht es um das Störungsmodell des Patienten (Health-Belief-Modell): Welches Krankheitsverständnis hat der Patient? Was ist sein Krankheitskonzept? Wie erlebt und schildert der Patient seine akute Symptomatik, weswegen er in Therapie kommt? Welches Anliegen hat der Patient? Wird ein Therapieauftrag erkennbar? Im alten Leitfaden (vor 2017) wurde noch dazu aufgefordert, die Symptombeschreibung des Patienten möglichst mit wörtlichen Zitaten zu untermauern.

Der Gutachter wird auch darauf achten, ob bei der Symptomschilderung aus der Perspektive des Patienten der berichtende Therapeut eine angemessene professionelle Distanz erkennen lässt. Der Therapeut sollte zunächst einmal die subjektiven Schilderungen des Patienten als *Narrativ* betrachten und nicht unreflektiert als Realfaktoren übernehmen. Der Therapeut darf nicht zu sehr mit dem Patienten identifiziert und verstrickt sein, denn es besteht die Gefahr einer *Kollusion*. Um in einer Therapie den Patienten mit dysfunktionalem Verhalten zu konfrontieren, darf der Therapeut die Sicht des Patienten nicht unkritisch und unhinterfragt übernehmen. Das gilt beispielsweise für »Mobbing« oder auch für eine vom Patienten lediglich vermutete Traumatisierung in der frühen Kindheit.

Negativbeispiel: »Herr X. wurde von seinem kontrollierenden und narzisstischen Chef gemobbt. Er wurde schikaniert und ausgenutzt sowie ungerechtfertigt vor Kollegen gedemütigt. Der Patient wurde traumatisiert und entwickelte deshalb ein depressives Syndrom.« Hier nimmt der Gutachter an, dass der Therapeut sich unkritisch auf die Seite des Patienten schlägt und keine ausreichende Distanz hat, um eigene Anteile des Patienten am Arbeitsplatzkonflikt und an interpersonellen Eskalationsprozessen in der Therapie zu fokussieren. Bei »Mobbing« ist es in der Therapie oft notwendig, ein einseitiges Opfer-Narrativ des Patienten nicht zu verfestigen, sondern auch eigene »Täter-Anteile« des Patienten in der Therapie zu betrachten.

Besser: »Herr X. schilderte seinen Chef als kontrollierend und bezeichnete ihn als narzisstisch. Er sei von ihm schikaniert und ausgenutzt sowie vor Kollegen ungerechtfertigt gedemütigt worden. In der Folgezeit habe sich ein depressives Syndrom entwickelt.« Durch indirekte Rede und durch die Kennzeichnung subjektiver Patientenaussagen durch Anführungszeichen wird betont, dass es sich um eine subjektive Sichtweise handelt, die der Therapeut nicht unkritisch übernimmt.

Anamnese heißt wörtlich übersetzt *Erinnerung*. Durch indirekte Rede wird deutlich, dass es sich um reale Fakten handeln kann, dass es sich aber auch anders zugetragen haben könnte.

Punkt 2 kann Informationen enthalten, die bereits erste Hinweise auf Behandlungsvoraussetzungen und Veränderungshindernisse erlauben. Wie hoch ist der *Leidensdruck*? Liegt eine *Veränderungsmotivation* vor? Hat der Patient die Fähigkeit zur Selbstreflexion (Introspektionsfähigkeit)? Über welche persönlichen und sozialen *Ressourcen* verfügt der Patient? Wie steht es um relevante Fähigkeiten wie emotionale Wahrnehmung und Kommunikation, Selbstwertregulation, Impulskontrolle, Frustrations- und Konflikttoleranz und Beziehungsfähigkeit? Ist er umstellungsfähig und ausreichend emotional belastbar? Verfügt er über ausreichende affektive und kognitive Flexibilität? Erwartet er eher ein emotional-supportives oder ein aktiv-strukturierendes Vorgehen des Therapeuten? Hat er primär Klärungs-, Akzeptanz- oder Veränderungsziele? Geht es ihm um Problembewältigung? Hat er eher eine passiv-rezeptive oder konsumierende Einstellung gegenüber der Therapie? Ist sein Krankheitsmodell eher organisch-somatisch oder an psychosozialen Einflussfaktoren orientiert? Strebt der Patient mit der Therapie in erster Linie problematische Ziele an wie Gratifikationen durch Krankschreibung oder eine Berentung wegen verminderter Erwerbsfähigkeit? Ist die Übernahme der Krankenrolle mit emotionaler Zuwendung verbunden? Wird dysfunktionales Verhalten durch positive psychosoziale Konsequenzen verstärkt? Gibt es einen sekundären Krankheitsgewinn? Gibt es eine »hidden agenda« im Sinn von impliziten Wünschen des Patienten, dass die Therapie nicht auf eine Veränderung des eigenen Erlebens und Verhaltens abzielt? Verfügt der Patient über *Offenheit (psychological mindedness)*? Damit sind die Fähigkeit und die Bereitschaft gemeint, sich auf eine bio-psychosoziale Genese des aktuellen Krankheitsgeschehens einzulassen. Welche kausalen Attribuierungen nimmt der Patient vor?

Der zweite Aspekt in Punkt 2 ist die *Interaktion*. Es können hier Auffälligkeiten hinsichtlich des äußeren Erscheinungsbildes des Patienten beschrieben werden, die diagnostisch relevant erscheinen. Zu denken ist an mangelnde Selbstfürsorge mit Vernachlässigung der Körperpflege und der Kleidung oder aber an besonders teure, edle, korrekte Kleidung als überkompensatorische Strategie bei fragiler Selbstwertregulation (overdressed). Hier sind körperliche Auffälligkeiten bei Essstörungen oder ein betont unkonventionelles Äußeres erwähnenswert. Die Beschreibung des äußeren Erscheinungsbildes erfordert Fingerspitzen- und Taktgefühl. Der Patient darf nicht vorgeführt oder beschämt werden. Falls Angaben dazu gemacht werden, sollte man stets bedenken, dass der Patient den Bericht auf Verlangen lesen kann.

Ein relevanter Punkt sind die Beziehungsangebote des Patienten in der therapeutischen Interaktion. Inszenieren sich habituelle dysfunktionale Beziehungsmuster in der therapeutischen Beziehung? Das ist gerade bei Persönlichkeitsstörungen besonders relevant. Welche Beziehungswünsche des Patienten können aus dem beobachtbaren und beschreibbaren Beziehungsverhalten erschlossen werden? Welche interaktionellen Annäherungs- und Vermeidungspläne liegen vor? Gibt es zentrale Ängste und Befürchtungen beim Patienten? Diese Hypothesen sind relevant für die motivorientierte Beziehungsgestaltung. Welcher Bindungsstil liegt vor (sicher/autonom, ängstlich/vermeidend oder ambivalent/verstrickt)? Auch in der Verhaltenstherapie ist relevant, welche affektiven Reaktionen und Impulse der Therapeut in der Interaktion mit dem Patienten bei sich selbst wahrnimmt. Dies erlaubt wichtige diagnostische Rückschlüsse und stellt die Basis für die Erarbeitung eines maßgeschneiderten Beziehungsgestaltungskonzepts nach dem Prinzip der *motivorientierten Beziehungsgestaltung* dar.

Verbreitet ist in der Verhaltenstherapie der *Kiesler-Kreis*. In diesem Modell kann eine Einschätzung des Verhaltens in den Dimensionen feindselig/distanziert (links) vs. freundlich/zugewandt (rechts) einerseits und dominant/offen (oben) vs. unterwürfig/verschlossen (unten) erfolgen. Der Kiesler-Kreis spielt insbesondere in CBASP (Cognitive Behavioral Analysis System of Psychotherapy nach McCullough) eine Rolle. Dieses Kreismodell für Beziehungsverhalten dient der Einschätzung des Stimuluscharakters des Verhaltens in einer sozialen Interaktion (Brakemeier et al. 2018, 77 ff.). Nach diesem Modell kann dem Patienten aufgezeigt werden, welche Reaktionen (emotional, kognitiv oder verhaltensmäßig) er beim Gegenüber hervorruft (komplementäre Reaktionstendenzen). In interaktionell schwierigen Situationen kann der Therapeut fragen, wie der Patient im Kiesler-Kreis auf andere wirkt. Depressive Patienten verhalten sich oft feindselig-unterwürfig und lösen beim Gegenüber als komplementäre Reaktionstendenz häufig feindselig-dominantes Verhalten aus. Dadurch kann gemeinsam analysiert werden, wodurch der Patient auf andere feindselig-unterwürfig wirkt und warum andere entsprechend (komplementär) reagieren.

Nachdem zu Beginn von Punkt 2 die Symptomatik und das Krankheitskonzept (Störungsmodell) aus der Perspektive des Patienten und interaktionelle Aspekte zur Sprache kamen, geht es im letzten Teil um den *psychopathologischen Befund* und die Ergebnisse *psychodiagnostischer Testverfahren*.

Es genügt nicht, wenn der Punkt 2 nur eine aktuelle Krankheitsanamnese enthält. Auf den psychopathologischen Befund darf nicht verzichtet werden. Der psychische Befund stellt nämlich ein wesentliches Element des Antragsberichts dar, denn es handelt sich um die objektivierende Sicht auf die Symptomatik des Patienten aus der fachlichen Perspektive des Therapeuten. Dadurch werden die subjektiven anamnestischen Angaben des Patienten um einen wesentlichen objektivierenden Aspekt ergänzt. Hier geht es um Abstraktion, Klassifikation und Systematik. Der psychopathologische Befund sollte nach dem AMDP-System verfasst werden (▶ Kap. 2.2).

Schließlich sollen unter Punkt 2 relevante testdiagnostische Befunde angegeben werden. Gemäß § 10 Abs. 2 der Psychotherapie-Richtlinie sind »vor Indikationsstellung für eine therapeutische Maßnahme […] in der Regel standardisierte diagnostische Instrumente einzusetzen«. Es reicht nicht aus, Testbefunde kommentarlos als Rohwerte anzugeben. Es ist immer eine Interpretation vorzunehmen. Auffällig niedrige Testwerte sind zu erklären. Hier können Dissimulations- oder Bagatellisierungstendenzen eine Rolle spielen sowie eine eingeschränkte Fähigkeit zur Emotionswahrnehmung und Selbstreflexion. Genauso wenig genügt es, die Werte wegzulassen und nur die Interpretation anzugeben. Negativbeispiel: »Der BDI-II-Wert weist auf eine mittelgradige Depression hin.« *Positiv*beispiel: »Im BDI-II erzielte der Patient 24 Punkte (mittelschweres depressives Syndrom in der Selbsteinschätzung).«

Bei Diskrepanzen zwischen Testbefunden und der diagnostischen Einschätzung sollte dies in Punkt 5 aufgegriffen und diskutiert werden. Beispiel: »Trotz der Selbstbeurteilung im BDI-II (33 Punkte, schwere Ausprägung des depressiven Syndroms) wurde die Diagnose F32.1G gestellt, weil die ICD-10-Kriterien für eine schwere depressive Episode nicht erfüllt sind.«

Gerade wenn im Bericht ein regelmäßiger, riskanter oder problematischer Alkoholkonsum erwähnt wird, sollten geeignete Testuntersuchungen vorgenommen werden. Verbreitet und kostenlos im Internet verfügbar ist der AUDIT (Alcohol Use Disorders Identification Test). Dieser Selbstbeurteilungstest wurde von der WHO entwickelt. Werte über 8 deuten auf riskanten oder schädlichen Alkoholkonsum hin, höhere Werte (15–20) auf eine Alkoholabhängigkeit.

Checkliste:

- Die aktuelle Symptomatik wird deutlich. Der Gutachter kann nachvollziehen, dass es sich um eine krankheitswertige und behandlungsbedürftige psychische Störung handelt.
- Es wird nachvollziehbar, warum der Patient gerade jetzt in Therapie kommt.
- Leidensdruck und Veränderungsmotivation werden erkennbar.
- Das Krankheitskonzept/Störungsmodell des Patienten (Health-Belief-Modell) wird transparent.
- Die eigenanamnestischen Angaben wurden im Bericht in indirekter Rede (Konjunktiv) wiedergegeben oder bei wörtlicher Rede in Anführungszeichen.
- Auffälligkeiten bezüglich des Erscheinungsbildes und der Beziehungsgestaltung des Patienten werden dargestellt. Dieser Unterpunkt enthält keine herabsetzenden Formulierungen (»Zeugnissprache« verwenden).
- Ein aussagekräftiger psychopathologischer Befund nach dem AMDP-System wurde dargestellt. Ohne aussagekräftigen psychischen Befund wäre der Punkt 2 unvollständig.
- Die Symptomatik und der psychopathologische Befund müssen mit der Diagnose in Punkt 5 kompatibel sein.
- Die Ergebnisse relevanter testpsychologischer Befunde sind im Bericht angegeben mit kurzer Interpretation. Eine Zusendung umfangreicher kopierter Fragebögen oder Testmaterialien als Anlage zum Antragsbericht an den Gutachter ist nicht sinnvoll.

7.3 Somatischer Befund/Konsiliarbericht

Im Leitfaden (PTV 3) werden die folgenden Unterpunkte aufgeführt:

- somatische Befunde (ggf. einschließlich Suchtmittelkonsum)
- aktuelle psychopharmakologische Medikation
- psychotherapeutische, psychosomatische und psychiatrische Vorbehandlungen (falls vorhanden Berichte beifügen)

Nichtärztliche Psychotherapeuten müssen spätestens nach Beendigung der probatorischen Sitzungen und vor Beginn einer Richtlinien-Psychotherapie einen *ärztlichen Konsiliarbericht* einholen. Die Unabdingbarkeit des Konsiliarberichts ist gesetzlich geregelt (§ 28 Abs. 3 SGB V): »Spätestens nach den probatorischen Sitzungen (...) hat der Psychotherapeut vor Beginn der Behandlung den Konsiliarbericht eines Vertragsarztes zur Abklärung einer somatischen Erkrankung sowie, falls der somatisch abklärende Vertragsarzt dies für erforderlich hält, eines psychiatrisch tätigen Vertragsarztes einzuholen.« Der Konsiliararzt muss den Konsiliarbericht nach persönlicher Untersuchung des Patienten erstellen und dem Therapeuten zeitnah, spätestens drei Wochen nach der Untersuchung übermitteln.

Ärztliche Psychotherapeuten brauchen keinen Konsiliarbericht einzuholen (Bender et al. 2018, S. 158). Für sie gelten aber die Qualitätsanforderungen der Psychotherapie-Richtlinie (§ 32 Abs. 3) analog. Sie müssen bei diesem Punkt somatische und psychische Vorerkrankungen, aktuelle Befunde und mögliche Kontraindikationen im Bericht an den Gutachter einbeziehen und explizit darstellen (Dieckmann et al. 2018, S. 21).

Ein wichtiger Punkt beim Konsiliarbericht ist, dass sämtliche patientenbezogene Unterlagen gemäß der Psychotherapie-Vereinbarung (§ 12 Abs. 15) ausschließlich in pseudonymisierter Form an den Gutachter weiterzuleiten sind (Dieckmann et al. 2018, S. 60 und S. 80). Der Therapeut sollte darauf achten, dass die Chiffre auf dem Konsiliarbericht steht, denn sonst kann der Gutachter den Konsiliarbericht dem Antragsbericht nicht sicher zuzuordnen und eine Verwechslung ausschließen. Es ist darauf zu achten, dass der Konsiliarbericht nicht Namen und Adresse des Patienten enthält. Dies wäre vom Therapeuten zu schwärzen.

Viele Konsiliarberichte fallen zu dürftig aus, sind also zu wenig oder überhaupt nicht aussagekräftig. Dies dürfte mit der schlechten Honorierung zusammenhängen (4,42 €, EBM 01612). In der Psychotherapie-Richtlinie (§ 32 Abs. 3) sind Qualitätsanforderungen genannt, denen der Konsiliarbericht genügen muss. Ausdrücklich heißt es, dass der Bericht Angaben zu neun Punkten enthalten muss:

1. aktuelle Beschwerden
2. psychischer und somatischer Befund
3. relevante anamnestische Daten
4. Notwendigkeit einer psychiatrischen Abklärung
5. relevante stationäre und/oder ambulante Vor- und Parallelbehandlungen, inklusive gegebenenfalls laufende Medikation
6. medizinische Diagnose(n), Differential- und Verdachtsdiagnose(n)
7. gegebenenfalls Befunde, die eine ärztliche oder ärztlich veranlasste Begleitbehandlung erforderlich machen
8. gegebenenfalls erforderliche weitere ärztliche Untersuchungen,
9. gegebenenfalls bestehende Kontraindikationen gegen eine Psychotherapie.

Nicht wenige Konsiliarberichte genügen diesen Anforderungen nicht. Es ist oft gut gemeint, wenn der Hausarzt schreibt, eine Psychotherapie sei dringend indiziert. Das ist aber im Konsiliarbericht irrelevant und überflüssig. Die Beurteilung, ob eine Indikation für eine Richtlinientherapie vorliegt, hängt neben der diagnostizierten Erkrankung von weiteren Faktoren – insbesondere der Behandlungsprognose – ab und ist die zentrale Fragestellung an den Gutachter.

Die Verantwortung dafür, dass ein ausreichend aussagekräftiger Konsiliarbericht vorliegt, liegt letztlich beim antragsbegründenden Therapeuten. Bei einem unzureichenden ärztlichen Konsiliarbericht sollte der Psychotherapeut eine Nachbesserung erwirken oder eine erneute Konsiliaruntersuchung durch einen anderen Konsiliararzt veranlassen (Dieckmann et al. 2018, S. 21). Es gilt allerdings der Vertrauensgrundsatz: Grundsätzlich darf sich der psychologische Psychotherapeut darauf verlassen, dass der Konsiliarbericht dem Facharztstandard entspricht. Wenn Kontraindikationen gegen die Psychotherapie ausgeschlossen wurden, darf der psychologische Psychotherapeut davon ausgehen, dass eine sorgfältige somatische Ausschlussdiagnostik erfolgte. Es sollte sichergestellt sein, dass der Konsiliararzt »eine hinreichende diagnostische/therapeutische Kompetenz für die vorliegende Krankheitskonstellation besitzt« (Dieckmann et al. 2018, S. 21). Dem Gutachter ist es freigestellt, bei bestimmten Fragestellungen einen ergänzenden fachärztlichen Befund anzufordern (Dieckmann et al. 2018, S. 21). Gutachter können ergänzende Angaben zum somatischen Befund verlangen, wenn ihnen die Angaben auf dem Konsiliarbericht für ihre Stellungnahme nicht ausreichend erscheinen. Die Verantwortung für die Berücksichtigung indikations- und planungsrelevanter somatischer Befunde liegt beim psychologischen Psychotherapeuten. Um aussagekräftige Konsiliarberichte zu erhalten, empfiehlt sich die Formulierung einer konkreten Fragestellung an den Konsiliararzt. Bei einer Psychose oder einer bipolaren affektiven Störung ist eine psychiatrische Mitbehandlung in der Regel sinnvoll. Hier ist die Psychotherapie Teil eines Gesamtbehandlungsplans. In diesem Fall wäre die Einholung eines Konsiliarberichts bei einem Facharzt für Psychiatrie und Psychotherapie anzuraten.

Es genügt nicht, wenn der psychologische Psychotherapeut bei Punkt 3 lediglich schreibt: »siehe Konsiliarbericht«. Der Therapeut soll in seinem Antragsbericht auf die Inhalte des ärztlichen Konsiliarberichts Bezug nehmen. Auch der psychologische Psychotherapeut sollte indikations- und planungsrelevante somatische und psychische Erkrankungen und deren Verlauf hier kurz zusammenfassen. Es empfiehlt sich für psychologische Psychotherapeuten, wichtige körperliche Befunde, Vor- und Parallelbehandlungen sowie anamnestisch erhobene somatische Diagnosen knapp zusammenzufassen und selbst zu bewerten hinsichtlich ihrer Relevanz für die geplante Behandlung, insbesondere dann, wenn der Konsiliarbericht nicht aussagekräftig ist (Bender et al. 2018, S. 157; Best 2001).

Hier ist es besonders wichtig, auf Diskrepanzen zwischen dem Antragsbericht und dem Konsiliarbericht hinsichtlich der Diagnoseeinschätzung einzugehen. Abweichungen sollten plausibel erklärt werden.

Suchtmittelkonsum soll gemäß PTV 3 an dieser Stelle (Punkt 3) aufgeführt werden, also eine präzise Substanzanamnese. Die Prognose einer Psychotherapie wird eingeschränkt, wenn psychotrope Substanzen wie Alkohol und Benzodiazepine als dysfunktionale Strategien zur Emotionsregulation eingesetzt werden; das gilt auch dann, wenn die Kriterien für einen schädlichen Gebrauch nicht erfüllt sind.

Der Gutachter wird bereits hier darauf achten, ob die Behandlung leitlinienkonform und evidenzbasiert ist. Bei der Diagnose einer Schizophrenie oder einer bipolaren affektiven Störung hat eine Psychopharmakotherapie einen hohen Stellenwert. Wenn hier und im Konsiliarbericht keine Angaben zur laufenden Medikation gemacht werden, ist dies gutachterlich zu beanstanden. Auch bei der Diagnose einer schweren depressiven Episode erwartet der Gutachter Angaben zu einer antidepressiven Psychopharmakotherapie, weil gemäß S3-Leitlinie »Unipolare Depression« bei schwerer Ausprägung, bei chronischer (persistierender) Depression, bei Double Depression (Dysthymie und zusätzliche depressive Episode) und insbesondere bei wahnhafter Depression die Gabe eines Psychopharmakons indiziert ist.

Falls ein Patient mit einer Angststörung aktuell mit einem Benzodiazepin (zum Beispiel Lorazepam) behandelt wird, kann eine Expositionsbehandlung nicht lege artis durchgeführt werden, weil der Patient unter anxiolytischer Therapie während der Reizkonfrontation emotionale und physiologische Reaktionen nicht oder nur abgeschwächt erlebt, so dass er keine Bewältigungsstrategien beim Habituationstraining lernen kann und ein Reaktionsmanagement daher nicht möglich ist.

Aus dem Konsiliarbericht können sich Kontraindikationen gegen eine Expositionsbehandlung ergeben, etwa ein kürzlich zurückliegender Herzinfarkt oder eine schwere kardiovaskuläre Erkrankung. In einem solchen Fall sollte der Konsiliararzt – möglichst ein Kardiologe – explizit dazu Stellung nehmen, ob eine Exposition medizinisch vertretbar ist und welche Abbruchkriterien es gibt.

Der ärztliche Konsiliarbericht dispensiert den psychologischen Psychotherapeuten keineswegs von der Aufgabe, sich mit planungs- und indikationsrelevanten somatischen Befunden und Vorerkrankungen selbst angemessen auseinanderzusetzen und dies unter Punkt 3 zusammenfassend zu reflektieren. Der psychologische Psychotherapeut kann – und sollte – selbst erhobene anamnestische Informationen ergänzen, die nicht im Konsiliarbericht stehen. Beispielsweise ist auf eine psychopharmakologische Behandlung einzugehen, auch wenn dazu Informationen im Konsiliarbericht fehlen. Hier sollten Wirkstoff und Dosierung angegeben werden. Beispiel: »10 mg Escitalopram« anstatt »Antidepressivum (vom Hausarzt verordnet)«.

Insbesondere soll sich der antragsbegründende Therapeut selbst einen umfassenden Überblick über relevante psychiatrische und psychotherapeutische Vorbehandlungen verschaffen und Berichte/Epikrisen mit einer Schweigepflichtsentbindung anfordern. Dies gilt insbesondere dann, wenn der Patient unmittelbar nach einer stationären oder tagesklinischen Behandlung in ambulante Psychotherapie kommt oder wenn unmittelbar im Vorfeld bereits eine ambulante Psychotherapie stattgefunden hat. Ein Therapeutenwechsel ist ebenso zu begründen wie ein Verfahrenswechsel, insbesondere innerhalb der letzten 2–4 Jahre. Neu ist im PTV 3 (seit 2017) die explizite Forderung, Vorbefunde beizufügen. Diese Berichte müssen pseudonymisiert sein. Der Therapeut muss also alle personenbezogenen Daten schwärzen.

Es mag verwirrend sein, dass psychiatrische und psychotherapeutische Vorbehandlungen im PTV 3 unter Punkt 3 (somatischer Befund/Konsiliarbericht) aufgeführt werden. Der Sinn dahinter dürfte sein, dass es sich um Fremdbefunde handelt. Es genügt, wenn der Therapeut im Bericht unter Punkt 3 auf diese Vorbefunde lediglich verweist. Beispiel: »Zur stationären Psychotherapie in der Klinik XY von März bis Mai 2017 siehe beigefügten Bericht und Krankheitsanamnese in Punkt 4.« Unter Punkt 3 sollte noch keine epikritische Würdigung der Vorbefunde erfolgen. Dies ist Bestandteil der Krankheitsanamnese in Punkt 4 (Dieckmann et al. 2018, S. 61).

Checkliste:

- Der ärztliche Konsiliarbericht ist genügend aussagekräftig und genügt den Qualitätsanforderungen der Psychotherapie-Richtlinie (§ 32 Abs. 3). Ein- oder Zweizeiler erfüllen diese Forderungen meistens nicht. Blanko-Berichte ohne medizinische Daten genügen den Qualitätsansprüchen gewiss nicht.
- Für ärztliche Psychotherapeuten, die keinen ärztlichen Konsiliarbericht einholen müssen, gelten die inhaltlichen Qualitätsanforderungen gemäß der Psychotherapie-

Richtlinie (§ 32). Wenn ärztliche Psychotherapeuten strikt zwischen Somatik und Psychotherapie trennen wollen, können sie selbstverständlich auch einen Konsiliarbericht bei einem Kollegen (beim Hausarzt oder beim mitbehandelnden Psychiater) einholen.
- Der Konsiliarbericht ist pseudonymisiert (personenbezogene Daten geschwärzt) und mit einer Chiffre versehen.
- Auf dem Konsiliarbericht ist nicht versehentlich angekreuzt, dass Kontraindikationen vorliegen. In diesem Fall muss unbedingt eine Korrektur erwirkt werden, bevor der Konsiliarbericht dem Gutachter vorgelegt wird. Denn in einem solchen Fall ist eine Befürwortung nach der Psychotherapie-Richtlinie (§ 32 Abs. 3) nicht möglich: »Ist Psychotherapie nach Auffassung der Konsiliarärztin oder des Konsiliararztes kontraindiziert und wird dennoch ein entsprechender Antrag gestellt, so veranlasst die Krankenkasse eine Begutachtung durch den Medizinischen Dienst der Krankenversicherung.«
- Diskrepanzen zwischen Diagnosestellung im Konsiliarbericht und im Antragsbericht werden unter Punkt 5 differentialdiagnostisch diskutiert.
- Der psychologische Psychotherapeut hat wesentliche Informationen des Konsiliarberichts zusammen mit der von ihm selbst erhobenen somatischen Anamnese diskutiert und nicht nur geschrieben: »siehe Konsiliarbericht«.
- Der Therapeut hat sich zu indikations- und planungsrelevanten somatischen Befunden eigene Gedanken gemacht und dies bei der Behandlungsplanung berücksichtigt.
- Angaben zu Alkohol und psychotropen Substanzen und zur laufenden Psychopharmakotherapie sind enthalten mit Angaben zu Wirkstoff und Dosis.
- Vorbefunde über stationäre, teilstationäre und ambulante psychotherapeutische und psychiatrische Behandlungen wurden mit Schweigepflichtsentbindung angefordert, pseudonymisiert und beigefügt.

7.4 Biographische Anamnese, Krankheitsanamnese, funktionales Bedingungsmodell

Im Leitfaden PTV 3 wird insbesondere für den verhaltenstherapeutischen Bericht das funktionale Bedingungsmodell hervorgehoben. Genannt werden die Begriffe Verhaltensanalyse, prädisponierende, auslösende und aufrechterhaltende Bedingungen sowie eine kurze Beschreibung des übergeordneten Störungsmodells (Makroanalyse). Im Leitfaden PTV 3 wird deutlich, dass die Behandlungsrelevanz das zentrale Auswahlkriterium darstellt. Es sollen also nur diejenigen Informationen aus der Lebensgeschichte, der Krankheitsanamnese und der Verhaltensanalyse dargestellt werden, die für das Veränderungskonzept planungsrelevant sind.

7.4.1 Behandlungsrelevante Angaben zur biographischen Anamnese

Weggefallen ist seit 2017 ein eigener Punkt im Leitfaden zur *biographischen Anamnese*. Vermutlich ist das eine Konsequenz daraus, dass nach dem alten Leitfaden an entsprechender Stelle oft umfangreiche biographische Anamnesen dargestellt wurden, die viele überflüssige Informationen enthielten, welche für die Makroanalyse und das Therapiekonzept irrelevant waren. Ganz herausgefallen ist die biographische Anamnese im neuen Leitfaden PTV 3 jedoch nicht, denn sie taucht in Punkt 4 auf. Im alten Leitfaden waren die lebensgeschichtliche Entwicklung und die Krankheitsanamnese noch ein eigener Punkt. Die Verhaltensanalyse war separat. Seit 2017 sollen biographische Aspekte unter Punkt 4 abgehandelt werden.

Im PTV 3 heißt es ausdrücklich: »Relevante biografische Faktoren sollen im Rahmen des funktionalen Bedingungsmodells (VT) […] dargestellt werden.« Im Unterschied dazu wird im Kommentar zu der Psychotherapie-Richtlinie ausdrücklich davon abgeraten, die biographische Anamnese komplett wegzulassen und biographische Informationen lediglich innerhalb der Makroanalyse abzuhandeln: Ein vollständiger Verzicht auf die biographische Anamnese und die Beschränkung auf eine Makro- und Mikroanalyse macht es »für den Gutachter unmöglich, die Individualität des Patienten in ausreichendem Umfang zu würdigen« (Dieckmann et al. 2018, S. 61). Es wird im Kommentar zur Psychotherapie-Richtlinie dafür optiert, die biographische Anamnese als eigenen Punkt abzuhandeln und das funktionale Bedingungsmodell separat darzustellen. Auch im vorliegenden Buch wird eine Trennung zwischen biographischer Anamnese und Verhaltensanalyse favorisiert.

Ein überzeugendes Argument für eine Trennung zwischen biographischer Anamnese und Makroanalyse ist, dass dadurch angemessen zum Ausdruck kommt, dass es sich bei einer *Anamnese* um ein *Narrativ* des Patienten handelt, welches nicht unbedingt der Wahrheit entsprechen muss. Vielmehr handelt es sich um eine *biographische Rekonstruktion* aus heutiger Perspektive. Das autobiographische Gedächtnis unterliegt situativen und motivationalen Einflüssen. Das kann selektive Erinnerungen und subjektive Verzerrungen zur Folge haben. Für das explizite oder deklarative Gedächtnis gilt ein simples Speicher-Zugriffs-Modell heute als obsolet. Erinnern ist nicht das wahrheitsgetreue Abrufen gespeicherter Gedächtnisinhalte analog der Funktionsweise eines Computers. Dies ist insbesondere relevant, wenn sexueller Missbrauch oder Traumatisierungen vom Patienten berichtet oder vermutet werden.

Bei der Darstellung der biographischen Anamnese ist die indirekte Rede (Konjunktiv) angemessen. Das drückt keineswegs eine Distanzierung oder gar Skepsis des Therapeuten gegenüber den Patientenangaben aus, sondern trägt der Tatsache Rechnung, dass es sich um anamnestische Angaben handelt. Bedenken Sie bitte, dass der Bericht, nachdem der Patient ihn auf Verlangen eingesehen hat und eine Kopie ausgehändigt bekommen hat, möglicherweise auch in andere Hände gelangt, wenn der Patient ihn weitergibt. Hier kann es für den Therapeuten zum Problem werden, wenn biographische Rekonstruktionen und Narrative des Patienten vom Therapeuten als objektive Fakten behandelt werden. Das ist insbesondere dann der Fall, wenn Traumatisierungen durch Misshandlungen oder sexuellen Missbrauch als reale Fakten von Wahrheitswert dargestellt werden.

Bei der *Makroanalyse* handelt es sich um eine Hypothesenbildung des Therapeuten. Eine Vermischung zwischen biographischer *Anamnese* und verhaltensanalytischer *Hypothesenbildung (Interpretation)* ist zu vermeiden. Eine Trennung zwischen (knappen) Angaben zur biographischen Anamnese und Makroanalyse erscheint grundsätzlich sinnvoll.

Grundsätzlich gibt es zwei Möglichkeiten, wie mit der biographischen Anamnese und der Makroanalyse im Antragsbericht umgegangen werden kann: (a) eine *Trennung zwischen biographischer Anamnese und Verhaltensanalyse* oder (b) die *Einarbeitung biographischer Aspekte in die Makroanalyse*. In den psychoanalytisch begründeten Verfahren wird die Variante (a) favorisiert (Adler 2018, S. 101). Im vorliegenden Buch optiere ich für diese Variante auch in verhaltenstherapeutischen

Antragsberichten. Eine strikte Trennung zwischen biographischer Anamnese und Hypothesenbildung (Interpretation) im funktionalen Bedingungsmodell muss erkennbar bleiben.

Wichtige Aspekte der lern- und lebensgeschichtlichen Entwicklung sind: Familienatmosphäre, Lebensregeln, überdauernde kognitive Schemata, die für die aktuelle Erkrankung prädisponierend sein könnten. Welche Prägungen und Lernerfahrungen könnten hypothetisch zur Ausbildung störungsrelevanter Schemata geführt haben? Einzugehen ist auch auf mögliche genetische oder neurobiologische Prädispositionen bei positiver Familienanamnese (etwa bei ADHS, Schizophrenie oder bipolaren affektiven Störungen). Da eine genetische Prädisposition meistens spekulativ ist und nicht direkt durch eine genetische Diagnostik nachgewiesen wurde, ist es besser, von einer positiven Familienanamnese (beispielsweise für eine bipolare Störung) zu sprechen. Alternative oder additive Erklärungen wären dysfunktionales Lernen am Modell oder (spekulative) epigenetische Faktoren. Wichtig ist in diesem Kontext auch die Darstellung besonderer Belastungen und Auffälligkeiten in der individuellen Entwicklung. Wie hat der Patient Schwellensituationen bewältigt? Sind spezifische Auslösebedingungen eruierbar?

Sehr wichtig ist, dass sich die biographische Anamnese nicht nur auf die Wiedergabe von *Realfaktoren*, also äußeren Einflüssen beschränken darf. Eine chronologische oder gar tabellarische Auflistung von Lebensereignissen ohne Aufzeigen der intrapsychischen Verarbeitung und ohne Verweis auf lern- und entwicklungsgeschichtliche Zusammenhänge genügt den Anforderungen der Psychotherapie-Richtlinie nicht. Belastungen und Traumatisierungen führen beispielsweise nicht zwangsläufig zu einer psychischen Störung. Es gibt nicht wenige Menschen, die zwar eine Traumatisierung erleben, aber keine Traumafolgestörung entwickeln. Auch gravierende äußere Belastungsfaktoren machen einen Menschen nicht per se psychisch krank. Entscheidend dafür, ob sich äußere Belastungsfaktoren pathogen auswirken, sind oftmals prädisponierende subjektive Faktoren (Dieckmann et al. 2018, S. 13). Die ätiologische Bedeutung von Realfaktoren muss daher immer auf die individuelle Vulnerabilität des Patienten bezogen werden.

Gerade bei der Prädispositionsanalyse kommt es auf eine stringente Darstellung relevanter Aspekte der Lern- und Entwicklungsgeschichte an. Hier gilt der Grundsatz: Weniger ist mehr. Keinesfalls sinnvoll und auch nicht zu leisten ist eine auf Vollständigkeit angelegte Darstellung der Lebensgeschichte im Antragsbericht (Ubben 2010, S. 166). Unverzichtbar ist eine *Komplexitätsreduktion*. Fragen Sie sich bei jedem Satz, den Sie bei der biographischen Anamnese schreiben wollen: Ist diese Information wirklich nötig zur Ableitung von ätiologischen Hypothesen, die für die Therapieplanung relevant sind? Es kann hier nur um eine stark informationsreduzierte biographische Skizze gehen. Die Auswahl der planungsrelevanten biographischen Informationen sollte stringent hypothesengeleitet erfolgen.

Es gibt auch die alternative Empfehlung – Variante (b) –, biographische Aspekte innerhalb der Makroanalyse darzustellen. Ein solches Vorgehen wird von Autoren wie Best (2001) und Ubben (2010, 2017) favorisiert. Das Hauptargument für diese Variante ist, dass dadurch eine ausufernde biographische Anamnese vermieden werden soll. Diese Empfehlung trägt der Forderung Rechnung, dass die Erarbeitung der biographischen Anamnese strikt hypothesengeleitet erfolgen soll. Durch die Integration biographischer Aspekte in die Makroanalyse sollen Redundanzen und überflüssige Informationen vermieden werden.

Wenn lern- und lebensgeschichtliche Informationen innerhalb der Makroanalyse dargestellt werden, empfiehlt es sich, eigenanamnestische Angaben in indirekter Rede (im Konjunktiv) zu referieren. Auch bei dieser

Variante der Darstellung sollte eine Differenzierung zwischen Narrativ des Patienten (Anamnese) und der Interpretation des Therapeuten (ätiologische Hypothesenbildung) stets erkennbar sein.

Beispiele: »Die Patientin erinnerte den Vater als cholerisch und aufbrausend. Die Mutter sei streng, hart, jedoch auch impulsiv gewesen und habe die Kinder autoritär erzogen. Bei geringfügigen Anlässen habe es kräftige Ohrfeigen gegeben.«

Es ist notwendig, sich gerade bei den Angaben zur Biographie auf wesentliche Aspekte zu beschränken. Weitschweifigkeit und unnötige Detailfülle sind zu vermeiden. Eine Fokussierung auf relevante Inhalte zeigt die Strukturiertheit und die stringente Arbeitsweise des Therapeuten. Richtschnur und Auswahlkriterium bei der prägnanten Darstellung der Lern- und Entwicklungsgeschichte soll sein: Was ist für die nachfolgende Makroanalyse (Prädispositionsanalyse) besonders relevant? Gerade bei den Angaben zur Biographie sollte sehr gezielt eine diagnosen- und problembezogene Auswahl der indikations- und planungsrelevanten Informationen erfolgen. Die Angaben zur Lern- und Entwicklungsgeschichte dienen einem wesentlichen Ziel: der Erarbeitung eines stimmigen und plausiblen hypothetischen funktionalen Bedingungsmodells. Es sollen also nur diejenigen biographischen Informationen dargestellt werden, die für die Genese der aktuellen Erkrankung, die Einschätzung der Behandlungsprognose und das individualisierte Therapiekonzept von Bedeutung sind.

Um eine stringente biographische Anamnese zu erheben, sollte diese hypothesengeleitet exploriert werden. Das Ziel ist eine Komplexitätsreduktion. Damit ist eine Auswahl der biographischen Aspekte nach den zentralen störungsrelevanten Hypothesen gemeint, die später bei der Behandlungsplanung aufgegriffen werden. Dadurch wird einer chronologischen Gliederung eine Absage erteilt. Nicht sinnvoll wäre unter diesem Aspekt auch eine Untergliederung von Punkt 4 a in »Primärfamilie«, »schulische und berufliche Entwicklung«, »Partnerschaften und Sexualität«.

7.4.2 Behandlungsrelevante Angaben zur Krankheitsanamnese

Im Leitfaden PTV 3 und auch im Kommentar zu der Psychotherapie-Richtlinie (Dieckmann et al. 2018, S. 61) werden explizit Angaben zur Krankheitsanamnese und eine epikritische Reflexion von Vorbehandlungen unter Punkt 4 verlangt. Es wird erwartet, dass der Therapeut über angeforderte Unterlagen zusammenfassend berichtet. Wenn die relevanten Informationen knapp und aussagekräftig zusammengefasst werden, kann man meines Erachtens auf das Kopieren und Beifügen von überlangen Rehabilitationsberichten verzichten. Es müssen allerdings die für die Behandlungsplanung und die Prognoseeinschätzung relevanten sozialmedizinischen Kontextfaktoren erkennbar werden (beispielsweise ein Antrag auf Erwerbsminderungsrente, ein laufendes Widerspruchsverfahren bei abgelehntem Rentenantrag oder eine längere Arbeitsunfähigkeit bei einem Arbeitsplatzkonflikt).

So sehen das auch Bender et al. (2018, S. 158): »Vor allem soll auch auf frühere Behandlungen eingegangen werden, beispielsweise indem die vorliegenden Berichte entweder den Unterlagen beigefügt oder indem über sie kurz zusammenfassend berichtet wird.«

Viele Patienten haben bereits Vorerfahrungen im ambulanten, stationären und teilstationären Setting gemacht. Psychiatrische und psychotherapeutische Vorbehandlungen sollen vom Therapeuten reflektiert und epikritisch hinsichtlich ihrer Relevanz für die aktuelle Behandlung gewürdigt werden. Im neuen Leitfaden PTV 3 wird die Bedeutung einer epikritischen Würdigung der Vorbehandlungen deutlich (Dieckmann et al. 2018, S. 62).

Relevant sind bei *Vorbehandlungen* Antworten auf die folgenden Fragen (Dieckmann et al. 2018, S. 28 und S. 62):

- Art des Therapieverfahrens?
- Dauer der Behandlung?
- Anzahl der Stunden?
- Art der Beendigung (regulär oder Abbruch)?
- Therapieziele?
- Was wurde behandelt und mit welchem Ergebnis?
- Erfolg und Misserfolg der bisherigen Behandlungen?
- Mögliche Gründe für Misserfolg?
- Warum war die Vorbehandlung nicht stabil wirksam?
- Welche Konsequenzen ergeben sich daraus für die jetzt geplante Therapie?

Der bloße Verweis auf einen *Verfahrens- oder Therapeutenwechsel* ohne schlüssige Angaben hierzu begründet noch keine nachvollziehbare Indikation für eine erneute Richtlinien-Psychotherapie (Dieckmann et al. 2018, S. 62). Wünschenswert sind Berichte und Epikrisen der Vorbehandler. Diese müssen mit einer Schweigepflichtsentbindung des Patienten angefordert werden. Die vertraulichen Berichte an den Gutachter hingegen werden nur selten an weiterbehandelnde Kollegen weitergegeben. Darauf kann der Weiterbehandler nicht bestehen. Auch im Gutachterverfahren kann darauf nicht bestanden werden (Dieckmann et al. 2018, S. 28 f.).

Unabdingbar ist für die epikritische Reflexion des Weiterbehandlers die Darstellung der Vortherapie aus der *Perspektive des Patienten*. Aus der Darstellung des therapeutischen Prozesses und der Interaktion lassen sich Schlussfolgerungen ziehen, ob es sich um eine verfahrenstypische verändernde Vorgehensweise handelte oder eher um eine vorwiegend emotional supportive Behandlung (Dieckmann et al. 2018, S. 29). Gerade die *Patientensicht auf die Vorbehandlung* wird als besonders relevant eingestuft (Dieckmann et al. 2018, S. 33).

Besonders bei einem Therapieabbruch sollen die Gründe des Patienten und seine Sicht auf die Behandlung ausführlich exploriert werden.

Im Kommentar zu der Psychotherapie-Richtlinie heißt es hierzu (Dieckmann et al. 2018, S. 33): »Die Sicht des Patienten erscheint dabei diagnostisch besonders aufschlussreich und sollte deswegen in jedem Fall erhoben werden. Falls es notwendig erscheint, kann zusätzlich die Sicht des früheren Therapeuten eingeholt werden. Wenn dies nicht möglich ist, kann deshalb allein eine Befürwortung nicht versagt werden.« Die Vorbehandlung sollte also zumindest aus der Perspektive des Patienten im Antragsbericht dargestellt werden. Ergänzend sollte ein Bericht des Vorbehandlers angefordert werden. Wenn der Patient dies ablehnt und keine Schweigepflichtsentbindung erteilt oder wenn der Vorbehandler einen Bericht oder eine Epikrise nicht zeitnah schickt, kann nichts erzwungen werden. Es sollte aus dem Antragsbericht aber hervorgehen, dass zumindest der Versuch unternommen wurde. Allein das Fehlen von Vorberichten ist jedoch kein ausreichender Grund für eine gutachterliche Nichtbefürwortung.

Der Gutachter wird sich für die folgenden Fragen besonders interessieren (Dieckmann et al. 2018, S. 62): Wie lange besteht die Symptomatik bereits? Ist die Störung chronifiziert? Bestehen Komorbiditäten?

7.4.3 Funktionales Bedingungsmodell (Verhaltensanalyse)

Die Verhaltensanalyse ist das Kernstück des Antragsberichts und darf auf keinen Fall fehlen. Wegen ihrer zentralen Bedeutung ist der Verhaltensanalyse ein eigenes Kapitel gewidmet (▶ Kap. 4).

Grundlage zur Ableitung von konkreten Therapiezielen und zur Erstellung eines individualisierten Behandlungsplans bildet die

Verhaltensanalyse, die ursächliche und aufrechterhaltende Bedingungen erfassen soll (Psychotherapie-Richtlinie § 17; Dieckmann et al. 2018, S. 55). Richtlinientherapie ist ätiologisch orientiert (Psychotherapie-Richtlinie § 3) und setzt eine ätiologisch orientierte Diagnostik voraus (Psychotherapie-Richtlinie § 10).

In der Psychotherapie-Richtlinie wird explizit gefordert, »dass der Krankheitszustand in seiner Komplexität erfasst wird, auch dann, wenn nur die Therapie eines Teilziels angestrebt werden kann« (§ 10 Abs. 1). Ein individualisiertes und ätiologisch orientiertes Störungsmodell ist die Voraussetzung für eine Therapieindikation. Die Basis einer individualisierten Behandlungskonzeption stellt die Verhaltensanalyse dar, aus der die indizierten Interventionen abzuleiten sind (Dieckmann et al. 2018, S. 58). Es ist sowohl eine Makro- als auch eine Mikroanalyse erforderlich.

Aus dem funktionalen Bedingungsmodell müssen die prädisponierenden, auslösenden und aufrechterhaltenden Bedingungen plausibel hervorgehen (Bender et al. 2018, S. 160). Plausibilität und Nachvollziehbarkeit sind die entscheidenden Gütekriterien. Die Art der Darstellung (verbale Beschreibung funktionaler Zusammenhänge in ganzen Sätzen, Mikroanalyse als SORKC-Schema oder als Tabelle) ist dabei sekundär. Die Verhaltensanalyse ist kein Selbstzweck (»l'art pour l'art«), sondern immer therapeutisch orientiert, da sich der Behandlungsplan daraus ergibt. Die Verhaltensanalyse muss individualisiert und hinreichend konkret erfolgen. Allgemeine Begrifflichkeiten wie Vermeidungsverhalten oder gelernte Hilflosigkeit sind auf einer unzureichenden Abstraktionsebene angesiedelt (Dieckmann et al. 2018, S. 57). Auf nähere Erläuterungen wird an dieser Stelle verzichtet und auf das ausführliche Kapitel zur Verhaltensanalyse verwiesen (▶ Kap. 4).

7.5 Diagnose

Dieser Punkt kann in einem Ein- oder Zweizeiler abgehandelt werden. An dieser Stelle braucht es keinen vollständigen Satz. Geben Sie die Diagnosesicherheit (G = gesichert, V = Verdacht, A = Ausschluss) endständig an (Bender et al. 2018, S. 160). Beispiel: »Mittelgradige depressive Episode (F32.1G)«.

Im Rahmen der psychotherapeutischen Sprechstunde ist es ausreichend, nur Verdachtsdiagnosen zu stellen. Nennen Sie in einem Antragsbericht für Richtlinientherapie aber gesicherte Diagnosen, denn es muss eine behandlungsbedürftige Erkrankung gemäß § 27 der Psychotherapie-Richtlinie vorliegen. Eine LZT kann nicht nur auf eine bloße Verdachtsdiagnose ohne mindestens eine weitere gesicherte Diagnose gegründet werden. Unbeliebt sind bei Gutachtern Diagnosen mit der Endung X.8 (sonstige) oder X.9 (nicht näher bezeichnet) nach ICD-10. Gerade bei »nicht näher bezeichnet« entsteht der Verdacht der mangelnden diagnostischen und differentialdiagnostischen Sorgfalt. In der Regel sollte es möglich sein, beispielsweise den Schweregrad einer depressiven Episode zu präzisieren, denn daraus ergeben sich therapeutische Implikationen nach der S3-Leitlinie (zusätzliches Antidepressivum bei schwerer Depression).

Eine sorgfältige Diagnose ist wichtig, weil daraus störungsspezifische und evidenzbasierte Therapieelemente abgeleitet werden können. Die Diagnose ist die Basis für Standardisierung. Aufgrund der Diagnose kann man sich an Behandlungsleitlinien und Therapiemanualen orientieren, wobei das Vorgehen stets individualisiert aufgrund der Verhaltensanalyse zu modifizieren ist.

Eine wichtige Frage, die der Gutachter zu prüfen hat, ist das Vorliegen einer Indikation gemäß § 27 der Psychotherapie-Richtlinie.

Eine Diagnose allein schafft noch keine *VT-Indikation*. Die Diagnose sagt nur aus, dass eine krankheitswertige Störung vorliegt. Eine positive Indikation für eine Richtlinien-Psychotherapie ist nur gegeben bei ausreichender Prognose, bei realistischen Therapiezielen und einem bedingungsanalytisch fundierten Behandlungskonzept.

Eine F-Diagnose, die zum Indikationskatalog nach § 27 der Psychotherapie-Richtlinie gehört, ist die Voraussetzung für eine Richtlinientherapie. Sind die Diagnosekriterien für eine F-Diagnose erfüllt, kann grundsätzlich davon ausgegangen werden, dass eine krankheitswertige und behandlungsbedürftige Störung vorliegt (Ubben 2017, S. 23). Die Behandlung muss aber nach dem *Wirtschaftlichkeitsgebot* (§ 12 SGB V) nicht nur notwendig, sondern auch ausreichend, zweckmäßig und wirtschaftlich sein. Außerdem muss sie dem allgemein anerkannten Stand der medizinischen Erkenntnisse entsprechen und in der fachlich gebotenen Qualität erbracht werden (§ 70 SGB V). Dies kann nur anhand eines aussagekräftigen Antragsberichts durch den Gutachter bestätigt werden.

Eine sorgfältige Diagnose ist wichtig, weil gemäß der Psychotherapie-Richtlinie eine krankheitswertige und behandlungsbedürftige Störung vorliegen muss. In der Psychotherapie-Richtlinie (§ 2) wird das Vorliegen einer »seelischen Krankheit« gefordert. Diese ist definiert als eine »krankhafte Störung der Wahrnehmung, des Verhaltens, der Erlebnisverarbeitung, der sozialen Beziehungen und der Körperfunktionen«. Wesentlich ist, dass diese Störung der willentlichen Kontrolle des Patienten nicht mehr oder nur teilweise zugänglich ist. Dadurch werden Befindlichkeitsstörungen und Bagatellbeschwerden (beispielsweise normalpsychologische Trauerreaktion) ausgeschlossen. Psychotherapie als Leistung der gesetzlichen Krankenversicherung ist ausgeschlossen, wenn sie nicht der Heilung einer seelischen Krankheit, sondern allein der beruflichen oder sozialen Anpassung oder der beruflichen oder schulischen Förderung dient (Psychotherapie-Richtlinie § 27 Abs. 3). Gemeint sind Erziehungs-, Ehe-, Lebens- und Sexualberatung bei normalpsychologischen Entwicklungsprozessen ohne Krankheitswert (Psychotherapie-Richtlinie § 27 Abs. 3).

Beziehungsprobleme sind nicht per se krankhaft, sondern können nur dann als behandlungsbedürftig gelten, wenn eine ursächliche Verknüpfung mit einer krankheitswertigen Störung des Patienten nachgewiesen wurde (Psychotherapie-Richtlinie § 2 Abs. 4). Beziehungsprobleme können auch die Folge individueller Entwicklungsprozesse ohne Krankheitswert sein, die normalpsychologische Aspekte von Lebensläufen darstellen, aus denen sich keine Indikation für Richtlinien-Psychotherapie ergibt (Dieckmann et al. 2018, S. 13).

Seit 2014 ist Verhaltenstherapie auch bei *Psychosen* in allen Krankheitsstadien indiziert. Es kann auch bei einer floriden psychotischen Symptomatik eine VT durchgeführt werden. Das gilt insbesondere für pharmakotherapierefraktäre Verläufe mit persistierendem Wahn und chronischen Halluzinationen.

Früher war bei einer *Substanzabhängigkeit* ohne stabile Abstinenz eine Richtlinien-Therapie ausgeschlossen. Das hat sich inzwischen geändert. Jedoch muss nach spätestens 10 Sitzungen die Abstinenz erreicht sein. Bei diagnostizierter Abhängigkeitserkrankung ist das Erreichen der Abstinenz in einer ärztlichen Bescheinigung festzustellen und hat anhand geeigneter Nachweise zu erfolgen. Die ärztliche Bescheinigung ist vom Therapeuten als Teil der Behandlungsdokumentation vorzuhalten und auf Verlangen der Krankenkasse vorzulegen. Kommt es unter der ambulanten Psychotherapie zu einem Rückfall in den Substanzgebrauch, ist die ambulante Psychotherapie nur dann fortzusetzen, wenn unverzüglich geeignete Behandlungsmaßnahmen zur Wiederherstellung der Abstinenz ergriffen werden (Psychotherapie-Richtlinie § 27 Abs. 2).

Falls es Abweichungen zwischen Vorberichten oder dem Konsiliarbericht und Ihrer Diagnosestellung gibt, nehmen Sie unter Punkt 5 dazu unbedingt in Form einer kurzen Begründung Stellung (Bender et al. 2018, S. 158). Diskrepanzen und disparate Diagnoseeinschätzungen sollen differentialdiagnostisch diskutiert und nicht ignoriert werden.

Es ist kein Zeichen von Schwäche oder Inkompetenz, eine zu Behandlungsbeginn gestellte Diagnose im Umwandlungs- oder Fortführungsantrag zu revidieren. Das sollte allerdings begründet werden.

Schauen Sie in den ICD-10-Kriterien lieber einmal zu viel nach als einmal zu wenig, ob die von Ihnen gestellte Diagnose mit der vom Patienten geschilderten Symptomatik und Ihrem psychopathologischen Befund in Einklang zu bringen ist. Zu empfehlen sind die ICD-Forschungskriterien, da die Diagnosekriterien hier präziser aufgelistet sind als in den klinisch-diagnostischen Leitlinien. Die Forschungskriterien sind auch für die psychotherapeutische Praxis brauchbar. Entsprechend heißen sie im Untertitel auch »Diagnostische Kriterien für Forschung und Praxis«.

Bitte vermeiden Sie antiquierte Diagnosen wie F48.0 (Neurasthenie). Diese Kategorie ist eher Gegenstand des medizinhistorischen Interesses als eine Indikation für eine Richtlinientherapie. Bitte führen Sie die Neurasthenie auch nicht durch die »Hintertür« ein. Negativbeispiel: »Erschöpfungsdepression (F48.0)«. Bitte halten Sie sich an etablierte Diagnosen.

Vorsicht ist angebracht bei umstrittenen Entitäten wie »Burnout«. Hierfür gibt es keine F-Diagnose, sondern nur eine Zusatzkodierung in der ICD-10 (Z73: Probleme mit Bezug auf Schwierigkeiten bei der Lebensbewältigung). Eine Zusatzkodierung wie »Burnout« oder eine Persönlichkeitsakzentuierung (Z73.1) hat nicht den Status einer seelischen Krankheit nach § 2 der Psychotherapie-Richtlinie und gehört nicht zum Indikationskatalog nach § 27 der Psychotherapie-Richtlinie. Zudem ist »Burnout« international nicht als Diagnose konsensfähig.

Nach ICD-10-Kriterien halten die Symptome einer Anpassungsstörung (F43.2) meist nicht länger als sechs Monate an, außer bei einer längeren depressiven Reaktion (F43.21). F43.21 ist zu diagnostizieren bei einem *leichten* depressiven Zustand als Reaktion auf eine länger anhaltende Belastungssituation, wobei die depressive Symptomatik nicht länger als zwei Jahre dauert. Wenn eine Depression als Anpassungsstörung fehldiagnostiziert wird, besteht das Risiko einer Chronifizierung. Etwa ein Viertel aller depressiven Störungen verlaufen chronisch (Hautzinger 2015, S. 511).

Vorsicht geboten ist auch bei der Diagnose F41.2 (Angst und depressive Störung, gemischt). Nach ICD-10-Kriterien soll F41.2 nur dann diagnostiziert werden, wenn keine der beiden Störungen (Angst und Depression) ein Ausmaß erreicht, das eine entsprechende einzelne Diagnose rechtfertigen würde. Es handelt sich um eine Kombination relativ milder Angst- und Depressionssyndrome. Wenn beide Syndrome so stark ausgeprägt sind, dass beide einzeln kodiert werden können, soll diese Kategorie nicht verwendet werden. Zutreffender als F41.2 ist oft die Kombination einer depressiven Störung und einer Angsterkrankung. Die Exploration des zeitlichen Verlaufs ist bei Komorbidität wichtig, da dies für die Behandlungsplanung relevant ist. Steht die Angsterkrankung im Vordergrund und ist die Depression sekundär, sollte die Angststörung vorrangig behandelt werden; tritt die Angstsymptomatik hingegen nur während depressiver Phasen auf, dann sollte zunächst die Depression behandelt werden (Schneider und Margraf 2017, S. 37).

Bei einer *Persönlichkeitsstörung* kann eine Verhaltenstherapie auch dann beantragt und genehmigt werden, wenn aktuell keine weitere psychische Störung (Achse-I-Störung wie eine Depression) vorliegt. Eine alleinige F6-Diagnose stellt jedoch per se noch keine

Indikation dar. Gerade bei Persönlichkeitsstörungen ist es von entscheidender Bedeutung, ob eine ausreichende Veränderungsfähigkeit beim Patienten gegeben ist und ob realistische Teilziele formuliert werden. Nur wenn beide Voraussetzungen erfüllt sind, kann eine Psychotherapie gemäß der Psychotherapie-Richtlinie befürwortet werden (Dieckmann et al. 2018, S. 26). Gerade bei Patienten mit Persönlichkeitsstörungen und langdauernden Therapien besteht die Gefahr, dass die therapeutische Beziehung eine überwiegend stützende Funktion bekommt und der Therapeut zum notwendigen Lebensbegleiter wird. Eine solche supportive Therapie wirkt nicht ausreichend verändernd. Eine solche therapeutische Beziehungskonstellation ist mit Richtlinien-Psychotherapie nicht vereinbar. Hierfür stehen andere Behandlungsoptionen außerhalb von Richtlinien-Psychotherapie zur Verfügung (Dieckmann et al. 2018, S. 28).

Abschließend noch ein Wort zur inflationären Verwendung der Diagnose einer (komplexen) posttraumatischen Belastungsstörung: Eine Traumatisierung per se rechtfertigt noch nicht die Diagnose einer Traumafolgestörung, denn nicht wenige Menschen entwickeln auch nach erheblicher Traumatisierung keine posttraumatische Belastungsstörung aufgrund von Resilienzfaktoren oder protektiven und unterstützenden sozialen Erfahrungen. Ein Verkehrsunfall führt häufiger zur Ausbildung einer Agoraphobie als zu einer posttraumatischen Belastungsstörung (Linden 2015a, S. 458). Problematisch sind nach Volbert (2014, S. 85) lediglich vermutete Traumatisierungen und Scheinerinnerungen (false memories), die mit gedächtnispsychologischen Erkenntnissen unvereinbar sind (etwa Erinnerungen an die ersten beiden Lebensjahre). Kritisch zu sehen ist es, wenn »im Laufe der Zeit immer mehr Erlebnisse erinnert werden« oder wenn Erinnerungen »erst im Laufe wiederholter Erinnerungsbemühungen entstanden sind« (Volbert 2014, S. 85). Hier ist auf die Gefahr von Pseudoerinnerungen besonders sorgfältig zu achten. Forschungen zur Erinnerungsverfälschung haben gezeigt, dass Menschen lückenhafte Erinnerungen durch angebotene Erklärungen ausfüllen können (False-Memory-Syndrom). Im Hinblick auf Scheinerinnerungen ist es problematisch, wenn der Therapeut Mutmaßungen des Patienten leichtfertig validiert. Volbert schreibt (2014, S. 85): »Die intensive Beschäftigung mit möglichen konkreten Missbrauchserfahrungen im Rahmen einer Therapie, aber auch in Internetforen oder Selbsthilfegruppen, in denen man von konkreten Erfahrungen anderer hört, kann […] zu lebhaften mentalen Vorstellungen führen, die nach einiger Zeit aufgrund ihrer Lebhaftigkeit, Vertrautheit und guten Abrufbarkeit für tatsächliche Erinnerungen gehalten werden.« Es ist daher mit besonderer Sorgfalt zu prüfen, ob die Diagnosekriterien für eine posttraumatische Belastungsstörung tatsächlich erfüllt sind.

Eine traumamodifizierte VT muss auf die gegenwärtige Traumafolgestörung ausgerichtet sein. Eine Befürwortung einer Behandlung im Rahmen von Richtlinien-Psychotherapie setzt voraus (Dieckmann et al. 2018, S. 25 f.):

- eine valide Diagnostik der traumaspezifischen Symptomatik bzw. der spezifischen Traumafolgestörung
- die Beschreibung der Auswirkungen auf den Lebensalltag
- eine valide Diagnostik des Traumaereignisses (eine bloß vermutete Traumatisierung genügt nicht)
- einen Behandlungsplan, der auf der Verhaltensanalyse des Krankheitsgeschehens basiert und nicht die Bearbeitung einer biographisch lediglich vermuteten Belastung intendiert

- eine plausible Beschreibung traumaspezifischer Vorgehensweisen und ihre Einbettung in eine verhaltenstherapeutische Behandlungskonzeption
- eine Behandlungsplanung, die mögliche Nebenwirkungen berücksichtigt, beispielsweise False-Memory-Syndrom, das Risiko, dass der Opferstatus des Patienten verfestigt wird oder dass anstatt einer konstruktiven und veränderungs- beziehungsweise bewältigungsorientierten therapeutischen Arbeitsbeziehung eine kämpferische Identifikation mit den Anliegen des Patienten erfolgt

7.6 Therapieziele, Behandlungsplan und Prognose

Dieses wichtige Thema ist in einem eigenen Kapitel (▶ Kap. 6.1) ausführlich dargestellt. An dieser Stelle werden nur die wichtigsten Anforderungen genannt, die an einen Antragsbericht zu stellen sind. Außerdem werden Vorschläge gemacht, wie Punkt 6 des PTV 3 (Behandlungsplan) übersichtlich dargestellt werden kann.

Checkliste:

- Nennen Sie nur die wesentlichen *Kernziele*. Beschränken Sie sich bei einem Erst- oder Umwandlungsantrag auf maximal fünf (bis sieben) relevante Ziele. Viele Antragsberichte sind überkomplex. Eine umfangreiche Auflistung unkonkreter Pauschalziele ist nicht sinnvoll. Gerade bei chronifizierten, komplexen und komorbiden Störungen – und insbesondere bei erfolglosen oder nicht nachhaltig wirksamen Vorbehandlungen – müssen realistisch erreichbare umgrenzte Teilziele angegeben werden, die hinreichend operationalisiert und bedingungsanalytisch fundiert sind.
- Alle Therapieziele müssen konkret formuliert und mit dem Patienten transparent reflektiert worden sein. Die *Patientenziele* müssen in *Therapeutenziele* transformiert werden. Es genügt in der Regel nicht, in wörtlichen Zitaten anzugeben, was der Patient als Ziele, Anliegen und Aufträge formuliert hat. Aus den Schlüsselproblemen der Verhaltensanalyse sind die Schlüsselziele nach einem Was-stattdessen-Modell als erstrebenswerte Alternativen zum Problemverhalten konkret zu beschreiben. Die stichpunktartige Aufzählung von allgemeinen störungsspezifischen Therapiezielen auf einer zu hohen Abstraktionsebene (abstrakte Methodenliste) genügt den Anforderungen der Psychotherapie-Richtlinie dezidiert nicht.
- Es sind operationalisierte *Zielerreichungskriterien* anzugeben. Woran können Patient und Therapeut die Zielerreichung, einen graduellen Fortschritt, eine Stagnation oder eine Verschlechterung konkret erkennen? Nach welchen Kriterien wird der Therapieerfolg beurteilt und damit das reguläre Therapieende definiert?
- Der *Behandlungsplan* enthält die Mittel, mit denen die konkreten Therapieziele erreicht werden sollen. Hier ist ein individualisiertes und bedingungsanalytisch fundiertes Veränderungskonzept anzugeben. Die bloße Aufzählung von störungsspezifischen Standardtechniken (Methodenliste) genügt nicht den Anforderungen an einen individualisierten Behandlungsplan.
- Ein überfrachteter Behandlungsplan ist unwirtschaftlich.

- Sie können Therapieziele und Techniken in einer zweispaltigen Tabelle übersichtlich darstellen. Bei einer tabellarischen Darstellung sollten Angaben gemacht werden zu einem übergeordneten Behandlungskonzept, zu Schwerpunkten des therapeutischen Vorgehens, zur Gewichtung von Interventionen und zur Reihenfolge des geplanten Vorgehens.
- Es ist sinnvoll, sich an einem störungsspezifischen Manual, an evidenzbasierten Leitlinien und an fachlich anerkannten Standards und Therapieprinzipien zu orientieren. Jedoch muss der Behandlungsplan immer individualisiert sein. Beim Therapieplan gilt der Grundsatz: so viel Standardisierung wie möglich, so viel Individualisierung wie nötig.
- Es muss ein roter Faden erkennbar werden zwischen dem funktionalen Bedingungsmodell, den daraus abgeleiteten konkreten Therapiezielen und dem individualisierten Behandlungsplan. Die Verhaltensanalyse ist therapiebezogene Diagnostik und Hypothesenbildung. Der Zweck der Verhaltensanalyse ist die Ableitung von Therapiezielen und die Erstellung eines zielführenden Veränderungskonzepts.
- Ein häufiger Beanstandungsgrund ist die unzureichende Berücksichtigung vorausgegangener ambulanter und stationärer Behandlungen. Die epikritische Würdigung von *Vorbehandlungen* gehört zu Punkt 4 und sollte im Behandlungsplan (Punkt 6) aufgegriffen werden. Epikrisen und angeforderte Berichte sind auszuwerten hinsichtlich der Planungsrelevanz für die jetzige Behandlung, also für die Einschätzung der Behandlungsprognose und für das individualisierte Behandlungskonzept, in dem die Lernerfahrungen aus Vorbehandlungen berücksichtigt und utilisiert werden. Auf welche bisher erreichten Fortschritte kann in der Therapie aufgebaut werden? Was ist schon vorhanden und muss nicht noch einmal erarbeitet werden? Warum wurde eine Therapie abgebrochen? Welche Sollbruchstellen und Klippen sind im Therapieprozess zu antizipieren? Durch welches individualisierte motivorientierte Beziehungsgestaltungskonzept kann die Gefahr eines erneuten Therapieabbruchs minimiert werden? Aus welchen Gründen war eine Vorbehandlung nicht ausreichend oder nicht stabil wirksam? Die Berücksichtigung von Vorbehandlungen gilt auch für eine vorangegangene psychodynamische Therapie. Ein Verfahrenswechsel stellt für sich allein noch keine hinreichende Begründung für eine Verhaltenstherapie-Indikation dar. Berichte sollten nach Schweigepflichtsentbindung angefordert werden. Auf jeden Fall ist die Sicht des Patienten auf die Vorbehandlung zu erheben. Dabei sind die folgenden Punkte relevant: Dauer und Umfang der Vortherapie, Verfahren, Vordiagnosen, Art der Beendigung (regulär oder Abbruch), Sicht des Patienten auf die therapeutische Beziehung und den therapeutischen Prozess, erreichte Ziele, Gründe für einen Therapieabbruch oder den geplanten Verfahrenswechsel.
- Das *Setting* soll begründet werden. Hier sind Sitzungszahl und Behandlungsfrequenz anzugeben. Aufgabe des Gutachters ist hier die Wirtschaftlichkeitsprüfung. Ist die geplante Behandlung zweckmäßig und ausreichend? Ist der Behandlungsumfang angemessen? Wird das Maß des Notwendigen eingehalten oder überschritten? Ist das Setting nachvollziehbar. Beispielsweise können Sie schreiben, dass Sie bei Ihrem Patienten mit sozialer Angststörung eine Einzeltherapie durchführen wollen, da das Einzelsetting gegenüber einer Gruppentherapie bei dieser Störung überlegen ist (Stangier et al. 2016, S. 110). Bei einer Kombinationsbehandlung sollten Sie angeben, wieviel Therapieeinheiten für die Gruppentherapie vorgesehen sind und welche Ziele mit welchen Mitteln in der Gruppe erreicht werden sollen. Ein Manko von Berichten zu Kombinationsbe-

handlungen ist oft, dass nicht klar wird, welche Methoden und Interventionen im Gruppensetting angewandt werden sollen und welcher Therapieumfang für Einzel- und Gruppentherapie geplant ist. Es muss erkennbar werden, dass der Schwerpunkt bei einer Kombinationsbehandlung mit überwiegend Einzeltherapie im Einzelsetting liegt.
- Bei einem *Umwandlungsantrag* soll unter Punkt 6 der Gesamtbehandlungsplan dargestellt werden, der sowohl die bisherige KZT als auch die geplante LZT umfasst. Der Behandlungsplan sollte sich bei einem Umwandlungsantrag *nicht* nur auf den nach der Umwandlung geplanten Therapieabschnitt beschränken. Bei Punkt 7 ist zunächst der Verlauf der KZT nachvollziehbar darzustellen. Es sollte klar werden, welche Therapieziele bisher erreicht wurden. Im Anschluss daran ist zu begründen, warum eine Umwandlung in LZT notwendig ist. Hierzu sind vage Angaben (z. B. »zur weiteren Stabilisierung«) nicht ausreichend. Bei der Umwandlungsbegründung sind die bisher noch nicht erreichten Therapieziele konkret zu benennen, die in der geplanten LZT anvisiert werden. Es ist individualisiert darzustellen, mit welchen wesentlichen Interventionen die restlichen Therapieziele erreicht werden sollen.
- Ein häufiger Beanstandungsgrund beim Behandlungsplan ist die fehlende Kooperation mit anderen Berufsgruppen. Insbesondere ist die Indikation für eine begleitende Psychopharmakotherapie zu beachten. Hier sind aktuelle Behandlungsleitlinien zu berücksichtigen. Insbesondere bei schwerer Depression, bei chronischer Depression, bei wahnhafter Depression, bei Schizophrenie oder bei bipolarer Störung kommt der medikamentösen Behandlung eine herausragende Bedeutung zu. Hier sollte im Behandlungsplan auf die Kooperation mit dem mitbehandelnden Psychiater hingewiesen werden.
- Der Therapeut sollte eine eigenständige und individualisierte *Prognoseeinschätzung* vornehmen. Es sollten sowohl prognostisch günstige als auch einschränkende Faktoren genannt werden. Insbesondere auf sozialmedizinische Faktoren (längere Arbeitsunfähigkeit, Krankengeld) und Veränderungshindernisse (Rentenbegehren, Krankheitsgewinn, Berufsunfähigkeitsversicherung) sollte eingegangen werden. Nähere Hinweise zur Prognoseeinschätzung finden sich in einem eigenen Kapitel (▶ Kap. 6.3).

7.7 Umwandlungsantrag

Häufig besteht Unsicherheit, ob sich der Bericht zum Umwandlungsantrag auf den aktuellen Stand bei Antragstellung beziehen soll oder auf den Zeitpunkt des Therapiebeginns. Der Bericht zum Umwandlungsantrag soll sich grundsätzlich auf den *Therapiebeginn* beziehen (Bender et al. 2018, S. 156). Die Diagnose soll sich nach dem Leitfaden PTV 3 allerdings explizit auf den Zeitpunkt der Antragstellung beziehen. Jedoch wäre es beispielsweise ein Fehler, nach Teilremission einer initial schwer ausgeprägten depressiven Episode nur eine mittelgradige oder leichte depressive Episode zu diagnostizieren, denn dann ist nicht nachvollziehbar, warum bei einer leichten Depression ein Behandlungsumfang von 60 Therapieeinheiten beantragt wird oder warum eine parallele antidepressive Medikation etabliert wurde. Bei der Diagnosestellung ist der maximale Ausprägungsgrad der aktuellen Krankheitsepisode ausschlaggebend. Beispiel: »Zu Beginn der aktuellen Krankheitsepisode bestand ein schwer ausgeprägtes depressives Syndrom ohne psychotische Symptome. Insgesamt handelt es sich um die dritte depressive Episode. Eine Manie oder Hypomanie war anamnestisch nicht eruierbar. Durch stationäre psychiatrische Behandlung und im Verlauf der KZT 1 und 2 kam es unter paralleler Medikation mit 15 mg Escitalopram zu einer Teilremission (aktueller BDI-II: 22).« Da die aktuelle Episode und nicht nur der aktuelle Querschnittsbefund zu beurteilen ist, lautet die korrekte Diagnose F33.2G.

Bei einem *Umwandlungsantrag* von Kurz- in Langzeittherapie muss zusätzlich zu den Punkten 1–6 noch zu Punkt 7 Stellung genommen werden. Punkt 7 gliedert sich in zwei Unterpunkte: (a) bisheriger Therapieverlauf und (b) Begründung der Notwendigkeit einer Umwandlung in LZT.

(a) Zunächst ist der bisherige *Behandlungsverlauf* darzustellen. Wie hat sich die Symptomatik bisher verändert? Beginnen Sie bei der Darstellung des Therapieverlaufs zunächst mit der knappen Beschreibung der Rahmenbedingungen (Surall und Kunz 2019, S. 120 ff.). Stellen Sie danach wesentliche inhaltliche Verlaufsaspekte dar.

Rahmenbedingungen:

- Wann wurde die Therapie begonnen? Viele Gutachter interessieren sich für das Datum des Therapiebeginns, um die Frequenz der Therapie beurteilen zu können. Häufig werden auf dem PTV 2 die probatorischen Sitzungen nicht angegeben, aus denen sich jedoch Anhaltspunkte für den Therapiebeginn ergeben, wenn dieser im Bericht nicht explizit angegeben wurde oder wenn der PTV 2 für die KZT 1 und die KZT 2 nicht beigefügt sind. In diesem Fall ist der aktuelle PTV 2 unvollständig ausgefüllt. Es erzeugt Skepsis beim Gutachter, wenn beispielsweise 24 Therapieeinheiten KZT auf zwei oder mehr Jahre verteilt wurden. Hier ist unbedingt eine schlüssige Begründung für das niederfrequente Vorgehen anzugeben. Ein 50-Minuten-Gespräch pro Monat ist auch im Rahmen der antragsfreien Grundversorgung möglich.
- Welche Art von Therapie wurde bisher durchgeführt (Akuttherapie, KZT 1, KZT 2)?
- Gab es Besonderheiten hinsichtlich des Kontingents: Wurden »Reststunden« aus einer Vortherapie übernommen? Handelt es sich um einen Fortführungsantrag nach einer Teilbefürwortung? Welches Kontingent wurde bisher bewilligt?
- In welchem Setting fand die bisherige Therapie statt (Einzel-, Gruppen- oder Kombinationsbehandlung)?
- Wie viele Sitzungen wurden bisher durchgeführt?
- Gab es längere Unterbrechungen der Therapie oder Therapiepausen und warum?

Inhaltliche Verlaufsaspekte:

- Wie sind Mitarbeit und Compliance des Patienten einzuschätzen?
- Wie ist die therapeutische Allianz zu beurteilen? Die Qualität der therapeutischen Beziehung gilt als zentraler Wirkfaktor und ist für die Prognoseeinschätzung relevant. Ist die Arbeitsbeziehung ausreichend tragfähig? Sind auch empathische Konfrontationen möglich?
- Wie gestaltete sich die motivorientierte Beziehungsgestaltung?
- Wie sind Flexibilität, Umstellungsfähigkeit und Motivation des Patienten einzustufen?
- Gab es besondere Vorkommnisse, Irritationen und Komplikationen im Verlauf?
- Welche Methoden und Interventionen wurden schwerpunktmäßig eingesetzt und mit welchem Erfolg?
- Wie hat sich die Symptomatik verändert?
- Wie hat sich der psychopathologische Befund verändert? Remission? Teilremission?

Persistierende oder neu hinzugekommene Problembereiche?
- Wie stellt sich der Verlauf in Testuntersuchungen dar?

Beispiel: »Das agoraphobe Vermeidungsverhalten hat sich insofern gebessert, als Frau Y. mittlerweile wieder ohne Sicherheitssignale mit der U-Bahn in die Arbeit fahren kann.«

Weiteres Beispiel: »Das depressive Syndrom ist teilremittiert. Dies zeigt sich in einer Abnahme des BDI-II-Wertes von 27 bei Therapiebeginn auf 15. Deutlich gebessert haben sich das Grübeln und die Inaktivität.«

Es empfiehlt sich, weitere Ergebnisse von psychodiagnostischen Testverfahren an dieser Stelle zu positionieren. Dies gilt für die Verlaufsmessung, aber auch für neue Befunde. Wenn während der Therapie eine zusätzliche Diagnose gestellt wurde, weil sich im Verlauf neue Anhaltspunkte ergeben haben, sollten entsprechende Testungen hier referiert werden, auch wenn es sich um Ausschlussdiagnostik handelte.

Ein wichtiger Punkt bei der Verlaufsbeschreibung ist das Erreichen und Nichterreichen von *Therapiezielen*. Dies sollte möglichst anschaulich und anhand der oben definierten Zielerreichungskriterien dargestellt werden. Beispiel: »Bei der Verbesserung der sozialen Kompetenzen hat Frau W. deutliche Fortschritte gemacht. Sie hat von Rollenspielen und Verhaltensexperimenten profitiert und kann sich gegenüber ihrer Kollegin besser abgrenzen. Es gelingt ihr zunehmend besser, unberechtigte Forderungen der Kollegin zurückzuweisen, unangemessene Arbeitsaufträge abzulehnen und Pausenzeiten einzuhalten. Es bestehen jedoch noch deutliche Defizite bei der Äußerung von Wünschen und Bedürfnissen gegenüber ihrer Lebenspartnerin. Dies ist vor dem Hintergrund der dependenten Beziehungsschemata der Patientin zu verstehen.«

Weiteres Beispiel bei Hypochondrie: »Das Therapieziel 2 wurde nach subjektiver Einschätzung der Patientin zu 75 % erreicht.« Als Therapieziel 2 war definiert worden: »Abbau von body checking, insbesondere Absuchen der Mundschleimhaut und anderer Hautpartien auf vermeintlich pathognomonische Hautveränderungen für eine sexuell übertragbare Krankheit«.

(b) Nachdem der Verlauf der bisherigen Therapie dargestellt wurde, muss noch die *Notwendigkeit der Umwandlung* der KZT in LZT begründet werden. Ein Grund kann sein, dass aufgrund der Komplexität der Störung nur Teilziele erreicht werden konnten. Es ist aufzuzeigen, an welchen konkreten prädisponierenden und aufrechterhaltenden Faktoren noch gearbeitet werden muss, um eine nachhaltige Stabilisierung zu erreichen. Es kann auch sein, dass ein kleinschrittiges Vorgehen notwendig ist oder dass die ursprüngliche Diagnose im Verlauf revidiert werden musste. Ursprüngliche Hypothesen, die im Rahmen der Probatorik generiert wurden, können im Therapieverlauf falsifiziert werden. Auch eine grundlegende prozessadaptierte Revision des ursprünglichen Behandlungskonzepts ist möglich, denn die Hypothesenbildung in der Verhaltenstherapie ist immer heuristisch und vorläufig. Die Modifikation der Verhaltensanalyse im Therapieverlauf ist die Basis für eine rekursive Anpassung der Therapieplanung.

Begründung der Notwendigkeit einer Umwandlung in LZT (Surall und Kunz 2019, S. 124):

- Es konnten noch nicht alle notwendigen Methoden durchgeführt werden.
- Es gibt noch offene Zielbereiche. Wichtige Therapieziele konnten noch nicht oder nur teilweise erreicht werden.
- Neue Symptome und Problembereiche sind hinzugekommen.
- Besonderheiten des Patienten (etwa eine Intelligenzminderung) machten ein kleinschrittiges Vorgehen notwendig.
- Die Diagnose oder das funktionale Bedingungsmodell müssen revidiert werden.

Beispiele: Initial wurde eine Depression diagnostiziert, der Verlauf ergab jedoch, dass es sich um eine bipolare Störung oder um eine Psychose aus dem schizophrenen Formenkreis handelt. Bestimmte dysfunktionale Persönlichkeitsstile wurden vom Patienten am Anfang wegen Ich-Syntonie noch nicht als veränderungswürdig eingestuft. Erst in der Therapie konnten Problembewusstsein und Änderungsmotivation aufgebaut werden. Aufgrund von Scham wurden relevante Problembereiche zu Therapiebeginn verschwiegen. Erst mit gewachsenem Vertrauen waren Selbstöffnungen zu schambesetzten Themen möglich. Erst im Verlauf stellte sich heraus, dass sogenannte Präsentiersymptome wie Essanfälle oder Panikattacken Epiphänomene einer tiefgreifenden Störung – etwa einer Borderline-Störung – darstellen (Surall und Kunz 2019, S. 125 f.).
- Bestimmte Symptombereiche persistieren und sind schwierig oder nur langsam zu verändern. Hier sind unbedingt Veränderungshindernisse und Funktionalität zu beschreiben.
- Es gab Komplikationen, Krisen und neue belastende Lebensereignisse.
- Die bisherige Behandlung hat noch nicht zu einer ausreichenden Belastungsstabilität geführt.
- Wegen Instabilität und der Gefahr eines Rezidivs oder einer Exazerbation muss die Behandlung noch verlängert werden.
- Das alleinige Persistieren einer psychischen Störung oder das Vorhandensein einer Restsymptomatik schafft noch keinen hinreichenden Grund für eine Richtlinientherapie. Viele psychische Erkrankungen verlaufen chronisch. Die Indikation für Richtlinientherapie ergibt sich nicht in erster Linie aus der Schwere oder Chronizität der Symptomatik, sondern setzt eine ausreichende Veränderungsfähigkeit und eine ausreichende Veränderungsprognose voraus. Bei eingeschränkter Behandlungsprognose sind unter dem Aspekt der Zweckmäßigkeit und Wirtschaftlichkeit andere unterstützende Maßnahmen zielführender als eine voraussetzungsreiche Richtlinientherapie. Falls der Erwerb von ausreichenden Problemlösungsfertigkeiten und Selbstfürsorgekompetenzen in absehbarer Zeit nicht möglich erscheint, ist keine Indikation für Richtlinientherapie gegeben. In diesem Fall ist die notwendige Unterstützung außerhalb von Richtlinien-Psychotherapie zu organisieren. Begleitende und supportive Zielsetzungen sind bei Richtlinientherapie nicht möglich. Hier sind also zielführende alternative Behandlungsformen zu koordinieren. Unterbleibt dies, könnte man von einem »Koordinierungsversagen« sprechen. Bei einer komplexen und chronifizierten Störung (etwa bei einer Borderline-Störung) ist konkret aufzuzeigen, welche umgrenzten Teilziele mit welchen Methoden bei realistischer Prognoseeinschätzung durch Richtlinientherapie verändert werden sollen. Richtlinientherapie ist stets kontingentiert, ätiologisch orientiert, verändernd und nicht nur supportiv-begleitend. Die Bewältigung von normalpsychologischen Entwicklungsaufgaben ist nicht Gegenstand von Richtlinientherapie.

Der Gutachter sollte bei Lektüre von Punkt 7 den Eindruck gewinnen, dass ein konstruktiver therapeutischer Prozess in Gang gekommen ist, in welchem bereits Teilziele erreicht wurden. Es sollte klar werden, welche Interventionen eingesetzt wurden und zu welchen Ergebnissen diese konkret geführt haben. Schwierigkeiten im Behandlungsverlauf und in der therapeutischen Beziehung sollten dargestellt werden, denn diese sind – etwa bei einer Persönlichkeitsstörung – zu erwarten. Hier würde es verwundern, wenn ein glatter Behandlungsverlauf dargestellt würde. Es sollte hier aber auch deutlich werden, welche Punkte offengeblieben und was die Foki der weiteren Therapie sind. Auch hier sollten die anvisierten Ziele innerhalb der jetzt beantragten weiteren 36 Sitzungen realistisch erreichbar sein.

Günstig ist es, wenn Sie den Patienten bei der Erstellung des Berichts zum Umwandlungs- oder Fortführungsantrag einbeziehen. Das schafft Transparenz und stärkt die aktive Rolle des Patienten im Veränderungsprozess. Sie können als Hausaufgabe den Patienten eine Bilanz der bisherigen Therapie schreiben lassen.

Für einen Umwandlungs- oder Fortführungsantrag können die folgenden Evaluationsfragen aus der Perspektive des Patienten zur Strukturierung hilfreich sein (modifiziert nach Ubben 2017, S. 136):

- Was waren die wesentlichen Symptome/Beschwerden zu Beginn der Therapie?
- Mit welchen konkreten Situationen hatte ich zu Therapiebeginn Probleme?
- Welche meiner Einstellungen, Gedanken und Verhaltensweisen waren dabei problematisch?
- Zu welchen ungünstigen Konsequenzen haben diese Einstellungen, Gedanken und Verhaltensweisen immer wieder geführt?
- Welche Beziehungserfahrungen und Belastungen aus meiner Lebensgeschichte haben wesentlich zu meinen Problemen und Symptomen beigetragen? Welche sind die drei wichtigsten prägenden Lebenserfahrungen, die für die Entstehung meines Kernproblems eine zentrale Rolle spielen?
- Was hat sich im Verlauf der bisherigen Therapie an meinen Symptomen/Beschwerden konkret geändert?
- Was sind die drei wichtigsten Ziele, die ich am Anfang durch die Therapie erreichen wollte?
- Welche Einstellungen, Gedanken und Verhaltensmuster haben sich im Verlauf der Therapie konkret verändert? Durch welches veränderte Verhalten und durch welche neuen Gedanken und Einstellungen kann ich mit problematischen Situationen inzwischen besser umgehen?
- Was hat mir in der Therapie bisher am besten geholfen?
- Gab es »Aha-Erlebnisse« in der Therapie? Was habe ich über mich selbst und über meine eigenen problematischen Anteile verstanden? Gibt es ein Schlüsselerlebnis, eine zentrale Erkenntnis oder eine Art »take-home message«?
- Erlebe ich in der Behandlung etwas als nicht hilfreich? Stört mich etwas?
- Was konnte in der bisherigen Therapie noch nicht zu meiner Zufriedenheit erreicht/verändert werden?
- Welche sind die drei wichtigsten Ziele, die ich in der Therapie unbedingt noch erreichen will?
- Wo sehe ich in der Zukunft Sollbruchstellen oder Stolpersteine, die bei mir einen Rückfall in alte problematische Verhaltensmuster auslösen könnten?
- Worauf muss ich besonders achten, um schwierige Situationen in der Zukunft ohne fremde Hilfe zu meistern?

7.8 Fortführungsantrag

Nach der Richtlinienreform gibt es nur noch einen *Fortführungsantrag* von 60 auf 80 Therapieeinheiten. Der früher gutachterpflichtige Schritt von 45 auf 60 Sitzungen ist entfallen. Ob bei einem Fortführungsantrag ein Gutachten eingeholt wird oder nicht, liegt gemäß § 35 der Psychotherapie-Richtlinie im Ermessen der Krankenkasse. Die Krankenkasse kann jeden Antrag begutachten lassen. Pragmatisch ist das Vorgehen, bei einem Fortführungsantrag von 60 auf 80 Therapieeinheiten zunächst bei der Kasse die Fortführung mit PTV 1 und PTV 2 zu beantragen und dann erst einmal die Reaktion der Krankenkasse abzuwarten. Meistens erfolgt eine Genehmigung ohne erneute Begutachtung, insbesondere wenn der Erst- oder Umwandlungsantrag »glatt« durchgegangen ist. Bei einer Teilbefürwortung ist die Wahrscheinlichkeit einer Begutachtung des Fortführungsantrags größer. Der Gutachter hat auch die Möglichkeit, auf dem PTV 5 in dem unteren Freitextfeld die Begutachtung eines Fortführungsantrags zu empfehlen. Beispielsweise kann der Gutachter beim Erst- oder Umwandlungsantrag auf dem PTV 5 unten im Freitextfeld schreiben: »Die Behandlung kann innerhalb dieses Kontingents voraussichtlich erfolgreich abgeschlossen werden.« Er kann auch schreiben: »Aus fachlichen Gründen wird der Krankenkasse empfohlen, beim nächsten Fortführungsantrag ein Gutachten einzuholen.«

Vergehen nach Eingang des Fortführungsantrags bei der Kasse mehr als drei Wochen ohne Reaktion, gilt die Behandlung nach § 13 Abs. 3a SGB V als genehmigt. Wenn die Krankenkasse schreibt, dass ein Gutachten eingeholt wird, müssen Sie den PTV 8 mit Antragsbericht nachschicken.

Der Bericht zum *Fortführungsantrag* besteht aus drei Punkten:

1. Darstellung des bisherigen Behandlungsverlaufs seit dem letzten Bericht. In der Regel müssen Sie also auf den Verlauf der 36 Sitzungen seit dem Umwandlungsantrag eingehen, analog zu Punkt 7 des Umwandlungsantrags. Wie hat sich die Symptomatik verändert? Welche Teilziele wurden erreicht? Wie hat der Patient auf die durchgeführten Interventionen angesprochen? Was war zielführend und was nicht?
2. Aktueller psychopathologischer Befund, aktuelle Diagnosen gemäß ICD-10 und weitere Ergebnisse von psychodiagnostischen Testverfahren.
3. Begründung der Notwendigkeit einer Fortführung der Behandlung (analog zu Punkt 7 des Umwandlungsantrags). Hier sollte dargestellt werden, ob die ursprünglichen Therapieziele geändert wurden (und warum) und ob der Behandlungsplan modifiziert wurde. Die im Bericht zum Erst- oder Umwandlungsantrag dargestellten Hypothesen können bei einem Fortführungsantrag durchaus revidiert werden. Psychotherapie ist ein dynamischer Prozess, in welchem das funktionale Bedingungsmodell ständig präzisiert und aktualisiert werden muss. Die Modifikation der Verhaltensanalyse, der Therapieziele und des Behandlungskonzepts spiegelt die therapeutische Realität und zeigt Ihre Fähigkeit zur Prozess- und Ergebnisevaluation sowie zur rekursiven (prozessadaptierten) Therapieplanung (Ubben 2017, 33). Die Therapieplanung ist immer wieder flexibel an den therapeutischen Prozess und den tatsächlichen Therapieverlauf anzupassen (Ubben 2017, S. 5). Schließlich ist im Bericht zu einem Fortführungsantrag eine erneute Prognoseeinschätzung auf der Grundlage des bisherigen Therapieverlaufs und unter Berücksichtigung aller vorliegenden Faktoren vorzunehmen.

Ganz wichtig ist es, im Fortführungsantrag explizit den *Therapieabschluss* zu planen und gegebenenfalls weiterführende Maßnahmen nach Therapieabschluss zu skizzieren. Das gilt bei einem Fortführungsantrag bis zur Höchstgrenze und ist essentiell bei einem Antrag auf Überschreitung der verfahrensspezifischen Höchstgrenze von 80 Therapieeinheiten. Im Bericht zu einem Fortführungsantrag sollte dargestellt werden, warum der Patient seine Erkrankung noch nicht eigenverantwortlich bewältigen kann und warum Selbsthilfemöglichkeiten noch nicht ausreichen.

Für die Planung des Therapieabschlusses sind die folgenden Empfehlungen (Dieckmann et al. 2018, S. 46 f.) hilfreich:

- rechtzeitige und definitive Festlegung des Behandlungsendes
- gedehnte Frequenz (alle 14 Tage, einmal monatlich)
- Nutzung der Möglichkeit von bis zu 16 Therapieeinheiten zur Rezidivprophylaxe
- Beschränkung auf die bisherigen Foki (»kein neues Fass aufmachen«)
- Ressourcenorientierung
- Betonung realitätsorientierter Eigenverantwortung sowie erlebens- und verhaltensnaher kognitiver Sichtweisen
- bilanzierende Betrachtung des Erreichten und des Nichterreichten, Akzeptanz und Betrauern des Nichterreichbaren
- Erarbeiten von Selbstmanagement-Strategien
- Rückfallprophylaxe, antizipatorische Besprechung anstehender Entwicklungsaufgaben und Schwellensituationen, Vorbereitung auf Schwierigkeiten, Rückschläge und Krisen

Überschreitung der Höchstgrenze. Die Höchstgrenze einer Verhaltenstherapie beträgt 80 Therapieeinheiten. Eine Überschreitung dieser Höchstgrenze kann individuell beantragt werden. Wichtig ist bei der Überschreitung der Höchstgrenze, dass im Bericht zum Fortführungsantrag ein begrenztes Vorgehen erkennbar wird. Das Abschlussmanagement muss konkret beschrieben werden. Es darf nicht der Eindruck entstehen, dass es sich um eine endlose supportive Lebensbegleitung handelt. Es muss eine weiterhin behandlungsbedürftige Erkrankung vorliegen, die mit ausreichender Prognose durch Richtlinientherapie therapierbar ist. Auch hier gilt das Wirtschaftlichkeitsgebot. Die Bewältigung von normalpsychologischen Anpassungs- und Entwicklungsaufgaben ist nicht Gegenstand von Richtlinientherapie. Die Abschlussphase und der Übergang in Selbstmanagement müssen deutlich werden. Alternativen zu Richtlinientherapie (nicht antrags- und genehmigungspflichtige Gesprächsziffern, psychiatrische Behandlung) sollen diskutiert werden. Gerade bei Patienten mit Persönlichkeitsstörungen besteht die Gefahr, dass der Therapeut zum Lebensbegleiter wird. Die Therapie ist dann überwiegend supportiv, aber nicht ausreichend verändernd. Solche Prozesse und therapeutischen Beziehungskonstellationen sind keine Richtlinien-Psychotherapie; hierfür sind andere Behandlungsoptionen außerhalb von Richtlinientherapie vorgesehen (Dieckmann et al. 2018, S. 28). Bei zu langer Therapiedauer kann sich eine ungünstige Prozessdynamik entwickeln mit Unselbstständigkeit und übermäßiger Abhängigkeit des Patienten vom Therapeuten. Wenn solche schädlichen Beziehungskonstellationen in Fortführungsanträgen erkennbar werden, sollten Gutachter derartige Prozesse im Interesse des Patienten beenden. Wenn Alternativen zu einer Richtlinientherapie nicht ausreichend erwogen und geplant werden, könnte das ein Koordinierungsversagen darstellen.

Es kann durchaus vorkommen, dass innerhalb von zwei Jahren nach Therapieende ein *erneuter Erstantrag* gestellt werden muss. Dies ist schlüssig zu begründen. Ein nachvollziehbarer Grund läge etwa dann vor, wenn sich die Symptomatik wesentlich geändert hat und eine neue Diagnose gestellt wird. Ein klassisches Beispiel ist, dass nach mehreren depressiven Phasen erstmals eine Manie oder Hypomanie auftritt, und die Diagnose einer bipolaren affektiven Störung gestellt wird. Ein weiteres Beispiel ist das Neuauftreten von psychotischen Symptomen nach einer initialen Depression, die retrospektiv als Prodromalphase einer Schizophrenie eingestuft werden muss. Es kann auch vorkommen, dass stark schambesetzte Problembereiche erst auf der Basis eines gewachsenen Vertrauensverhältnisses berichtet werden. Entscheidend sind immer die substantiierte Begründung einer Zweittherapie und die bedingungsanalytisch fundierte Ableitung eines individualisierten Therapiekonzepts aus der aktualisierten Verhaltensanalyse. Gerade bei Vorbehandlungen, einer erneuten Therapie bei demselben Therapeuten und bei einer Überschreitung der Höchstgrenze ist die Individualisierung des Behandlungsplans unverzichtbar. Pauschalziele und eine abstrakte Methodenliste wären in einem solchen Fall insuffizient. Geradezu toxisch sind pauschale Formulierungen wie: »Am bisherigen Behandlungsplan wird festgehalten.« Es ist nicht wahrscheinlich, dass mehr desselben zum Erfolg führen wird. Stattdessen ist aufzuzeigen, was jetzt aus welchen Gründen anders gemacht werden soll als in der bisher nicht ausreichend wirksamen Therapie.

7.9 Gruppentherapie

Seit 2019 ist eine ausschließliche Gruppentherapie nicht mehr gutachterpflichtig. Sie muss aber bei der Krankenkasse beantragt werden. Dasselbe gilt auch für eine Kombinationsbehandlung mit überwiegender Gruppentherapie. Überwiegend bedeutet, dass mehr als die Hälfte der Therapie als Gruppentherapie erfolgen soll. Eine Begutachtung wäre allerdings denkbar, wenn innerhalb der letzten zwei Jahre bereits eine Psychotherapie erfolgte. Grundsätzlich kann die Krankenkasse jeden Antrag auf Psychotherapie begutachten lassen.

Wie wird eine *Kombinationsbehandlung* aus Einzel- und Gruppentherapie beantragt? Geben Sie auf dem PTV 2 die Anzahl der in diesem Bewilligungsschritt beantragten Therapieeinheiten an (beispielsweise weitere 36 Therapieeinheiten bei einem Umwandlungsantrag). Kreuzen Sie das Setting an: ausschließlich *Einzeltherapie*, ausschließlich *Gruppentherapie* oder *Kombinationsbehandlung* mit überwiegend Einzel- oder überwiegend Gruppentherapie (oder Kombinationsbehandlung mit zwei Therapeuten). Sie müssen sich vorab nicht festlegen, wie viele Sitzungen genau im Einzel- und wie viele im Gruppensetting durchgeführt werden sollen. Es muss jedoch bei Kombinationsbehandlung mit überwiegend Einzeltherapie die Mehrzahl der Therapieeinheiten (mehr als 50 %) im Einzelsetting erfolgen. Sie müssen dann noch die EBM-Ziffern für Einzel- und Gruppentherapie angeben.

Beispiel: Auf dem PTV 8 kreuzen Sie an: Antrag des Patienten auf Psychotherapie für Erwachsene, Langzeittherapie (LZT) als Erstantrag, Kombinationsbehandlung mit überwiegend Einzeltherapie. Auf dem PTV 2 geben Sie an: Für die LZT werden in diesem Bewilligungsschritt beantragt: 60 Therapieeinheiten mit GOP des EBM 35425, 3555X. »X« ist ein Platzhalter für die Gruppengröße, die von 3 bis 9 variieren kann. Sie müssen sich bei Beantragung noch nicht auf die Gruppengröße festlegen. Eine Gruppensitzung von 100 Minuten Dauer entspricht im Gesamttherapiekontingent einer Einzelsitzung von 50 Minuten Dauer. Beispielsweise könnten Sie dann 40 Einzelsitzungen von 50 Minuten Dauer und 20 Gruppensitzungen von 100 Minuten Dauer durchführen. Wichtig: Das überwiegende Setting muss eingehalten werden. Es müssen bei Kombinationsbehandlung mit überwiegend Einzeltherapie mehr Einzel- als Gruppensitzungen erfolgen.

Wichtig: Im Bericht an den Gutachter ist das Konzept für die Gruppentherapie zu skizzieren. Es ist darzustellen, welche Interventionen im Einzel- und welche im Gruppensetting vorgesehen sind.

Seit der Richtlinienreform 2017 ist auch eine Kombinationsbehandlung durch zwei Therapeuten möglich. Das Vorgehen ist in der Psychotherapie-Vereinbarung (§ 11 Abs. 9) geregelt. Bei einer Kombinationsbehandlung mit zwei Therapeuten müssen beide Therapeuten je ein Formblatt PTV 2 ausfüllen. Bei der Krankenkasse sind also PTV 1 und beide PTV 2 einzureichen. Jeder Therapeut gibt auf dem PTV 2 die jeweils von ihm durchzuführenden Therapieeinheiten an. Der Gesamtbehandlungsplan ist in Abstimmung zwischen beiden Therapeuten zu erstellen und eine gegenseitige Information über den Behandlungsverlauf sicherzustellen, wobei der Patient in den Informationsaustausch vorher einwilligen muss. Ideal ist also ein Antragsbericht, der von beiden Therapeuten unterschrieben wird und in dem ein Gesamtbehandlungsplan über die Einzel- und Gruppentherapie dargestellt wird.

7.10 Kriterien zur Beurteilung der Qualität von Antragsberichten

Die Aufgabe des Gutachters besteht darin, der Krankenkasse eine Empfehlung auszusprechen, ob und in welchem Umfang die Kosten für eine beantragte Psychotherapie übernommen werden sollen. Die Krankenkasse kann sich an diese Empfehlung des Gutachters halten oder auch davon abweichen. Durch das Gutachterverfahren findet eine vorgezogene Wirtschaftlichkeitsprüfung statt. Außerdem dient es der Qualitätssicherung.

In seiner ausführlichen Stellungnahme kann der Gutachter dem Therapeuten Hinweise geben zu notwendigem Klärungsbedarf und auch zu möglichen Risiken im weiteren Verlauf (Dieckmann et al. 2018, S. 83). Der Auftrag des Gutachters, der von der Krankenkasse erteilt wird, bezieht sich ausdrücklich nicht auf Supervision des antragsunterstützenden Psychotherapeuten. Das gilt auch für den Fall, dass der Therapeut eine solche supervisorische Unterstützung für die Behandlungsplanung ausdrücklich wünschen sollte (Dieckmann et al. 2018, S. 83).

Der Gutachter muss sich bei seiner Entscheidung an der Psychotherapie-Richtlinie und an der Psychotherapie-Vereinbarung orientieren. Außerdem gelten § 12 und § 70 SGB V.

Die geplante Behandlung muss folgende Anforderungen erfüllen:

- Die Behandlung muss *notwendig* sein (Krankheitswertigkeit der Störung, Vorliegen einer Indikation).
- Die Therapie muss *ausreichend* sein.
- Die Behandlung muss *zweckmäßig* sein. Das Kriterium der Zweckmäßigkeit ist erfüllt, wenn auf der Basis der klassifikatorischen Diagnose (ICD) und ergänzt durch ein verhaltensanalytisches Störungsmodell ein evidenzbasiertes und hinreichend individualisiertes Therapiekonzept entwickelt wurde (Ubben 2017, S. 30).
- Es gilt das *Wirtschaftlichkeitsgebot*. Das Maß des Notwendigen darf nicht überschritten werden.
- Das Behandlungskonzept muss *fachlich anerkannten Standards* entsprechen (Orientierung an evidenzbasierten Leitlinien und Manualen).
- Die Störung muss in ihrer Komplexität erfasst werden, auch wenn nur die Behandlung eines Teilziels vorgesehen ist.

Der Gutachter hat die folgenden Möglichkeiten:

- Nachforderung von Unterlagen, Aufforderung zur Nachbesserung des Berichts (Klärungsbedarf) vor der gutachterlichen Entscheidung
- Befürwortung ohne Bedenken und ohne kritischen Kommentar
- Befürwortung mit Bedenken/mit kritischem Kommentar
- Befürwortung mit Bedenken/mit kritischem Kommentar und Empfehlung,

beim nächsten Fortführungsantrag ein Gutachten einzuholen
- Teilbefürwortung
- Nichtbefürwortung

Eine befürwortende Stellungnahme des Gutachters sollte auf die folgenden Punkte eingehen (Dieckmann et al. 2018, S. 82 f.):

- Krankheitswertigkeit der Störung und Indikation gemäß § 27 der Psychotherapie-Richtlinie (Notwendigkeit)
- hinreichendes funktionales Bedingungsmodell (plausible Verhaltensanalyse)
- Wahl des Behandlungsverfahrens (Differentialindikation)
- Behandlungsplan (zweckmäßig, ausreichend, wirtschaftlich, fachlicher Standard)
- Prognose (hinreichend günstig)

Der folgende *Kriterienkatalog* orientiert sich an der Liste von Dieckmann et al. (2018, S. 59 ff.), wobei die Gliederung den einzelnen Punkten des PTV 3 folgt.

1. Wurden relevante soziodemographische und sozialmedizinische Daten dargestellt (Alter, Geschlecht, aktuelle berufliche und soziale Situation, sozialmedizinische Aspekte wie AU, Rentenantrag)? Wird die aktuelle Lebenssituation des Patienten deutlich?
2. Wurde die aktuelle Symptomatik aus der Perspektive des Patienten ausreichend dargestellt (Störungsmodell des Patienten)?
(b) Wurde ein aussagekräftiger psychopathologischer Befund nach dem AMDP-System erhoben (als Ergänzung zu den anamnestischen Angaben aus der Perspektive des Patienten)? Sind in dem psychopathologischen Befund die relevanten Positiva und Negativa bezogen auf die diagnostizierte Erkrankung enthalten?
(c) Fazit aus (a) und (b): Liegt eine krankheitswertige und behandlungsbedürftige psychische Störung vor (Kriterium der Notwendigkeit erfüllt)? Besteht eine Indikation für eine Psychotherapie/Verhaltenstherapie gemäß Psychotherapie-Richtlinie (§ 27)?
3. Liegt ein somatischer Befund (bei ärztlichen Psychotherapeuten) oder ein Konsiliarbericht (bei psychologischen Psychotherapeuten) vor, der den Qualitätsanforderungen der Psychotherapie-Richtlinie (§ 32 Abs. 3) genügt? Hat der psychologische Psychotherapeut indikations- und planungsrelevante somatische Aspekte bei der Indikationsstellung und Behandlungskonzeption berücksichtigt?
4. Biographische Anamnese: Gibt es ausreichende Angaben zur biographischen Anamnese (Lern- und Entwicklungsgeschichte)?
(b) Krankheitsanamnese: Wird die Krankheitsanamnese dargestellt (Verlaufsaspekt, Längsschnitt)? Insbesondere: Wurden psychotherapeutische Vorbehandlungen epikritisch hinsichtlich ihrer Relevanz für die aktuelle Behandlung gewürdigt? Wurden Epikrisen/Berichte über stationäre und ambulante psychiatrische, psychosomatische und psychotherapeutische Behandlungen angefordert und pseudonymisiert beigefügt?
(c) Funktionales Bedingungsmodell: Wird ein plausibles und individualisiertes ätiologisches Störungsmodell (hypothetisches funktionales Bedingungsmodell) erkennbar? Ist die Makroanalyse aus der biographischen Anamnese ableitbar? Enthält die Makroanalyse Angaben zu prädisponierenden, auslösenden und aufrechterhaltenden Bedingungen, zur intraindividuellen und interaktionellen Funktionalität der Störung und zu Ressourcen? Liegt eine plausible Mikroanalyse in Anlehnung an das SORKC-Schema (oder an das Modell von Bartling et al. 2016) vor?
5. Ist die Diagnosestellung mit der Symptomatik, der Krankheitsanamnese, dem psychopathologischen Befund und dem funktionalen Bedingungsmodell kompatibel? Ist die ICD-10-Diagnose nachvollziehbar?

Gehen die Diagnosekriterien aus der Krankheitsanamnese und dem psychopathologischen Befund hervor? Werden naheliegende Differentialdiagnosen diskutiert?

6. (a) Therapieziele: Sind die Therapieziele ausreichend konkret formuliert? Sind die Therapieziele individualisiert aus dem funktionalen Bedingungsmodell abgeleitet (bedingungsanalytisch fundiert)? Werden operationalisierte Zielerreichungskriterien angegeben, anhand derer beurteilt werden kann, wann die Therapie erfolgreich abgeschlossen ist oder ob die Therapie in eine richtige Richtung geht?

(b) Behandlungsplan: Ist das Behandlungskonzept hinreichend individualisiert? Die stichwortartige Aufzählung störungsspezifischer Interventionstechniken genügt nicht den Anforderungen der Psychotherapie-Richtlinie an eine ausreichende Individualisierung. Ist ein roter Faden erkennbar zwischen der Verhaltensanalyse, den daraus abgeleiteten Therapiezielen und dem Behandlungsplan? Wurden Therapieziele und Behandlungskonzept (Veränderungskonzept) hinreichend konkret und individualisiert aus dem ätiologisch orientierten Störungsmodell (Verhaltensanalyse) abgeleitet? Wurden bei der Therapieplanung die positiven Effekte oder die ausbleibenden Erfolge von Vorbehandlungen berücksichtigt? Wurden Erfahrungen aus Vorbehandlungen für das Therapiekonzept genutzt? Kooperation mit anderen Berufsgruppen: Ist die geplante Verhaltenstherapie Teil eines Gesamtbehandlungsplans (insbesondere bei Psychosen, bipolaren affektiven Störungen, Substanzkonsumstörungen, somatoformen Störungen)? Wird die Kooperation mit anderen Berufsgruppen dargestellt? Entspricht das Behandlungskonzept aktuellen fachlichen Standards (unter Berücksichtigung von Leitlinien und Manualen)? Wurde die Möglichkeit einer leitlinienkonformen begleitenden Psychopharmakotherapie in Erwägung gezogen? Ist der Behandlungsumfang angemessen unter Beachtung des Wirtschaftlichkeitsgebots (§ 12 und § 70 SGB V)? Ist der vorgesehene Behandlungsumfang (Anzahl der Therapieeinheiten) zur Erreichung der Therapieziele notwendig? Ist die Sitzungsfrequenz angemessen? Enthält der Behandlungsplan ausschließlich verhaltenstherapeutische Methoden, Interventionen und Techniken? Falls auch Entspannungsverfahren vorgesehen sind: Werden übende und suggestive Interventionen (PMR, autogenes Training, Hypnose) ausreichend von der beantragten Richtlinientherapie abgegrenzt? Falls eine Kombination aus Einzel- und Gruppentherapie beantragt wurde: Wird das Konzept der Gruppentherapie nachvollziehbar? Wie viele Therapieeinheiten werden für Einzel- und Gruppentherapie veranschlagt? Bei Umwandlungsanträgen: Umfasst der Behandlungsplan sowohl den bisherigen und als auch den nach der Umwandlung angestrebten Therapieprozess?

(c) Prognose: Wurde eine realistische Prognoseeinschätzung vorgenommen? Wurden im individuellen Fall sowohl prognostisch günstige als auch einschränkende Faktoren genannt? Ist die Prognoseeinschätzung nachvollziehbar hinsichtlich Chronifizierung, Komorbidität, Vorbehandlungen, Therapiezielen und Veränderungskonzept? Wurden bei der Prognoseeinschätzung relevante sozialmedizinische Aspekte als mögliche Veränderungshindernisse berücksichtigt (Arbeitsunfähigkeit, Krankengeld, Rentenbegehren, Berufsunfähigkeitsversicherung)?

7. Bei Umwandlungsanträgen:
(a) Therapieverlauf: Wird der Verlauf der bisherigen KZT ausreichend präzise dargestellt? Welche Teilziele wurden erreicht und mit welchen Mitteln (Interventionsstrategien)?

(b) Begründung der Notwendigkeit einer Umwandlung in LZT: Besteht weiterhin noch eine behandlungsbedürftige Erkrankung? Welche konkreten Therapieziele sollen mit welchen Methoden nach der Umwandlung erreicht werden? Ist der Behandlungsplan hierfür realistisch und angemessen?

Häufige Monita der Gutachter sind:

- Der Konsiliarbericht fehlt oder enthält keine ausreichenden medizinischen Informationen. Die Verantwortung liegt beim antragsunterstützenden Therapeuten. In einem solchen Fall ist eine Nachbesserung zu erwirken oder eine erneute Konsiliaruntersuchung bei einem anderen Arzt zu veranlassen.
- Aus der Krankheitsanamnese, dem psychopathologischen Befund und den Testuntersuchungen geht nicht hervor, dass die Diagnosekriterien erfüllt sind. Beispiel: Bei einer posttraumatischen Belastungsstörung wird nicht deutlich, dass das A-Kriterium erfüllt ist oder dass aktuell die Symptome einer Traumafolgestörung vorliegen. Weiteres Beispiel: Bei Beziehungsstörungen und Partnerschaftsproblemen wird nicht deutlich, dass diese Manifestationen einer krankheitswertigen und behandlungsbedürftigen Störung darstellen. Nicht jede Lebensunzufriedenheit ist krankheitswertig, nicht jedes Unglücklichsein darf pathologisiert werden; es gibt auch »gesundes Leiden« (Gensichen und Linden 2013).
- Naheliegende Differentialdiagnosen wurden nicht diskutiert.
- Im Konsiliarbericht oder in Berichten zu Vorbehandlungen sind andere Diagnosen angegeben als im Antragsbericht, ohne dass die Abweichung begründet wird.
- Krankheitswertigkeit und Behandlungsbedürftigkeit werden nicht deutlich (z. B. Beziehungsstörungen ohne Bezug zu einer nachgewiesenen psychischen Erkrankung oder supportive Begleitung von normalen Entwicklungsaufgaben im Sinne einer Lebensbegleitung).
- Die Behandlung findet zu niederfrequent statt. Kritisch zu sehen ist eine durchgehend niederfrequente Behandlung, die nur alle vier Wochen oder sogar noch seltener stattfindet, etwa eine Kurzzeittherapie, die sich über 2–3 Jahre erstreckt. Hier bestehen Zweifel, ob ausreichend verändernd gearbeitet wird oder ob nur eine stützende Begleitung stattfindet. Niederfrequente supportive Gespräche können auch im Rahmen der Grundversorgung erfolgen. Hier sind 150 Minuten pro Quartal möglich. Bei einer niedrigen Frequenz von nur einer Sitzung pro Monat oder sogar darunter entstehen Zweifel, ob verändernd an konkreten Zielen gearbeitet wird. Bei einer sehr geringen Frequenz und eher sporadischen Kontakten sind Nebenwirkungen zu beachten: Beim Patienten kann die Illusion entstehen, er sei in Therapie und tue etwas für sich, obwohl nur eine unspezifische emotional-supportive Begleitung in niedriger Frequenz erfolgt, die mit Richtlinientherapie nichts zu tun hat.
- Sozialmedizinische Kontextfaktoren sind unklar oder werden nicht angemessen bei der Behandlungsplanung und Prognoseeinschätzung berücksichtigt (etwa bei Rentenbegehren, langer Krankschreibung, Bezug von Krankengeld).
- Psychotherapeutische Vorbehandlungen wurden bei der Indikationsstellung, Prognoseeinschätzung und Behandlungsplanung nicht ausreichend epikritisch gewürdigt. Es ist darzustellen, warum eine Vorbehandlung nicht ausreichend wirksam war, an welche Erfolge nach dem Wirtschaftlichkeitsgebot angeknüpft wird und wie die Ergebnisse der Vorbehandlungen für die Behandlungsplanung genutzt werden. Ein Verfahrens- oder Therapeutenwechsel ist zu begründen.
- Die Verhaltensanalyse ist nicht nachvollziehbar, nicht aussagekräftig oder defizitär. Die makro- und mikroanalytischen Bedingungen des durch die Therapie zu verändernden Problemverhaltens werden nicht ausreichend deutlich.

- Die Therapieziele sind nicht hinreichend konkret und operationalisiert formuliert, es werden nur Pauschalziele genannt.
- Die Ziele sind innerhalb des begrenzten Kontingents einer Richtlinientherapie nicht realistisch erreichbar. Statt realistisch erreichbarer umgrenzter Therapieziele werden unspezifische Pauschalziele (z. B. »Verbesserung der Lebensqualität«) oder normalpsychologische Entwicklungsziele genannt.
- Der Behandlungsplan ist nicht ausreichend individualisiert, sondern stellt eine Methodenliste dar, in der lediglich abstrakte und schematische störungsspezifische Methoden aufgelistet werden. Das Behandlungskonzept wurde nicht fallbezogen aus dem individuellen Bedingungsmodell abgeleitet.
- Der Behandlungsplan ist nicht zweckmäßig. Beispiel: Es sind Methoden geplant, die nicht indiziert sind (EMDR ohne nachgewiesene Traumafolgestörung). Einzelne Behandlungsschwerpunkte wurden nicht ausreichend begründet (z. B. ACT oder Schematherapie). Das Erlernen eines Entspannungsverfahrens gehört nicht zu Richtlinientherapie und muss separat erfolgen. Das Behandlungskonzept ist eher supportiv und nicht ausreichend verändernd.
- Bei der Behandlungsplanung werden evidenzbasierte Behandlungsmanuale und Leitlinienempfehlung nicht berücksichtigt. Beispiele: Bei einer Angst- oder Zwangsstörung ist keine Konfrontationsbehandlung vorgesehen. Bei schwerer Depression wurde der Patient nicht über die Option einer begleitenden antidepressiven Medikation aufgeklärt. Das Behandlungskonzept ist nur supportiv-begleitend und nicht ausreichend veränderungsorientiert.
- Die Methoden sind nicht verhaltenstherapeutisch. Das wäre der Fall bei einem ausschließlich schematherapeutischen Behandlungskonzept, der Arbeit am sogenannten inneren Kind, bei »Klopftechnik« oder bei Behandlungsmethoden, deren Wirksamkeit nicht ausreichend nachgewiesen wurde.
- Im Therapieplan wird kein roter Faden erkennbar. Stattdessen werden heterogene Interventionen eklektisch und collagenartig aufgelistet. Ein überfrachteter Behandlungsplan ist unwirtschaftlich.
- Die Indikation für naheliegende Maßnahmen wurde nicht geprüft, z. B. Eheberatungsstelle oder Paartherapie, suchtspezifische Maßnahmen bei einer Substanzkonsumstörung, Rehabilitationsmaßnahme, psychiatrische Mitbehandlung, psychiatrische Institutsambulanz, Ergotherapie, Soziotherapie, psychiatrische Hauskrankenpflege.
- Mögliche Nebenwirkungen wurden nicht beachtet, z. B. die Förderung einer Abhängigkeitsbeziehung zum Therapeuten bei einer langen Behandlungsdauer oder ein False-memory-Syndrom bei einer Traumatherapie (Volbert 2014).
- Bei Umwandlungs- und Fortführungsanträgen: Eine Verlängerung der Behandlung ist nicht mehr notwendig, weil nur noch gering ausgeprägte Symptome vorliegen oder weil die bereits erreichten Erfolge ausreichen, damit eine eigenverantwortliche Bewältigung auch ohne Therapie gelingt. Die Notwendigkeit einer Umwandlung in Langzeittherapie oder einer Fortführung wurde nicht ausreichend begründet. Es gelten das Wirtschaftlichkeitsgebot und das verhaltenstherapeutische Grundprinzip der minimalen Intervention.
- Ein weiterer häufiger Kritikpunkt bei Umwandlungs- und Fortführungsanträgen ist, dass der Verlauf der bisherigen Therapie nicht deutlich wird. Das ist der Fall, wenn überwiegend äußere Lebensereignisse berichtet werden und nicht klar wird, welche Methoden und Interventionen eingesetzt wurden und zu welchen Ergebnissen diese geführt haben.
- Die Behandlungsprognose ist nicht ausreichend günstig, z. B. bei laufendem Ren-

tenverfahren, Veränderungshindernissen oder hoher Funktionalität der Störung. Eine ausreichende Umstellungsfähigkeit ist nicht gegeben. Mehrfache Vorbehandlungen wurden abgebrochen oder waren nicht genügend erfolgreich, ohne dass dies nachvollziehbar begründet wurde. Der bisherige Verlauf der Kurzzeittherapie lässt Zweifel am Erfolg der Behandlung aufkommen. Es ist unwahrscheinlich, dass eine längere Therapie zum Erfolg führt, wenn lediglich weiter wie bisher gearbeitet wird und keine Hypothesen formuliert werden, warum die Therapie bislang zu wenig verändernd wirksam war.

7.11 Gliederung nach dem PTV 3

7.11.1 Erst- und Umwandlungsantrag

1. Alter, Geschlecht, aktuell ausgeübter Beruf, familiäre, partnerschaftliche Situation und finanzielle Situation, sozialmedizinische Kontextfaktoren (AU, Krankengeld, Rentenbegehren, Grad der Behinderung)
2. Aktuelle Symptomatik, subjektives Krankheitsverständnis des Patienten, Anlass der Therapie, Anliegen und Ziele des Patienten; psychopathologischer Befund (möglichst nach dem AMDP-System); psychodiagnostische Testverfahren
3. Konsiliarbericht, indikations- und planungsrelevante somatische Befunde; Substanzanamnese; psychopharmakologische Medikation; Vorbehandlungen erwähnen und auf beigefügte Berichte verweisen
4. Biographische Anamnese; Makroanalyse: Prädispositionshypothesen (frustrierte Grundbedürfnisse, Bindungsmuster, Grundannahmen, Plananalyse), Dekompensationshypothesen, Aufrechterhaltungsbedingungen, Funktionalität, Ressourcen; Mikroanalyse: konkretes Verhalten in Situationen, SORKC-Schema
5. Diagnosen nach ICD-10; Differentialdiagnosen
6. Therapieziele (konkret, operationalisiert, bedingungsanalytisch fundiert), Kernziele; Behandlungsplan: Veränderungskonzept, Mittel/Interventionen zur Erreichung der Therapieziele; Kooperation mit anderen Berufsgruppen; Prognoseeinschätzung: prognostisch einschränkende und günstige Faktoren
7. Nur bei einem Umwandlungsantrag: Behandlungsverlauf; Begründung der Notwendigkeit einer Umwandlung in LZT; gegebenenfalls weitere psychodiagnostische Testverfahren

7.11.2 Fortführungsantrag

1. Behandlungsverlauf: Veränderung der Symptomatik, Behandlungsergebnisse: Erreichung und Nichterreichung der Therapieziele
2. Aktuelle Diagnosen, aktueller psychopathologischer Befund, psychodiagnostische Testverfahren
3. Notwendigkeit der Fortführung begründen; geänderte/erweiterte Behandlungsziele; Behandlungsplan; Prognose; Planung des Therapieabschlusses; weiterführende Maßnahmen nach Therapieende

8 Praktische Empfehlungen zum Antragsbericht

1. Bemühen Sie sich um eine funktionale Einstellung gegenüber dem Gutachterverfahren. Utilisieren Sie das unumgängliche Schreiben von Antragsberichten: Sehen Sie darin eine Gelegenheit zur professionellen Reflexion, die der Qualitätsoptimierung dient. Ein funktionales Bedingungsmodell und ein daraus abgeleitetes Behandlungskonzept bilden die Basis für eine effiziente und qualitativ hochwertige Therapie. Vergegenwärtigen Sie sich die Vorteile des Gutachterverfahrens wie vorgezogene Wirtschaftlichkeitsprüfung und Qualitätssicherung.
2. Der Bericht soll dem Gutachter eine fachlich begründete Entscheidung ermöglichen, ob die beantragte Therapie mit der Psychotherapie-Richtlinie und der Psychotherapie-Vereinbarung vereinbar ist. Bei der Lektüre Ihres Antragsberichts wird der Gutachter auf die folgenden Kernkriterien achten: Liegt eine krankheitswertige und behandlungsbedürftige psychische Störung vor? Besteht eine Indikation für eine Verhaltenstherapie? Ist das funktionale Bedingungsmodell plausibel? Sind die Therapieziele hinreichend konkret, individualisiert formuliert und realistisch erreichbar? Werden Zielerreichungskriterien erkennbar? Ist das Veränderungskonzept individualisiert aus der Verhaltensanalyse abgeleitet, zweckmäßig und wirtschaftlich? Entspricht die geplante Behandlung fachlichen Standards? Besteht eine ausgewogene Balance zwischen Individualisierung und Standardisierung?
3. Zur Erzielung von Stringenz und Fokussierung auf die wesentlichen Inhalte empfehle ich folgendes Vorgehen: Lesen Sie die Akte einen Tag oder einige Tage vor dem Verfassen des Berichts einmal ganz durch. Machen Sie sich beim Aktenstudium, wenn überhaupt, nur wenige Notizen. Schauen Sie die Akte dann erst einmal nicht mehr an. Durch den zeitlichen Abstand werden unnötige Informationen gefiltert. Wenn Sie später dann den Bericht schreiben, nehmen Sie sich zuvor einige Minuten Zeit zur Rekapitulation, zur Synopsis der vorliegenden Informationen und zur gedanklichen Fokussierung. Überlegen Sie, wie Sie Ihren Patienten in Ihrer Intervisionsgruppe oder einem Kollegen in einem kurzen Telefonat vorstellen würden. Stellen Sie sich vor, Sie haben für diese mündliche Vorstellung nur fünf Minuten Zeit. Was sind die wesentlichen Inhalte, auf die es ankommt? Finden Sie in dem fiktiven kollegialen Gespräch Antworten auf die folgenden Fragen: Mit welchem Anliegen/Auftrag kam der Patient? Worunter leidet er am meisten? In welchen Lebensbereichen ist er durch die Symptomatik eingeschränkt (Krankheitswertigkeit und Behandlungsbedürftigkeit der Störung)? Warum ist nicht mit einer Spontanremission zu rechnen? Wodurch wird die Störung aufrechterhalten? Welche biographischen Entstehungsbedingungen halten Sie für besonders relevant? An welchen Themen und Bereichen wollen Sie vordringlich in der Therapie arbeiten, um eine nachhaltige Stabilisierung zu erreichen? Was ist der Fokus der Therapie? Stellen Sie sich vor,

Sie hätten nur drei Monate Zeit zur Verfügung für die Therapie. Welchen Fokus würden Sie vorrangig auswählen? Machen Sie als Gedankenexperiment einen Perspektivenwechsel: Versetzen Sie sich in die Rolle des Gutachters. Was könnte ein Gutachter wohl für Fragen und Einwände haben?
4. Beim Schreiben können Sie die Punkte des PTV 3 der Reihe nach abhandeln. Alternativ können Sie auch in einem ersten Durchgang zu denjenigen Gliederungspunkten etwas schreiben, zu denen Ihnen spontan etwas einfällt.
5. Vergewissern Sie sich, dass alle Unterlagen vollständig sind (Kontaktdaten des Therapeuten auf dem Antragsbericht, PTV 2, Konsiliarbericht mit Chiffre, pseudonymisierte Berichte über Vorbehandlungen).
6. Heften Sie die Unterlagen nicht. Verwenden Sie keine Heftklammergeräte. Auch Büroklammern sind unnötig und lästig.
7. Verwenden Sie keine Abkürzungen.
8. Wählen Sie eine gute lesbare Schriftart in ausreichender Größe (beispielsweise Times New Roman 12 oder Arial/Helvetica 11).
9. Ganze Sätze sind besser und verständlicher als Telegrammstil, Stichpunkte oder Fragmente, die für einen Außenstehenden enigmatisch sind.
10. Bitte verwenden Sie keinen Mediziner-Jargon: Ein Patient »präsentiert« sich beispielsweise nicht mit einer depressiven Symptomatik, sondern im Erstgespräch wurden depressive Symptome berichtet oder erfragt. Auch »imponiert« im psychopathologischen Befund nichts. Vermeiden Sie schiefe Metaphern: Ein Patient wird von einem Psychiater oder in einer Ambulanz behandelt, aber nicht dort »angebunden«. Es gibt keine depressiven »Einbrüche«, sondern Erstmanifestationen, Rezidive oder Exazerbationen. Diagnosen werden gestellt, aber nicht »vergeben«.
11. Es gibt keine *Zwei-Seiten-Obergrenze*. Die Vorgabe im PTV 3 ist lediglich eine Empfehlung, die aber in der Praxis nur selten umsetzbar ist. Die Mehrheit der Berichte (ca. 75 %) umfasst auch nach der Richtlinienreform 2017 immer noch drei bis vier Seiten. Die Qualität ist das entscheidende Kriterium, nicht eine sinnfreie Begrenzung auf zwei Seiten.
12. Streben Sie Kürze und Stringenz an. Der Bericht muss aussagekräftig und nachvollziehbar sein, ohne sich in überflüssigen Details zu verlieren. Ein roter Faden sollte erkennbar werden. Das entscheidende Kriterium zur *Komplexitätsreduktion* ist die Relevanz einer Information für die Verhaltensanalyse und das daraus abgeleitete Therapiekonzept. Treffen Sie eine Auswahl. Kondensieren Sie den Bericht auf die wesentlichen Informationen. Sich kurz zu fassen, ist eine anspruchsvolle Aufgabe. In diesem Kontext sagte Blaise Pascal (1623–1662) in einem Brief vom 4. Dezember 1656: »Je n'ai fait celle-ci [la lettre, J.B.] plus longue que parce que je n'ai pas eu le loisir de la faire plus courte.« Deutsche Übersetzung: »Ich habe diesen Brief länger gemacht, weil ich keine Zeit hatte, ihn kürzer zu machen.« Wie erreichen Sie einen fokussierten Bericht? Hierzu empfiehlt sich eine Beschränkung der biographischen, anamnestischen und verhaltensanalytischen Informationen auf das, was für einen roten Faden im Behandlungsplan unmittelbar relevant ist.
13. *Je komplexer der Fall, desto fokussierter muss das Veränderungskonzept sein.* Das Behandlungskonzept darf nicht überkomplex sein. Ein überfrachteter Behandlungsplan ist unwirtschaftlich. Treffen Sie eine Auswahl. Priorisieren Sie. Beschränken Sie sich auf die Kernziele. Legen Sie sich auf Foki fest.
14. Schreiben Sie den Bericht unbedingt selbst. Im PTV 8 müssen Sie durch Unterschrift erklären, dass Sie den Be-

richt vollständig persönlich verfasst haben. Haben Sie Mut zu Ihren eigenen Gedanken, zu Ihren Hypothesen und zu Ihren eigenen Formulierungen.
15. Verwenden Sie keine *Textbausteine*. Schreiben Sie einen individualisierten, anschaulichen und spannenden Bericht, der ein lebendiges und plastisches Bild gerade dieses Patienten vermittelt.
16. Beschreiben Sie bei Punkt 1 nur die aktuelle soziale Situation und sozialmedizinische Kontextfaktoren wie Arbeitsunfähigkeit oder Rentenverfahren. Die biographische Anamnese kommt erst bei Punkt 4.
17. Zu Punkt 2 gehört neben der aktuellen Krankheitsanamnese obligat ein psychopathologischer Befund (am besten nach dem AMDP-System), in dem die relevanten Positiva und Negativa genannt werden und der mit der Diagnose kompatibel ist.
18. Gemäß § 10 Abs. 2 der Psychotherapie-Richtlinie sind »vor Indikationsstellung für eine therapeutische Maßnahme […] in der Regel standardisierte diagnostische Instrumente einzusetzen«. Geben Sie sowohl die relevanten Testergebnisse mit Rohwerten als auch eine stimmige Interpretation an.
19. Verweisen Sie nicht nur auf den ärztlichen Konsiliarbericht. Fassen Sie somatische Befunde, die für die Indikationsstellung und die Behandlungsplanung relevant sind, selbst kurz zusammen. Gehen Sie auf eine Psychopharmakotherapie ein. Erheben Sie selbst eine Substanzanamnese.
20. Trennen Sie zwischen biographischer Anamnese und dem funktionalen Bedingungsmodell. Beschränken Sie sich bei den Angaben zur Lern- und Entwicklungsgeschichte auf diejenigen Informationen, die für die Prädispositions- und Dekompensationshypothesen relevant sind. Die Darstellung der Lebensgeschichte ist knapp und auf die makroanalytisch relevanten Aspekte fokussiert. Stellen Sie die biographische Anamnese im Konjunktiv dar. Die anamnestischen Angaben sind frei von Interpretationen und psychologischen Erklärungsmodellen.
21. Die Makroanalyse kommt vor der Mikroanalyse. Die Makroanalyse gliedert sich in die Trias: Prädisposition, Auslöser/Dekompensation und aufrechterhaltende Bedingungen. Zusätzlich können und sollen noch Ressourcen aufgezählt werden, die in der Therapie utilisiert werden können.
22. Eine SORKCfältige Verhaltensanalyse besteht aus Makro- *und* Mikroanalyse. Besser als das Abarbeiten eines SORKC-Schemas ist in vielen Fällen die verbale Beschreibung funktionaler Zusammenhänge. Konsequenzen im SORKC-Schema beziehen sich immer nur auf volitives Verhalten. Verhaltenssteuernd sind nur die kurzfristigen Konsequenzen. Bezeichnen Sie langfristige negative Auswirkungen des Problemverhaltens nicht mit C-Symbolen.
23. Gehen Sie bei Punkt 4 auch auf die Krankheitsanamnese ein. Vorbehandlungen sollen nicht ignoriert, sondern diskutiert werden. Das gilt auch bei einem Verfahrens- und Therapeutenwechsel. Für die Indikationsstellung und die Behandlungsplanung ist die epikritische Würdigung von Vorbehandlungen essentiell. Bemühen Sie sich um Berichte und Epikrisen. Stellen Sie auf jeden Fall die Perspektive des Patienten auf Vorbehandlungen dar, insbesondere wenn eine Therapie abgebrochen wurde oder nicht ausreichend erfolgreich war.
24. Die Diagnose muss mit der Krankheitsanamnese und dem psychopathologischen Befund vereinbar sein. Diskutieren Sie relevante Differentialdiagnosen. Eine präzise Diagnose ist wichtig, um sich an einem störungsspezifischen Therapiemanual zu orientieren und um evidenzbasierte und manualisierte Interventionsstrategien auszuwählen. Begründen Sie Ihre Diagnose bei Diskrepanzen zum

8 Praktische Empfehlungen zum Antragsbericht

Konsiliarbericht oder abweichenden Vordiagnosen.

25. Leiten Sie aus der Verhaltensanalyse zentrale Kernziele nach einem Was-stattdessen-Modell ab. Zählen Sie keine Pauschalziele auf. Formulieren Sie die Therapieziele verhaltensnah, konkret und bedingungsanalytisch fundiert. Geben Sie operationalisierte Zielerreichungskriterien an. Formulieren Sie bei komplexen und chronifizierten Störungen umgrenzte Teilziele, die im beantragten Kontingent realistisch erreichbar sind.
26. Nennen Sie sowohl prognostisch einschränkende als auch prognostisch günstige Faktoren.
27. Stellen Sie im Behandlungsplan dar, mit welchen Mitteln und verhaltenstherapeutischen Techniken die konkreten Therapieziele erreicht werden sollen. Kopieren Sie keine schematische und schablonenhafte Methodenliste in den Text: Zählen Sie nicht nur allgemeine störungsspezifische Interventionstechniken auf, sondern individualisieren Sie das Behandlungskonzept. Fokussieren Sie den Behandlungsplan. Stellen Sie ein zielführendes Veränderungskonzept dar. Ein überkomplexer Behandlungsplan ist unwirtschaftlich. Der Behandlungsplan bei Punkt 6 soll sich auf die gesamte Behandlung beziehen, nicht nur auf den jetzt beantragten Bewilligungsschritt. Entspannungsverfahren sind keine Richtlinientherapie. Bei Kombinationsbehandlung aus Einzel- und Gruppentherapie muss auch ein Konzept für die Gruppentherapie skizziert werden. Planen Sie das Abschlussmanagement und bei einer Langzeittherapie die Rezidivprophylaxe.
28. Positionieren Sie bei einem Umwandlungsantrag Punkt 7 nicht an den Anfang des Berichts. Stellen Sie den Verlauf der bisherigen Behandlung anschaulich dar. Zu welchen konkreten Ergebnissen hat der bisherige therapeutische Prozess geführt? Begründen Sie die Notwendigkeit einer Umwandlung in Langzeittherapie.

Schreiben Sie in Ihren eigenen Worten einen individualisierten und fokussierten Bericht, der einen roten Faden erkennen lässt. Formulieren Sie plausible ätiologische Hypothesen. Leiten Sie die konkreten Therapieziele mit operationalisierten Zielerreichungskriterien und den Behandlungsplan aus dem funktionalen Bedingungsmodell ab. Legen Sie sich auf individuelle Kernziele fest. Zählen Sie keine vagen Pauschalziele auf. Die stichwortartige Aufzählung von allgemeinen störungsspezifischen Interventionen ist eine Methodenliste, aber kein Behandlungsplan gemäß der Psychotherapie-Richtlinie. Treffen Sie eine Auswahl der zur Zielerreichung geeigneten Interventionstechniken auf der Grundlage der Verhaltensanalyse. Was sind die Foki? Was sollen die Schwerpunkte dieser Therapie sein und warum? Berücksichtigen Sie evidenzbasierte störungsspezifische Therapiemanuale. Finden Sie eine ausgewogene Balance zwischen Standardisierung und Individualisierung. Insbesondere bei komplexen und interaktionellen Störungen müssen Sie den Behandlungsplan individuell auf der Basis des Bedingungsmodells neu entwerfen. Verwenden Sie keine Textbausteine, sondern haben Sie Mut zu Ihren eigenen Gedanken und Hypothesen. Allemal besser als ein inkonsistentes Ad-hoc-Vorgehen ohne Plan ist ein Konzept, das auf einem hypothetischen funktionalen Bedingungsmodell basiert, auch wenn diese Hypothesen im Verlauf der Therapie im Sinne eines prozessadaptierten und rekursiven Vorgehens modifiziert und sogar revidiert werden müssen. Trauen Sie sich, Ihre eigenen Formulierungen zu verwenden. Schreiben Sie einen persönlichen, anschaulichen und individuellen Bericht, in dem Ihr Patient und auch Sie als Therapeutenpersönlichkeit sichtbar werden. Finden und kultivieren Sie Ihren eigenen Stil beim Schreiben von Antragsberichten.

9 Optionen bei Nichtbefürwortung und Teilbefürwortung

9.1 Nichtbefürwortung und Zweitgutachten

Gründe des Gutachters für eine *Nichtbefürwortung* können sein:

- Eine Indikation gemäß § 27 der Psychotherapie-Richtlinie liegt nicht vor. Psychotherapie als Leistung der GKV ist ausgeschlossen, wenn sie nicht der Heilung einer seelischen Krankheit, sondern allein der beruflichen oder sozialen Anpassung oder der beruflichen oder schulischen Förderung dient (Psychotherapie-Richtlinie § 27 Abs. 3).
- Das Störungsmodell (funktionales Bedingungsmodell, Verhaltensanalyse) wird nicht ausreichend deutlich. Richtlinientherapie ist ätiologisch orientiert. Aus der Verhaltensanalyse sind die Therapieziele und das Veränderungskonzept abzuleiten.
- Die Zielsetzung der Therapie überschreitet die Grenzen der vertragsärztlichen Versorgung. Das wäre beispielsweise der Fall bei Beziehungsstörungen ohne Bezug zu einer psychischen Erkrankung. Psychotherapie als Leistung der GKV ist ausgeschlossen, wenn sie allein der Erziehungs-, Ehe-, Lebens- und Sexualberatung dient.
- Das methodische Vorgehen ist nicht über die Psychotherapie-Richtlinie zugelassen. Beispiele: körperbezogene Therapieverfahren, heilpädagogische oder ähnliche Maßnahmen, »Klopftechnik«, Arbeit am »inneren Kind«.
- Das methodische Vorgehen ist unwirtschaftlich oder unzweckmäßig und lässt einen Behandlungserfolg nicht oder nicht ausreichend erwarten.

Für die beantragte Psychotherapie lassen die Voraussetzungen beim Patienten oder seine Lebensumstände einen ausreichenden Behandlungserfolg nicht oder nicht ausreichend erwarten. Psychotherapie als Leistung der GKV ist ausgeschlossen, wenn ein ausreichender Behandlungserfolg nicht erwartet werden kann, weil beim Patienten die Voraussetzungen hinsichtlich Motivation und Veränderungsfähigkeit (Umstellungsfähigkeit) nicht gegeben sind oder weil die Lebensumstände dem Behandlungserfolg entgegenstehen (Psychotherapie-Richtlinie § 27 Abs. 3). Ein klassisches Beispiel sind Veränderungshindernisse aufgrund eines Rentenbegehrens.

Bei einer Nichtbefürwortung des Gutachters und einem ablehnenden Bescheid der Krankenkasse kann der Patient (nicht der Therapeut) Widerspruch bei der Krankenkasse einlegen und ein *Zweitgutachten* beantragen. Das bisherige Obergutachten wurde zum 1. Juli 2019 neu geregelt (Psychotherapie-Vereinbarung § 12 Abs. 16–19). Das bisherige Obergutachten wird jetzt Zweitgutachten genannt. Erstgutachter, die seit mindestens drei Jahren kontinuierlich gutachterlich tätig sind, können sich bei der Kassenärztlichen Bundesvereinigung für die Bearbeitung von Zweitgutachten bewerben (§ 12 Abs. 17). Therapeuten reichen die Unterlagen für den Zweitgutachter im verschlossenen Umschlag PTV 8 bei der Krankenkasse ein. Der Zweitgutachter begründet seine Empfehlung in einer ausführlichen Stellungnahme auf dem PTV 5 oder einer Anlage (§ 12 Abs. 18).

Zur Beantragung eines Zweitgutachtens genügt ein Zweizeiler des Patienten: »Die Krankenkasse hat meinen Antrag auf Psychotherapie nicht bewilligt (siehe Bescheid vom TT. MM.JJ). Dagegen lege ich hiermit Widerspruch ein und beantrage ein Zweitgutachten.« Der Therapeut schickt dann der Krankenkasse einen neuen verschlossenen Umschlag (PTV 8) zur Weiterleitung an den Zweitgutachter.

In der Psychotherapie-Vereinbarung (§ 12 Abs. 18) und im aktuellen PTV 3 ist geregelt, dass die folgenden Unterlagen im PTV 8 für den Zweitgutachter enthalten sein müssen:

- ein in freier Form erstellter Ergänzungsbericht, in dem auf alle Bedenken, Einwände und Kritikpunkte des Erstgutachters differenziert eingegangen wird
- Kopien aller bisherigen Berichte an den Erstgutachter (unverändert, nicht überarbeitet)
- alle bisherigen Stellungnahmen des Erstgutachters
- ausgefüllte Formblätter PTV 2
- Konsiliarbericht (Kopie der Ausfertigung für den Therapeuten, pseudonymisiert)

Es sollten die Vorunterlagen, also auch der ursprüngliche Bericht des Therapeuten, der zur gutachterlichen Nichtbefürwortung führte, in der Originalfassung vorgelegt werden. Es ist nicht statthaft, statt der ursprünglichen Version im Zweitgutachterverfahren nur die revidierte Fassung vorzulegen. Klärungen, Ergänzungen, Korrekturen und Präzisierungen sowie eine substantiierte Auseinandersetzung mit den Einwänden des Erstgutachters gehören in den Ergänzungsbericht an den Zweitgutachter.

Wenn die Bedenken des Erstgutachters aufgegriffen und durch ergänzende Informationen oder eine Revision der Diagnosestellung, der Verhaltensanalyse, der Therapiezielableitung oder des Behandlungskonzepts entkräftet werden, stehen die Chancen für eine Befürwortung durch den Zweitgutachter recht hoch. Setzen Sie sich mit der Stellungnahme des Erstgutachters diskursiv-reflektiert auseinander und gehen Sie auf alle Monita ein, auch wenn Sie diese für nicht gerechtfertigt halten. Stellen Sie Ihre Sicht und Ihre Einschätzung begründet und sachlich dar. Argumentfreie Gegenbehauptungen und emotionsgesteuerte Polemiken gegen den Erstgutachter sind meistens nicht überzeugend. Sie müssen sich nicht der Meinung des Erstgutachters anschließen. Wenn Sie einige Punkte des Erstgutachters für nachvollziehbar halten, sollten Sie dies aufgreifen und die Punkte in Ihrer Stellungnahme an den Zweitgutachter ergänzen, präzisieren oder revidieren. Wenn Sie aber bei anderen Einwänden anderer Meinung sind als der Erstgutachter, sollten Sie bei Ihrer Auffassung bleiben, diese verteidigen und Ihre Gegenposition substantiiert begründen. Mehr als 50 % der Zweitgutachten fallen positiv aus, sind also vollumfängliche Befürwortungen (▶ Tab. 1.1). Eine volle Befürwortung ist wahrscheinlich, wenn alle Bedenken und Kritikpunkte des Erstgutachters durch ergänzende Informationen und überzeugende Argumente entkräftet werden können.

Viele Therapeuten wissen nicht, dass für die Stellungnahme des Therapeuten an den Zweitgutachter bei Langzeittherapie erneut die EBM-Ziffer 35131 (70,53 €) abgerechnet werden kann. In der Leistungslegende hieß es früher: »Bericht an den Gutachter oder Obergutachter«. Heute heißt es: »Bericht oder Ergänzungsbericht an den Gutachter«. Der Ausdruck »Ergänzungsbericht« bezieht sich auf den Bericht an den Zweitgutachter im Widerspruchsverfahren. Für einen Ergänzungsbricht an den Zweitgutachter kann bei einer Kurzzeittherapie (KZT 1 oder KZT 2) erneut die EBM-Ziffer 35130 (35,32 €) abgerechnet werden.

9.2 Teilbefürwortung

Gründe des Gutachters für eine *Teilbefürwortung* können sein (Dieckmann et al. 2018, S. 83 f.):

- Prüfung der Möglichkeiten des Patienten, in der geplanten VT in konstruktiver Weise verändernd mitzuarbeiten
- Prüfung der Relevanz von Veränderungshindernissen (prognostische Bedenken)
- Erreichen der Abstinenz bei einer Substanzabhängigkeit
- Möglichkeit zur Formulierung realistischer Therapieziele. Eine Teilbefürwortung kann erfolgen, damit auf der Basis der Verhaltensanalyse konkrete Therapieziele mit operationalisierten Zielerreichungskriterien formuliert werden können, die innerhalb des beantragten Bewilligungsschritts realistisch erreichbar erscheinen.
- Möglichkeit der Nachbesserung des Berichts bei Fortsetzung der Behandlung (Klärungs- oder Revisionsbedarf und gleichzeitig Vermeidung einer Therapieunterbrechung durch Nichtbefürwortung). Eine Teilbefürwortung kann erfolgen, damit die Therapie fortgesetzt werden kann und dem Therapeuten die Möglichkeit gegeben wird, den Bericht nachzubessern, beispielsweise weil das funktionale Bedingungsmodell und das individualisierte Behandlungskonzept einer Überarbeitung bedürfen.
- Die Therapie kann in kürzerer Zeit erfolgreich beendet werden (Wirtschaftlichkeitsgebot).

Nach einer Teilbefürwortung kann ein Fortführungsantrag gestellt werden. Beispiel: Nach KZT 1 und KZT 2 wurden weitere 36 (also insgesamt 60) Therapieeinheiten beantragt. Der Gutachter hat aber nur weitere 20 (also insgesamt 44) Therapieeinheiten befürwortet. Nach Ausschöpfen dieses Kontingents können weitere 16 Sitzungen beantragt werden. Der Fortführungsantrag sollte etwa 5 Therapieeinheiten vor dem Ende des von der Krankenkasse teilbewilligten Kontingents gestellt werden. Es gilt analog § 29 Abs. 4 der Psychotherapie-Richtlinie: »Grundsätzlich ist der Antrag so rechtzeitig zu stellen, dass eine unmittelbare Weiterbehandlung möglich ist.«

Auch nach Teilbefürwortung bewilligen einige Kassen die beantragten weiteren (»restlichen«) 16 Sitzungen ohne erneute Begutachtung. Es kann – und sollte nach einer Teilbefürwortung – aber auch ein Bericht an den Gutachter verlangt werden.

Dieser Bericht ist nach den drei Punkten des Fortführungsantrags gegliedert. Es empfiehlt sich, die Rahmenbedingungen darzustellen und auf alle Kritikpunkte des Gutachters ausführlich einzugehen. Beispiel: »Nach KZT 1 und KZT 2 wurden vom Gutachter XY in seiner Stellungnahme vom TT.MM.JJ weitere 20 (insgesamt 44) Therapieeinheiten befürwortet. Nun wird ein Fortführungsantrag gestellt. Beantragt werden weitere 16 (insgesamt 60) Sitzungen.« Dann sollte sich der Therapeut intensiv mit den Kritikpunkten auseinandersetzen, Informationslücken schließen und versuchen, alle Bedenken des Gutachters argumentativ durch sachliche Informationen inhaltlich auszuräumen. Damit würde ich den Bericht zum Fortführungsantrag beginnen. Erst danach würde ich die Punkte 1–3 des Fortführungsantrags nach dem PTV 3 abhandeln.

Bei einer *Teilbefürwortung* haben Patient und Therapeut keinen Rechtsanspruch auf ein Zweitgutachten (Bender et al. 2018, S. 165). Die Psychotherapie-Vereinbarung sieht keine Regelung zur Einholung eines Zweitgutachtens bei einer Teilbefürwortung vor. In Einzelfällen lassen Krankenkassen jedoch auch dann Widerspruchsverfahren mit Einholung eines Zweitgutachtens zu, wenn eine teilweise Genehmigung der beantragten Psychotherapie (nach vorheriger Teilbefürwortung des Gutachters) vorliegt. Die Logik dahinter dürfte sein, dass die Krankenkasse einen abschlägigen Bescheid erlassen hat, gegen den der Versicherte das Rechtsmittel des Widerspruchs einlegen kann. Insbesondere bei sehr geringen teilbefürworteten Stundenkontingenten kann ein Zweitgutachten durchaus sinnvoll sein. Gewährt eine Krankenkasse im Einzelfall auch bei vorheriger Teilbefürwortung des Gutachters ein Widerspruchsverfahren, kann die Einholung eines Zweitgutachtens erfolgen. Dies liegt im Ermessen der Krankenkasse.

Ich empfehle ein Vorgehen gemäß der Psychotherapie-Richtlinie: Nach einer Teilbefürwortung sollte das von der Krankenkasse bewilligte Teilkontingent ausgeschöpft und dann ein Fortführungsantrag gestellt werden. Der Bericht zu diesem Fortführungsantrag wird dann wieder dem Erstgutachter vorgelegt. Sollte der Erstgutachter dann keine Stunden mehr zur Kostenübernahme empfehlen, kann Widerspruch durch den Patienten eingelegt werden. Dann kann ein Zweitgutachten beantragt werden.

Sollte der Therapeut dennoch nach einer Teilbefürwortung ein Zweitgutachten anstreben, könnte das Schreiben des Patienten an die Krankenkasse etwa so aussehen: »Ich habe einen Umwandlungsantrag von Kurz- auf Langzeit-Psychotherapie gestellt. Beantragt wurden 36 weitere Therapieeinheiten. Der Gutachter hat nur weitere 10 Sitzungen befürwortet, die von der Krankenkasse bewilligt wurden. Ich bitte angesichts der erheblichen Abweichung zwischen beantragten und genehmigten Therapieeinheiten um die Einholung eines Zweitgutachtens. Mein Therapeut wird die nötigen Unterlagen in einem verschlossenen Umschlag an die Krankenkasse schicken mit der Bitte um Weiterleitung an den Zweitgutachter.«

Wenn sich der Therapeut unnötige Arbeit sparen will, wartet er ab, bis er von der Krankenkasse nach Widerspruch des Patienten aufgefordert wird, die Unterlagen für den Zweitgutachter im verschlossenen PTV 8 an die Krankenkasse zu schicken. Dieses Vorgehen ist in der Psychotherapie-Vereinbarung (§ 12 Abs. 18) geregelt: »Nach Aufforderung durch die Krankenkasse stellt die behandelnde Therapeutin oder der behandelnde Therapeut der Krankenkasse einen in freier Form erstellten Ergänzungsbericht sowie alle bisherigen Unterlagen zum vorherigen Gutachten vollständig im verschlossenen Briefumschlag PTV 8 zur Verfügung. Hierzu gehören insbesondere auch Kopien der Berichte an die Gutachterin oder den Gutachter gemäß Leitfaden PTV 3, der Stellungnahmen der vorherigen Gutachterin oder des vorherigen Gutachters, der ausgefüllten Formblätter PTV 2 der Anträge sowie ggf. des Konsiliarberichts.« In der PTV steht also eindeutig: nach Aufforderung durch die Krankenkasse.

10 Antworten auf häufige Fragen

Wie beantrage ich nach einer Akuttherapie eine Richtlinientherapie?
Nach einer Akuttherapie kann entweder ein Antrag auf KZT 2 oder auf LZT gestellt werden. Nach Ende der Akuttherapie müssen mindestens zwei probatorische Sitzungen durchgeführt und auf dem PTV 2 angegeben werden. Das Kontingent der Akuttherapie wird auf die Richtlinientherapie angerechnet. Erfolgte innerhalb der letzten zwei Jahre keine Richtlinientherapie, ist der Antrag auf KZT 2 nicht gutachterpflichtig. Es kann dann nach 12 Sitzungen Akuttherapie von 50 Minuten Dauer eine KZT 2 ohne Gutachterpflicht beantragt werden. Es kann aber auch gleich nach der Akuttherapie eine LZT beantragt werden, die allerdings gutachterpflichtig ist. Dann können weitere 48 Sitzungen beantragt werden. Der Verlauf der Akuttherapie ist im Bericht darzustellen, weil dies für die Behandlungsprognose und die weitere Therapieplanung relevant ist.

Durch eine Akuttherapie kann in Einzelfällen das Zeitintervall von zwei Jahren »überbrückt« werden, in welchem eine erneute Richtlinientherapie gutachterpflichtig ist. Die Voraussetzung ist allerdings eine Indikation für eine Akuttherapie nach § 13 Abs. 1 der Psychotherapie-Richtlinie. Beispiel: Ein Patient hat am 10.11.2022 eine LZT bei einem anderen Therapeuten beendet und stellt sich bei Ihnen erstmals zur Sprechstunde am 25.6.2024 vor. Nach 3 Sprechstunden zeigen Sie bei der Krankenkasse – bei entsprechender Indikation gemäß § 13 Abs. 1 der Psychotherapie-Richtlinie – eine Akuttherapie an, die 12 Wochen dauert. Danach machen Sie vier probatorische Sitzungen und stellen am 11.11.2024 einen Antrag auf KZT 2, der nicht gutachterpflichtig ist, weil Akuttherapie keine Richtlinientherapie ist und in den letzten 2 Jahren keine Richtlinientherapie stattgefunden hat, denn der Antrag auf KZT 2 wird nach dem 10.11.24 gestellt.

Was ist zu tun, wenn nach einem Antrag auf KZT 1 von der Krankenkasse ein Gutachten eingeholt wird?
Wahrscheinlich hat Ihnen der Patient nicht gesagt (oder Sie haben nicht explizit danach gefragt), dass innerhalb der letzten zwei Jahre bereits eine Richtlinientherapie durchgeführt wurde. Gutachterpflichtig ist ein Antrag auf VT auch bei einer KZT in einem anderen Verfahren innerhalb der letzten zwei Jahre. Sie können bei einem KZT-Antrag nicht gleich 24 Sitzungen für die gesamte KZT beantragen, denn der Gutachter hat sich an die Bewilligungsschritte zu halten. Sie schreiben also einen Antragsbericht für 12 Sitzungen KZT 1. Hierfür bekommen Sie nur 35,32 € (EBM 35130). Auch der Gutachter erhält ein geringeres Honorar für die Begutachtung eines KZT-Antrags (32,13 €), obwohl der Aufwand derselbe ist wie für einen LZT-Antrag. Nach der Strukturreform gibt es keine reduzierte Gliederung für einen KZT-Antrag mehr. Ich würde in einem solchen Fall gleich einen Antrag auf LZT mit 60 Therapieeinheiten stellen, falls eine LZT indiziert ist. Eine ähnliche Empfehlung gibt auch Adler (2018, S. 49 f.). An die Kasse schicken Sie dann ein formloses Schreiben, dass Sie den ursprünglichen Antrag auf KZT 1 zurückziehen. Auf dem neuen PTV 2 vermerken Sie dann deutlich sichtbar: »geänderter Antrag«.

Ist ein psychopathologischer Befund erforderlich?
Ja, unbedingt. Es reicht keinesfalls aus, unter Punkt 2 nur anamnestische Angaben aufzulisten. Der *psychopathologische Befund* ist die objektivierende Sicht des Therapeuten und muss aussagekräftig sein. Der psychische Befund darf sich nicht auf den Ausschluss von psychotischen Symptomen und Suizidalität beschränken, sondern muss *die relevanten Positiva und Negativa* enthalten. Die Diagnose muss mit dem Befund kompatibel sein. Es empfiehlt sich eine Orientierung am AMDP-System.

Sind Testuntersuchungen obligatorisch oder nur optional?
Gemäß § 10 Abs. 2 der Psychotherapie-Richtlinie sind »vor Indikationsstellung für eine therapeutische Maßnahme […] in der Regel standardisierte diagnostische Instrumente einzusetzen«. Bitte geben Sie sowohl die Testergebnisse mit Rohwerten als auch eine zutreffende Interpretation an. Beispiel: BDI-II: 23 (mittelgradiges depressives Syndrom in der Selbsteinschätzung). Bitte fügen Sie keine Ausdrucke von Testuntersuchungen oder ausgefüllte Patientenfragebögen unkommentiert bei. Bitte geben Sie nicht nur die Interpretation an. Negativbeispiel: »Im BDI-II schweres depressives Syndrom, im AUDIT kein Hinweis auf Alkoholkonsumstörung.« Besser so: »BDI-II: 32 (schweres depressives Syndrom in der Selbsteinschätzung), AUDIT: 3 (kein Hinweis auf Alkoholkonsumstörung).«

Braucht es überhaupt noch eine Mikroanalyse?
Ein vollständiges funktionales Bedingungsmodell enthält sowohl makro- als auch mikroanalytische Aspekte. Beide Sichtweisen ergänzen sich wechselseitig. Auch nach dem neuen PTV 3 ist eine Verhaltensanalyse ohne Makro- *und* Mikroanalyse unvollständig. Merke: Eine SORKCfältige Verhaltensanalyse enthält auch mikroanalytische Aspekte. Statt eine komplexe Problematik in das Prokrustesbett eines SORKC-Schemas zu zwängen, ist es oft sinnvoller, funktionale Zusammenhänge in ganzen Sätzen unter Verwendung eigener und anschaulicher Formulierungen zu beschreiben.

Auf der Website der Kassenärztlichen Bundesvereinigung wird die Unabdingbarkeit der Mikroanalyse festgeschrieben: Unter der Überschrift »Welchen Stellenwert hat die Mikroanalyse im verhaltenstherapeutischen Bericht an den Gutachter?« wird ausgeführt: »Die Mikroanalyse stellt einen zentralen Kernpunkt in der verhaltenstherapeutischen Therapieplanung bzw. Berichterstellung dar, da durch die Mikroanalyse Behandlungsziele bzw. Behandlungspläne abgeleitet werden. Im Bericht soll daher eine Verbindung zwischen der vollständigen Verhaltensanalyse (Mikro- und Makroanalyse) und den daraus abgeleiteten Zielen und Interventionen vor dem Hintergrund lerntheoretischer Störungsmodelle deutlich werden. Im Formblatt PTV 3 (Hinweise zum Erstellen des Berichts an den Gutachter) wird die Mikroanalyse nicht mehr explizit genannt, ist jedoch unverändert ein zentraler Bestandteil von Verhaltensanalysen (SORKC-Modell).« (Quelle: https://www.kbv.de/html/28551.php, abgerufen am 08.08.2024)

Kann ich die biographische Anamnese weglassen?
Ohne biographische Anamnese ist es für den Gutachter unmöglich, die Individualität des Patienten zu würdigen. Die Herausforderung besteht hier in der *Komplexitätsreduktion*. Die Angaben zur Lebens- und Lerngeschichte sind strikt auf solche Informationen zu beschränken, die für die Verhaltensanalyse relevant sind. *Die biographische Anamnese sollte also hypothesengeleitet erhoben und dargestellt werden und nicht chronologisch.*

Ist es sinnvoll, die biographische Anamnese in die Makroanalyse einzuarbeiten?
Vorteil: Die Erhebung und die Darstellung der Biographie erfolgen strikt hypothesenge-

leitet. Dadurch wird einer Defokussierung bei der Darstellung der Lebensgeschichte vorgebeugt. Nachteil: Anamnese (Narrativ des Patienten) und Hypothesengenerierung des Therapeuten werden nicht sauber voneinander getrennt. Vorschlag: Ich empfehle eine Trennung zwischen biographischer Anamnese und Verhaltensanalyse. Bei der von mir favorisierten Trennung ist unbedingt auf Stringenz und Kürze bei der Lern- und Lebensgeschichte zu achten. Es sollen nur diejenigen biographischen Informationen referiert werden, die für die darauffolgende Verhaltensanalyse wirklich relevant sind.

Kann ich bei den Therapiezielen allgemeine Pauschalziele aus Lehrbüchern oder störungsspezifischen Manualen verwenden?
Pauschalziele sind nicht ausreichend. Die *Therapieziele* müssen immer individualisiert aus dem funktionalen Bedingungsmodell abgeleitet werden. In dem Phasenmodell von Kanfer folgt auf die Verhaltensanalyse (Phase 3) die konkrete Ableitung der Therapieziele (Phase 4). Der wesentliche Sinn der Verhaltensanalyse besteht gerade darin, eine Basis für die Ableitung von konkreten Therapiezielen bereitzustellen. Das ätiologische Störungsmodell ist insofern therapiebezogen, als aus den relevanten störungsgenerierenden und -aufrechterhaltenden Bedingungen konkrete Therapieziele abgeleitet werden. *Die Therapieziele müssen ausreichend konkret formuliert, individualisiert und bedingungsanalytisch fundiert sein.*

Genügt es, beim Behandlungsplan allgemeine störungsspezifische Interventionstechniken aufzuzählen (Methodenliste) oder lediglich auf Manuale zu verweisen?
Auf keinen Fall. Das Veränderungskonzept muss auf individualisierte Ziele bezogen sein. Entscheidende Frage: Mit welchen Mitteln soll ein Ziel erreicht werden. Eine schematische Methodenliste genügt nicht den Anforderungen. Die stichwortartige Auflistung allgemeiner störungsspezifischer Interventionen ist kein Behandlungsplan gemäß der Psychotherapie-Richtlinie. Es muss eine *übergeordnete Behandlungsstrategie* erkennbar sein. Das Therapiekonzept muss auch eine *Reihenfolge* und *Gewichtung* der geplanten Techniken enthalten. Die Bezugnahme auf ein evidenzbasiertes und empirisch abgesichertes Manual ist zwar sinnvoll, dennoch ist eine individuelle Anpassung des therapeutischen Vorgehens unabdingbar. Gerade bei komplexen Störungen, problematischen Interaktionsstilen oder Persönlichkeitsstörungen ist eine *individuelle Konstruktion des Therapieplans* alternativlos.

Kann ich beim Behandlungsplan Textbausteine verwenden?
Die Aufzählung störungsspezifischer Standardtechniken (Methodenliste) stellt keinen Behandlungsplan gemäß der Psychotherapie-Richtlinie dar. Die konkreten Therapieziele und das individualisierte Veränderungskonzept müssen aus dem funktionalen Bedingungsmodell abgeleitet werden. Wenn in der Verhaltensanalyse zentrale Problembedingungen identifiziert wurden, die für die Genese und Aufrechterhaltung der Störung relevant sind, sollte diesen Schlüsselproblemen konkrete Therapieziele als Alternativen zur Problembeschreibung nach einem Was-stattdessen-Modell zugeordnet werden. Zur Individualisierung sind operationalisierte Zielerreichungskriterien für genau diesen Patienten anzugeben: Woran kann der Patient eine Zielerreichung erkennen? Im Behandlungsplan sind dann die konkreten Mittel (Techniken, Interventionsstrategien) zu benennen, mit denen genau diese Ziele erreicht werden können. Der Dreischritt lautet immer: Problemanalyse (funktionales Bedingungsmodell, Verhaltensanalyse) – Zielableitung – Mittelwahl (Veränderungskonzept, Therapieplan). Schließlich muss im Behandlungsplan ein überzeugendes Veränderungskonzept erkennbar werden, das eine Gewichtung und Priorisierung der Foki und eine geplante Abfolge des methodischen Vorgehens auf-

zeigt. Das ist mit Aufzählungszeichen und tabellarischen Darstellungen nicht zu leisten.

Die stichwortartige Aufzählung von Techniken (Methodenliste) genügt dem Anspruch von Richtlinientherapie also nicht. Die Auflistung von allgemeinen Behandlungsmethoden wie »Verbesserung der sozialen Kompetenz«, »Förderung von Selbstfürsorge«, »Einüben von Achtsamkeit«, »Aufbau von Selbstvertrauen« sind zu allgemein und zu abstrakt. Zudem trifft dies für fast alle psychischen Störungen zu. Stellen Sie in Ihren eigenen Worten dar, worauf es bei Ihrem Patienten in der Therapie besonders ankommt. Meist ist ein stringenter Fließtext in ganzen Sätzen mit klaren Angaben zum Fokus und zur Reihenfolge des Vorgehens besser als eine eklektische schematische Methodenliste mit Aufzählungszeichen und Copy-Paste-Versatzstücken.

Ist es sinnvoll, Therapieziele und geplante Interventionen tabellarisch darzustellen?
Das hat den Vorteil, dass die Therapiemethoden und Interventionstechniken in übersichtlicher Darstellung auf das jeweilige Therapieziel bezogen werden. Oft empfiehlt es sich, noch einen ergänzenden Satz zur Gesamtstrategie und zur Reihenfolge des Vorgehens zu schreiben.

Soll ich bei einem Umwandlungsantrag Punkt 7 vorziehen und den Bericht damit beginnen?
Nein. Damit erwecken Sie beim Gutachter den Eindruck, dass Sie den genuin verhaltenstherapeutischen Dreischritt und die Phasen nach Kanfer nicht verstanden haben: (1) Verhaltensanalyse (Phase 3 nach Kanfer) – (2) Ableitung von Therapiezielen (Phase 4 nach Kanfer) – individualisiertes Veränderungskonzept (Phase 5 nach Kanfer). Die logische Abfolge muss immer sein: zuerst das funktionale Bedingungsmodell, dann die daraus abgeleiteten konkreten Therapieziele und schließlich das individualisierte Veränderungskonzept: Mit welchen Mitteln/Techniken sollen die konkreten Ziele erreicht werden?

Soll im Umwandlungsantrag bei Punkt 6 nur der Behandlungsplan für das jetzt beantragte Kontingent dargestellt werden oder für die Gesamtbehandlung (inklusive KZT)?
Unter Punkt 6 ist ein Gesamtbehandlungsplan darzustellen, der sich auf das gesamte Therapiekontingent einer LZT bezieht, also die KZT inkludiert. Unter Punkt 7 ist dann darzustellen, was bisher erreicht wurde und welche Ziele noch nicht erreicht wurden. Daraus ergibt sich die Notwendigkeit einer Umwandlung in LZT. Die Positionierung des bisherigen Therapieverlaufs an den Anfang des Berichts wäre also unlogisch, unsinnig und zudem verwirrend.

Ist es sinnvoll, bei einem Umwandlungsantrag gleich das Höchstkontingent zu beantragen?
Kann ich also nach 24 Therapieeinheiten KZT gleich weitere 56 Therapieeinheiten LZT beantragen? Nein, das ist nicht zulässig, denn die Bewilligungsschritte gemäß Psychotherapie-Richtlinie (§ 30) sind einzuhalten (maximal 60 Therapieeinheiten bei einem Erst- oder Umwandlungsantrag). Wenn der Therapeut nach 24 Sitzungen KZT gleich weitere 56 Therapieeinheiten LZT beantragt und der Gutachter nur die maximal 36 möglichen befürwortet, stellt das keine Teilbefürwortung dar, da das maximal in diesem Bewilligungsschritt mögliche Kontingent befürwortet wurde. Es handelt sich also in diesem Fall um eine uneingeschränkte Befürwortung.

Ist ein Fortführungsantrag gutachterpflichtig?
Das liegt im Ermessen der Krankenkasse. Die Krankenkasse kann grundsätzlich jeden Antrag begutachten lassen, sofern sie dies für erforderlich hält (Psychotherapie-Vereinbarung § 13 Abs. 5, Psychotherapie-Richtlinie § 35). Empfehlung: Erst einmal sollte die Fortführung mit PTV 1 und PTV 2 beantragt werden, ohne gleich einen Bericht an den Gutachter beizufügen. Warten Sie ab, wie die

Krankenkasse reagiert. Falls die Krankenkasse ein Gutachten einholt, reichen Sie den Bericht dann auf Aufforderung nach. Vergehen mehr als drei Wochen nach Eingang des Fortführungsantrags bei der Krankenkasse ohne Entscheidung, gilt der Antrag nach § 13 Abs. 3a SGB V als genehmigt. In der Regel wird die Krankenkasse bei einem Fortführungsantrag dann kein Gutachten einholen, wenn es beim Erst- oder Umwandlungsantrag eine volle Befürwortung des beantragten Kontingents durch den Gutachter gab. Bei einer Teilbefürwortung ist eher zu erwarten, dass die Krankenkasse beim Fortführungsantrag ein Gutachten einholt. Das liegt aber im Ermessen der Krankenkasse. Der Gutachter kann aus fachlichen Gründen der Krankenkasse ausdrücklich empfehlen, bei einem Fortführungsantrag ein Gutachten einzuholen. Auf PTV 5 gibt es hierzu unten ein eigenes Textfeld. Hier könnte der Gutachter beispielsweise schreiben: »Aus fachlichen Gründen sollte bei einem Fortführungsantrag ein Gutachten eingeholt werden.«

Wie viele Fortführungsanträge sind möglich?
Die Anzahl der Fortführungsanträge ist nicht begrenzt. Maßgeblich sind die Bewilligungsschritte nach § 30 der Psychotherapie-Richtlinie: Im ersten Bewilligungsschritt dürfen 60 Therapieeinheiten nicht überschritten werden, im zweiten Bewilligungsschritt darf die Höchstgrenze von 80 Therapieeinheiten nicht überschritten werden. Beispiel: Beantragt wurden nach Akuttherapie und KZT 2 (insgesamt 24 Therapieeinheiten) weitere 36 Therapieeinheiten LZT. Der Gutachter befürwortete nur weitere 20 und insgesamt 44 Therapieeinheiten, die von der Krankenkasse bewilligt werden. Dann kann gegen Ende des teilbefürworteten Kontingents (idealerweise 5 Therapieeinheiten davor) ein Fortführungsantrag gestellt werden. In diesem Bewilligungsschritt können maximal weitere 16 und insgesamt 60 Therapieeinheiten bewilligt werden. Danach kann ein weiterer Fortführungsantrag gestellt werden. Im zweiten Bewilligungsschritt können dann weitere 20 und insgesamt 80 Therapieeinheiten bewilligt werden. In besonderen Ausnahmefällen wäre auch ein weiterer Fortführungsantrag auf Überschreitung der Höchstgrenze möglich (▶ Kap. 7.8).

Was muss ich bei der Rezidivprophylaxe beachten?
Es handelt sich um eine ausschleichende Behandlung zur Erhaltung der erreichten Ziele. Bei einer KZT gibt es keine Rezidivprophylaxe. Bei einer LZT wird eine Rezidivprophylaxe erwartet. Gemäß der Psychotherapie-Richtlinie »beinhaltet« eine Richtlinientherapie nach § 14 »grundsätzlich eine Rezidivprophylaxe als integralen Bestandteil der Abschlussphase«. Das Ziel der Rezidivprophylaxe besteht darin, »anstehende Entwicklungen, Aufgaben und Schwierigkeiten zu besprechen mit dem Ziel, zu erwartende kritische Ereignisse und Lebenssituationen zu identifizieren und Rückfälle zu vermeiden«. Die Rezidivprophylaxe kann »wieder auftretende entwicklungsbedingte Herausforderungen und Krisen abfangen und damit Neubeantragungen von Richtlinientherapie verhindern«.

Im PTV 2 müssen Sie bei der Beantragung von LZT angeben, ob eine Rezidivprophylaxe durchgeführt werden soll und wie viele Sitzungen voraussichtlich erforderlich sind. Der Gutachter erwartet hierzu eine Stellungnahme (§ 14 Abs. 5 der Psychotherapie-Richtlinie): »Eine Entscheidung für oder gegen die Behandlung mit Stunden der Rezidivprophylaxe ist im Antrag der Langzeittherapie anzugeben.«

Wenn Sie im PTV 2 vermerken, dass eine Rezidivprophylaxe noch nicht absehbar ist, ist dies im Antragsbericht gemäß § 14 Abs. 5 der Psychotherapie-Richtlinie zu begründen: »Sofern ein möglicher Einsatz der Rezidivprophylaxe bei Beantragung der Langzeittherapie noch nicht absehbar ist, ist dies im Bericht an den Gutachter zu begründen«. Wenn Sie im PTV 2 eine Rezidivprophylaxe verneinen, ist sie später auch nicht möglich. Kreuzen Sie bei der Frage »Soll nach Abschluss der Behandlung eine Rezidivprophylaxe durchgeführt werden« auf dem PTV 2 beim Antrag auf LZT entweder »ja, mit voraussichtlich X Therapieeinheiten« oder »noch nicht absehbar« an, denn nur dann ist eine Rezidivprophylaxe nach Therapieende möglich. Bei einer Langzeittherapie wird im Regelfall eine Rezidivprophylaxe als niederfrequentes Ausschleichen erwartet.

Bei einer Behandlungsdauer von 40 oder mehr Stunden sind maximal 8 Therapieeinheiten Rezidivprophylaxe möglich; bei einer Behandlungsdauer von 60 oder mehr Stunden können maximal 16 Stunden für die Rezidivprophylaxe genutzt werden (Psychotherapie-Richtlinie § 14 Abs. 3).

Das Therapieende muss der Krankenkasse angezeigt werden. Die Rezidivprophylaxe erfolgt nach dem Therapieende. Vorteil der Rezidivprophylaxe: Die Zwei-Jahres-Frist, nach der ein KZT-Antrag ohne Begutachtung möglich ist, beginnt mit dem Therapieende, das der Krankenkasse mitgeteilt wurde. Weiterer Vorteil: Die Therapieeinheiten für die Rezidivprophylaxe können zeitlich flexibel genutzt werden. Es gilt für Rezidivprophylaxe explizit nicht die Vorgabe, dass eine Unterbrechung der Therapie maximal ein halbes Jahr dauern darf (Psychotherapie-Vereinbarung § 11 Abs. 13).

Gibt es eine Zwei-Jahres-Karenz nach Ende einer Richtlinientherapie?
Nein. Eine »Zwei-Jahres-Sperrfrist« oder eine »Mindestkarenz« gab es noch nie und wird es auch wohl nie geben. Eine solche pauschale Karenzzeit wäre problematisch, denn es kann durchaus sein, dass der Patient beispielsweise ein Jahr nach Ende einer Richtlinientherapie ein Rezidiv entwickelt oder an einer bisher noch nicht diagnostizierten psychischen Störung neu erkrankt, die akut behandlungsbedürftig ist. Ein Patient kann *jederzeit* einen Antrag auf Richtlinien-Psychotherapie bei der Krankenkasse stellen. Die Entscheidung über die Bewilligung oder Ablehnung trifft allein die Krankenkasse.

Ein Antrag ist innerhalb von zwei Jahren seit Ende einer Richtlinientherapie gutachterpflichtig. So war das übrigens auch vor der Strukturreform. Es gab und gibt also keinen Zwei-Jahres-Zeitraum, innerhalb dessen eine neue Therapie nicht möglich wäre. Ein Patient hat auch dann Anspruch auf eine Psychotherapie, wenn es unmittelbar nach Ende einer Behandlung zu einer Exazerbation, zu einem Rezidiv oder einer neuen Erkrankung kommt. Das trifft auch zu, wenn die Vorbehandlung nicht ausreichend wirksam war und weiterer Behandlungsbedarf besteht oder ein Verfahrenswechsel indiziert ist. Es gibt keine Warte-, Sperr- oder Karenzfristen. Die Genehmigung obliegt der Krankenkasse. Innerhalb von zwei Jahren nach Therapieende ist vorgesehen, dass die Krankenkasse bei einem Antrag des Patienten auf eine LZT oder KZT ein Gutachten einholt.

Beispiel: Ein Patient hat bei Therapeut A eine KZT 1 (VT) mit vier Sitzungen durchgeführt und diese abgebrochen. Er will innerhalb von zwei Jahren nach dem Therapieabbruch zu Therapeut B wechseln und bei ihm ebenfalls eine VT machen. Therapeut B könnte nun einen Antrag auf KZT 1 stellen, der dann einen Bericht an den Gutachter erfordert. Es gibt keine eigene Vorlage für einen Bericht für eine KZT mehr. Für die Erstellung des Berichts an den Gutachter gibt es nur noch einen einheitlichen Leitfaden (PTV 3), der sowohl für KZT als auch für LZT gilt. Der Patient könnte jedoch gleich einen Antrag auf LZT bei Therapeut B stellen. Dann könnte Therapeut im PTV 2 – bei entsprechender Indikation für eine LZT – gleich 60 Therapieeinheiten beantragen. Der Aufwand für den Bericht wäre derselbe wie für eine KZT. Die vier Stunden Vortherapie müssen nicht abgezogen werden, weil dem neuen Therapeuten das gesamte verfahrensspezifische Kontingent zur Verfügung steht.

Die Gutachterpflicht innerhalb von zwei Jahren gilt auch bei einem *Verfahrenswechsel*. Beispiel: Wenn der Patient eine tiefenpsychologisch fundierte KZT 1 mit insgesamt 9

Sitzungen durchgeführt hat und nun eine VT beantragt, dann ist dies gutachterpflichtig, wenn das Therapieende noch keine zwei Jahre zurückliegt. Zwei Jahre nach dem Ende einer Richtlinientherapie kann wieder eine KZT 1 beantragt werden, die dann nicht gutachterpflichtig ist.

Die Befreiung von der Gutachterpflicht gilt seit der Reform 2017 für alle Therapeuten, also auch für die neu niedergelassenen. Früher musste man mindestens 35 gutachterliche Befürwortungen beziehungsweise Genehmigungen der Kassen vorweisen, um für die KZT von der Gutachterpflicht befreit zu werden.

Es kann nicht empfohlen werden, innerhalb eines halben Jahres nach dem Ende einer Richtlinientherapie eine Akuttherapie durchzuführen. Die Psychotherapie-Vereinbarung (§ 15 Abs. 4) ist hier eindeutig: »Eine Akutbehandlung innerhalb von sechs Monaten nach Beendigung einer Richtlinientherapie ist grundsätzlich nicht vorgesehen.« In einem solchen Fall kann es zu einer nachträglichen Wirtschaftlichkeitsprüfung kommen.

Können bei einem Therapeutenwechsel »Reststunden« übernommen werden?
Obwohl das einige Kassen »kulanterweise« und »unbürokratisch« so handhaben, ist dieses Vorgehen strenggenommen nicht richtlinienkonform und eigentlich nicht zulässig. Der Grund liegt darin, dass Psychotherapie eine personenbezogene und nicht delegierbare Leistung ist. Daraus folgt, dass Psychotherapie nicht einfach von einem anderen Behandler »übernommen« oder »weitergeführt« werden kann.

Wenn ein Therapeutenwechsel innerhalb desselben Verfahrens (VT) durchgeführt werden soll, muss der neue Therapeut kein »Restkontingent« übernehmen. Ein Antrag auf Richtlinientherapie ist innerhalb von zwei Jahren nach dem Therapieende gutachterpflichtig. Der neue Therapeut muss also gemäß den gültigen Regelungen einen Erstantrag stellen. Ihm steht dann – bei entsprechender Indikation – prinzipiell das volle Maximalkontingent des jeweiligen Therapieverfahrens zu (also bis zu 80 Therapieeinheiten VT). Er kann auch wieder bis zu drei Sprechstunden und probatorische Sitzungen durchführen. Ihm stehen zwei bis vier probatorische Sitzungen auch dann zu, wenn der Vortherapeut schon vier probatorische Sitzungen durchgeführt hat.

Die Neubeantragung ist zwar mit dem Aufwand eines Antragsberichts an den Gutachter verbunden, kann aber Vorteile für den Therapeuten und den Patienten haben: Bei der »Übernahme« eines »Restkontingents« ist das Stundenkontingent eingeschränkt. Beispiel: Es werden 13 »Reststunden« einer laufenden LZT »übernommen«, von 60 bewilligten Therapieeinheiten wurden 47 Therapieeinheiten bereits bei einem Vortherapeuten durchgeführt. Die Krankenkasse wird nach der Übernahme eines »Restkontingents« zusätzlich zu den 13 »übernommenen« Sitzungen bei einem späteren Fortführungsantrag maximal weitere 20 und insgesamt 80 Therapieeinheiten bewilligen. Bei der Zählung werden in diesem Fall die Therapieeinheiten insgesamt addiert (vor und nach dem Therapeutenwechsel), im vorliegenden Beispiel also nur maximal 33 Therapieeinheiten beim neuen Therapeuten, denn dann ist die verfahrensspezifische Höchstgrenze erreicht. Wäre hingegen gleich nach dem Therapeutenwechsel ein Neuantrag gestellt worden, wären bei voller Befürwortung durch den Gutachter bis zu 80 Therapieeinheiten bei dem neuen Therapeuten möglich gewesen. Falls doch ein »Restkontingent übernommen« wird, ist in einem Bericht zu einem späteren Antrag entweder beim Therapieverlauf (Punkt 7) oder als Vorbemerkung – noch vor Punkt 1 – darzustellen, wie viele Therapieeinheiten insgesamt bewilligt und wie viele »übernommen« wurden.

Was ist bei ambulanten Vortherapien und Chronifizierung zu beachten?
Alle ambulanten Vorbehandlungen innerhalb der letzten 4 Jahre sind im Antragsbe-

richt zu nennen und epikritisch zu würdigen. Der Gutachter erhält in der Regel eine Auflistung über die letzten 4 Jahre. Eine Epikrise sollte beim Vorbehandler nach Schweigepflichtsentbindung angefordert und dem Bericht an den Gutachter beigefügt werden. Relevant sind das Therapieverfahren, die Diagnosen, die Behandlungsdauer und die wesentlichen Ergebnisse der Therapie. Die Erfahrungen aus der Vorbehandlung müssen für die aktuelle individualisierte Behandlungsplanung ausgewertet werden. Wenn eine KZT innerhalb von 2 Jahren bei einem anderen Therapeuten erfolgte, ist ein Erstantrag zu stellen (kein Umwandlungsantrag). In diesem Fall kann der neue Therapeut gleich 60 Therapieeinheiten beantragen, wenn eine Indikation für diesen Behandlungsumfang vorliegt. Die 24 Therapieeinheiten KZT sind auf dem PTV 2 nicht beim bisherigen Behandlungsumfang einzutragen. Allerdings ist auf dem PTV 2 anzukreuzen, dass eine Vortherapie in den letzten 2 Jahren stattgefunden hat.

Wenn nach Vortherapien – insbesondere innerhalb von 2 Jahren nach Therapieende – eine erneute Therapie beantragt wird, muss der Behandlungsplan besonders individualisiert sein. Es darf nicht der Eindruck einer »Kettentherapie« entstehen. Es empfiehlt sich eine Beschränkung auf realistisch erreichbare und eng umgrenzte Teilziele. Hier genügen keinesfalls umfangreiche störungsspezifische Pauschalziele und eine abstrakte Methodenliste. Wenn beispielsweise wegen derselben Diagnose bereits eine VT in den letzten 2 Jahren erfolgte, braucht es in der Regel nicht eine erneute Psychoedukation. Es sind Hypothesen zu formulieren, warum die bisherige Behandlung nicht ausreichend wirksam bzw. nachhaltig war. Es muss deutlich werden, was in der jetzt beantragten Therapie anders gemacht werden soll als bisher. Es ist unwahrscheinlich, dass mehr desselben dieses Mal zum Erfolg führen wird. Bei Vorbehandlungen durch denselben Therapeuten muss klar werden, dass es sich um indizierte und veränderungsorientierte Krankenbehandlung und nicht um eine supportive Lebensbegleitung handelt, die nicht Gegenstand von Richtlinientherapie ist.

Die Indikation für Richtlinientherapie ergibt sich nicht in erster Linie aus der Schwere oder Chronizität der Symptomatik, sondern setzt eine ausreichende Veränderungsfähigkeit und eine ausreichende Veränderungsprognose voraus. Für die Indikation ist die Frage entscheidend, ob aus dem funktionalen Bedingungsmodell konkrete, umgrenzte und realistische Therapieziele abgeleitet werden können, die mit einem individualisierten, hypothesengeleiteten und bedingungsanalytisch fundierten Behandlungskonzept bei ausreichender Behandlungsprognose realistisch erreicht werden können.

Begleitende und supportive Zielsetzungen sind bei Richtlinientherapie nicht möglich. In einem solchen Fall sind zielführende alternative Behandlungsformen frühzeitig zu koordinieren. Zu denken ist an regelmäßige ambulante psychiatrische Termine oder an eine Behandlung in einer psychiatrischen Institutsambulanz. Niederfrequente psychotherapeutische Gespräche sind antragsfrei im Rahmen der Grundversorgung (Gesprächsziffern nach EBM 22220, 23220) über eine unbegrenzte Zeitdauer möglich.

Zur Unterstützung von Patienten mit chronischem und therapierefraktärem Krankheitsverlauf ist auch zu denken an Ergotherapie, Soziotherapie und psychiatrische Hauskrankenpflege. Diese Hilfestellungen können die Alltagsbewältigung und die Lebensqualität bei chronischen psychischen Erkrankungen verbessern, sind aber von anderen Leistungserbringern durchzuführen und können nicht im Rahmen einer ambulanten Richtlinien-Psychotherapie realisiert werden. Diese Maßnahmen können auch von psychologischen Psychotherapeuten verordnet werden. Auch können Hilfen zur Lebensführung über die zuständigen Sozialämter beantragt werden.

Können Therapeuten bestimmte Gutachter ausschließen?
Nein. Der Gutachter wird von der Krankenkasse beauftragt. Patient und Therapeut haben auf die Auswahl des Gutachters keinen Einfluss. Weder der Psychotherapeut noch der Patient hat einen Anspruch auf einen Ausschluss bestimmter Gutachter. Nur der Gutachter kann sich für befangen erklären und einen Auftrag zur Begutachtung ablehnen. Bei einem Fortführungsantrag ist der Erstgutachter wieder zu beauftragen (§ 12 Abs. 14 der Psychotherapie-Vereinbarung). Das gilt auch dann, wenn der Erstgutachter den Antrag nicht befürwortet hatte und der Zweitgutachter sich für eine volle Befürwortung oder eine Teilbefürwortung ausgesprochen hat. In diesem Fall wäre ein Fortführungsantrag wieder vom Erstgutachter zu begutachten. Nur bei Abwesenheit oder Nichtverfügbarkeit eines Gutachters ist die Beauftragung eines anderen Gutachters durch die Krankenkasse statthaft.

Kann man sich über einen Gutachter beschweren?
Die aktuelle Psychotherapie-Vereinbarung sieht kein formales Beschwerdeverfahren gegen das Verhalten oder die Entscheidung eines einzelnen Gutachters vor. Die Kassenärztliche Bundesvereinigung bezieht grundsätzlich nicht Position zu fachlich-inhaltlichen Kontroversen zwischen dem antragsunterstützenden Therapeuten und dem Gutachter. Eine Beschwerde bei der Kassenärztlichen Bundesvereinigung wäre nur dann aussichtsreich, wenn der Gutachter seine Gutachterpflichten verletzt, die sich aus der Psychotherapie-Vereinbarung ergeben. Das wäre etwa der Fall bei einer Überschreitung der Bearbeitungszeit von zwei Wochen nach dem Posteingang. Eine Beschwerde wäre auch möglich, wenn die Stellungnahme nicht sachlich und neutral formuliert wurde oder mit der Psychotherapie-Richtlinie bzw. der Psychotherapie-Vereinbarung unvereinbar ist. Eine unangemessene Stellungnahme läge beispielsweise bei abwertenden oder unsachlichen Bemerkungen vor. Ein Beschwerdegrund wäre auch eine gutachterliche Empfehlung entgegen der Psychotherapie-Richtlinie oder der Psychotherapie-Vereinbarung. Ein Beispiel wäre, dass der Erstgutachter den Antrag nicht befürwortet und in seine Stellungnahme schreibt, dass ihm ein überarbeiteter Antragsbericht vorgelegt werden kann. Bei einer Nichtbefürwortung durch den Gutachter und Nichtbewilligung durch die Krankenkasse ist ein Zweitgutachten im Widerspruchsverfahren möglich, aber keine Wiedervorlage beim Erstgutachter. Ein Beschwerdegrund wären auch nicht nachvollziehbare, kryptische oder unleserliche handschriftliche Notizen des Gutachters auf dem PTV 5 im Falle einer Teil- oder Nichtbefürwortung.

Bei einer Nichtbefürwortung durch den Erstgutachter und einer Nichtbewilligung durch die Krankenkasse kann der Patient – nicht der Therapeut – Widerspruch einlegen. Der Therapeut unterstützt das Widerspruchsverfahren, indem er alle notwendigen Unterlagen vollständig nach § 12 Abs. 18 der Psychotherapie-Vereinbarung in einem verschlossenen PTV 8 an die Krankenkasse zur Weiterleitung an einen Zweitgutachter schickt. Die notwendigen Unterlagen für das Zweitgutachterverfahren sind auch im aktuellen PTV 3 übersichtlich aufgelistet.

Dürfen Patienten die Stellungnahme des Gutachters einsehen?
Ja. Die Stellungnahme des Gutachters ist Teil der Patientenakte und kann vom Patienten eingesehen werden.

Ist eine niedrige Behandlungsfrequenz ein Problem?
Ja. Regulär findet VT in wöchentlichen Sitzungen statt. Eine 14-tägige Behandlungsfrequenz wird von den Gutachtern in der Regel akzeptiert. Es wird allerdings als problematisch angesehen, wenn sich beispielsweise 24 Therapieeinheiten KZT über zwei Jahre – oder sogar über einen noch längeren Zeitraum – hinziehen. Ein derart niederfrequen-

tes Setting begründet Zweifel, ob unter diesen Bedingungen ausreichend veränderungsorientiert im Sinne der Psychotherapie-Richtlinie gearbeitet werden kann. Eine niederfrequente supportive Begleitung ist nicht Gegenstand von Richtlinientherapie und kann im Rahmen der Grundversorgung erfolgen und mit antragsfreien Gesprächsleistungen abgerechnet werden; in diesem Rahmen sind monatliche 50-Minuten-Sitzungen (150 Minuten pro Quartal) über einen unbegrenzten Zeitraum möglich. Bei einer monatlichen (oder noch geringeren) Frequenz kann der Gutachter argumentieren, dass Grundversorgung in diesem Fall ausreichend ist. Eine geringe Frequenz oder Therapieunterbrechungen sind im Antragsbericht zu begründen.

Wie lange darf die Therapie unterbrochen sein?
Eine *Therapieunterbrechung* von bis zu einem halben Jahr ist problemlos möglich. Eine Unterbrechung von mehr als einem halben Jahr muss gegenüber der Krankenkasse lediglich formlos begründet werden; so steht es in der Psychotherapie-Vereinbarung (§ 11 Abs. 13). Meiner Meinung nach genügt es, wenn der Krankenkasse schriftlich die Unterbrechung mit einer kurzen formlosen Begründung *mitgeteilt* wird. Eine erneute Genehmigung braucht es meines Erachtens nicht. Sie können sich dabei auf § 11 Abs. 3 der Psychotherapie-Vereinbarung berufen.

Wenn Sie allerdings auf Nummer sicher gehen wollen, können Sie bei der Krankenkasse anrufen und nachfragen, ob eine Fortsetzung ohne erneutes Gutachterverfahren möglich ist. Die Entscheidung liegt dann im Ermessensspielraum der Krankenkasse. Der Therapeut kann darum bitten, dass ihm die Genehmigung zur Fortsetzung nach der Therapieunterbrechung formlos schriftlich mitgeteilt wird. Alternativ kann man in der Akte notieren, wann welcher Kassenmitarbeiter sich mit der Fortsetzung der Therapie einverstanden erklärt hat. Bei einer nachvollziehbaren Begründung sollte das in der Regel unproblematisch und unbürokratisch möglich sein.

Für die Rezidivprophylaxe gilt die Regelung von einer maximalen Unterbrechung von einem halben Jahr nicht. Gemäß § 11 Abs. 13 der Psychotherapie-Vereinbarung besteht in der Rezidivprophylaxe zeitliche Flexibilität.

Wo finde ich aktuelle Informationen zu Neuerungen und zum Gutachterverfahren?
Auf der Website der Kassenärztlichen Bundesvereinigung (www.kbv.de) finden sich Antworten auf die häufigsten Fragen zum Thema ambulante Psychotherapie sowie zum Antrags- und Gutachterverfahren. Diese Informationen werden ständig aktualisiert. Auch die jeweils aktuelle Psychotherapie-Richtlinie und Psychotherapie-Vereinbarung können dort kostenlos heruntergeladen werden.

11 Exemplarische Antragsberichte

Die folgenden fiktiven Beispiele sind charakteristischen Störungsbildern einer verhaltenstherapeutischen Praxis nachempfunden. Es handelt sich um exemplarische Anträge, die den grundsätzlichen Aufbau zeigen sollen. Es erscheint ausdrücklich nicht sinnvoll, diese als »Muster« zu betrachten und »Textbausteine« daraus zu verwenden. Es werden verschiedene Varianten gezeigt, beispielsweise die von mir favorisierte Trennung zwischen biographischer Anamnese und Makroanalyse und alternativ die Einarbeitung lern- und lebensgeschichtlicher Aspekte in die Makroanalyse. Anschließend wird das jeweilige Vorgehen kommentiert.

Weitere Fallbeispiele zu verschiedenen Diagnosen mit individualisierten Behandlungsplänen finden sich bei Rabaioli-Fischer und Kraemer (2002). Diese Fallkonzeptionen und Antragsberichte sind allerdings mehr als 20 Jahre alt und noch nach der alten Gliederung (vor der Strukturreform 2017) erstellt.

Auf 2 Seiten sind die relevanten Informationen bei Verwendung einer mühelos lesbaren Schriftgröße in der Regel nicht darstellbar. Für einen Erstantrag sind 3, für einen Umwandlungsantrag 3,5 und für einen Fortführungsantrag 1–2 Seiten eine gute Orientierung.

11.1 Bericht zum Umwandlungsantrag bei einer Patientin mit sozialer Angststörung

Dipl.-Psych. NN, Psychologische Psychotherapeutin, Straße, Hausnummer, PLZ, Ort, Telefonnummer

Bericht zum Umwandlungsantrag, Chiffre: S TTMMJJ

(1) *Soziodemographische Daten:* 28-jährige Studentin (Romanistik), lebt sozial zurückgezogen in einer Mietwohnung. Bisher keine Partnerschaft. Das Studium wird von den Eltern finanziert. Aktuell krankheitsbedingtes Urlaubssemester.

(2) *Symptomatik:* Frau S. kam im Anschluss an eine tagesklinische psychiatrische Behandlung erstmals in ambulante Psychotherapie. Seit der Jugend sei sie schüchtern. Die Dekompensation sei im Studium und nach dem Auszug von Zuhause erfolgt. Sie habe zunächst klassische Philologie studiert. Bei den griechischen Stilübungen habe sie sich überfordert gefühlt, wodurch massive Selbstabwertungen ausgelöst wurden. Sie habe sich als Versagerin gesehen und Veranstaltungen an der Universität sowie Prüfungen zunehmend vermieden aus Angst vor Blamage und negativer Beurteilung durch Mitstudierende. Aus Scham habe sie ihre Probleme bagatellisiert und den Eltern vorgetäuscht, das Studium laufe gut. Schließlich habe sie das Studium der klassischen Philologie abgebrochen und

sich in Romanistik immatrikuliert. Hier traten massives Vermeidungsverhalten und Prokrastination auf. Frau S. verließ vor der Tagesklinik kaum noch ihr Zimmer und verbrachte die Zeit mit Lesen und stundenlangem Surfen im Internet. Soziale Kontakte bestehen nur zu einer »Freundin«, die sie aber nur selten sehe, mit der sie kaum über persönliche Belange spreche und die über ihre mehrmonatige tagesklinische Behandlung nicht informiert wurde.
Interaktion: Frau S. war konservativ in dunklen Farben gekleidet. Sie war im Kontakt gehemmt, selbstunsicher und verschlossen. Sie redete leise und unmoduliert und gab einsilbige Antworten. Blickkontakt wurde weitgehend vermieden. In der Probatorik zeigten sich Ängste der Patientin, sie könne ungebildet, ungeschickt und nicht eloquent wirken. Sie befürchte, ich könnte sie für »dumm« halten. Kurze Gesprächspausen empfand sie als peinlich.
Psychopathologischer Befund: Formalgedanklich grüblerisches Bilanzieren von sozialen Interaktionen, die nachträglich als negativ bewertet werden. Inhaltlich eingeengt auf die Themen Scham, Versagen, Abwertung und Kritikerwartung. Negatives Selbstkonzept mit Selbstabwertungen und überhöhten Ansprüchen an die eigene Leistungsfähigkeit. Ausgeprägtes soziales Vermeidungsverhalten mit Rückzug und Prokrastination. Nur rudimentärer Zugang zu eigenen Emotionen. Im Affekt depressiv mit verminderter Schwingungsfähigkeit und reduzierter Freudfähigkeit. Innere Unruhe und Anspannung. Umgekehrter Tag-Nacht-Rhythmus. Ansonsten unauffälliger Befund, insbesondere keine akute Suizidalität, kein Hinweis auf psychotische Symptomatik.
Psychodiagnostische Testverfahren: SIAS: 57, SPS: 68 (deutlicher Hinweis auf soziale Angststörung), BDI-II: Gesamtscore von 18 (leichtes depressives Syndrom in der Selbsteinschätzung).

(3) *Somatischer Befund/Konsiliarbericht:* In der Tagesklinik erfolgte eine somatische Ausschlussdiagnostik (siehe beigefügten pseudonymisierten Entlassungsbericht). Laut Konsiliarbericht gibt es keine Kontraindikationen für eine VT. In der Tagesklinik wurde eine Behandlung mit Escitalopram versucht. Die Medikation wurde aber wegen Nebenwirkungen abgesetzt. Eine begleitende Psychopharmakotherapie wird von der Patientin nach ausführlicher Aufklärung derzeit nicht gewünscht. Kein Hinweis auf eine Substanzkonsumstörung.

(4) *Makroanalyse:*
Prädispositionshypothesen: Die Patientin erfuhr von ihrer Mutter (+ 30 Jahre, Grundschullehrerin) wenig emotionale Zuwendung. Die Mutter wurde als ängstlich und überprotektiv beschrieben, blieb aber in den Schilderungen der Patientin recht blass. Den Vater (+ 34 Jahre, Oberstudiendirektor an einem humanistischen Gymnasium) erinnerte die Patientin als distanziert, kontrollierend, kritisierend, abwertend und emotional wenig präsent. Von einer Frustration der Grundbedürfnisse nach Bindung, Kontrolle und Selbstwertschutz ist auszugehen. Die Patientin entwickelte eine massive Selbstwertproblematik und einen unsicher-vermeidenden Bindungsstil. Es entstand die Grundannahme: »Ich bin uninteressant und hässlich.« Frau S. entwickelte die kognitive Regel: »Nur wenn ich überdurchschnittliche Leistungen erbringe, werde ich angenommen und akzeptiert.« Es bildete sich ein kognitiv-emotionales Schema von Unzulänglichkeit und Scham. Das Unzulänglichkeitsschema wird überwiegend durch die dysfunktionalen Bewältigungsstrategien Überkompensation (Perfektionismus) und Vermeidung (sozialer Rückzug, Prokrastination) zu kompensieren versucht. Die eigenen perfektionistischen Standards werden anderen Menschen zugeschrieben. Dadurch entstand eine generalisierte Kritikerwartung mit Angst vor Beschämung und Erniedrigung. In der Gymnasialzeit war die Patientin schüchtern und gehemmt, was die Kontaktaufnahme zu Gleichaltrigen erschwerte. Dies ver-

stärkte ihr Insuffizienzerleben und führte zu Selbsthass. Die Patientin war in der Adoleszenz sozial isoliert. Durch das ausgeprägte soziale Vermeidungsverhalten konnten soziale Fertigkeiten nicht ausreichend erworben werden. Das negative Selbstkonzept wurde partiell kompensiert durch schulische Erfolge in sprachlichen Fächern. Herausragende schulische Leistungen wurden vom Vater durch Anerkennung und Wertschätzung positiv verstärkt. Die zentralen Selbstwertquellen sind Anerkennung und Lob für schulische und universitäre Leistungen.

Auslösende Bedingungen und Dekompensationshypothesen: Die Dekompensation erfolgte in der Schwellensituation nach dem Auszug von Zuhause und dem Beginn des Studiums. Schwierigkeiten und Misserfolge im Studium aktivierten die negativen kognitiv-affektiven Selbst- und Beziehungsschemata. Aus Scham vermied sie zunehmend soziale Interaktionen mit Kommilitonen und zog sich zurück. Ein soziales Netz fehlte. Prokrastination und sozialer Rückzug wirkten kurzfristig entlastend, verschärften aber die Arbeitsstörung im Studium, die selbstentwertend interpretiert wurde. Frau S. fühlte sich als inkompetente Versagerin.

Aufrechterhaltende Bedingungen: Die sozialen Ängste und die dysfunktionalen Überzeugungen werden gemäß dem Störungsmodell von Clark und Wells aufrechterhalten durch exzessive Selbstaufmerksamkeit, Sicherheitsverhalten, soziales Vermeidungsverhalten sowie durch dysfunktionale antizipatorische und nachträgliche kognitive Verarbeitungsprozesse. Die sozialen Kompetenzdefizite und das ausgeprägte soziale Vermeidungsverhalten verhindern eine aktive Bewältigung und korrigierende soziale Erfahrungen. Die Deprivationsbedingungen führten zu einem Verstärkermangel. Dadurch entwickelte sich eine sekundäre depressive Symptomatik, die durch den depressiven Inaktivitätsteufelskreis aufrechterhalten wird.

Mikroanalyse:
S: Frau S. spricht mit ihrer Dozentin über die Konzeption einer anstehenden Seminararbeit.
O: Fragiler Selbstwert, der von externer Bestätigung und Anerkennung abhängt; Neigung zu Selbstabwertung; Kritikerwartung. Dysfunktionaler Glaubenssatz: »Ich werde auch in diesem Studium scheitern, weil ich eine Versagerin bin.«
Rβ: »Ich muss unbedingt vermeiden, dass mich die Dozentin für inkompetent hält.«
Re: Angst vor Blamage und Peinlichkeit; Angst, für »dumm und inkompetent« gehalten zu werden.
Rγ: innere Unruhe, schwitzige Hände, subjektive Atemprobleme.
Rα: Verhält sich möglichst »unauffällig« mit knappen Antworten, sagt »so wenig wie möglich«, um das Risiko der »Peinlichkeit zu minimieren«.
C: Das soziale Vermeidungsverhalten hat die Funktionalität eines Vulnerabilitätsschutzes im Sinne einer Vermeidung von antizipierter Peinlichkeit und Blamage (C–).

Langfristige negative Auswirkungen des Problemverhaltens: Die Patientin arbeitet nachträglich die soziale Interaktion mit ihrer Dozentin auf dysfunktionale Weise kognitiv durch: »Ich habe so wenig gesagt, sie findet mich bestimmt nicht intelligent und hält mich für eine unengagierte und desinteressierte Studentin.« Das passiv-unterwürfige Interaktionsmuster bleibt bestehen und hat für andere nach dem Kiesler-Kreis Stimuluscharakter im Sinne einer Ermunterung zu dominantem Verhalten.

(5) *Diagnosen:* Soziale Angststörung (F40.1G), sekundäre leichte depressive Episode (F32.0G). *Differentialdiagnostisch* ist aufgrund der massiven Selbstunsicherheit, des generalisierten sozialen Vermeidungsverhaltens und der sozialen Kompetenzdefizite auch an eine ängstlich-vermeidende Persönlichkeitsstörung (F60.6) zu denken. Diese zusätzliche Diagnose wäre

für die Behandlung allerdings nur von marginaler Relevanz, da es erhebliche Überlappungen zwischen beiden Störungen gibt. Da für die soziale Angststörung ein evidenzbasiertes manualisiertes Therapiekonzept nach Stangier et al. (2016) existiert und die Kriterien für F40.1 erfüllt sind, wurde auf die zusätzliche Diagnose von F60.6 verzichtet. Soziale Kompetenzdefizite werden im Behandlungsplan berücksichtigt. Die Kriterien für eine schizoide Persönlichkeitsstörung (DD: F60.1) sind nicht erfüllt, denn die Patientin ist nicht gleichgültig gegenüber Lob und Kritik, wünscht sich eine partnerschaftliche Beziehung und ist an sexuellen Erfahrungen interessiert.

(6) *Therapieziele:* Aus dem funktionalen Bedingungsmodell wurden die folgenden Kernziele abgeleitet und mit der Patientin reflektiert: Vorrangig ist in der Initialphase die Erhaltung der Erfolge, die im tagesklinischen Setting erzielt wurden. Hier stehen basale Dinge im Vordergrund wie die Aufrechterhaltung eines normalen Tag-Nacht-Rhythmus und eine Tagesstrukturierung mit regelmäßigen Mahlzeiten und ausreichender Selbstfürsorge. Nach dem krankheitsbedingten Urlaubssemester ist vorgesehen, dass die Patientin ihr Studium im Wintersemester fortsetzt. Zentrale Therapieziele sind in dieser Therapiephase der Abbau des sozialen Vermeidungsverhaltens. Konkret soll die Patientin Lehrveranstaltungen regelmäßig besuchen. Soziale Kontakte sollen zunächst primär im universitären Umfeld aufgebaut werden. Angestrebt wird in sozialen Interaktionen die Modifikation von exzessiver Selbstaufmerksamkeit zugunsten von Aufmerksamkeitslenkung nach außen. Die ungünstigen Selbstverbalisationen und die sozialphobischen Überzeugungen sollen verändert werden. Dysfunktionale antizipatorische und nachträgliche kognitive Verarbeitungsprozesse sollen modifiziert werden. Das grüblerische Bilanzieren des eigenen Sozialverhaltens soll abgebaut werden, insbesondere die Fokussierung negativer Aspekte und die nachträgliche Umbewertung neutraler Erfahrungen als Versagen oder Blamage. Frau S. soll dysfunktionale Erwartungen und Überzeugungen in sozialen Situationen überprüfen und realistische Vorstellungsbilder von sich selbst in sozialen Interaktionen entwickeln. Da die Verhaltensanalyse Defizite in sozialen Kompetenzen ergeben hat, ist ein Training sozialer Fertigkeiten und assertiver Kompetenzen indiziert. Der Schwerpunkt der Therapie liegt auf der sozialen Angststörung. Es ist zu erwarten, dass sich die Besserung des sozialen Vermeidungsverhaltens günstig auf die Verstärkerbilanz auswirkt und dadurch die komorbide depressive Symptomatik remittiert.

Behandlungsplan: In der initialen Therapiephase ist eine Behandlung im Einzelsetting mit 1 bis 2 Sitzungen pro Woche vorgesehen. Insgesamt sind 60 Therapieeinheiten geplant. Wahrscheinlich kann die Behandlung innerhalb dieses Kontingents abgeschlossen werden. Vorgesehen ist eine ausschleichende Stabilisierung mit 8 Einheiten Rezidivprophylaxe. Bei der therapeutischen Beziehungsgestaltung sind die Kritikerwartung, die Angst vor Abwertung sowie perfektionistische Standards besonders zu berücksichtigen, aber auch die passiv-rezeptive Erwartungshaltung mit geringer Selbstwirksamkeit. Die Therapie der sozialen Phobie orientiert sich an dem störungsspezifischen Konzept von Stangier et al. (2016). Zunächst wird ein individuelles Störungsmodell durch geleitetes Entdecken erarbeitet. Hierbei liegt der Fokus auf aufrechterhaltenden Bedingungen nach Clark und Wells (dysfunktionale Selbstaufmerksamkeit, Sicherheits- und Vermeidungsverhalten, ungünstige antizipatorische und nachträgliche kognitive Verarbeitung). Danach erfolgt ein Training der Aufmerksamkeitslenkung nach außen. Zentrale Interventionstechniken sind individualisierte In-vivo-Verhaltensexperimente in relevanten sozialen Situationen (beispielsweise bei Referaten oder in Gesprächen mit Mitstudierenden und Dozenten) ohne Sicherheitsverhalten und mit externem Aufmerksamkeitsfokus. Parallel kommen klassische Techniken der kognitiven Umstrukturierung zum Einsatz. Ein Fokus ist hier die Konfrontation der Patientin mit ihren überhöhten Ansprüchen an sich selbst sowie deren Zuschreibung an andere, was zu der generalisierten Kritikerwartung und der Antizipation von Beschämung führt. Zum Aufbau von Selbstsicherheit und zum Training sozialer Kompetenzen sind individualisierte Übungen aus dem TSK nach Güroff (2016) vorgesehen. Zur Verbesserung der Selbstakzeptanz und zum Aufbau von Selbstvertrauen sind ausgewählte Interventionen nach Potreck-Rose und Jacob (2015) geplant.

Prognose: Prognostisch einschränkend sind die sozialen Kompetenzdefizite und das generalisierte soziale Vermeidungsverhalten. Prognostisch günstig sind die in der Tagesklinik erreichten Erfolge und das stabile Arbeitsbündnis. Von einer hinreichenden Prognose ist auszugehen.

(7) *Behandlungsverlauf:* Nach der psychiatrischen Tagesklinik wurde zunächst eine Akuttherapie durchgeführt. Das Hauptziel der Akuttherapie war die Aufrechterhaltung der im tagesklinischen Setting erzielten Fortschritte, insbesondere die Tagesstruktur mit regelmäßigem Schlaf-Wach-Rhythmus und basaler Selbstfürsorge. Außerdem wurde ein Rückfall in soziale Vermeidungsmuster verhindert. Die Patientin nahm im Urlaubssemester an Vorlesungen »außer Konkurrenz« (ohne Prüfungen) teil, um sich sozial zu exponieren. Nach der Akuttherapie erfolgte eine KZT 2. In der therapeutischen Beziehung zeigte sich anfangs, dass die Patientin ihre eigenen perfektionistischen Ansprüche auf mich projizierte und daher Kritik und Abwertung erwartete. Entlastend war für Frau S. im Sinne von Lernen am Modell, dass ich als Therapeut eigene Unvollkommenheiten offen einräumte. Außerdem antizipierte ich, dass ich ihre hohen Erwartungen nicht werde erfüllen können. Das Prokrastinationsverhalten wurde durch Selbstkontrolltechniken weitgehend abgebaut. Nach dem krankheitsbedingten Urlaubssemester hat Frau S. inzwischen ihr Studium wiederaufgenommen. Soziales Vermeidungsverhalten konnte an der Universität deutlich abgebaut werden. Besonders schwierig sind allerdings immer noch Performanzsituationen wie das Halten von Referaten und andere Situationen, in denen sie im Mittelpunkt der Aufmerksamkeit steht und bewertet wird. Im privaten Bereich konnten noch keine Kontakte neu aufgebaut, reaktiviert oder intensiviert werden. Frau S. hat von Rollenspielen und von In-vivo-Verhaltensexperimenten profitiert. Sie kann sich inzwischen besser davon distanzieren, was andere Menschen möglicherweise über sie denken. Auch grübelt sie weniger über vergangene interaktionelle Episoden nach. Frau S. nimmt sich selbst in sozialen Interaktionen realistischer und weniger verzerrt wahr.

Begründung der Notwendigkeit einer Umwandlung in LZT: Um weitere Fortschritte zu erreichen, sind weitere In-vivo-Verhaltensexperimente nach Stangier et al. sowie eine Fortsetzung der Arbeit an der Selbstwertregulationsstörung und an prädisponierenden Faktoren notwendig. Auch die kognitive Arbeit muss noch fortgesetzt werden. Ein Fokus liegt hier auf den noch immer überhöhten leistungsbezogenen Selbstansprüchen und den perfektionistischen Standards. Die habituelle Selbstherabsetzung, die leichte Aktivierbarkeit des Schemas Unzulänglichkeit/Scham und maladaptive Bewältigungsstile (insbesondere Überkompensation durch Perfektionismus und Vermeidung) müssen noch weiter in der Therapie vertieft bearbeitet werden.

Ort, den TT.MM.JJ   Unterschrift der Therapeutin, Praxisstempel

Kommentar: In diesem Fallbeispiel erfolgte zunächst eine Akuttherapie im Anschluss an die psychiatrische Tagesklinik. Die Akuttherapie wurde der Krankenkasse nur angezeigt. Nach 12 Therapieeinheiten Akuttherapie wurden zwei probatorische Sitzungen durchgeführt und eine KZT 2 im Einzelsetting beantragt und genehmigt. Die KZT 2 war nicht gutachterpflichtig, da keine ambulante Therapie in den letzten zwei Jahren vorausgegangen ist. Nach 7 Sitzungen KZT 2 wurde eine Umwandlung in eine LZT beantragt. Auf dem PTV 2 ist beim bisherigen Behandlungsverlauf anzugeben: 7 Therapieeinheiten nach EBM 35422 und 12 Therapieeinheiten Akuttherapie. In diesem Bewilligungsschritt sind insgesamt 60 Therapieeinheiten möglich, wobei Akuttherapie und KZT 2 angerechnet werden. Damit sind weitere 36 Therapieeinheiten möglich. Auf dem PTV 2 sind weitere 36 Therapieeinheiten (nicht 60) zu beantragen.

Es wäre auch möglich gewesen, nach der Akuttherapie gleich einen Antrag auf LZT zu stellen. Es ist nicht notwendig, immer erst eine KZT 2 zu machen. Im Antragsbericht wäre in diesem Fall der Verlauf der Akuttherapie darzustellen. Wäre nach der Akuttherapie ein Erstantrag auf LZT gestellt worden, wäre das Maximalkontingent in diesem Bewilligungsschritt weitere 48 Therapieeinheiten, da die 12 Therapieeinheiten Akuttherapie anzurechnen sind.

Dieses Beispiel zeigt, dass eine Begrenzung auf zwei Seiten in diesem Fall nicht sinnvoll ist. Die komplexe Störung erfordert einen aussagekräftigen Bericht. Eine angemessene Länge für einen überzeugenden Bericht zu einem Umwandlungsantrag sind 3,5 (maximal 4) Seiten. Zwei Seiten genügen in der Regel nicht.

In diesem Beispiel wird unter Punkt 1 die aktuelle Lebenssituation knapp, aber ausreichend deutlich beschrieben.

In Punkt 2 wird die aktuelle Symptomatik deutlich. Dem Gutachter wird klar, dass es sich um eine krankheitswertige Störung handelt, die nach einer teilstationären Vorbehandlung weiterhin ambulant behandlungsbedürftig ist. Im psychopathologischen Befund werden die relevanten Symptome beschrieben. Der Befund ist kompatibel mit der Diagnose. Testuntersuchungen sind als Rohwerte angegeben und werden interpretiert. Die Testuntersuchungen sind bei den Diagnosen einer sozialen Phobie (SOZAS) und bei einer depressiven Episode (BDI-II) hinreichend störungsspezifisch. Zu global wäre etwa der WHO-5.

Unter Punkt 3 macht sich die psychologische Psychotherapeutin eigene Gedanken zu somatischen Aspekten, zu einer psychopharmakologischen Parallelbehandlung und verweist auf den Klinikbericht, den sie pseudonymisiert beifügt. Auch wenn der Bericht der Tagesklinik vorliegt, ist ein ärztlicher Konsiliarbericht erforderlich, der sowohl gesetzlich (§ 28 Abs. 3 SGB V) als auch in der Psychotherapie-Richtlinie (§ 32) vorgeschrieben ist.

Das Kernstück des Berichts ist das funktionale Bedingungsmodell (Punkt 4). In diesem Beispiel wurden biographische Aspekte in die Makroanalyse eingearbeitet. Auf eine separate Darstellung der biographischen Anamnese wurde verzichtet. Einige Gutachter favorisieren hingegen eine Trennung zwischen Anamnese und verhaltensanalytischer Hypothesenbildung. Aus der Verhaltensanalyse werden Prädispositions- und Dekompensationshypothesen unter Berücksichtigung zentraler lern- und lebensgeschichtlicher Faktoren ausreichend deutlich. Eine Mikroanalyse der sozialen Angststörung nach dem SORKC-Schema wurde dargestellt. Aus der Verhaltensanalyse lassen sich konkrete Therapieziele und ein individualisiertes Veränderungskonzept ableiten.

Die Diagnosen (Punkt 5) sind mit der Symptomatik und den testpsychologischen Befunden (Punkt 2) sowie den ICD-10-Kriterien vereinbar. Die relevante Differentialdiagnose einer ängstlich-vermeidenden Persönlichkeitsstörung wird diskutiert. Nach DSM-5 (und auch gemäß ICD-10) ist es möglich, eine soziale Angststörung und gleichzeitig eine vermeidend-selbstunsichere Persönlichkeitsstörung zu diagnostizieren (Stangier et al. 2016, S. 5). Diese zusätzliche Diagnose hätte allerdings keine Relevanz für das Veränderungskonzept, denn soziales Kompetenztraining ist aufgrund der Verhaltensanalyse indiziert. Falls man zusätzlich die Diagnose F60.6G stellen wollte, wäre dies testpsychologisch und anhand der Diagnosekriterien zu untermauern. Im vorliegenden Fall wäre die Diagnose Angst und Depression gemischt (F41.2) eine Fehldiagnose. Die leichtgradige Depression wird als sekundär eingestuft. Entsprechend fokussiert das Veränderungskonzept auf die soziale Angststörung, weil zu erwarten ist, dass sich mit zunehmendem Aktionsradius und korrigierenden sozialen Erfahrungen das Selbstwerterleben und die Verstärkerbilanz verbessern.

Punkt 6 beginnt mit der Nennung von konkreten Therapiezielen. Diese sind hypothesengeleitet aus der Verhaltensanalyse abgeleitet. Es wurde ein Konsens hergestellt zwischen Therapeuten- und Patientenzielen. Bei den Zielen wurde dargestellt, *was* verändert werden soll. Im Behandlungsplan werden dann die Mittel angegeben, *wie* die Therapieziele erreicht werden sollen, wodurch ein individualisiertes und bedingungsanalytisch fundiertes Veränderungskonzept entsteht. Kritisch könnte man vielleicht einwenden, dass man den Behandlungsplan durchaus noch stärker individualisieren könnte, damit nicht der Eindruck einer abstrakten Methodenliste entsteht. Es wurde eine verbale Darstellung in freier Form gewählt. Dadurch wird die Abfolge der einzelnen Schritte deutlicher als in einer tabellarischen Auflistung. Im Behandlungsplan geht es um die Auswahl und Planung von geeigneten Mitteln und Interventionsstrategien. Es wird deutlich, welche Schwerpunkte die Einzeltherapie hat. Ein evidenzbasiertes störungsspezifisches Manual wird für die Einzeltherapie genutzt. Aus der Verhaltensanalyse wurde die Indikation für ein zusätzliches Training sozialer Kompetenzen abgeleitet. Ziele und Behandlungsplan beziehen sich auf die gesamte Therapie, also auf die vorausgegangene Akuttherapie, die KZT 2 und die beantragte Umwandlung in LZT. Da es sich um eine LZT handelt, soll sich der Therapeut explizit zum Abschlussmanagement und zur Rezidivprophylaxe äußern (§ 14 Abs. 5 der Psychotherapie-Richtlinie). Schließlich werden prognostisch einschränkende und prognostisch günstige Faktoren konkret benannt.

Da es sich um einen Umwandlungsantrag handelt, ist Punkt 7 erforderlich. Unter Punkt 7 wird zunächst der bisherige Therapieverlauf referiert. Hier wird klar, welche Interventionen eingesetzt wurden und zu welchen Hauptergebnissen diese geführt haben. Die ausführliche Darstellung des Verlaufs kompensiert den nur ansatzweise individualisierten Behandlungsplan. Wünschenswert wären testpsychologische Verlaufsuntersuchungen gewesen. Auch die therapeutische Beziehung wird konkret und auf die Patientin bezogen thematisiert (nicht nur: »Aufbau einer therapeutischen Beziehung«). Anschließend wird begründet, warum eine KZT nicht ausreichend ist und warum eine LZT indiziert ist (Begründung der Notwendigkeit einer Umwandlung in LZT).

Sinnvoll ist es, den Bericht eigenhändig zu unterschreiben und mit einem Praxisstempel zu versehen. Auf jeden Fall sollte die Adresse und die Telefonnummer des Therapeuten auf dem Bericht vorkommen, damit der Gutachter bei Rückfragen Kontakt aufnehmen kann.

11.2 Bericht zum Erstantrag bei einer Patientin mit Agoraphobie

Dr. phil. Dipl.-Psych. NN, Psychologischer Psychotherapeut, Praxisadresse, Telefon

Erstantrag auf Verhaltenstherapie, ausschließlich Einzeltherapie, Chiffre: L TTMMJJ

(1) *Soziodemographische Daten:* 31-jährige Wirtschaftsinformatikerin, stabile berufliche und finanzielle Situation, keine AU, ledig, keine Kinder, seit 18 Monaten ambivalente Partnerschaft zu einem Unternehmensberater, getrennte Wohnungen.

(2) *Symptomatik:* Die Hausärztin hatte der Patientin zu einer Verhaltenstherapie geraten, nachdem eine tiefenpsychologisch fundierte Psychotherapie (TP) die Symptomatik nicht gebessert habe. Die erste Panikattacke sei vor etwa 15 Monaten aufgetreten. Bei Panikattacken komme es zu Hyperventilation, Kribbelparästhesien, Schwindel und Palpitationen. Körperempfindungen werden dysfunktional interpretiert (Herzinfarkt, neurologische Erkrankung). Sie habe bei der ersten Panikattacke einen Rettungswagen gerufen. In der Notaufnahme einer Klinik habe kein pathologischer Organbefund festgestellt werden können. Danach scannte die Patientin exzessiv immer wieder den eigenen Körper auf mögliche Krankheitssymptome (checking behavior) und konsultierte mehrere Ärzte. Es kam zu einem progredienten agoraphoben Vermeidungsverhalten.
Psychopathologischer Befund: Kernsymptome sind Panikattacken mit Hyperventilation und agoraphobes Vermeidungsverhalten. Ein komorbides depressives Syndrom oder eine andere Angststörung liegen nicht vor. Bis auf Schlafstörungen, innere Anspannung und Unfähigkeit zu entspannen ist der sonstige psychopathologische Befund unauffällig, insbesondere kein psychotisches Erleben und keine Suizidalität. Eingeschränkte Fähigkeit zur emotionalen Wahrnehmung mit Somatisierungsneigung.
Psychodiagnostische Testuntersuchungen: Panik- und Agoraphobie-Skala (PAS, Bandelow): 23 Punkte in der Selbstbeurteilungsversion (mittelschwere Symptomausprägung).

(3) *Somatischer Befund/Konsiliarbericht:* Es erfolgte eine ausführliche organmedizinische Ausschlussdiagnostik (Echokardiographie, Belastungs-EKG, MRT des Schädels und der Halswirbelsäule). Bisher kein Psychopharmakon. Substanzanamnese: kein Alkohol- oder Benzodiazepinabusus. Laut Konsiliarbericht bestehen keine somatischen Kontraindikationen gegen die geplante Expositionsbehandlung. Die Patientin begann vor einem Jahr eine ambulante tiefenpsychologisch fundierte Psychotherapie (KZT), die sie nach 24 Sitzungen nicht fortsetzen wollte (Therapieende: TTMMJJ). Eine pseudonymisierte Epikrise des Therapeuten ist beigefügt. Epikritische Reflexion der Vortherapie siehe Punkt 4.

(4) *Biographische Anamnese:* Die Mutter wurde als harmoniebedürftig beschrieben. Sie habe mit Kritik nicht umgehen können und geweint, wenn sie sich angegriffen gefühlt habe. Der Vater (Maschinenbauingenieur) sei emotional kühl und distanziert. Er habe nur für seine Arbeit gelebt. In der Familie habe er sich dominant verhalten. In der Grundschule habe die Patientin gestottert und sei deswegen gehänselt worden. Nach dem Abitur habe sie Wirtschaftsinformatik studiert. Sie arbeite seit zwei Jahren in fester Anstellung in einem renommierten Konzern. In Beziehungen fühle sie sich kontrolliert und eingeengt. Zu große Nähe löse Angst vor Verlust ihrer Autonomie aus. Die Partnerbeziehung erscheint ambivalent. Frau L. fühle sich emotional von ihrem Partner vernachlässigt und habe Angst vor dem Verlassenwerden und

dem Alleinsein. Die Sexualität sei problematisch. Intimität könne sie nicht genießen.

Epikritische Würdigung der Vortherapie: Die KZT (TP) habe Frau L. nicht als hilfreich erlebt. Sie habe sich konkrete Hilfe im Umgang mit den Paniksymptomen und einen Abbau des agoraphoben Vermeidungsverhaltens erhofft. In der Therapie sei es jedoch schwerpunktmäßig um die Themen Frustration in der aktuellen Partnerbeziehung und unterdrückte Aggression gegangen. Mit den Deutungen des Therapeuten habe sie wenig anfangen können. Sie habe ein strukturiertes Vorgehen vermisst und den Therapeuten, ähnlich wie ihren Vater, als emotional distanziert und intransparent erlebt.

Makroanalyse:
Prädispositionshypothesen: Vom Vater erfuhr die Patientin wenig emotionale Zuwendung. In der Grundschule war die Patientin wenig kontaktfreudig und zurückgezogen. Es bildeten sich frühe maladaptive Schemata von emotionaler Entbehrung und sozialer Isolation und Entfremdung aus. Die Mutter habe Liebe regelrecht eingefordert, was die Patientin als bedrohlich erlebte und wogegen sie sich emotional abschottete. Von einer Frustration des Autonomiebedürfnisses ist auszugehen. Von der Mutter übernahm die Patientin durch Lernen am Modell die Konfliktvermeidung. Die Patientin wurde nur unter bestimmten Bedingungen von den Eltern akzeptiert. Sie verhielt sich bei unterdrückter Wut vordergründig angepasst und submissiv. Stottern führte in der Grundschule zu Demütigungen und Ausgrenzung. Die Patientin konnte kein stabiles Selbstwertgefühl aufbauen. Zentrale Selbstwertquellen sind akademische, berufliche und sportliche Erfolge (Radrennsport). Frau L. hat nicht ausreichend gelernt, Gefühle wahrzunehmen und auszudrücken. In emotional belastenden Situationen dominieren körperliche Affektäquivalente (Herzsensationen, Schwindel). Die Patientin entwickelte eine anankastische und leistungsorientierte Persönlichkeitsstruktur.

Auslöser und Dekompensationshypothesen: Die agoraphobe Symptomatik trat wenige Monate nach Eingehen einer ambivalenten Partnerbeziehung erstmalig auf. Ihr Partner sei als Unternehmensberater oft auf Reisen und beruflich sehr eingespannt. Sie fühle sich emotional vernachlässigt. In der Beziehung kann sie eigene Wünsche und Bedürfnisse schwer kommunizieren, insbesondere Gefühle von Einsamkeit und Angst vor dem Verlassenwerden.

Aufrechterhaltende Bedingungen: Die Agoraphobie wird durch antizipatorische Angst und Vermeidungsverhalten aufrechterhalten. Panikattacken werden durch Fehlinterpretationen von Körperempfindungen nach dem psychophysiologischen Modell im Sinne eines Circulus vitiosus aufrechterhalten. Ein aufrechterhaltender Faktor ist die ambivalente Partnerschaft. Die Patientin unterdrückt Ärger und Wut. Auseinandersetzungen mit dem Partner werden durch Somatisierung vermieden.

Mikroanalyse: Prädisponierend für die erste Panikattacke war, dass sich die Patientin im Fitnesstraining verausgabt hatte, was zu Rippenschmerzen, Muskelzuckungen in der Brustmuskulatur und zu Sensationen in der Herzgegend führte. Nach einem Streit am Telefon mit ihrem Freund fuhr sie nach dem Sport auf dem Nachhauseweg durch einen Tunnel mit zähflüssigem Verkehr. Sie wurde angespannt, es trat subjektive Luftnot auf. Hyperventilation führte zu einem Wärmegefühl im Gesicht und zu Parästhesien, die katastrophisierende Kognitionen (Angst vor Herzinfarkt oder Schlaganfall) mit Todes- und Vernichtungsangst auslöste. Sie rief ihren Partner auf dem Handy an, der sie zu beruhigen versuchte und versprach, sie nach 22 Uhr anzurufen; momentan müsse er eine Präsentation für einen Kunden vorbereiten. Bei interozeptiver Wahrnehmungsfokussierung kam es danach zu exzessiver ängstlicher Selbstbeobachtung. Frau L. kontrollierte wegen der Herzangstsymptomatik und aus Angst vor einer neurologischen Krankheit mehrfach täglich den Puls und untersuchte häufig ihre Hautsensibilität und ihre Koordinationsfähigkeit. Wegen Palpitationen, Kribbelparästhesien und Schwindel konsultierte Frau L. verschiedene Ärzte (Kardiologie, Orthopädie, Neurologie). In der Folge entwickelte sich agoraphobes Vermeidungsverhalten. Die Aufrechterhaltung der Agoraphobie kann durch antizipatorische Vermeidung erklärt werden. Flucht- und Vermeidungsverhalten wird durch negative Verstärkung aufrechterhalten und weitet sich nach dem Prinzip der Reizgeneralisierung aus. Inzwischen werden Besuche der Kantine, Menschenansammlungen, Kinos und öffentliche Verkehrsmittel gemieden. Auch im Großraumbüro tritt Angst vor Kontrollverlust und vor peinlichen Situationen auf. Typische Auslöser für Panik und Hyperventilation sind Situationen, in denen keine Flucht möglich ist, beispielsweise Yoga-Stunde, Kino, U-Bahn, Zugfahrten (insbesondere ICE), Team-Meetings. Inzwischen sind sogar Besuche von Freunden in ihrer eigenen Wohnung schwierig, da sie dann nicht fliehen oder sich zurückziehen kann. Durch dysfunktionale kognitive Verarbeitungsprozesse (Selbstvorwürfe, Selbstabwertung) und sekundäre Folgeprobleme (Probleme am Arbeitsplatz und Partnerschaftskonflikte) entsteht Leidensdruck, der die Motivationsbasis für die geplante Verhaltenstherapie bildet.

(5) *Diagnose:* Agoraphobie mit Panikstörung (F40.01G). *Differentialdiagnose:* Eine somatoforme autonome Funktionsstörung (F45.3) ist auszuschließen, da die Kriterien nach ICD-10 nicht erfüllt sind.

(6) *Therapieziele:* Aus dem funktionalen Bedingungsmodell wurden gemeinsam mit der Patientin die folgenden konkreten Therapieziele abgeleitet: Zentrales Ziel ist der Abbau von agoraphobem Vermeidungsverhalten. Konkrete Teilziele wurden mit der Zielerreichungsskala nach Schneider und Margraf (2017) operationalisiert. Außerdem soll die Patientin lernen, Körperempfindungen (insbesondere Parästhesien, Schwindel und Herzsensationen) realistisch einzuschätzen. Nach Besserung der Agoraphobie ist eine Arbeit an lerngeschichtlich bedingten Hintergrundfaktoren vorgesehen. Foki sind in diesem Kontext die Verbesserung der Affektdifferenzierung und der Fähigkeit zur emotionalen Kommunikation sowie die Wahrnehmung und Akzeptanz von negativen Affekten (insbesondere Wut und Aggression) in sozialen Interaktionen (insbesondere in der ambivalenten Partnerschaft).

Behandlungsplan: Die Patientin wurde über die Option einer begleitenden Psychopharmakotherapie aufgeklärt. Im Hinblick auf Selbstwirksamkeit und Attribution von Therapieerfolgen ist ein sequentielles Vorgehen indiziert. Es erfolgt daher zunächst eine ausschließliche VT. Bei unzureichender Wirksamkeit soll die Indikation für eine leitlinienkonforme Medikation psychiatrisch geprüft werden. Die Behandlung ist primär expositionsorientiert und orientiert sich an dem Manual von Schneider und Margraf (2017). Bei der Gestaltung der therapeutischen Beziehung ist das Kontroll- und Autonomiebedürfnis der Patientin besonders zu berücksichtigen. Wichtig sind Transparenz und strukturiertes Vorgehen, was die Patientin in der TP vermisst hat. Zunächst erfolgt eine kognitive Vorbereitung auf Konfrontationsübungen durch Erarbeitung von Angstverlaufskurven durch geleitetes Entdecken. Zu Beginn der Interventionsphase sind therapeutenbegleitete massierte und hochfrequente Reizkonfrontation in vivo in Expositionsblöcken von bis zu vier Therapieeinheiten an einem Tag vorgesehen. In Situationen mit realer Gefahr (Autofahren) erfolgt keine massierte Reizkonfrontation, sondern ein graduelles Vorgehen unter Einbeziehung eines Fahrlehrers in einem Fahrschulauto. In der sich anschließenden Selbstkontrollphase sind angeleitete Selbstexpositionen in vivo vorgesehen. Außerdem sind interozeptive Expositionsübungen (Hyperventilation, Schwindelprovokati-

on) sowie eine Korrektur von Fehlinterpretationen körperlicher Empfindungen (Parästhesien, Palpitationen und andere Herzsensationen) nach dem Korrekturschema von Schneider und Margraf (2017) geplant. Angstprovozierende Kognitionen sollen durch Methoden der kognitiven Umstrukturierung modifiziert werden. Es ist geplant, auch an Hintergrundbedingungen zu arbeiten. Aus der Makroanalyse ergeben sich die folgenden therapeutischen Foki: Die Wahrnehmung und Kommunikation von Emotionen sollen verbessert werden. Insbesondere geht es um die aggressive Gehemmtheit, die habituelle Unterdrückung negativer Affekte in sozialen Interaktionen und um die Vermeidung von Konflikten in der ambivalenten Partnerbeziehung. Neben geleitetem Entdecken sind hierzu auch Rollenspiele geplant. Ausgewählte Interventionen nach Potreck-Rose und Jacob (2015) sind vorgesehen, um Selbstakzeptanz und Selbstfürsorge aufzubauen sowie perfektionistische Ansprüche zu reduzieren. Geplant sind insgesamt 60 Therapieeinheiten im Einzelsetting. Für die therapeutenbegleitete massierte Konfrontation sind in der Interventionsphase zwei bis drei jeweils vierstündige Expositionsblöcke vorgesehen. Eine Einbeziehung des Partners soll in 2 bis 3 Sitzungen erfolgen; hierfür sind Doppelstunden vorgesehen. Geplant ist eine Rezidivprophylaxe mit 6 Therapieeinheiten in ausschleichender Frequenz.
Prognose: Prognostisch einschränkend sind das generalisierte Vermeidungsverhalten, die habituelle Unterdrückung von Wut und die Somatisierungstendenz bei eingeschränkter Fähigkeit zur Affektdifferenzierung. Prognostisch günstig sind die relativ kurze Krankheitsdauer ohne Chronifizierung.

Ort, Datum   Unterschrift des Therapeuten, Praxisstempel

Kommentar: Innerhalb der letzten 2 Jahre ist bereits eine psychotherapeutische Vorbehandlung erfolgt. Ein Antrag auf Verhaltenstherapie ist daher gutachterpflichtig. Hierbei spielt es keine Rolle, dass es sich um einen Verfahrenswechsel von TP zu VT handelt. Es ist ein Erstantrag zu stellen. Das Kontingent der Vorbehandlung wird nicht angerechnet. Dem neuen Therapeuten stehen bis zu drei Sprechstunden und maximal vier probatorische Sitzungen zur Verfügung. Es wurde eine Epikrise des Vortherapeuten (TP) angefordert und dem Bericht pseudonymisiert beigefügt. Außerdem wird der Verlauf der Vortherapie aus der Perspektive der Patientin dargestellt und epikritisch reflektiert. Daraus werden Schlussfolgerungen für das Beziehungsgestaltungskonzept in der geplanten VT gezogen (Transparenz, Strukturierung, Symptombewältigung). In diesem Beispiel wurden biographische Anamnese und Makroanalyse getrennt. Die Auswahl der Informationen zur Lern- und Lebensgeschichte erfolgte therapiebezogen, also nach der Relevanz für die Makroanalyse und für das Behandlungskonzept. Für die horizontale Verhaltensanalyse wurden funktionale Zusammenhänge auf der Mikroebene in inhaltlicher Anlehnung an das SORKC-Schema in ganzen Sätzen dargestellt. Die Therapieziele leiten sich aus dem funktionalen Bedingungsmodell ab. Die Balance zwischen Individualisierung und Standardisierung wird gewährleistet durch den Rückgriff auf das evidenzbasierte Manual von Schneider und Margraf (2017). Aus der Makroanalyse wird die Indikation für die geplante Arbeit an prädisponierenden Faktoren abgeleitet (Konfliktvermeidung, Unterdrückung von Aggressionen in der Partnerbeziehung). Im Behandlungsplan wird das voraussichtlich nötige Kontingent genannt. Auf die Notwendigkeit von vierstündigen Expositionsblöcken wird hingewiesen. Für die intensive Einbeziehung von relevanten Bezugspersonen können Doppelstunden durchgeführt werden (Psychotherapie-Richtlinie § 28 Abs. 4). Bei der Prognoseeinschätzung werden einschränkende und positive Faktoren genannt. Der beantragte Behandlungsumfang erscheint angemessen und wirtschaftlich. Das hypothetische funktionale Bedingungsmodell ist plausibel. Daraus werden Therapieziele und ein Veränderungskonzept abgeleitet, das sich an einem bewährten Behandlungsmanual orientiert. Therapieverfahren und Behandlungsplan entsprechen aktuellen Behandlungsleitlinien und fachlich anerkannten Standards. Die Vorbehandlung wurde nicht ignoriert, sondern epikritisch gewürdigt. Aus dem fehlenden Erfolg der Vorbehandlung werden Konsequenzen für die Gestaltung der therapeutischen Allianz gezogen. Im Behandlungsplan wird die Option einer begleitenden Psychopharmakotherapie erwähnt und das ausschließlich verhaltenstherapeutische Vorgehen nachvollziehbar begründet. Auch hier erwarten die Gutachter eine Entscheidung für oder gegen eine Rezidivprophylaxe gemäß § 14 Abs. 5 der Psychotherapie-Richtlinie. Der Umfang von mehr als 2 Seiten ist erforderlich und inhaltlich gerechtfertigt.

11.3 Bericht zum Umwandlungsantrag bei einem Patienten mit chronischer Depression

Dr. med. NN, Facharzt für Psychosomatische Medizin und Psychotherapie, Praxisadresse, Telefonnummer

Bericht zum Umwandlungsantrag, Chiffre G TTMMJJ

(1) *Soziodemographische Daten:* 56-jähriger Verwaltungsfachangestellter, ledig, kinderlos, lebt alleine in einer 1-Zimmer-Wohnung zur Miete in einer ostdeutschen Großstadt, seit 9 Monaten vom Psychiater krankgeschrieben wegen Depression, bezieht aktuell Krankengeld, kein Rentenwunsch, kein Antrag auf GdB, kein Antrag auf Erwerbsminderungsrente.

(2) *Symptomatik:* Herr G. wurde von seinem Psychiater zur Verhaltenstherapie nach einem Psychiatrieaufenthalt überwiesen wegen einer seit drei Jahren bestehenden depressiven Symptomatik. Er schilderte eine teilweise Besserung der Depression. Aktuell leide er an Freudlosigkeit, Hoffnungslosigkeit, Grübeln und Insuffizienzgefühlen. Vor vier Jahren habe er eine neue Vorgesetzte bekommen, mit der er nicht zurechtkomme. Sie bevorzuge eine jüngere Mitarbeiterin und schikaniere Herrn G., der ihr nichts rechtmachen könne. Herr G. fühle sich »gemobbt«.

Interaktionsanalyse: Herr G. wirkt im Kontakt distanziert, misstrauisch, resigniert und verbittert. Bei der Thematisierung der Arbeitsplatzsituation monologisiert er und erscheint zynisch, vorwurfsvoll und entwertet seine Chefin. Eigene Anteile an interaktionellen Eskalationsprozessen und dem Arbeitsplatzkonflikt kann der Patient nur sehr eingeschränkt reflektieren. Interpersonelle Episoden werden egozentrisch wahrgenommen und verzerrt interpretiert. Die Fähigkeit zur empathischen Einfühlung in andere und zum Perspektivenwechsel erscheint eingeschränkt.
Psychopathologischer Befund: Subjektive Konzentrationsstörungen. Formalgedanklich Grübeln. Im Affekt depressiv mit verminderter Schwingungsfähigkeit, Anhedonie. Vermindertes Selbstwertgefühl. Störung der Vitalgefühle. Zielgerichteter Antrieb vermindert. Psychomotorisch gehemmt. Schlafstörungen unter Quetiapin gebessert. Appetit initial vermindert, inzwischen regelrecht. Gewichtsverlust von 7 kg seit Krankheitsbeginn. Libido erloschen. Passive Todeswünsche, von Suizidalität glaubhaft distanziert und absprachefähig. Kein synthymer oder parathymer Wahn, keine Wahrnehmungsstörungen, keine Ich-Störungen.
Psychodiagnostische Testuntersuchungen: Im BDI-II Gesamtscore von 24 (aktuell mittelgra-

diges depressives Syndrom in der Selbsteinschätzung).

(3) *Somatische Befunde:* In der psychiatrischen Universitätsklinik erfolgte eine gründliche somatische Ausschlussdiagnostik (inklusive cMRT, EEG). Der Patient ist in regelmäßiger psychiatrischer Behandlung.
Psychiatrische Vorbehandlung: Der pseudonymisierte Entlassungsbericht über die stationäre Behandlung liegt dem Bericht bei (siehe auch Punkt 4, Krankheitsanamnese).
Aktuelle Psychopharmakotherapie: Venlafaxin retard 300 mg, Quetiapin 300 mg.
Substanzanamnese: Kein Alkoholabusus, kein Benzodiazepinmissbrauch, keine Drogen.

(4) *Biographische Anamnese:* Die Eltern hätten einen Gastronomiebetrieb geführt und für die Kinder kaum Zeit gehabt. Der Patient und seine ältere Schwester (+ 1 Jahr) seien von den Eltern vernachlässigt worden. Auch bei Krankheiten hätten sich die Eltern nicht ausreichend gekümmert. Die Mutter (+ 27 Jahre) beschrieb der Patient als streng, kalt, abweisend, dumm, verlogen und manipulativ. Die Kinder seien für die Eltern eher eine Belastung und ein Störfaktor gewesen. Den Vater (+ 31 Jahre) erinnerte er als impulsiv und cholerisch. Er habe nach der Arbeit vermehrt Alkohol getrunken. Die Schwester sei vom Vater bevorzugt worden. Die Mutter sei mit der Gaststätte, dem Haushalt und der Kindererziehung überfordert gewesen. Ihr Erziehungsstil sei autoritär. Ungehorsam sei mit Ohrfeigen bestraft worden. Bis zum Alter von 17 Jahren habe er sich mit seiner Schwester ein Zimmer teilen müssen. Er sei immer ein Sonderling gewesen und in der Schule gemobbt worden. Oft komme er sich unvollkommen und als Versager vor. Nach dem Realschulabschluss habe er eine Ausbildung bei der Stadtverwaltung gemacht. Mit seiner Arbeit in einer städtischen Behörde sei er bisher leidlich zurechtgekommen, wenngleich ihm der Parteiverkehr immer verhasst gewesen sei. Die Situation bei der Arbeit sei unerträglich geworden nach der Pensionierung seines langjährigen Vorgesetzten. Er habe eine junge Chefin bekommen, die von den Abläufen in der Behörde »keine Ahnung« habe und »unfähig« sei, Mitarbeiter zu führen. Auf Kränkungen und Zurückweisungen reagiere er überwiegend mit passiver Aggression. Herr G. lebe sozial isoliert. Er habe nur einen Freund aus seiner Schulzeit.
Krankheitsanamnese: Retrospektiv dürfte seit der Jugend eine Dysthymie vorliegen. Seit drei Jahren besteht eine schwer ausgeprägte depressive Symptomatik. Er sei zwölf Wochen in einer psychiatrischen Universitätsklinik gewesen (siehe Entlassungsbericht). Er fühlte sich bei Therapiebeginn noch nicht arbeitsfähig und empfinde sein Leben als sinnlos. Bisher noch keine ambulante Psychotherapie.
Makroanalyse:
Prädispositionshypothesen: In der Kindheit kam es zu emotionaler Vernachlässigung und zu Gewalterfahrungen. Die traumatisierenden Beziehungserfahrungen führten zu einem abweisend-vermeidenden Bindungsmuster mit interpersonellem Rückzug als Vulnerabilitätsschutz. Durch die invalidierenden Erfahrungen entwickelten sich ein negatives Selbstbild und maladaptive Beziehungsschemata. Das Selbstwertgefühl ist fragil, was sich in leichter Kränkbarkeit, Selbstentwertung, Scham und Rückzug äußert. Im affektiven Erleben dominieren Kränkung, Enttäuschung, Wut und Selbstentwertung. Die emotionale Kommunikationsfähigkeit und die Empathiefähigkeit sind eingeschränkt. Die Fähigkeit, für sich zu sorgen und sich zu beruhigen, ist vermindert. Der Patient erlebt andere Menschen habituell als antreibend, kritisierend, fordernd und vernachlässigend. Herr G. entwickelte einen schizoid-distanzierten Persönlichkeitsstil. Durch einen pseudoautonomen Lebensstil gelang über Jahre eine Kompensation mit Einschränkung der Lebensqualität. Für die Genese der depressiven Symptomatik ist präoperatives Denken relevant. Der kognitive Stil ist wertend und eindimensional auf eigene Fehler sowie auf Unzulänglichkeit und Versa-

gen der Kollegen und der Vorgesetzten gerichtet. Hinzu kommt die habituelle Abwertung anderer. Der Patient kann aversive Emotionen (insbesondere Ärger, Wut, Frustration) nicht adäquat regulieren. Es dominieren dysfunktionale Strategien wie Emotionsvermeidung durch Rumination und habituelle Unterdrückung von Emotionen.

Dekompensationshypothesen: Die depressive Symptomatik entwickelte sich schleichend und besteht in ausgeprägter Form seit mindestens drei Jahren. Auslösend für die aktuelle Exazerbation ist eine berufliche Veränderung: Die neue Vorgesetzte nahm dem Patienten sein Einzelzimmer weg, das er jahrelang aus Gewohnheitsrecht für sich beanspruchte. Dies triggerte aversive Emotionen vor dem lerngeschichtlichen Hintergrund, dass sich Herr G. jahrelang mit seiner Schwester ein Zimmer teilen musste. Außerdem verlangte die Chefin mehr Teamarbeit, wodurch der Patient seine Eigenständigkeit gefährdet sah und mit seinen sozialen Kompetenzdefiziten konfrontiert wurde. Optimierungsmaßnahmen der Chefin interpretierte der Patient als Infragestellung seiner Kompetenz und als »Schikanen«. Er reagierte mit gekränktem Rückzug sowie untergründig feindseligem und passiv-aggressivem Verhalten. Dadurch entstand ein negativer interaktioneller Zirkel, der zur Eskalation des Arbeitsplatzkonflikts führte. Kritik an seiner mangelnden Kooperationsbereitschaft und eine Abmahnung lösten eine schwere Selbstwertkrise mit depressiver Dekompensation aus.

Aufrechterhaltende Bedingungen: Der Patient ließ sich zuerst vom Hausarzt und später vom Psychiater krankschreiben. Dadurch entstand zwar eine passagere Entaktualisierung des Arbeitsplatzkonflikts. Aufrechterhalten wird die depressive Symptomatik durch einen Verstärkermangel und den depressiven Inaktivitätsteufelskreis. Der Patient verbringt die meiste Zeit mit Rumination. Es dominieren selbstabwertende Kognitionen, Rachephantasien gegenüber der Chefin sowie pessimistische Zukunftsperspektiven. Langfristig führen die Deprivationsbedingungen der Arbeitsunfähigkeit bei fehlendem sozialem Netz und nicht vorhandenen funktionalen Bewältigungsstrategien zu einer Aufrechterhaltung der chronifizierten depressiven Symptomatik. Der Arbeitsplatzkonflikt wird nicht konstruktiv und lösungsorientiert angegangen. Der Rückzug führt zu einer sozialen Isolation. Die Defizite im Interaktions-, Kommunikations- und Sozialverhalten sowie die mangelnden Problemlösefertigkeiten bleiben bestehen. Korrigierende Beziehungserfahrungen sind unter den aktuellen Bedingungen nicht möglich.

Mikroanalyse:
S: Die Chefin weist den Patienten in Anwesenheit seiner Kollegin sachlich auf einen Bearbeitungsfehler hin und macht konstruktive Vorschläge zur Korrektur und Schadensbegrenzung.
O: Leichte Kränkbarkeit und Kritikempfindlichkeit, fragiler Selbstwert, externalisierender Attributionsstil.
Rβ: »Die Schikanen nehmen kein Ende. Die Chefin kann mich einfach nicht leiden. Immer sucht sie das Haar in der Suppe. Dabei ist sie selbst absolut unfähig.«
Re: Wut, Verbitterung, Resignation.
Rγ: Müdigkeit, Erschöpfung, »Nebel im Kopf«.
Rα: Herr G. vermeidet Blickkontakt mit der Vorgesetzten, reagiert nicht auf ihre Vorschläge, starrt regungslos in den Computer, verschiebt die Korrektur des Fehlers auf den nächsten Tag.
C: Die Chefin verlässt aufgrund des Schweigens des Patienten nach kurzer Zeit das Büro, was zu einer Erleichterung führt ($\cancel{C}-$).

Langfristige negative Auswirkungen des Problemverhaltens: Bei der Chefin verfestigt sich der Eindruck, dass ihre berechtigte und neutral vorgetragene Kritik an dem Patienten abprallt. Sie hält ihn für »beratungsresistent« und widerspenstig. Der Patient verarbeitet die Interaktionsepisode dysfunktional. Er grübelt über frühere »Attacken« und »Gemeinheiten« der Chefin nach und kommt zu der Schlussfolgerung: »Ihr kann man es wohl nie rechtmachen. Sie hat etwas gegen mich und will mich vor allen Kollegen runtermachen. Bei nächster Gelegenheit zahle ich es ihr heim.« Das dysfunktionale Interaktionsmuster und die negativen Glaubenssätze verfestigen sich.

(5) *Diagnose:* Chronische Depression, initial schwere depressive Episode ohne psychotische Symptome (F32.2G), nach stationärer psychiatrischer Behandlung und KZT teilremittiert. Vorbestehende Dysthymie (F34.1G). Double Depression. *Differentialdiagnose:* Die Kriterien für eine schizoide oder narzisstische Persönlichkeitsstörung sind nicht vollständig erfüllt.

(6) *Behandlungsplan:* Wegen der initial schweren Symptomausprägung erfolgt parallel zur VT eine psychiatrische/psychopharmakologische Mitbehandlung (siehe Punkt 3). Zunächst sollen die berufliche Perspektive fokussiert und Lösungsoptionen des Arbeitsplatzkonflikts sondiert werden. Ein Rentenwunsch besteht nicht. Da die Depression durch Deprivationsbedingungen und den Inaktivitätsteufelskreis aufrechterhalten wird, soll die Rate verhaltensbezogener positiver Verstärkung und werteorientierter Aktivität erhöht werden. Foki der LZT sind die Verbesserung der interaktionellen und kommunikativen Kompetenzen, die Korrektur des feindseligen, distanzierten und passiv-aggressiven Interaktionsstils sowie die Verbesserung der Fähigkeit zu Empathie und Perspektivenübernahme. Insbesondere soll Herr G. lernen, den aversiven Stimuluscharakter seines Interaktionsverhaltens einzuschätzen und gezielt zu variieren. Zentral ist die konkrete Veranschaulichung, dass das Beziehungsangebot des Patienten feindselig-dominante Reaktionen des Interaktionspartners provoziert. Dadurch soll er Verantwortung für sein Verhalten und dessen Wirkung auf Interaktionspartner übernehmen. Hierzu wird der Kiesler-Kreis eingeführt. Zentrale Therapieelemente sind CBASP-Methoden wie diszipliniertes und konfrontatives persönliches Einlassen des Therapeuten sowie explizite und transparente interpersonelle Diskriminationsübungen. Die therapeutische Beziehung wird als wichtige Erfahrungsbasis genutzt, um konstruktive und emotional verändernde Beziehungserfahrungen zu ermöglichen. Hier geht es um das feindselige und vordergründig unterwürfige sowie reaktante Interaktionsmuster und das aversive Beziehungsangebot des Patienten. Prägende Erfahrungen der eigenen Lern- und Lebensgeschichte werden fokussiert herausgearbeitet. Durch Formulierung von expliziten Übertragungshypothesen werden Grundüberzeugungen und Schemata identifiziert, die heute noch den dysfunktionalen Interaktionsstil bestimmen. Die Analyse und Bearbeitung automatischer Gedanken, kognitiver Muster und maladaptiver Schemata erfolgt durch klassische kognitive Techniken nach Hautzinger (2013). Ein wesentliches Therapieziel ist die Überwindung egozentrischen Denkens und der einseitig selbstbezogenen Erfahrungsverarbeitung. Situationsanalysen dienen der Schulung der präzisen Beobachtung und Beschreibung aktueller interpersoneller Ereignisse und des eigenen Verhaltens. Dadurch soll der Patient funktionale Zusammenhänge erkennen und lernen, dass sein Verhalten Konsequenzen hat (wahrgenommene Funktionalität). Die interaktionellen Kompetenzen sollen durch Fertigkeitentraining und Verhaltensaufbau verbessert werden. Zur Verbesserung der habituellen Vermeidung von aversiven Emotionen (Wut, Ärger, Frustrationen) sind Elemente aus dem Training emotionaler Kompetenzen nach

Berking (2017) geplant. Indiziert ist eine LZT mit 60 Sitzungen im Einzelsetting. In der Therapie wird die prinzipielle Begrenztheit der therapeutischen Möglichkeiten betont. Sollte sich in der Abschlussphase der Therapie abzeichnen, dass depressive Restsymptome persistieren werden, ist der Aufbau von Akzeptanz und Gelassenheit durch ACT-Strategien vorgesehen. Die Behandlung soll initial mit zwei Sitzungen pro Woche erfolgen. Zu einer angebotenen parallelen Gruppentherapie konnte Herr G. nicht motiviert werden. Da noch nicht klar ist, ob die Therapie innerhalb dieses Bewilligungsschrittes erfolgreich abgeschlossen werden kann, ist eine Rezidivprophylaxe zum Zeitpunkt der Antragstellung noch nicht planbar. Rehabilitationsmaßnahmen und Alternativen zu ambulanter Richtlinientherapie wie Grundversorgung, Behandlung in einer psychiatrischen Institutsambulanz, Ergotherapie oder Soziotherapie werden bei einer Exazerbation im Verlauf und bei persistierender Depression gegebenenfalls frühzeitig koordiniert.

Prognoseeinschätzung: Die Prognose wird belastet durch die vorbestehende Dysthymie, die interpersonellen Fertigkeitendefizite, die soziale Isolation und den feindselig-unterwürfigen Beziehungsstil. Prognostisch günstig sind der Verlauf der KZT und das ausreichend tragfähige Arbeitsbündnis.

(7) *Therapieverlauf:* Eine stufenweise Wiedereingliederung verlief erfolgreich. Aktuell besteht keine AU mehr. Durch Verhaltensaktivierung wurde eine Verbesserung der Verstärkerbilanz erreicht. Herr G. reaktivierte sein früheres Hobby Fotografieren und besucht regelmäßig einen Volkshochschul-Kurs für Amateure. Dieser Kurs ermöglicht soziale Kontakte. Die Möglichkeiten einer Lösung des Arbeitsplatzkonflikts wurden nach dem Problemlöserational besprochen. Unter Einbeziehung des Personalrats und der Personalabteilung entschied sich der Patient für eine Umsetzung. Der Umsetzungsprozess zog sich über ein halbes Jahr. In der neuen Abteilung hat er einen anderen Vorgesetzten, ein eigenes Büro und kaum Kundenkontakte. In der therapeutischen Beziehung zeigte sich im Sinne von Beziehungstests das feindselig-unterwürfige Interaktionsmuster (»Vergessen« von Terminen, kurzfristige Terminabsagen, Misstrauen, Schweigen in den Sitzungen, spärliche Selbstprotokolle, subtile Entwertungen). Empathische Konfrontationen und diszipliniertes persönliches Einlassen des Therapeuten ermöglichten dem Patienten erste Einsichten in den aversiven Stimuluscharakter seines passiv-aggressiven Verhaltens und dadurch nahegelegte interaktionelle Reaktionen. Das depressive Syndrom hat sich gebessert, insbesondere die Freudfähigkeit und der Antriebsmangel.

Begründung der Notwendigkeit einer Umwandlung in LZT: Herr G. hat signifikante Fortschritte erzielt, die sich positiv auf seine Therapie- und Veränderungsmotivation auswirken. Der Patient hat sein anfängliches Misstrauen gegenüber dem Therapeuten und der Therapie weitgehend überwunden. In der therapeutischen Beziehung sind inzwischen konfrontative Elemente möglich, die der Patient konstruktiv für die weitere Selbstexploration nutzen kann. Am neuen Arbeitsplatz wendet er die in Rollenspielen eingeübten kommunikativen und interaktionellen Fertigkeiten an. Das neu gelernte Interaktionsverhalten wird von Kollegen und dem Vorgesetzten durch Zuwendung und neutrale bis freundliche Reaktionen positiv verstärkt. Fertigkeitentraining, kognitive Umstrukturierung, Situationsanalysen und die vertiefte Bearbeitung der prägenden und traumatisierenden Beziehungserfahrungen müssen noch fortgesetzt werden, um eine nachhaltige Stabilisierung zu erreichen.

Ort, Datum   Unterschrift des Therapeuten, Praxisstempel

Kommentar: In diesem Beispiel werden unter Punkt 1 relevante sozialmedizinische Kontextfaktoren deutlich (mehrmonatige Arbeitsunfähigkeit, Bezug von Krankengeld). Ein Rentenbegehren wird explizit ausgeschlossen.

Unter Punkt 2 wird die aktuelle Symptomatik benannt. Außerdem wird auf den Arbeitsplatzkonflikt hingewiesen. Bei einer chronischen Depression und einseitigem Attributionsstil (»Mobbing-Opfer«) ist eine Interaktionsanalyse angezeigt. Im psychopathologischen Befund wird die aktuelle Symptomatik in adäquater Fachsprache beschrieben. Nach Lektüre von Punkt 2 hat der Gutachter die Überzeugung gewonnen, dass eine krankheitswertige und behandlungsbedürftige psychische Störung vorliegt, die zum Indikationskatalog der Psychotherapie-Richtlinie gehört.

Ein ärztlicher Psychotherapeut braucht keinen Konsiliarbericht. In diesem Fall reflektiert der ärztliche Psychotherapeut indikations- und planungsrelevante somatische Aspekte und Vorbehandlungen. Da eine somatische Ausschlussdiagnostik aktuell in der Psychiatrie erfolgt ist, erscheint eine erneute körperliche Untersuchung unnötig. Die aktuelle Psychopharmakotherapie wird dargestellt. Auf den Klinikbericht wird verwiesen. Die epikritische Würdigung gehört zur Krankheitsanamnese in Punkt 4.

In diesem Beispiel sind biographische Anamnese und Makroanalyse – wie von mir favorisiert und empfohlen – getrennt. Bei der Dysthymie und der chronischen Depression ist die Analyse des Persönlichkeitsstils besonders relevant, um dysfunktionale Reaktionsbereitschaften und repetitive dysfunktionale Beziehungsmuster zu beschreiben. Bei den Aufrechterhaltungsbedingungen werden auch mikroanalytische Aspekte berücksichtigt. Auf der Mikroebene wurden funktionale Zusammenhänge (Verstärkerverlust unter den aktuellen Deprivationsbedingungen, depressiver Inaktivitätsteufelskreis) in ganzen Sätzen lerntheoretisch korrekt beschrieben. Dies erschien in diesem Fall aussagekräftiger als ein stichpunktartiges Abarbeiten des SORKC-Schemas. Kritisieren könnte man vielleicht, dass bei Rα gleich mehrere Verhaltensweisen beschrieben wurden, die allerdings eine zusammengehörige Sequenz bilden. Die Krankheitsanamnese gehört zu Punkt 4, nicht zu Punkt 2.

Die Diagnose (Punkt 5) ist mit Punkt 2 und den Vorbefunden vereinbar. Bei der Diagnose wird klar, dass die chronische Depression initial schwer ausgeprägt war, was die Kombination aus Psychotherapie und antidepressiver Medikation erklärt. Falsch wäre die Diagnose mittelgradige Depression (F32.1) aufgrund des aktuellen Querschnittsbefundes, denn dann würde der Verlaufsaspekt nicht deutlich. Besser ist also die Diagnose nach dem maximalen Ausprägungsgrad und der Hinweis auf partielle Remission. Die relevante Differentialdiagnose einer schizoiden oder narzisstischen Persönlichkeitsstörung wurde ausgeschlossen. Eine Schwäche ist hier, dass nicht auf Testuntersuchungen wie IPDE oder SCID-5-PD zurückgegriffen wurde. Kompensiert wird dieser Mangel jedoch durch das funktionale Bedingungsmodell und die Interaktionsanalyse. Im Bericht werden die dysfunktionalen Persönlichkeitsanteile ausreichend deutlich; sie bilden einen Schwerpunkt der Behandlungsplanung.

Im Behandlungsplan wird die sozialmedizinische Situation dargestellt. Naheliegende Veränderungshindernisse (Rentenbegehren) werden explizit thematisiert. Eine tabellarische Darstellung von Therapiezielen und zugeordneten Interventionen erschien in diesem Fall weniger geeignet als die hier gewählte verbale Darstellung des Veränderungskonzepts. Nur in ganzen Sätzen war es möglich, die Reihenfolge des Vorgehens anschaulich zu beschreiben. Im Behandlungsplan wird deutlich, dass das Höchstkontingent für eine Verhaltenstherapie wahrscheinlich benötigt wird. Bei chronischer Depression gilt ein Behandlungsumfang von 60–80 Sitzungen als angemessen (Hautzinger 2013, S. 225). Gemäß § 14 Abs. 5 der Psychotherapie-Richtlinie wird begründet, warum eine Rezidivprophylaxe noch nicht absehbar ist. Die Wahl von CBASP-Elementen ist indiziert und entspricht dem aktuellen fachlichen Standard.

Insbesondere wird deutlich, dass die therapeutische Beziehung ein zentrales Therapieelement darstellt. Die Prognose wird realistisch eingeschätzt. Alternativen zur Richtlinientherapie werden reflektiert.

Schließlich wird in Punkt 7 der bisherige Therapieverlauf deutlich. Die Notwendigkeit einer Umwandlung in Langzeittherapie ist überzeugend begründet. Wünschenswert wäre der Verlauf des BDI-II gewesen.

Der Bericht ist zwar vom Umfang her grenzwertig, aber noch im Rahmen. Auf 2 Seiten wäre kein aussagekräftiger Bericht möglich gewesen.

12 Literatur

Adler D (2018) Der Antrag auf psychodynamische Psychotherapie. Ein Leitfaden zur Berichterstellung. 3. Auflage. Gießen: Psychosozial-Verlag.

Bandelow B, Boerner RJ, Kasper S, Linden M, Wittchen HU, Möller HJ (2013) Generalisierte Angststörung: Diagnostik und Therapie. Deutsches Ärzteblatt 110:300–310.

Bartling G, Echelmeyer L, Engberding M (2016) Problemanalyse im psychotherapeutischen Prozess. Leitfaden für die Praxis. 6. Auflage. Stuttgart: Kohlhammer.

Becker E, Margraf J (2016) Generalisierte Angststörung. Ein Therapieprogramm. 3. Auflage. Weinheim: Beltz.

Bender C, Berner B, Best D, Dilling J, Schaff C, Uhlemann T (2018) Praxishandbuch Psychotherapie-Richtlinie und Psychotherapie-Vereinbarung. 2. Auflage. Heidelberg: medhochzwei Verlag.

Berking M (2017) Training emotionaler Kompetenzen. 4. Auflage. Berlin: Springer.

Best D (2001) Das Gutachterverfahren in der Verhaltenstherapie: Praktische Hinweise zur Erstellung des Berichtes. Psychotherapeutische Praxis 1:40–53.

Bleichhardt G, Weck F (2019) Kognitive Verhaltenstherapie bei Hypochondrie und Krankheitsangst. 4. Auflage. Berlin: Springer.

Brewin C, Andrews C (2017) Creating Memories for False Autobiographical Events in Childhood: A Systematic Review. Applied Cognitive Psychology 31: 2–23.

Bohus M (2019) Borderline-Störung. 2. Auflage. Göttingen: Hogrefe.

Bohus M, Reicherzer M (2020) Ratgeber Borderline-Störung. Informationen für Betroffene und Angehörige. 2. Auflage. Göttingen: Hogrefe.

Bohus M, Wolf-Arehult M (2018) Interaktives Skillstraining für Borderline-Patienten. Das Therapeutenmanual. 3. Auflage. Stuttgart: Schattauer.

Boll-Klatt A, Kohrs M (2014) Praxis der psychodynamischen Psychotherapie. Grundlagen – Modelle – Konzepte. Stuttgart: Schattauer.

Brakemeier EL, Knoop R, Bollmann S (2017) Cognitive Behavioral Analysis System of Psychotherapie (CBASP). In: Brakemeier EL, Jacobi F (Hrsg.) Verhaltenstherapie in der Praxis. Weinheim: Beltz. S. 689–700.

Brunhoeber S (2019) Kognitive Verhaltenstherapie bei Körperdysmorpher Störung. 2. Auflage. Göttingen: Hogrefe.

Brunner J (2016a) Psychotherapie oder Psychopharmakotherapie oder Kombinationstherapie? Psychotherapeut 61:285–293.

Brunner J (2016b) Ressourcenorientierte Psychotherapie. Psychotherapeut 61:255–270.

Bühring P (2004) Eine Frage der Ehre. Kommerzielle Hilfe bei Psychotherapieanträgen. Deutsches Ärzteblatt PP 7:308–309.

Caspar F (2018) Beziehungen und Probleme verstehen. Eine Einführung in die psychotherapeutische Plananalyse. 4. Auflage. Göttingen: Hogrefe.

Dieckmann M, Dahm A, Neher M (2018) Faber/Haarstrick. Kommentar Psychotherapie-Richtlinien. 11. Auflage. München: Elsevier.

Eckert J (2010) Aufgaben und Ziele klinischpsychologischer Erstgespräche. In: Eckert J, Barnow S, Richter R (Hrsg.) Das Erstgespräch in der Klinischen Psychologie. Diagnostik und Indikation zur Psychotherapie. Bern: Huber. S. 13–34.

Eifert GH (2011) Akzeptanz- und Commitment-Therapie (ACT). Göttingen: Hogrefe.

Ehlers A (1999) Posttraumatische Belastungsstörung. Göttingen: Hogrefe.

Ehring T, Ehlers A (2019) Ratgeber Trauma und Posttraumatische Belastungsstörung. Informationen für Betroffene und Angehörige. 2. Auflage. Göttingen: Hogrefe.

Fischer C, Schröder A, Heider J (2021) Kognitive Verhaltenstherapie bei Autofahrangst. Exposition im Straßenverkehr. Psychotherapeut 66:132–139.

Fliegel S (2010) Das Erstgespräch in der Verhaltenstherapie. In: Eckert J, Barnow S, Richter R (Hrsg.) Das Erstgespräch in der Klinischen Psychologie. Diagnostik und Indikation zur Psychotherapie. Bern: Huber. S. 67–83.

Flückiger C, Wüsten G (2015) Ressourcenaktivierung. 2. Auflage. Bern: Huber.

Gensichen J, Linden M (2013) Gesundes Leiden – die »Z-Diagnosen«. Deutsches Ärzteblatt PP 2:75–77.

Grawe K (2004) Neuropsychotherapie. Göttingen: Hogrefe.
Grawe K, Grawe-Gerber M (1999) Ressourcenaktivierung. Ein primäres Wirkprinzip der Psychotherapie. Psychotherapeut 44:63–73.
Güroff E (2016) Selbstsicherheit und soziale Kompetenz. Das Trainingsprogramm TSK mit Basis- und Aufbauübungen. Stuttgart: Klett-Cotta.
Häfner H, Bechdolf A, Klosterkötter J, Maurer K (2018) Psychosen – Früherkennung und Frühintervention. Der Praxisleitfaden. Stuttgart: Schattauer.
Hamm A (2006) Spezifische Phobien. Göttingen: Hogrefe.
Hanning S, Chmielewski F (2019) Ganz viel Wert. Selbstwert aktiv aufbauen und festigen. Weinheim: Beltz.
Hautzinger M (2013) Kognitive Verhaltenstherapie bei Depressionen. 7. Auflage. Weinheim: Beltz.
Hautzinger M (2015) Diagnostik in der Verhaltenstherapie. In: Linden M, Hautzinger M (Hrsg.) Verhaltenstherapiemanual. 8. Auflage. Berlin/Heidelberg: Springer. S. 7–13.
Hautzinger M, Pössel P (2017) Kognitive Interventionen. Göttingen: Hogrefe.
Hinsch R, Wittmann S (2010) Soziale Kompetenz kann man lernen. 2. Auflage. Weinheim: Beltz.
Hoffmann SO (2016) Psychodynamische Therapie von Angststörungen. Einführung und Manual für die kurz- und mittelfristige Therapie. Stuttgart: Schattauer.
Jacobi C, Beintner I (2021) Anorexia nervosa. Göttingen: Hogrefe.
Jacobi C, Thiel A, Beintner I (2016) Anorexia und Bulimia nervosa. Ein kognitiv-verhaltenstherapeutisches Behandlungsprogramm. 4. Auflage. Weinheim/Basel: Beltz.
Kanfer FH, Reinecker H, Schmelzer D (2012) Selbstmanagement-Therapie. 5. Auflage. Berlin/Heidelberg: Springer.
Kanfer FH, Saslow G (1965) Behavior Analysis. An alternative to diagnostic classification. Arch Gen Psychiatry 12:529–538.
Kanfer FH, Saslow G (1976) Verhaltenstheoretische Diagnostik. In: Schulte D (Hrsg.) Diagnostik in der Verhaltenstherapie. 2. Auflage. München: Urban & Schwarzenberg. S. 24–59.
Köhlke HU (2000) Das Gutachterverfahren in der Vertragspsychotherapie. Eine Praxisstudie zu Zweckmäßigkeit und Verhältnismäßigkeit. Tübingen: dgvt-Verlag.
König J, Resick PA, Karl R, Rosner R (2012) Posttraumatische Belastungsstörung. Ein Manual zur Cognitive Processing Therapy. Göttingen: Hogrefe.
Kleinstäuber M, Thomas P, Witthöft M, Hiller W (2018) Kognitive Verhaltenstherapie bei medizinisch unerklärten Körperbeschwerden und somatoformen Störungen. 2. Auflage. Berlin: Springer.
Laney C, Loftus EF (2005) Traumatic memories are not necessarily accurate memories. Can J Psychiatry 50:823–828.
Lakatos A, Reinecker H (2016) Kognitive Verhaltenstherapie bei Zwangsstörungen. 4. Auflage. Göttingen: Hogrefe.
Legenbauer T, Vocks S (2013) Manual der kognitiven Verhaltenstherapie bei Anorexie und Bulimie. 2. Auflage. Berlin: Springer.
Lincoln T (2019) Kognitive Verhaltenstherapie der Schizophrenie. Ein individuenzentrierter Ansatz. 3. Auflage. Göttingen: Hogrefe.
Lincoln T, Heibach E (2017) Psychosen. Göttingen: Hogrefe.
Linden M (2015a) Agoraphobie und Panikerkrankung. In: Linden M, Hautzinger M (Hrsg.) Verhaltenstherapiemanual. 8. Auflage. Berlin/Heidelberg: Springer. S. 457–460.
Linden M (2015b) Generalisierte Angststörung. In: Linden M, Hautzinger M (Hrsg.) Verhaltenstherapiemanual. 8. Auflage. Berlin/Heidelberg: Springer. S. 531–534.
Lindenmeyer J (2016) Alkoholabhängigkeit. 3. Auflage. Göttingen: Hogrefe.
Maercker A (2015) Posttraumatische Belastungsstörungen. In: Linden M, Hautzinger M (Hrsg.) Verhaltenstherapiemanual. 8. Auflage. Berlin/Heidelberg: Springer. S. 553–559.
Martell CR, Dimidjian S, Hermann-Dunn R (2015) Verhaltensaktivierung bei Depression. Eine Methode zur Behandlung von Depression. Stuttgart: Kohlhammer.
McCullough J, Schramm E, Penberthy K (2015) CBASP. Chronische Depression effektiv behandeln. Cognitive Behavioral Analysis System of Psychotherapy. Paderborn: Junfermann.
Mokros A, Schemmel J, Körner A, Oeberst A, Imhoff R, Suchotzki K, Oberlader V, Banse R, Kannegießer A, Gubi-Kelm S, Lehmann R, Volbert R (2024) Rituelle sexuelle Gewalt. Eine kritische Auseinandersetzung mit fragwürdigen empirischen Belegen für ein fragliches Phänomen. Psychologische Rundschau 75 (3), https://doi.org/10.1026/0033-3042/a000663 (abgerufen am 04.09.2024).
Munsch S, Wyssen A, Biedert E (2018) Binge Eating. Kognitive Verhaltenstherapie bei Essanfällen. 3. Auflage. Weinheim: Beltz.
Müther M (2017) Bericht an den VT-Gutachter. Leitfaden zur Erstellung. Version ab 01.04.2017. Tübingen: dgvt-Verlag.
Oelkers C, Hautzinger M (2013) Zwangsstörungen. Kognitiv-verhaltenstherapeutisches Behandlungsmanual. 2. Auflage. Weinheim: Beltz.

Okon E, Meermann R (2013) Posttraumatische Belastungsstörung. In: Batra A, Wassmann R, Buchkremer G (Hrsg.) Verhaltenstherapie. Grundlagen – Methoden – Anwendungsgebiete. 4. Auflage. Stuttgart: Thieme. S. 250–258.

Otgaar H, Howe ML, Dodier O, Lilienfeld SO, Loftus EF, Lynn SJ, Merckelbach H, Patihis L (2021a) Belief in Unconscious Repressed Memory Persists. Perspectives on Psychological Science 16:454–460.

Otgaar H, Howe ML, Patihis L, Merckelbach H, Lynn SJ, Lilienfeld SO, Loftus EF (2019) The Return of the Repressed: The Persistent and Problematic Claims of Long-Forgotten Trauma. Perspectives on Psychological Science 14:1072–1095.

Otgaar H, Howe ML, Patihis L (2021b) What science tells us about false and repressed memories. Memory 2021 Jan 12;1–6, doi: 10.1080/09658211.2020.1870699.

Pfingsten U (2015) Soziale Ängste. In: Linden M, Hautzinger M (Hrsg.) Verhaltenstherapiemanual. 8. Auflage. Berlin/Heidelberg: Springer. S. 597–604.

Potreck-Rose F, Jacob G (2015) Selbstzuwendung, Selbstakzeptanz, Selbstvertrauen. Psychotherapeutische Interventionen zum Aufbau von Selbstwertgefühl. Stuttgart: Klett-Cotta.

Rabaioli-Fischer B, Kraemer S (2002) Von Fall zu Fall. Antragstellung und Falldokumentation in der kognitiven Verhaltenstherapie. Lengerich: Pabst.

Reinecker H (2015) Verhaltensanalyse. Ein Praxisleitfaden. Göttingen: Hogrefe.

Reinecker H, Gmelch M (2009) Modelle von Verhaltensanalysen. Vom S-R zum System-Modell menschlichen Verhaltens. Verhaltenstherapie & Verhaltensmedizin 30:7–23.

Rudolf G (2011) Psychodynamische Psychotherapie. Die Arbeit an Konflikt, Struktur und Trauma. Stuttgart: Schattauer.

Rudolf G (2013) Strukturbezogene Psychotherapie. Leitfaden zur psychodynamischen Therapie struktureller Störungen. 3. Auflage. Stuttgart: Schattauer.

Schäfer S (2010) Das Gutachterverfahren in der Richtlinienpsychotherapie. Psychotherapie Aktuell 2:14–19.

Schienle A, Leutgeb V (2012) Blut-Spritzen-Verletzungsphobie. Göttingen: Hogrefe.

Schneider S, Margraf J (2017) Agoraphobie und Panikstörung. 2. Auflage. Göttingen: Hogrefe.

Schulte B, Thomas B (1976) Verhaltensanalyse und Therapieplanung bei einer Patientin mit multiplen Ängsten. In: Schulte D (Hrsg.) Diagnostik in der Verhaltenstherapie. 2. Auflage. München: Urban & Schwarzenberg. S. 105–127.

Schulte D (1976) Ein Schema für Diagnose und Therapieplanung in der Verhaltenstherapie. In: Schulte D (Hrsg.) Diagnostik in der Verhaltenstherapie. 2. Auflage. München: Urban & Schwarzenberg. S. 75–104.

Seligman ME (2010) Erlernte Hilflosigkeit. 5. Auflage. Weinheim: Beltz.

Stangier U, Clark DM, Ginzburg DM, Ehlers A (2016) Soziale Angststörung. 2. Auflage. Göttingen: Hogrefe.

Sulz SKD (2009) Verhaltensdiagnostik und Fallkonzeption. Bericht an den Gutachter und Antragstellung. 5. Auflage. München: CIP-Medien.

Sulz SKD (2013) Therapieplanung. In: Batra A, Wassmann R, Buchkremer G (Hrsg.) Verhaltenstherapie. Grundlagen – Methoden – Anwendungsgebiete. 4. Auflage. Stuttgart: Thieme. S. 67–72.

Sulz SKD (2015) Makro-Verhaltensanalyse. In: Linden M, Hautzinger M (Hrsg.) Verhaltenstherapiemanual. 8. Auflage. Berlin/Heidelberg: Springer. S. 185–187.

Surall D, Kunz O (2019) Leitfaden für den VT-Bericht an den Gutachter. Psychotherapie-Anträge erfolgreich erstellen. Göttingen: Hogrefe.

Teismann T, Margraf M (2018) Exposition und Konfrontation. Göttingen: Hogrefe.

Tuschen-Caffier B, Florin I (2012) Teufelskreis Bulimie. Ein Manual zur psychologischen Therapie. 2. Auflage. Göttingen: Hogrefe.

Tuschen-Caffier B, Hilbert A (2016) Binge-Eating-Störung. Göttingen: Hogrefe.

Ubben B (2010) Planungsleitfaden Verhaltenstherapie. Sitzungsaufbau, Probatorik, Bericht an den Gutachter. Weinheim: Beltz.

Ubben B (2017) Problemanalyse und Therapieplanung. Göttingen: Hogrefe.

Vocks S, Bauer A, Legenbauer T (2018) Körperbildtherapie bei Anorexia und Bulimia nervosa. 3. Auflage. Göttingen: Hogrefe.

Volbert R (2014) Sexueller Missbrauch. Wie Pseudoerinnerungen entstehen können. Psychotherapie im Dialog 15:82–85.

von Consbruch K, Stangier U, Heidenreich T (2016) SOZAS. Skalen zur Sozialen Angststörung. Göttingen: Hogrefe.

Wassmann R (2013) Durchführung der Problem- und Verhaltensanalyse. In: Batra A, Wassmann R, Buchkremer G (Hrsg.) Verhaltenstherapie. Grundlagen – Methoden – Anwendungsgebiete. 4. Auflage. Stuttgart: Thieme. S. 56–62.

Wassmann R, Batra A (2013 a) Grundlagen der Problem- und Verhaltensanalyse. In: Batra A, Wassmann R, Buchkremer G (Hrsg.) Verhaltenstherapie. Grundlagen – Methoden – Anwendungsgebiete. 4. Auflage. Stuttgart: Thieme. S. 50–55.

Wassmann R, Batra A (2013 b) Modelle der Verhaltenstherapie. In: Batra A, Wassmann R, Buchkremer G (Hrsg.) Verhaltenstherapie. Grundlagen – Methoden – Anwendungsgebiete. 4. Auflage. Stuttgart: Thieme. S. 34–37.

Wiedemann G (2013) Grundlegende Begriffe der Lerntheorie. In: Batra A, Wassmann R, Buchkremer G (Hrsg.) Verhaltenstherapie. Grundlagen – Methoden – Anwendungsgebiete. 4. Auflage. Stuttgart: Thieme. S. 38–41.

Wilken B (2024) Methoden der Kognitiven Umstrukturierung. Ein Leitfaden für die psychotherapeutische Praxis. 9. Auflage. Stuttgart: Kohlhammer.

Willutzki U, Teismann T (2013) Ressourcenaktivierung in der Psychotherapie. Göttingen: Hogrefe.

Willutzki U, Teismann T (2017) Ressourcenorientierung. In: Brakemeier EL, Jacobi F (Hrsg.) Verhaltenstherapie in der Praxis. Weinheim: Beltz. S. 225–235.

Wolpe J (1986) Individualization: the categorical imperative of behavior therapy practice. J Behav Ther Exp Psychiatry 17:145–153.

Zarbock G (2014) Praxisbuch Verhaltenstherapie. Grundlagen und Anwendungen biografisch-systemischer Verhaltenstherapie. 4. Auflage. Lengerich: Pabst.

13 Stichwortverzeichnis

A

Aktuelle Informationen 172
Akuttherapie 16, 163
AMDP-System 24, 125
Anamnese 130
Annäherungsziele 100
Aufrechterhaltungsbedingungen 42
Auslöser 41
Ausschluss bestimmter Gutachter 169, 171
Autogenes Training 108

B

Behandlungsbedürftigkeit 123
Behandlungsleitlinien 114
Behandlungsplan 58, 103, 105, 114, 139, 165
Behandlungsverlauf 142
Biographische Anamnese 130–133, 164

D

Dekompensationshypothesen 41
Deskriptive Verhaltensanalyse 46
Diagnose 23, 135–137
Dokumentationspflicht 18

E

EMDR 112
Entspannungsverfahren 108, 109
Epikrise 107
Epikritische Würdigung 108
Erstauftrittsbedingungen 41

F

Fachliche Standards 113
Fokus 107, 140, 144, 158

Fortführungsantrag 145, 146, 166
Funktionales Bedingungsmodell 23, 34, 98, 119, 130, 134
Funktionalität 42

G

Gruppentherapie 148
Gutachterstatistik 12

H

Höchstgrenze 147
Honorar für Antragsbericht 11
Horizontale Verhaltensanalyse 47
Hypnose 108
Hypothesen 26, 131

I

ICD-Forschungskriterien 137
Indikationskatalog 122
Individualisierung 27, 34, 58

K

Kiesler-Kreis 66, 125
Klassifikatorische Diagnostik 23
Komplexität 135
Konsequenzen 50–52, 55, 56
Konsiliarbericht 127
Kontingenz 50
Kooperation mit anderen Berufsgruppen 109, 141
Krankheitsanamnese 122, 133
Krankheitswertigkeit 123
Kurzfristige Konsequenzen 51, 56
Kurzzeittherapie 163

L

Langfristig negative Folgen 53

M

Makroanalyse 35–37, 96, 131, 132, 164
Manifestationsebenen (α, β, γ) 49
Methodenliste 58, 105, 158, 165, 166
Mikroanalyse 35, 47, 52, 96, 164

N

Nachforderung 149
Nichtbefürwortung 159
Nichtbefürwortungsquote 13

O

Organismusvariable 35, 48, 49

P

Parallel- und Folgebehandlung von Partnern/Angehörigen 112
Patientenziele 98, 102, 139
Pauschalziele 94, 95, 102, 158, 165
Peer-Review 17, 19
Persönlichkeitsstörung 111, 137
PMR 108
Prädispositionshypothesen 37
Private Krankenversicherung 17
Probatorische Sitzungen 30, 31
Problemanalyse 35, 49
Prognose 115, 116, 118, 141
Pseudonymisierung 14, 121, 127, 129
Psychodiagnostische Testverfahren 125
Psychopathologischer Befund 24, 125, 164
Psychopharmakotherapie 65, 75, 114, 128, 129
PTV 3 119, 120, 154

Q

Qualitätssicherung 14, 16

R

Reaktion 49

Realfaktoren 132
Ressourcen 44
Restkontingent 169
Rezidivprophylaxe 167

S

Scherentest 106
Schwellensituation 41
Somatischer Befund 127
SORKC-Alternativen 48, 96
SORKC-Schema 35
Sozialmedizinische Kontextfaktoren 121
Soziodemographische Daten 121
Sprechstunde 30, 31
Standardisierung 27
Stimulusbedingungen 48
Subjektives Krankheitsverständnis 45
Substanzkonsumstörung 110, 122
Symptomatik 122

T

Teilbefürwortung 161
Telegrammstil 156
Textbausteine 104, 157, 165, 173
Therapeutenwechsel 169
Therapeutenziele 98, 102, 139
Therapieabschluss 146
Therapieauftrag 123
Therapieunterbrechung 172
Therapieziele 94–96, 98, 100, 101, 103, 139, 165, 166

U

Übernahme von Reststunden 169
Umwandlungsantrag 141, 166

V

Veränderungshindernisse 44
Veränderungsmotivation 124
Verdachtsdiagnose 135
Verfahrenswechsel 112, 134, 168
Verhalten in Situationen 47
Verhaltensaktiva 44
Verhaltensanalyse 23, 35, 103, 119, 131, 134
Verhaltensdefizite 46
Verhaltensexzesse 46
Volitives Verhalten 51, 52, 56

Vorbehandlungen   107, 129, 134, 140
Vorgespräche   31

W

Was-Stattdessen-Modell   101
Wirtschaftlichkeitsgebot   16, 113, 136
Wirtschaftlichkeitsprüfung   15, 16

Z

Zielanalyse   95, 102
Zielerreichungskriterien   139
Zwei-Jahres-Sperrfrist   168
Zwei-Seiten-Grenze   156
Zweitgutachten   159